高等职业教育财经类规划教材（物流管理专业）

物流法规教程（第2版）

胡美芬　郏丙贵　阎　萍　编　著

電子工業出版社
Publishing House of Electronics Industry
北京 · BEIJING

内 容 简 介

本书沿用第 1 版的体例，从探讨物流法规体系入手，按照国内外物流操作中应遵循的法律、法规、国际公约等有关规定，分别对物流管理中涉及的合同，与物流过程密切关联的商品买卖过程，物流过程中直接包括的包装、配送、仓储、装卸、搬运、运送、口岸管理等各个环节所涉及的法律问题进行了分析。全书共分 11 章，每章配以小结、思考与练习题，以及适量的案例分析，便于读者理解和掌握有关内容，力求符合大专院校物流专业学生学习和企业物流从业人员掌握物流相关法律知识的需要。新版根据最近几年的法规动态对内容进行了增补更新，部分案例也进行了补充或替换，使全书更为完善及具有时效性。

本书既可作为普通高校及高职高专院校物流管理、贸易运输、国际货运等相关专业的教材和物流培训机构用书，也可供相关从业人员参考使用。

图书在版编目（CIP）数据

物流法规教程/胡美芬，郑丙贵，阎萍编著. 2 版. —北京：电子工业出版社，2011.1
高等职业教育财经类规划教材 • 物流管理专业
ISBN 978-7-121-12433-4

Ⅰ. ①物… Ⅱ. ①胡… ②郑… ③阎… Ⅲ. ①物流—物资管理—法规—中国—高等学校：技术学校—教材 Ⅳ. ①D922.294

中国版本图书馆 CIP 数据核字(2010) 第 228289 号

责任编辑：陈　虹
特约编辑：孙雅琦　董　玲
印　　刷：涿州市京南印刷厂
装　　订：涿州市京南印刷厂
出版发行：电子工业出版社
　　　　　北京市海淀区万寿路 173 信箱　邮编　100036
开　　本：787×1092　1/16　印张：18.5　字数：467 千字
版　　次：2006 年 2 月第 1 版
　　　　　2011 年 1 月第 2 版
印　　次：2014 年 6 月第 5 次印刷
印　　数：2500 册　定价：32.00 元

凡所购买电子工业出版社图书有缺损问题，请向购买书店调换。若书店售缺，请与本社发行部联系，联系及邮购电话：(010)88254888。

质量投诉请发邮件至 zlts@phei.com.cn，盗版侵权举报请发邮件至 dbqq@phei.com.cn。

服务热线：(010)88258888。

序

物流（Logistics）是一个控制原材料、制成品、产成品和信息的系统。物质资料从供给者到需求者的物理运动，是创造时间价值、场所价值和一定的加工价值的活动。物流是指物质实体从供应者向需求者的物理移动，它由一系列创造时间价值和空间价值的经济活动组成，包括运输、保管、配送、包装、装卸、流通加工及物流信息处理等多项基本活动，是这些活动的统一。

1990年以来，全球互联网络以不可思议的速度迅猛发展，与之相生相伴的是贸易、物流、信息全球化的步伐开始加快。尤其是WTO取代GATT后，全球化的趋势更是不可遏止，由此，更带来了现代物流业的飞速发展。

互联网促进了全球化，同样，物流系统也可像互联网般，促进全球化。贸易上，若要与世界联系，必须倚赖良好的物流管理系统。市场上的商品很多是“游历”各国后才来到消费者面前的。产品的“游历”路线正是由物流师计划、组织、指挥、协调、控制和监督的，使各项物流活动实现最佳的协调与配合，以降低物流成本，提高物流效率和经济效益。

进入21世纪后，以新型流通方式为代表的连锁经营、物流配送、电子商务等产业在中国发展迅速，服务业对整个国民经济的发展越来越重要。物流服务业被誉为是“21世纪最具发展潜力”的行业之一，并且已经成为中国经济新的增长点。

随着社会主义市场经济体制的建立，我国逐步建立了一个比较完整的物流教育体系。然而，随着社会对物流人才需求数量的急剧上升，人才供需矛盾日益显现。总体上看，我国高校大多仍处在自行设计课程与实践的阶段，与境外物流产业人才相比，差距主要体现在人员素质以及物流知识和技能与实践脱节等方面。

物流学科是一门综合学科，物流产业是一个跨行业、跨部门的复合产业，同时又具有劳动密集型和技术密集型相结合的特征。发展物流专业高等职业教育是完善物流教育多层次体系的需要，也是满足对物流人才需求多样化的需要。

2004年1月，电子工业出版社组织全国各地30余所高职院校的优秀教师编写了“高等职业教育物流管理专业”系列规划教材，时隔6年，如今该系列教材大部分已经修订到第3版，在此期间，全国有百余所院校使用过这个系列的教材，获得了任课教师和学生的普遍好评。其中多种教材被评为“普通高等教育‘十一五’国家级规划教材”，这更是对教材质量的肯定。

近年来，高等职业院校教学改革和课程改革稳步推进，不断深化。为使教材更好地适应市场，方便教师教和学生学，编者不断收集和征求一线教师的意见和建议，紧随物流行业发展趋势，认真调研并分析物流企业各个岗位的实际需求，不断修正和完善书中的内容，使教材内容最大限度的贴近实际岗位要求。

新版教材保留了上一版教材的精髓，同时弥补了上一版教材的不足。在内容方面体现了物流领域的新知识、新技术、新思想、新方法；在编写方法上坚持“岗位”引领、“工作过程”导向，突出“实用性、技能性”，提高学生动手能力，注重现实社会发展和就业的需求。

相信新版教材更加贴合学校教学，更为适应企业对技能型人才的需要，希望修订教材的出版和使用能为培养优秀的物流专业人才起到积极地推动作用。

黄有方

教育部物流专业教学指导委员会　副组长
中国物流学会　副会长
上海海事大学　副校长
2010年10月

前　　言

近年来，随着商品经济和对外贸易的迅速发展，我国物流领域发生了根本性的变化，不仅现代物流的概念深入人心，而且相关的基础建设和法规建设都取得了喜人的成果。由于物流不是一项单一的社会经济活动，因此在实践中必然会遇到众多的法律问题，在解决这些问题时应该遵循哪些法律原则及规范，是物流行业管理者、经营者以及广大业务人员需要了解和具备的知识。物流行业的经营和物流活动本身所涉及的法律法规体系十分庞大。本书按照物流活动的内涵，对物流相关法律法规进行了全面系统的分析和介绍。同时，对物流业经营所面临的法律环境进行了分析。

编写第1版教材时，正逢中国加入世界贸易组织后修订和完善国内法律、法规的重要时期，为适应实际需要，作者在书中尽可能结合了法律法规的最新修订内容。经过近一年半的努力，1版教材于2005年年底出版，面世后受到了高职院校师生的欢迎，在4年时间里累计印刷10次，销售3万余册。

在这4年时间里，作者得到了很多使用者的反馈，对1版教材提出了很好的意见和建议，在此基础上，作者结合近几年物流领域法律法规新的变化和调整，重新修订编写了《物流法规教程（第2版）》。新版教材修正了1版教材中一些不完善的地方，增加了近年与物流领域相关的新法规，如《鹿特丹规则》，加强了物流企业工作中易于发生法律纠纷环节的相关法律法规的讲解，同时将案例更新为近期的、具有代表性的。在每章末尾的案例分析中，作者增加了案例分析的数量，以便学生更好的理解、巩固所学知识。2版教材相比1版教材更具有时效性和实用性。各章内容中，3.1.2、6.4.3、7.6、8.2.2为新增，9.3.3、11.3.1有大的修改，第3章至第11章均有最新案例补充，全书的其他内容也都进行了更新和完善。

目前比较全面系统地介绍物流法律法规的专业教材还不是很多，作者希望新版教材能兼顾到不同的物流领域使用的、结合物流业务中具体问题介绍最新法律动态、内容全面、体系完整的特色法律类教材。

本书由胡美芬、郑丙贵、阎萍共同编写而成。其中，第1、4、6、7、8、9、10、11章由胡美芬编写，第2、3、5章主要由郑丙贵编写，阎萍参与了新版教材的修订和部分章节的编写。全书由胡美芬统稿。著名的海商法和物流法律问题专家尹东年教授在百忙之中仔细审阅了书稿，并提出了不少宝贵意见，为本书把关。石城秋、黄小辉为本书案例的搜集贡献了宝贵的时间。此外，唐兵老师也对本书给予了许多支持。非常感谢每一位为本书做出贡献的前辈和同仁。

由于编著者水平有限，书中难免存在疏漏和不妥之处，恳请广大读者和同行批评指正。

编　者

2010年11月

Contents
目 录

第 8 章 陆运物流法律、法规及公约

第 1 章 物流法规概述

内容提要

- 物流概念；
- 物流法规在保护当事人的合法权益、规范物流行为、促进物流业健康发展方面的重要性；
- 物流法规广泛性、多样性和复杂性等特点；
- 物流法规的分类及物流法规体系的主要内容。

1.1 物流法规的重要性

1.1.1 物流的概念

物流字面的意思是指有关物的流动。在经济活动中，物的流动一方面存在于企业内部，另一方面存在于企业外部。在企业外部，物的流动可分为企业与企业之间和企业与消费者之间两种。货物流动的必要性在于消除两个间隔，一是空间间隔，二是时间间隔。空间间隔是指货物的产地和消费地之间存在一定的距离，消除空间间隔依赖于运输。时间间隔是指生产和消费之间存在的一个时间差，消除时间间隔主要依靠仓储业提供的保管服务。在运输和保管货物的过程中，需要装卸和搬运；为了不损害货物和美化货物外观，同时需要包装。因此，物流活动是指以运输和仓储为核心，为解决生产和消费之间的间隔问题所实施的相关活动的总称。

按照我国国家标准《物流术语》中对物流（Logistics）的解释，物流是指物品从供应地向接收地的实体流动过程。根据实际需要将运输、储存、装卸、搬运、包装、流通加工、配送、信息处理等基本功能进行有机结合。2001 年 3 月 1 日，原国家经济贸易委员会与铁道部、交通部、信息产业部、原对外贸易经济合作部、中国民用航空总局六部委共同制定了《关于加快我国现代物流发展的若干意见》。其中对现代物流的定义是：现代物流泛指原材料、产成品从起点至终点及相关信息有效流动的全过程。它将运输、仓储、装卸、加工、整理、配送、信息等方面有机结合，形成完整的供应链，为用户提供多功能、一体化的综合性服务。

国际上关于物流的定义各有差异，但对于概念的理解大体是相似的。在美国，物流发展的早期是以“实物配送”（Physical Distribution）表达的，1986 年前后，正式使用 Logistics 一词。2002 年 1 月，美国物流协会（The Council of Logistics Management）对物流重新进行了定义，将物流与供应链联系起来。新的定义是“物流是供应链的组成部分，是以满足客户的要求为目的，对从产地到消费地之间的货物配送、回收、储存及服务、有关信息进行有效且有效率的计划、执行、控制”。根据我国国家标准《物流术语》的定义，供应链（Supp1y Chain）是指生产及流通过程中，涉及将产品或服务提供给最终用户活动的上游与下游企业之间形成的网链结构。物流活动或物流管理与供应链管理（Supply Chain Management）是不可分的。根据美国物流协会所进行的定义，供应链管理是指对传统商业功能系统的、战略性的协调，是对一特定企业内的商业功能和不同企业之间的供应链关系的一种协调的技术，目的是提高企业经营和作为整体的供应链的长期绩效。

我国一般工业产品从成品出厂，经过装卸、储存、运输等各个物流环节，到消费者手中的流通费用一般占商品价格的 50%左右。新鲜水果、易变质食品等的流通费用有的高达商品售价的70%～80%。美国自20世纪80年代以来，企业年平均支付的物流费用超过总销售收入的25%，在此以前更高。所以，降低流通费用，特别是物流费用是各国企业提高利润的重要源泉，对提高整个国民经济的效率也是至关重要的。这便是现代物流成为新的经济增长点的原因。

进入 20 世纪 90 年代，传统物流已向现代物流转变。现代物流主要以运输合理化、仓储自动化、包装标准化、装卸机械化、加工配送一体化、信息管理网络化等为标志，并与传统物流形成鲜明的对比。现代物流水平成为衡量一个国家综合国力的重要标准。

1.1.2 法律的概念

1．法律的概念和特征

法律是由国家制定、认可、解释并依靠国家强制力保证实施的，以法律权利和法律义务为内容的规范体系。法律有以下特征：

（1）是调整行为关系的一种特殊社会规范；

（2）是由国家专门机关制定、认可和解释的社会规范；

（3）是以法律权利和法律义务为内容的社会规范；

（4）是以自觉遵守为基础，由国家强制力保证实施的社会规范。

2．法律的分类

（1）根据法律渊源的不同所进行的分类。法律渊源又称法的形式渊源，是指一个国家不同的法律制定机关创制的、具有不同名称和不同法律效力的法律表现形式。通常将法律渊源分为成文法和不成文法两大类。成文法是指逐字逐句地、系统地体现在一个有权威性的法律文献中的法律，包括宪法、法律、行政法规、地方性法规、国际条约等；不成文法是指没有在正式的法律文献中系统地加以规定的法律，包括习惯、惯例、判例等。在当代中国，主要的法律渊源有宪法、法律、行政法规、地方性法规、自治条例、国际条约、国际惯例等。

（2）根据法律部门的不同所进行的分类。法律部门是指一国现行的全部法律规范，按照一定的原则和标准划分为若干部门，这些部门法形成一国的法律体系。我国法律部门可以划分为：宪法法律部门、行政法法律部门、民商法法律部门、经济法法律部门、刑法法律部门、诉讼法法律部门、劳动及社会保障法法律部门、环境法法律部门等。

（3）根据法律规定的内容的不同所进行的分类。从内容上，法律可分为实体法和程序法。实体法是规定实体权利和义务的法律，如民商法、刑法、行政法等；程序法是在当事人参与下，司法机关或仲裁机关解决纠纷的程序的法律，如民事诉讼法、刑事诉讼法、行政诉讼法、仲裁法等。

（4）根据法律的适用范围不同所进行的分类。根据法律的适用范围，法律可分为一般法和特别法。一般法是针对一般人、一般事、一般时间和空间规定的法律，特别法是针对特定人、特定事、特定时间和空间规定的法律。在适用上，特别法优先于一般法，比如《海商法》与《合同法》的关系是特别法与一般法的关系。对海上运输合同的争议，适用时，首先根据《海商法》的规定确定当事人之间的权利义务；如果《海商法》没有规定，则适用《合同法》有关的规定。

（5）根据法律所维护的利益的不同所进行的分类。根据法律所维护的利益不同，法律可分为公法和私法。公法是指调整公共权力的配置、公共利益和公共关系的法律；私法是指调整个人权益和企业权益的法律。一般认为民商法是典型的私法，宪法、刑法、行政法等是公法。

由前述内容可知，法律是一个总称，一个集合名词，包括各种具体形式的法律。在不同国家以及不同的历史阶段，这些形式也存在较大的差异。本书所称的物流相关法规，是在非严格意义上使用的，在此有必要予以说明。

首先，这里的法规与行政法规、地方性法规中的“法规”不同。行政法规、地方性法规在我国是特指的，国务院制定的规范性法律文件称为行政法规，省级人民代表大会及其常务委员会制定的规范性法律文件叫做地方性法规。本书的物流法规应该被理解为广义上的法律，即有关物流活动相关的各种法律，包括全国人民代表大会及其常务委员会、国务院、国务院所属部委、地方人民代表大会及其常务委员会、地方政府等制定的规范物流活动的各种形式的法律、法规。

另外，根据物流是否跨越国界，物流分为国内物流和国际物流。由于国际物流中经常要涉及到国际公约和外国法律，而公约内容可能被某一国家以立法形式确定；即使未被某国确认，也至少会在一定程度上对立法产生影响。因此本书对一些重要的国际公约和成文惯例做了专门介绍和分析。我国是部分国际公约的缔约国。当公约被并入国内法时，即成为国内法律的一部分。在处理国内法律关系时，一般应适用国内法，但在国内法没有做出任何规定的情况下，可以参照国际公约的规定。这种情况下，国际公约虽然不一定直接适用，但可以填补国内法的不足。

值得注意的是，对于涉外民商事纠纷的处理，由于我国加入的国际公约有的能在国内立法上得到体现，有的未能在国内立法上得到充分体现，那么，当国内立法与公约精神发生冲突时，国际公约应优先适用。

1.1.3 物流法规的重要性

现代市场经济是法治经济，各种经济活动和政府对经济的管理行为均应被纳入法治的轨道，企业的物流活动和政府对物流业的管理行为也不例外。目前制约我国物流业发展的主要因素是缺乏一个统一的物流技术标准，这是我国物流法规建设落后的明显体现。对物流企业和物流从业人员来说，物流法规的基本作用是促进、保障物流活动的正常进行及维护有关当事人的合法利益；对政府管理来说，通过物流法规，规范各种物流行为，建立起健康发展的现代物流业。

物流法规的重要性或作用主要表现在以下几个方面。

1．保护物流活动当事人的合法利益

物流法规首先是保护物流活动当事人的合法利益，这是法律的基本目的。一个良好的物流法规环境是从事物流经营活动和提供物流服务的重要基础，尤其是完善的物流合同法律制度，对保护当事人的合法利益最为重要。物流活动当事人的利益一般体现在有关合同中，根据诚实信用原则履行合同是保障当事人各方利益的基础。另外，如果因履行物流合同而发生纠纷，通过公正的司法途径解决争议，受害人可获得法律救济。

2．规范各种物流行为

从总体上看，物流本身有着广泛的内容，这使得物流活动中所涉及的法律面非常广泛。有关的法律、法规、公约在内容上也具有复杂性和多样性特点。由于物流有企业自主物流与第三方物流之分，物流活动的具体内容必然存在一定的差异。此外，物流按活动的范围又分为国际物流和国内物流，它们适用于不同的法律体系。而且随着经济的全球化、一体化的进程，这两种物流在很多情况下又互相交叉和重叠。

物流法规对各种物流行为的规范有两种机制，一是通过从事物流活动的企业和个人遵守国家强制性规定，二是通过自愿达成的合同约束有关当事人。物流法规对各种物流行为的规范具体体现在：

（1）物品的流通受到法律的制约。物品本身的流通要受到国家法律法规的约束。有的物品可以自由流通，有的物品法律限制其流通，还有的物品被法律禁止流通；有的物品可以在国内流通却不能在国外流通，有的物品的流通要根据政府间的协议满足一定的条件才能流通，等等。因此，物品的运输、仓储、装卸、加工等物流活动均应该在法律许可的可流通的物品范围内进行。如果是受限制的物品，应该根据有关法规进行，因为它们不具有通常物品的自由流通性。

（2）运输工具的运行要遵守相应的规则。运输作为物流的重要环节，受到法律法规的制约。运输工具在水上、陆地、空中各种通道中运行要遵守一定的规则。以水运为例，运输经营人的行为要受到水上运输法规、港口航道安全管理和海事监督方面的规定的制约。在国际水域航行要遵守海洋法公约、国际防污染公约、海上人命救助公约等规定。陆上运输、航空运输也具有针对运输工具的相应的法规。而运输工具作为货物的载体，其正常运行对保证货物顺利运达至关重要。

（3）承运人与托运人各自行为要有规范。在运输活动中，为规范承运人和托运人的行为，一方面，各国有运输法规进行制约，国际上也有针对不同运输方式的公约可以适用；另一方面，承托双方要根据各自意愿进行磋商，签订运输合同。这样，运输合同双方的行为便在法律规定和合同约定的范围内得到规范，双方利益也在相当程度上达到了平衡。比如，按照我国海商法和有关海上运输的国际公约的规定，海上承运人应当承担相应的义务并依法有权享受相应的责任限制，承运人任何想要解除自己的基本义务或降低损失赔偿的最低标准的做法是无效的。

（4）货物、运输工具进出国境受到口岸法规的制约。国际物流需经过口岸进出国境。货物、运输工具进出境的监管一方面体现着国家的主权，另一方面又是国际物流的基本环节，是规范国际物流的重要制度之一，也是维护国际贸易正常秩序的需要。当然，货物、运输工具进出境的监管也会影响物流的实现并影响物流的速度和效率。从发展物流角度，在实现规范的同时，应该尽可能提高效率。

（5）物流活动的其他环节同样受到法规的制约。物流活动的其他环节包括储存、装卸、搬运、包装、流通加工、配送、信息处理等。由于这些活动主要在国内进行，因此更多地受到国内法规的制约，但这也不是绝对的。比如，包装活动的要求就需要根据贸易和运输的具体情况适用不同的规定，尤其应该符合进口国或地区有关的法律要求。此外，信息处理中也既要适用国内法规又要符合国际通用准则。

3．促进物流业的健康发展

物流的发展需要协调性、统一性和标准化，尽管这需要通过各方面的努力和协助，但政府的作用是至关重要的。政府要在政策、规划、立法及财政等方面给予支持，制定有利于物流发展的技术政策及标准，加强和完善物流相关的立法工作，促进物流市场体系的形成，为物流业创造有序竞争的环境，促进物流业的健康发展。

至今，国内尚未有一部关于物流行业的综合性法律或法规，有关的技术标准、服务标准也尚未建立。国家应逐步完善物流发展的宏观政策和法规，以规范物流市场行为，统一市场标准，为物流发展提供保障，为各类企业创造一个公平、透明的市场竞争环境。

我国社会主义市场经济体制尚未完全建立，在经济的许多领域，由于法律体系不健全、制度建设相对滞后、执法不到位或力度不够、市场不成熟等原因，并未形成良好的市场经济秩序。物流业的发展同样也存在政策和体制等方面的障碍，行业垄断、部门分割和地区保护在一定程度上依然存在，现有的管理规章和政府行为方式还不能适应现代物流业的发展需要。我国已在2001年底正式加入世界贸易组织（WTO），如果法律和制度建设跟不上形势发展的需要，那么经济的发展不仅会受到制约，而且会产生负面影响。这是因为入世后，关税水平降低，非关税措施的限制减少，对外商的吸引力加大，加之各个领域全面对外开放，外资企业将大量进入中国，必然对物流服务产生更多的需求。随着物流市场的扩大，进入物流业的企业必然迅速增加。在没有良好的法律环境条件下，物流业的市场秩序将不会在短期内实现自我完善。

中国入世的有关法律文件承诺，加入WTO后3年内，取消对外资参与佣金代理及批发业务和零售服务的地域、股权、数量、企业设立形式的限制，取消对外资参与特许经营的所有限制；5年内，除面积超过2万平方米的百货商店和超过30家的连锁店不允许外资控股外，取消对外资参与分销领域的其他限制。与物流相关的行业领域，包括国际运输、海运理货服务、海运报关服务、集装箱堆场服务、船务代理服务、内水货运服务、公路卡车和汽车货运服务、铁路货运服务、货物运输代理服务以及仓储服务等领域都列出了明确的开放时间表。运输业尤其是货运业实际上已全面开放。可以预见，国内外物流企业为争夺市场将展开激烈的竞争。这样的形势，更要求有相应法规保障良好的市场竞争环境。

物流标准化是物流发展的基础，现代物流强调功能和作业流程，但我国目前还缺乏配套统一、协调一致的物流技术标准体系。由于在物流设施、技术装备、管理规程、信息交换等方面没有统一标准，严重影响了物流运作的规范性及效率。为此，国家将尽快制定与国际接轨的现代物流的国家标准。物流标准的范围和内容将覆盖相关领域，包括物流基础设施标准、物流技术装备标准、物流管理流程标准、物流信息化标准等。逐步形成我国现代物流业的技术标准化体系。

从2000年起，国家开始着手清理原有法规，废止了一些不适应新形势的部门规章和政府法令，修改了一些法律条文，并为适应形势发展而制定了新的法律法规，各种标准也在修订更新。这必将为物流业的健康发展营造良好的政策法规环境。

新的法律体系的建立与完善尽管还需要继续努力，但是已经产生了一定的积极影响，并且将产生更大的影响。

1.2 物流法规的特点

1.2.1 物流活动的特点

物流法规的特点决定于物流本身的特点。物流活动涉及的内容多，活动范围较大，关系方众多，而适用的法规、公约又有不同的层次和表现形式，因此，物流法规其实是一个相关法规的集合体，具有广泛性、多样性和复杂性。

1. 物流活动的范围大

物流活动可以是在企业内进行，也可以是在企业外的一定区域范围内进行，并随着国际投资和国际贸易而在全球范围内开展。物流涉及每一个企业甚至与每一个家庭都可能有联系，因此，从物流一般划分上便可以看到其活动范围之广。依据不同的标准，物流可以划分为宏观物流、微观物流，社会物流、企业物流，国际物流、区域物流，一般物流、特殊物流等。由于物流强调产供销作为有机整体而存在，强调一定地区范围内和全球范围内生产、销售的合理布局和规划，强调通过优化供应链管理提高资源配置效率等，因此，随着经济的全球化，许多企业的物流战略发生了变化。世界上大的跨国公司的物流供应链一般都要涉及到多个国家，而且物资的流动更频繁，跨越的地理范围也更大。大规模的物资在全球范围内有序流动的结果是使产供销更紧密地联系在一起，从而降低企业成本、节省社会资源、产生良好的经济效果。

经济的全球化对各国的物流政策和具体的各项物流活动都带来了极大的影响。经济全球化是指对经济技术资源进行全球范围的优化配置，它已经成为世界经济发展的必然趋势，也是各国经济未来发展依赖的外部环境。经济全球化给人类带来前所未有的繁荣和发展机遇，同时也带来了巨大的风险和严峻的挑战。任何国家要取得本国经济的更大发展，除了依靠国内资源和国内市场外，还要善于利用国际资源和国际市场。现代物流随着经济全球化进入了全球物流时代，国内物流是国际物流上的一个环节，要从国际物流角度来重组国内物流。

2. 物流活动的内容广

物流活动是一项综合和系统性的活动，其内容包括运输、储存、装卸、搬运、包装、流通加工、信息处理等；而且对于企业而言，有供应物流、生产物流、销售物流，还有回收物流、废弃物物流等，可以说涉及到货物买卖、保险、运输、储存、包装、加工服务、配送、装卸、短距离搬运、信息安全，甚至环境保护等众多领域。物流活动的广泛性同时意味着社会对物流服务功能需求的多样性，物流服务供应商可以提供其中的一种服务或几种组合的服务，一般很难提供全部的物流服务功能。物流功能涉及许多传统行业，具有将这些传统行业整合起来，并以传统行业为依托，从整体上降低货物流通费用、提高货物流通速度的作用。正是由于这一特点，许多人认为物流不是一个独立的行业。

3. 物流活动的参与者多

物流活动内容的广泛性决定了物流服务提供者存在形式的多样性。可以说从事运输、仓储、包装、信息等各种物流服务的企业都是物流活动的参与者。但是，在严格意义上，对仅仅从事其中一项活动的企业来说，不应该被认为是物流企业，因为物流的核心是上述各项服务的整合、协调。

大的物流项目，一般需要有外包的服务。物流活动的参与者涉及到不同行业、不同部门，如仓储经营者、包装服务商、各种运输方式下的承运人、装卸作业者、承揽加工业者、配送商、信息服务供应商、公共网络经营人等。他们的活动既受社会经济活动一般准则的制约，又要受到行业法规和惯例的制约。例如，运输中承运人因拥有不同的运输工具，而从事不同运输方式的经营，在国内受到国内法律法规的制约，在国外要遵守国际公约的规定并符合国际惯例的要求。

1.2.2 物流法规的特点

根据物流活动内容广、范围大及参与者多等特点，对物流活动参与者经营行为的规范必然需要涉及各种各样的企业、各种不同的物流功能，以及针对国内物流还是国际物流。因此，物流法规的内容具有广泛性，在层次和表现形式上又是多样化的。

1. 广泛性

物流法规的广泛性是指物流活动的各个领域均存在有关的法律、法规或公约。根据我国国家标准《物流术语》对物流的定义，物流的基本功能有运输、储存、装卸、搬运、包装、流通加工、配送、信息处理等几个方面。物流法规的广泛性首先体现为各种物流功能都有许多相应的法律、法规；其次，国家为促进物流业的发展及规范物流市场秩序，颁布了涉及多项物流功能相互之间关系的综合性的政策、法律、法规。

2. 多样性

物流法规的多样性是指物流法规在形式上表现为各种法律、法规和公约。在我国，从物流法规制定主体上看，制定与物流相关的法律、法规、规章、规则的立法主体应该是全国人民代表大会及其常务委员会、国务院、国务院各相关部委、地方人民代表大会及其常务委员会、地方政府。

各种物流法规具有较为复杂的相互关系。通常，全国人民代表大会及其常务委员会制定的法律具有较高的效力和强制性，部门规章起到补充和帮助法律实施的作用，当与国家法律有冲突时，相关的规定将是无效的，而应以法律为准。至于各类标准和技术法规则根据其是否具有强制性而在使用中有不同效力。此外，当物流活动在世界范围内进行时，要受到国际公约的制约并遵守相应的国际惯例。也就是说，国际物流和国内物流受制于不同的法律体系，前者适用于国际公约和惯例，后者适用国内法律法规、标准等。正因为如此，物流的法律、法规、公约在适用时可能会产生不一致的情况。有的在形式和内容上都相互独立；有的在形式上相互独立，内容上却互有交叉。

尽管物流法律、法规内容丰富，体系庞大，但是，合同法及有关物流合同的规定应该是最基础的，也是本书重点阐述的部分。就物流供应商和客户之间的关系而言，物流合同的复杂性在于可能涉及到多种合同关系。合同当事人除了遵守合同法总则中一般义务、责任和权利的规定外，在具体合同下，就要针对具体情况分别涉及到运输、仓储、包装、配送等多个方面的合同关系。

3．综合性

物流法规的综合性是指各种物流法律、法规具有的内在联系性质。现代物流是综合物流，是将多种功能组合起来的一项经济活动。反映综合物流的物流法规无疑也应该具有综合性，并应考虑到不同物流功能的相关法律、法规之间的协调、配合的要求。就物流中的运输而言，我国一直强调综合运输的概念，即将公路运输、铁路运输、水路运输和航空运输等作为整体考虑。立法上，在制定具体运输方式下的法律、法规时，无疑需要考虑其他相关运输方式的有关规定，避免法律、法规之间的冲突。现阶段，我国物流法规综合性的要求突出体现在物流技术的标准化方面。现代物流一些关键性的标准有：物流标识系统标准、物流信息自动识别与采集技术标准、物流信息交换标准、物流运输工具标准、货物包装标准等。一个高效的物流系统依赖于各种标准之间的统一和协调。另外，在物流合同领域，同样需要强调不同物流合同法律制度相互之间的协调性，如一般合同法与各种运输方式下的运输合同法律之间的关系。

4．专门立法的困难性

由于上述各种原因，针对物流制定单独的法律或规章的难度极大。我国尚无专门的物流法，甚至物流相关法规的研究文章也难以见到。这与现阶段我国物流发展的水平有着密切的关系。与国际上物流发展较早的国家相比，我国的物流业仍处于发展初期或推广阶段，整体上的成熟理念远未形成。一部法律或法规也确实难以包容物流这么复杂和内容庞大的活动所涉及的各个方面。因此作者认为，在相当长的一段时间里，恐怕难以形成物流法。但这并不意味着可以不去学习和研究。相反，根据现实的需要，对物流相关法律法规和公约惯例等进行研究和介绍，对促进物流业的健康发展是一件非常有益的事。

1.3 物流法规体系

1.3.1 构建物流法规体系的设想

1．物流法规的分类

物流法规体系是指由规范物流活动的各种法律、法规按照一定标准所形成的一个呈现体系化特征的有机联系的统一整体。物流法规体系的建设最基础的工作是对现有物流方面的法律、法规进行分类，然后根据该分类形成基本的物流法规体系。根据不同的标准，物流法规体系可以划分为不同的组成部分。

（1）根据物流功能的不同所进行的分类。物流包括运输、储存、装卸、搬运、包装、流通加工、配送、信息处理等基本功能，因此，物流法规也相应地由规范这些功能的法律、法规组成。与物流功能相对应的每一类法规又包括许多法律、法规。鉴于物流法规体系的复杂性，根据物流功能对物流法规进行的分类应该成为最基本的分类。该分类标准的局限性是缺乏更具体的分类，因此，需要辅之以其他标准进行细分。以与运输功能相对应的物流法规为例，它既包括运输主管部门对各类运输市场的管理法规，也包括约束运输合同当事人行为的法律、法规。如果从运输方式上分类，则有公路运输方面的法律、法规，铁路运输方面的法律、法规，水路运输方面的法律、法规，航空运输方面的法律、法规。在每一种运输方式下，有关的法律、法规还可以再分，如水路运输法律、法规可分为内河、沿海运输方面的法律、法规和国际海运方面的法律、法规，因为这两类法律、法规在许多方面存在较大的差异；国际海运可分为班轮运输法律、法规和租船运输的法律、法规，等等。

（2）根据法律维护利益的不同所进行的分类。根据法律所维护的主要是国家利益、社会公共利益，还是个体利益为标准，法律可分为公法和私法。公法主要是建立、维护经济、社会、政治等公共秩序，涉及到许多人的利益；私法则主要保护个人、企业的利益，主要体现为民商法。在物流法规领域，一类是管理物流业的法律、法规，通常具有强制性，是必须遵守的；另一类是规范物流合同的法律、法规，除少数强制性内容外，只要合同当事人之间有约定，则此类约定将优先于法规的约定性规定。

我国物流法规体系建设的落后主要体现在公法方面，而私法方面相对来说比较完善。因此，健全物流法规体系，应该在以下方面做更多的工作：物流企业市场准入条件、促进物流业发展的优惠政策和措施、具有宏观协调性质的物流业管理机关的设立、物流业正当竞争法律制度、物流标准化体系、物流园区规划和建设制度、物流业信息制度建设等。

（3）根据法律形式的不同所进行的分类。我国对不同国家机关制定的法律冠以不同的名称，避免相互之间的混淆，更重要的是可以明确不同国家机关制定的法律具有不同的效力，下位法不能违背上位法。当然，所有的法律都要以宪法为依据。一般来说，一个部门的法通常包含了各种形式的法律，即包括全国人民代表大会及常务委员会制定的法律、国务院制定的行政法规、国务院各部委发布的部门规章、地方人民代表大会及其常务委员会制定的地方性法规、地方政府颁布的规章等。

在物流法规领域，涉及到各种形式的法律，包括法律、行政法规、地方性法规和规章等。另外，国际公约、国际惯例和国际标准也是重要的规范物流活动的法律。国际公约由国际组织制定，各国签字加入即成为缔约国。对我国有约束力的是那些我国已正式加入的公约，另一些未加入的公约对我国企业或组织在国际上的活动也具有一定影响。国际惯例是经过长期的国际实践形成的习惯性规范，成文的国际惯例由某些国际组织或商业团体制定，各方可加以自由引用，自愿受其约束，属于非强制性规范。国际标准由国际组织制定，本身没有强制力（国际标准均为推荐性标准）；但国际公约常将一些国际标准作为公约附件，从而对缔约国构成约束，如国际标准化组织（ISO）、国际电工委员会（IEC）等制定的针对产品和服务的质量及技术要求的标准就是这样。

对物流法规进行形式上的分类，对完善我国物流法规体系具有重要意义。法律形式实质上是一个立法体制问题，涉及到有关国家机关立法权的分配问题。就物流立法而言，因为没有一个主管机关，或者说，物流立法涉及到许多相关行业的主管部门，导致了物流法规之间的冲突。

国务院所属部门或省级地方政府制定的有关物流规章具有同等的法律效力，这些法律冲突在实施过程中将不可避免地产生一些问题。

2．构建我国物流法规体系

探讨物流法规体系，有利于从整体上掌握物流法规的内容及内在联系，也是完善物流法规体系的需要。物流法规体系由哪些法律、法规构成，这些法律、法规之间的效力如何等问题，是建立我国物流法规体系的两个基本问题。对物流法规体系的探讨在我国还是刚刚开始，有关的认识也存在较大的分歧。

在前述三种物流法规分类标准中，根据物流功能对物流法规所进行的分类是建立完善的物流法规体系的基础。但同时应该考虑另外两种标准。根据这种设想，物流法规理论体系的内容应该以不同物流功能相应的法规为基础，具体阐明规范物流各项功能的法律、法规和公约；同时，根据国家对物流活动的管理和当事人之间的物流关系，分别介绍物流活动中的公法和私法两方面内容，以此建立物流法规理论体系。

在本书体系上，前 3 章主要针对物流法规的基础知识，第 4～11 章基本上根据不同的物流功能安排，涉及更多具体法规的内容。另外，在介绍不同物流功能相应的法律、法规时，通常将具有管理性质的法律、法规与规范合同的法律、法规区分开来。这两方面的知识对现代物流从业者来说应该都是必需的。

1.3.2 物流法规体系的具体内容

物流的法律框架是由物流活动本身的内涵和外延决定的。物流跨越众多行业，涉及面非常广泛。物流与供应链的结合更使物流外延触及厂商的供应和销售。在构成物流活动的系统和子系统中，各项活动所涉及的法律、法规和公约有如下几个部分，它们构成了物流活动的法律框架。

1．与厂商供货和销售相关的物流法规

货物销售是物流产生的主要前提和基础，物流活动离不开销售。针对物流中这一部分活动的法规主要是物流与供应链相结合形成的与物资的供应和销售相关的法律法规的集合，其中主要涉及到国际贸易相关的国内法律、法规与国际公约、惯例，同时涉及到与内贸物资的流通相关的货物买卖双方的行为规范。

由于货物的买卖必须遵守政府对贸易货物所设的限制条件，因而涉及到买卖双方的责任、义务，比如货物交接的方式、时间、地点、风险分担，以及如何保证货物的质量，使货物受到良好的保护，保证流通过程中不发生灭失、损坏等。

法律层面的规定，主要有《对外贸易法》、《合同法》、《产品质量法》、《进出口商品检验法》等。

法规层面的文件有《货物进出口管理条例》、《出口货物原产地规则》、《出口许可证管理规定》、《货物进口许可证管理办法》、《出口商品配额管理办法》、《货物自动进口许可管理办法》、《货物进口指定经营管理办法》、《机电产品进口管理办法》、《机电产品进口配额管理实施细则》、《特定机电产品进口管理实施细则》、《机电产品自动进口许可管理实施细则》、《纺织品被动配额管理办法》等。

国际公约有《联合国国际货物销售合同公约》，国际惯例有《国际贸易术语解释通则》、《跟单信用证统一惯例》等。

2．与包装、仓储、流通加工相关的物流法规

这部分适用的法律、法规、公约缺乏独立性，即虽有许多相关的法律、法规、公约，但它们具有非针对性的特点。主要以贸易、运输方面的法规公约所涉及的相应要求为基础。包装方面具体是按现有的相关标准的要求进行作业和检验。仓储方面我国《合同法》有专门的分则，此外也有国家标准。流通加工则主要以《合同法》中承揽合同分则的规定为准。

涉及到包装、仓储、流通加工的法律、法规、标准、公约主要有《合同法》、《海商法》、《铁路法》、《航空法》、《水路危险货物运输规则》、《危险化学品安全管理条例》、《一般货物运输包装通用技术条件》、《危险货物运输包装通用技术条件》、《危险货物包装标志》、《包装储运图示标志》、《运输包装件基本试验》、《联合国国际货物销售合同公约》、《国际贸易术语解释通则》、《国际海运危险货物规则》等。

3．与装卸、搬运相关的物流法规

装卸是指货物上下运输工具的操作；搬运是指同一场所内，进行的移动货物的作业。两者都是在仓储、运输和其他物流活动开展的前后进行的作业活动。因此，装卸、搬运也较少有独立的针对性的法律、法规，多数是与运输、仓储等适用的法律、法规相关。如《海商法》、《铁路法》、《航空法》、《合同法》、《铁路货物运输管理规则》、《汽车货物运输规则》、《国内水路货物运输规则》等。较有针对性的法规、标准或公约有《港口货物作业规则》、《铁路装卸作业安全技术管理规则》、《铁路装卸作业标准》、《汽车危险货物运输、装卸作业规程》、《国际贸易运输港站经营人赔偿责任公约》等。

4．与运输相关的物流法规

运输是传统物流最重要的组成部分，有关运输的法律、法规比较健全，体系也很庞大。因此，本书对有关运输通道、运输工具管理方面的法规给予忽略，主要将运输法规中涉及货物运输和交接方面的内容列入物流法规框架。

具体法律有《海商法》、《铁路法》、《航空法》、《合同法》运输合同分则。

相应的法规主要有《国际海运条例》及其《实施细则》、《国内水路货物运输规则》、《铁路货物运输管理规则》、《汽车货物运输规则》、《中国民用航空货物国际运输规则》、《国际货运代理业管理规定》及其《实施细则》等。当然还有一些更细的规定，如《水路危险货物运输规则》、《汽车危险货物运输规则》、《国内水路集装箱货物运输规则》等，在各种运输方式下都有自己独立的法规，在此不一一列举。

货物运输交接有关的国际公约有《海牙规则》、《维斯比规则》、《汉堡规则》、《铁路货物运输国际公约》、《国际公路货物运输合同公约》、《华沙公约》、《海牙议定书》等。

总体上看，物流的法律框架中运输部分的法律、法规和公约，体系最为完整，线条也最为清晰，而且规定比较详细。

5．与口岸监督与管理相关的物流法规

这部分法规和公约同样内容庞杂。由于口岸管理涉及到国家重大利益，因此是物流法律框架中重要的部分。

与物流相关的口岸管理方面的法律有《海关法》、《国境卫生检疫法》、《食品卫生法》、《进出境动植物检疫法》、《进出口商品检验法》。

法规主要有《海关法行政处罚实施细则》、《进出口关税条例》、《海关稽查条例》、《保税区海关监管办法》、《海关关于转关运输货物监管办法》、《海关对暂时进口货物监管办法》、《关于大型高新技术企业适用便捷通关措施的审批规定》、《国境卫生检疫法实施细则》、《进出境动植物检疫法实施条例》、《进口许可制度民用商品入境验证管理办法》、《进出境集装箱检验检疫管理办法》、《商品检验法实施条例》、《出口食品卫生管理办法》等。

口岸管理有关的国际公约有《国际卫生条例》、《商品名称及编码协调制度的国际公约》、《关于货物暂准进口的 ATA 单证册海关公约》、《伊斯坦布尔公约》、《关于货物实行国际转运或过境运输的海关公约》、《国际公路车辆运输规则》、《1972 年集装箱关务公约》、《关于简化和协调海关业务制度的国际公约》及其《附约》、《关于设立海关合作理事会的公约》等。

根据物流的功能对物流法规进行的分类是建立完善的物流法规体系的根本，为此有必要根据前述分类对有关法律、法规有总体的了解。本书的特色之一是根据上述分类，对具体的物流法规内容进行分析，建立我们的物流法规理论体系。

随着物流的进一步发展，相关的法律、法规、公约的数量及内容都会发生变化，变得更为全面和完善。同时，可以预见，既会有物流业管理法规出台，也会有专门调整物流活动各关系方权利、义务、责任的法律法规出台。不过，由于物流活动毕竟涉及面太广，协调有关的关系不容易，这样的法律、法规的出台还需待以时日。

本章小结

物流是企业的第三利润源泉，也是国民经济基本的活动之一。为了发挥物流在现代市场经济中的作用，一方面国家需要制定有关发展物流的政策和法规，另一方面，物流服务的提供者和需求者之间通过订立各种物流合同实现各自的目的。如果是跨越国界的国际物流，通常还涉及有关的国际公约和惯例。从总体上了解物流法规的特点和物流法规体系是学习具体物流法规和公约的基础。物流法规在保护当事人的合法权益、规范物流行为、促进物流业健康发展等方面具有重要的作用。物流法规具有广泛性、多样性和复杂性等特点，建立我国完善的物流法规体系需要以科学的物流法规分类为基础。

思考与练习

1．物流的概念是什么？
2．简述法律的概念与特征。
3．法律有哪些分类标准？
4．物流法规对促进我国物流业发展有哪些具体的作用？
5．物流活动有什么特点？
6．物流法规具有哪些主要特点？
7．物流法规的分类标准有哪几种？
8．我国物流法规体系主要该包括哪些内容？
9．如何建立我国相对完善的物流法规体系？

第2章 物流合同的基本问题

内容提要

- 物流合同的概念、特征和分类；
- 物流合同的订立程序；
- 物流合同生效的条件及效力；
- 物流合同的履行；
- 物流合同违约责任。

2.1 物流合同概述

2.1.1 物流合同的概念与特征

物流服务提供者与接受者之间需要通过物流合同来确定双方的权利义务，但有关合同的法律制度通常并不直接规定物流合同，因此，有必要首先从理论上探讨物流合同的概念、特征和分类等基本问题。

1. 物流合同的概念

当今世界，无论社会制度、法系、种族、语言、文化等如何不同，几乎都无一例外地使用合同，现代社会可以说是合同社会。无论什么合同，在市场经济条件下，其基本作用都是实现交易，防范风险。合同的交易作用是指交易主体、交易内容、外部因素对交易的影响、交易失败的责任等内容通过合同预先进行约定。合同的风险防范作用则主要体现在合同的订立与实际交易的完成存在时间差的情况下，通过合同将市场价格变化等不确定性因素固定下来，使将来可能的行情变化不至于影响到企业、个人的经营活动、消费活动。

合同也被称为契约，是现代法律制度中最重要的法律概念之一。根据我国《合同法》的规定，合同是平等主体的自然人、法人和其他组织之间设立、变更、终止民事财产权利和义务关系的协议。当然，在不同国家，合同的定义有所区别。在美国，合同是指一项或一系列的承诺，如果承诺被违反，法律则给予救济。在法国，合同是一人或数人对另一人或数人承担给付某物，做或不做某事的义务的一种合意。

物流合同是种类繁多的合同中的一种，完全符合《合同法》中关于合同的定义。我国《合同法》并没有直接规定物流合同，所以物流合同属于合同法理论上的无名合同范畴。但是，《合同法》具体规定了物流合同中的运输合同、仓储合同及相关的承揽合同等。这样，在涉及具体的物流合同时，如果《合同法》中有相应的规定，应该遵循这些规定；如果没有相应的规定，则遵循《合同法》中关于合同的一般性规定。

物流合同可以是总体统一的形式，内容具有综合性；也可以是一个合同集合体，具体包括许多种类的合同。当然，这些合同之间存在内在联系，即都是在物流活动中订立的。因此给物流合同下一个统一的定义非常难。我们尝试性地这样定义：物流合同是物流服务提供者与接受者之间就运输、储存、装卸、搬运、包装、流通加工、配送、信息处理等一项或几项基本物流活动达成的协议。

2．物流合同的特征

（1）物流合同是平等的物流服务提供者与接受者之间实施的一种民事法律行为。这一特征一方面强调物流合同是平等主体之间的一种关系，另一方面强调物流合同是一种民事法律行为。物流合同的当事人是物流服务提供者和接受者，物流服务的提供者是从事运输、储存、装卸、搬运、包装、流通加工、配送、信息处理等基本功能的物流企业，而物流服务接受者可能是企业，也可能是消费者个人，或者其他物流服务的需求方。物流合同无论是企业之间，还是企业与个人之间订立的，当事人的法律地位都是平等的，任何一方不得强迫对方订立协议或接受合同条件。民事法律行为是法律行为的一种，是民事主体实施的能够引起民事权利义务的产生、变更或终止的合法行为，在性质上不同于事实行为。事实行为是指不以意思表示为要件，并不能产生当事人预期的法律效果的行为，如侵权行为、拾得遗失物、加工等。

（2）物流合同以设立、变更或终止债权债务关系为目的和宗旨。物流合同关系主要是一种当事人之间的债权债务关系，在物流以外的其他领域，可能存在不是以债权债务关系为目的的合同，如合伙合同、抵押合同、承包合同等。在物流活动中，物流服务的提供者与接受者之间属于一种特定当事人之间的债权债务关系。所谓债是指发生在特定主体之间请求为特定行为的财产法律关系。物流合同当事人订立合同的目的，是为了实现各自的经济利益，这些经济利益具体通过合同中的权利义务来体现。物流合同可以使当事人之间产生债权债务关系，也可变更原来已存在的债权债务关系，或消灭原债权债务关系。设立、变更和终止是使合同的债权债务关系发生变化的三种方式。

（3）物流合同是物流服务提供者与接受者之间意思表示一致的协议。从本质上说，物流合同是一种协议，它要求合同的成立必须有两个或两个以上的当事人。当事人之间产生协议还需要各自做出意思表示，并且意思表示应该一致，协议本来的含义即为合意。因此，只要当事人之间就物流事项达成了一致意思表示，便形成了物流合同关系。

2.1.2 物流合同的分类

根据不同的标准，合同可做相应的分类。根据这些分类，物流合同被分别归入其中。另外，根据物流合同自身的特点，可对物流合同进行分类。

合同一般的分类包括：双务合同和单务合同、有偿合同和无偿合同、有名合同和无名合同、诺成合同和实践合同、要式合同和不要式合同、主合同和从合同、本合同和预备合同、为订约人自己订立的合同和为第三人利益订立的合同等。物流合同一般属于双务合同、有偿合同、无名合同、诺成合同、不要式合同、主合同、本合同、为订约人自己订立的合同。如果涉及到具体的物流合同，在分类上可能有所差异。在掌握物流合同一般性质的基础上，除了解合同的一般分类外，还要掌握物流合同自身的分类。

1. 根据物流功能所进行的分类

根据物流功能对物流合同进行的分类是最基本的分类。物流的基本功能包括运输、储存、装卸、搬运、包装、流通加工、配送、信息处理等，因此，物流合同可相应地分为运输合同、储存合同（准确地说是仓储合同）、装卸合同、搬运合同、包装合同、流通加工合同、配送合同、信息处理合同。搬运在物流功能上是独立的，但在合同分类上独立性不是很强，通常与运输合同、仓储合同、装卸合同等结合在一起。

另外，根据物流合同所覆盖的功能范围，可将物流合同分为综合物流合同和单一物流合同。所谓综合物流合同，是指物流服务商提供包括物流系统设计和管理、运输、仓储、包装、装卸等几项功能在内的一揽子物流服务而订立的合同。所谓单一物流合同，是指独立地提供物流基本功能中的一项服务，如运输合同、仓储合同等，或者是因为功能的不可分割性而将几项功能结合在一起，如运输合同中经常包括装卸条款。从单一物流合同向综合物流合同的转变过程，是传统物流向现代物流发展的标志。

2. 根据物流环节所进行的分类

根据物流活动经过的环节，物流分为供应物流（Supply logistics）、生产物流（Production logistics）、销售物流（Distribution logistics）、回收物流（Returned logistics）、废弃物物流（Waste Material logistics）。供应物流是指为生产企业提供原材料、零部件或其他物品时，物品在提供者与需求者之间的实体流动。生产物流是指生产过程中，原材料、在制品、半成品、产成品等，在企业内部的实体流动。销售物流是指生产企业、流通企业出售商品时，物品在供方与需方之间的实体流动。回收物流是指不合格物品的返修、退货以及周转使用的包装容器从需方返回到供方所形成的物品实体流动。废弃物物流是指将经济活动中失去原有使用价值的物品，根据实际需要进行收集、分类、加工、包装、搬运、储存等，并分送到专门处理场所时所形成的物品实体流动。因此，物流合同可分为供应物流合同、销售物流合同、回收物流合同和废弃物物流合同。分类中没有生产物流合同，是因为生产物流是在企业内部经营管理者直接指挥下进行的，无须订立合同。

3. 根据物流地域范围所进行的分类

根据物流活动的范围，物流分为国内物流（Domestic logistics）和国际物流（International logistics）。因此，物流合同相应地分为国内物流合同和国际物流合同。如果与第一个分类结合，国内物流合同和国际物流合同可再分为国内运输合同和国际运输合同、国内仓储合同和国际仓储合同、国内配送合同和国际配送合同等。本分类的意义在于国内物流合同和国际物流合同受不同的法律管辖，前者一般是国内法，后者包括了国际公约和国际惯例。

4. 根据物流服务提供方所进行的分类

根据物流服务的提供者的不同，物流服务被分为供需方物流和第三方物流。我国国家标准《物流术语》中第三方物流（Third-part logistics, TPL）的定义，是指由供方与需方以外的物流企业提供物流服务的业务模式。供需方物流是由供方和需方自己完成各项物流功能，无须借助第三方。从广义上理解第三方物流，它包括传统的运输企业、仓储企业等为他人提供各种物流服务的企业，也包括为供方和需方设计整个物流方案，主要提供信息服务的企业。但是，作为现代物流业的物流服务主要提供者，第三方物流企业应该主要是指承担物流系统中设计、管理任务的物流服务。因此，第三方物流企业可能没有货车，也没有仓库，但必须具有承担物流设计、管理业务的能力。通过第三方物流企业将从事运输、保管等业务的企业联系起来，实现物流的真正社会化、专业化。在供需方物流中，关于物流的内容直接规定在货物买卖合同中，即由供方或需方负责货物的运输、仓储、包装等活动；在第三方物流中，供方或需方与物流第三方物流服务提供商订立第三方物流合同。因此，第三方物流也被称为合同物流（Contract logistics）或外协物流（Outsourcing logistics）。

2.1.3 物流合同法律制度的基本原则

《合同法》的原则，是指其效力贯穿于整个合同法制度和规范之中的根本准则，是指导合同立法、合同司法、合同订立和履行等带有普遍意义的基本行为准则。物流合同应遵循的基本原则与其他合同是一样的。《合同法》的基本原则有以下几项内容。

1. 意思自治原则

意思自治原则是指合同当事人在平等基础上，在合同活动中享有决定和表达自己意志的自由，不受国家权力和其他当事人的非法干预。合同一经合法成立，当事人必须按照约定善意履行。非经共同商议决定，不得修改或者解除。

意思自治原则是我国《合同法》的首要原则。《合同法》第 3 条规定："合同当事人的法律地位平等，一方不得将自己的意志强加给另一方。"第 4 条规定："当事人依法享有自愿订立合同的权利，任何单位和个人不得非法干预。"上述规定是意思自治原则的法律根据。在市场经济条件下，只有在法律上确认并充分保障合同当事人所享有的意思自治权利，才能鼓励市场主体从事广泛的交易活动，调动其参与流转、展开竞争、创造社会财富的积极性。也只有在这个基础上，市场经济才能真正确立并得到真正发展。

2. 公平原则

公平原则是指合同当事人在合同的订立和履行过程中要以公平观念来调整相互之间的权利义务关系。公平观念是指以利益是否均衡作为价值判断标准来确定当事人之间的利益关系，追求公平与合理的目标。《合同法》第 5 条规定的"当事人应当遵循公平原则确定各方的权利和义务"即是这一原则的法律根据。

法律上的公平是进步和正义的道德观在法律上的体现。表现在合同交易中，公平即指等价有偿，即一方从对方取得利益，必须付出相应的利益；一方不得无偿占有对方的财物或者接受对方的服务，也不得与对方缔结显失公平的交易而取得或者享受不当利益。

3．诚实信用原则

诚实信用原则简称诚信原则，它是在市场经济活动中形成的道德规则。现代民法吸收了这一道德观念，要求人们在从事民事活动时，讲究信用，恪守诺言，诚实不欺，用善意的心理和方式去取得权利，履行义务；在不损害他人利益和社会利益的前提下追求自身的利益。

具体到合同领域，诚信原则是指合同当事人在订立合同时要诚实，不得有欺诈行为；在履行合同时，要守信用，自觉履行合同，保证法律关系的当事人都能得到自己应得的利益。

由于诚信原则具有超乎法律条文规范的抽象性，贯彻公平正义、分配合理的精神以及随时间、空间而变化的不确定性和补漏的法律功能，故有“帝王条款”之称。

4．合法原则

合法原则是指当事人订立、履行合同，应当遵守法律、行政法规，尊重社会公德，不得扰乱社会经济秩序，损害社会公共利益。

当事人订立、履行合同应当遵守法律、行政法规，主要是指遵守法律的强制性规定。尊重社会公德，是指合同当事人要尊重社会公认的道德规范。不得扰乱社会经济秩序，损害社会公共利益，是从禁止性规范的角度规定了《合同法》中的公共利益原则，即合同当事人在订立和履行合同的过程中，在考虑个人利益的同时，不能损害社会公共利益，不能扰乱社会经济秩序。

2.2 物流合同的订立

合同是一种协议，可以有两个或两个以上当事人。当事人就合同的条款经过协商达成一致，合同即成立。所谓合同订立是指订约当事人就合同的主要条款达成合意的过程。合同订立是缔约各方以成立合同为目的而相互接触、洽商的动态过程，需要通过要约和承诺两个基本阶段来完成。

2.2.1 要约

1．要约的概念和构成要件

《合同法》第 14 条规定：要约是希望和他人订立合同的意思表示。要约在商业活动和对外贸易中又称为发盘，发出要约的人为要约人，接受要约的人为受要约人，简称受约人。

要约是具备一定条件的意思表示。根据我国《合同法》的规定，要约的构成要件有：

（1）要约是由具有订约能力的特定人做出的意思表示。要约的提出旨在与他人订立合同，并希望对方承诺，所以要约人必须是订立合同的一方当事人。要约人应当具有订约能力，无行为能力或依法不能独立实施某种行为的限制行为能力人发出订立合同的要约，并不能产生行为预期的效果。物流合同的可能当事人是企业、个人。对企业来说，影响其订约能力的主要因素是其经营范围，而个人则可能受其年龄或精神状态的影响。物流合同的订立可以由物流服务提供者首先提出要约，也可以由需求者（接受者）提出要约。

（2）要约必须向要约人希望与之缔结合同的受约人发出。要约人向谁发出要约也就是希望与谁订立合同，选择向谁发出要约是要约人在合同领域中意思自治的一个重要体现。由于合同是特定当事人之间的债权债务关系，具有相对性，所以，在一般情况下，要约也须向特定的人发出。但在某些特定情况下，对于不特定的人做出而又无碍要约所达目的时，要约也可成立。例如，商店标明商品价格，其要约是面对任何顾客的，这是对一定范围的不特定的人发出的要约。在物流合同中，物流服务提供者可向潜在的物流服务需求者发出要约，或反过来，物流服务的需求者向潜在或任意的物流服务供应商发出要约。

（3）要约必须具有订立合同的意图。所谓具备订立合同的意图，是指要约人已经决定与受约人订立合同，并表明自己的要约一经对方承诺，合同即成立，要约人即受约束。只有具备订立合同的意图，一项意思表示才能构成要约。业务活动中，向对方寄送的报价单、价目表及商品目录等，其内容可能包括价格、品质规格、数量等，但因为不具有订立合同的意图，不属于要约。

（4）要约的内容必须具体、确定。所谓“具体”是指要约的内容必须具有足以使合同成立的主要条款，如果没有包含合同的主要条款，受约人难以做出承诺。所谓“确定”是指要约的内容必须明确，不能含糊不清，使受约人不能理解要约的真实含义，无法承诺。在物流合同中，因为具体的种类不同，对要约内容的要求也不同。

2．要约邀请

要约邀请是指希望他人向自己发出要约的意思表示。这种意思表示只是引导他人发出要约，它不能因相对人的承诺而成立合同。但获得要约邀请信息的人可以向发出要约邀请的人发出要约，表明订立合同的意图。一般来说，寄送的价目表、拍卖公告、招标公告、招股说明书、商业广告等为要约邀请。在海上货物运输合同中，船期公告或船期表即为典型的要约邀请，托运人的订舱行为即是一种要约。

3．要约的法律效力

要约的法律效力又称要约的拘束力。一项要约如果符合构成要件，就会对要约人和受约人产生一定的法律效力。

（1）要约开始生效的时间。要约开始生效的时间是指要约从什么时间开始发生法律效力。对于以对话形式发出的要约，一般不存在何时生效的争议。要约的意思表示一经发出，受要约人就立即知悉，要约就立刻生效。非对话要约即书面形式的要约，其生效时间一般是要约到达受约人时，才发生法律效力。我国《合同法》中规定：“要约到达受要约人时生效。”

（2）要约法律效力的内容。要约的法律效力即要约的拘束力，其内容包括对要约人的拘束力和对受约人的拘束力两个方面。要约一经生效，要约人即受到要约的拘束，不得随意撤销或撤回。要约对受约人的拘束力主要表现为受约人取得承诺的资格，有权在要约有效期内对要约予以承诺，以使合同成立。当然，是否承诺，依受约人的意愿而定，受约人没有一定承诺的法定义务。

（3）要约的撤回和撤销。要约的撤回是指要约人在发出要约以后，要约未到达受约人之前，取消要约的行为。要约的撤销是指要约人在要约到达受要约人并生效之后，取消该要约，使要约的效力归于消灭。根据我国《合同法》规定，要约原则上可以撤销，但是，如果要约规定了承诺期限或者以其他形式表明要约是不可撤销的，或者受要约人有理由信赖要约是不可撤销的，并且已经为履行合同做了准备工作的，则要约不得撤销。

（4）要约的失效。要约在下列情况下失效：

① 拒绝要约的通知到达要约人；

② 要约人依法撤销要约；

③ 承诺期限届满，受约人未做出承诺；

④ 受要约人对要约的内容做出实质性变更。

2.2.2 承诺

1. 承诺的概念和要件

我国《合同法》规定：承诺是指受约人同意要约的意思表示。承诺必须具备以下条件，才能产生法律效力。

（1）承诺必须由受约人向要约人做出。要约和承诺是订立合同的两个阶段，它们都是相对人的行为，要约是要约人向受约人发出的，只有受约人才有权做出承诺。第三人没有资格向要约人做出承诺。

（2）承诺的内容必须与要约的内容一致。承诺从形式上看是对要约人所发出的要约的答复和同意，同意要约就意味着受约人愿意接受要约人在要约中提出的各项条件和内容。如果受约人在对要约人的答复中提出了新的内容或者对要约的内容做了实质性修改变更，则该答复就是一种新的要约。所谓实质性变更，是指合同重要条款的变更，通常来说，合同的标的、数量、质量、价款或者报酬、履行期限、履行地点和方式、违约责任和解决争议的方法属于实质内容范围。

（3）承诺须在要约的有效期限内做出。承诺作为对有效要约的同意，它应当在要约的有效期限内做出，否则，一旦要约失效，要约对要约人失去拘束力，受约人为之做出的承诺便失去了意义，不能产生合同成立的后果，只是构成一项新的要约。有效期限有两种形式，一是要约规定的期限，二是要约没有具体规定承诺期限，则应该理解为是合理期限。

2. 承诺的生效

承诺的生效主要是关于承诺什么时候开始生效的问题。目前各国有两种规定。一是采用发信主义，即受约人以书面形式做出承诺时，在承诺通知的信件邮出时承诺即生效；二是采用到达主义，即受约人发出的承诺通知到达要约人可支配的范围内才能生效。我国采用的是到达主义，《合同法》第 26 条规定："承诺通知到达要约人时生效。"这样的规定有利于维护交易的安全。

3. 承诺的撤回

在采取到达生效的国家或国际公约中，允许承诺人在发出承诺后撤回。但是，如果承诺已经到达要约人，已经生效，则不得撤销，否则即为单方面解除合同。

2.2.3 订立物流合同需注意的问题

要约和承诺是订立合同的法律程序。要订立一个好的合同，不仅仅是法律问题，需要考虑物流业务本身的特点，在实践中应当注意以下问题。

1．考虑不同物流功能之间的协调

如果当事人订立的是综合性的物流合同，则需要考虑代理、运输、仓储、保管、报关等各个方面之间的关系。现代物流需要按一定流程设计管理方案，该流程要解决企业的各种疑难问题，达到简化程序、降低成本、提高管理水平、提高企业经济效益和市场竞争能力的效果。因此，合同涉及的环节多，时间长，要求复杂。合同当事人双方都要注意这些问题。

2．物流合同应兼顾双方的利益

物流合同要考虑双方的合理利益，达到双赢的目标，一方面是双方权利义务设定的均衡性，另一方面是风险分配的合理性。作为新兴的行业及自身的复杂性，物流服务报酬的确定或许比较困难，但对于物流服务需求者来说，物流服务商的介入是否比自己从事物流活动减少了成本、提高了效率是有一个客观的比较标准的。从合同条款上，应该根据服务项目、货物种类、服务时间、额外服务等将有关的费用标准规定于具体的条款中。

3．合同条款要完整

物流服务提供商与需求者之间签订合同是一个非常复杂的过程，任何一方如在签约前考虑不周或者准备不足，都有可能在未来执行合同时出现问题。衡量合同完善程度的主要标准要看是否规定了将来履行过程中可能产生的各方面问题，包括对有关争议的解决方法和违约责任等内容。

4．物流服务内容要明确

物流合同当事人必须对服务范围进行明确界定，服务范围从大的方面看，是指具体包括哪些物流功能；从小的方面看，是指每项功能应该具体包括哪些内容。后者如物流服务的长期性、服务所涉及的货物种类和数量、服务程度及服务的期限等。

5．当事人均应诚实守信

双方都遵守诚实信用原则是合作的基础。物流商不要为了争取客户而使其产生误解，将物流服务视为灵丹妙药，认为物流商可将客户所有的问题都彻底解决。应让客户认识到，没有一个物流方案能十全十美地解决企业的全部问题；即使要解决某一方面的问题，也需要详尽的策划、充足的时间，以及付诸实施这样一个过程，最终才能见效。

6．合同应具有可操作性和可行性

合同的可操作性和可行性来自两个方面，一是合同条款的可操作性即内容的可执行性，二是物流方案符合企业的实际需要。对于物流服务需求者来说，签约前应向有关专家咨询，甚至请他们参与谈判，分析企业生产、管理的特殊性、特殊要求及特别需要注意的问题，避免留下难以弥补的后患。物流服务提供者与需求者之间存在信息不对称性，需求者在物流知识、信息等方面要比提供者少。为避免因此对自己造成的不利，可以向有关专家咨询相应的措施。

7．合同要留有余地

合同中目前难以确定的问题可以留待将来协商解决，为此在订立合同时常会留下一些余地。如约定“未尽事宜，双方友好协商，补充内容作为本合同的组成”等。对物流合同当事人双方来说，这种条款都是必要的，有利于切合实际地解决合同履行中发现的问题。

2.3 物流合同的效力

通过要约和承诺两个阶段达成的协议并不意味着对物流合同当事人产生法律约束力，合同的成立仅仅解决了当事人之间的合意。要使物流合同在当事人之间产生法律效力，尚需符合法律规定的其他条件。

2.3.1 物流合同的生效要件

合同的效力即合同的拘束力，它是指已成立的合同将对合同当事人产生的法律后果。合同的订立过程完成之后，合同即告成立。已经成立的合同能否产生当事人预期的法律后果，即在当事人之间产生法律的约束力，则应视情况而定。一个有效的物流合同必须具备以下要件。

1. 物流合同当事人具有相应的民事行为能力

任何合同都是以当事人的意思表示为基础，以产生一定的法律后果为目的的。因此，缔约人必须具备正确理解自己行为的性质和后果、独立进行意思表示的能力。如果物流合同是两个企业之间订立的，并且都是在依法登记的经营范围内，则合同当事人具有完全的民事行为能力。法人或其他组织的法定代表人、负责人超越权限订立的合同，除相对人知道或应当知道其超越权限外，该代表行为有效。如果物流一方是未成年人或精神病人，则会影响到合同的效力。

2. 物流合同当事人的意思表示真实

意思表示真实是合同有效的重要条件。因为合同是当事人之间的一种合意，这种合意如果符合法律规定，依法可以产生约束力。当事人的意思能否产生约束力，取决于当事人的意思表示是否与当事人的真实意思一致。在大多数情况下，行为人表示于外部的意思同其内心真实意思是一致的，但是有时二者并不符合。影响当事人意思表示真实性的因素有受欺诈、受胁迫、重大误解、乘人之危等。

3. 物流合同不违反法律或者社会公共利益

合同是当事人追求其经济利益的法律表现形式。合同之所以能产生当事人预期的法律后果，能够为法律所支持而生效，其必备要件是合同不违反法律、行政法规的强制性规定及社会公共利益；任何违反法律、行政法规的强制性规定和社会大多数人的利益及社会公共道德的合同是无效的。物流合同是否违反法律的情形集中体现在货物是否允许流通、运输工具是否符合强制性的技术标准、货物包装是否符合有关标准等。

4. 物流合同必须具备规定的形式

合同形式可以是口头的、书面的或其他形式。合同形式的要求来自两个方面，一是当事人的约定，二是法律的直接规定。对物流合同来说，法律一般不直接规定必须采取某种形式，因此，允许当事人选择。因为物流合同具有复杂性，一般来说，具体的物流合同应该采用书面形式。

根据我国《合同法》的规定，所谓书面形式，是指合同书、信件和数据电文（包括电报、电传、传真、交换的电子数据和电子邮件）等可以有形地表现所载内容的形式。书面合同除合同书外，可以有多种体现形式，如合同确认书、协议、格式合同等。

格式合同是根据格式条款订立的合同，在现代经济活动中广泛存在。所谓格式条款是指当事人为了重复使用而预先拟定，并在订立合同时未与对方协商的条款。比如提单作为运输合同的证明，其条款本身是由承运人单方制定的，属于格式合同的一种。然而，由行业协会、国际民间组织等社会团体公布的标准合同中的条款基本上不属于格式条款，如航次租约中的金康合同条款。因为格式条款由单方制定，制定者可能违法地免除、减轻自己的责任，加重对方的义务和责任，排除对方的权利等，因此，我国《合同法》对格式条款制定者规定了必须遵守的强制性义务，包括应该根据公平原则确定当事人之间的权利义务、提请对方注意免除或者限制自己责任的条款、违法的条款无效等。如果对格式条款的理解发生争议的，应当按照通常的理解予以解释；有两种以上解释的，则应当做出不利于提供格式条款一方的解释。

2.3.2 无效的物流合同

1. 无效合同

无效合同，是指合同虽然已成立，但因其在内容和形式上违法了法律、行政法规的强制性规定和社会公共利益，因而自始不发生法律效力的合同。例如两个企业之间订立运送“洋垃圾”合同即属于无效合同的情形。

当事人在订立无效合同后，不得依据合同实际履行，也不承担不履行合同的违约责任；如果合同在履行过程中被确认为无效，即在合同订立之时起就无效，对已经履行的，应当返还财产，赔偿损失；法院和仲裁机构在没有当事人申请的情况下，也可主动地认定这些合同无效。

2. 无效的物流合同

依据我国《合同法》的规定，物流合同因为下列原因而无效：

（1）一方以欺诈、胁迫的手段订立合同，损害国家利益。所谓欺诈，是指一方当事人故意告知对方虚假情况，或者故意隐瞒真实情况，诱使对方当事人做出错误意思表示的行为。所谓胁迫，是指以给公民及其有关人员的生命健康、荣誉、名誉、财产等造成损害或者以给法人的荣誉、名誉、财产等造成损害为要挟，迫使对方做出违背真实意思表示的行为。欺诈和胁迫导致合同无效仅仅限于对国家利益造成损害的情形；如果不涉及国家利益，仅损害受欺诈或胁迫的对方当事人的利益，则不属于无效合同，而是归于可撤销的合同。

（2）恶意串通，损害国家、集体或者第三人利益。恶意串通行为通常是合同当事人以损害他人利益为手段获取非法利益为目的的情形。所谓恶意，是指明知或应该知道某种行为将造成对国家、集体或第三人的损害，而故意为之。

（3）以合法形式掩盖非法目的。这是指当事人实施的行为在形式上是合法的，但在内容上和目的上是非法的。比如通过合法的买卖行为达到隐匿财产、逃避债务的目的等。

（4）损害社会公共利益。损害社会公共利益包括损害公共道德、危害公共健康和环境等行为。

（5）其他违反法律、行政法规的强制性规定的行为。

2.3.3 可撤销的物流合同

可撤销合同，是指当事人在订立合同时，因意思表示不真实，法律允许撤销权人通过行使撤销权而使已经生效的合同归于无效。可撤销合同与无效合同虽然都不完全满足合同生效的条件，但在效力上毕竟有差别。无效合同自始无效、当然无效，而可撤销合同在成立之后，未被撤销之前却是有效的，而且可撤销合同只能由享有撤销权的人通过法院或仲裁机关主张撤销。

根据我国《合同法》的规定，含有下列情形的物流合同可以撤销：

（1）因重大误解订立的物流合同。所谓重大误解，是指物流合同当事人因对行为的性质、对方当事人、标的物的品种、质量、规格和数量等的错误认识，使行为的后果与自己的意思相悖，并造成较大损失的情形。

（2）在订立合同时显失公平的物流合同。所谓显失公平，是指物流合同一方当事人利用优势或者利用对方没有经验，致使双方的权利与义务明显违反公平、等价有偿原则的情形。

（3）一方以欺诈、胁迫的手段或者乘人之危，使对方在违背真实意思的情况下订立的物流合同。欺诈、胁迫的含义见前述部分内容。所谓乘人之危，是指物流合同一方当事人乘对方处于危难之机，为牟取不正当利益，迫使对方做出不真实的意思表示，严重损害对方利益的情形。

2.4 物流合同的履行

物流合同的履行是关于物流合同的重要制度。只有通过合同的履行，合同当事人才能实现合同目的，比如将货物运送到特定的目的地、在仓库中被保管一定的期间、完成流通加工任务等。

2.4.1 物流合同履行的概念和原则

1. 合同履行的概念

合同的履行，是指合同依法生效后，合同当事人按合同约定或法律规定全面地、适当地完成合同义务，以使合同约定得到实现的过程。

合同履行是合同法律效力的主要内容。当事人订立合同的目的，就是要实现各自的经济利益，也就是要使合同约定的权利得到实现。而合同目的的实现，离开合同的履行是不可能的。只有当合同约定的义务都被履行完毕时，当事人订立合同的目的才能得以实现，合同也就因目的实现而消灭。

物流合同的履行就其直接意义来说，是实现物流服务提供者和物流服务接受者的各自目的。对物流服务提供者而言，可获得报酬；对接受者来说，得到相应的服务，具体可以是货物的运输、仓储、流通加工、信息等方面的服务。整个物流活动可以由多个物流合同构成，物流合同的履行也就实现了物的空间和时间的转换。

2．物流合同履行的原则

物流合同履行的原则是合同当事人在履行合同债务时应当遵循的基本准则。在合同履行中，除了要遵循《合同法》的基本准则，还要根据合同履行的特点，遵循以下原则：

（1）适当履行原则。适当履行原则是指当事人按照合同约定的履行主体、履行标的及其数量和质量要求、履行期限、履行地点和履行方式，全面正确履行合同义务。如果物流合同当事人就质量、价款或报酬、履行地点等内容没有约定或约定不明确的，可以协议补充；不能达成补充协议的，按照合同有关条款或者交易习惯确定。

（2）协作履行原则。协作履行原则是指当事人不仅应当适当履行自己的合同义务，而且基于诚信原则应当积极协助对方当事人履行义务。合同义务人履行其合同义务是合同履行的核心内容，但如果没有合同权利人的协助，合同义务人对合同义务的履行往往会无法实现。协作履行主要有以下内容：第一，债务人履行合同债务时，债权人应当适当受领给付；第二，债权人应当创造条件，为债务人履行债务提供方便；第三，债务人不能履行或者不能完全履行合同债务时，债权人应当采取积极措施避免或者减少因此而造成的损失，否则，扩大的损失应当由债权人承担。

（3）经济合理原则。经济合理原则是要求当事人履行合同时讲求效益，以最小的成本取得最大的合同利益。经济合理原则是经济领域中效益原则在合同履行中的具体体现。如果物流合同约定履行费用是由履行方承担的，经济合理原则会被自觉遵守；如果履行费用是由对方承担的。根据实际支付费用由对方承担，经济合理原则对履行行为具有一定的约束力。

（4）情势变更原则。情势变更，顾名思义，指的是构成合同基础的情势发生根本的变化。在合同有效成立之后，履行之前，如果出现某种不可归责于当事人的原因的客观变化会直接影响合同履行结果时，若仍然要求当事人按原来合同的约定履行合同，往往会给一方当事人造成显失公平的结果。这时，法律允许当事人变更或解除合同而免除违约责任的承担。情势变更原则是公平原则的具体体现，目的在于消除合同因情势变更所产生的不公平的后果。情势变更原则的适用应当符合以下条件：

① 必须有情势变更的客观事实存在。即在合同订立时作为合同基础的客观情况发生了异常变动，不论这种变动是人为导致的或是自然原因引发的。

② 情势变更必须发生在合同有效成立之后，合同关系终止之前。

③ 情势变更必须是当事人不能预见的。所谓不能预见是指在正常情况下非一般人所能预料，如果当事人对情势变更情况应当预见，只是由于过失或者其他原因而未能预见，则当事人不能主张适用情势变更。

④ 情势变更必须是基于不可归责于双方当事人的事由。即当事人对情势变更不能预见，更无法阻止其发生，当事人主观上对情势变更没有过错，因此所发生的法律后果不应当由当事人承担。

⑤ 必须是因情势变更使原合同的履行显失公平。情势变更发生之后，会导致合同当事人之间的利益失衡。如果继续履行原合同，将会对当事人造成明显不公平的后果，从而违背公平原则。因此，应允许对当事人之间的利益进行调整。

情势变更原则是合同法上的一个重要原则，世界各国，包括大陆法系和英美法系国家的立法均有规定。我国在 20 世纪 90 年代末制订《合同法》的时候，“情势变更”原则也一度被写入草案，但最终没有被立法者采纳。2009 年 5 月 13 日，最高人民法院出台《关于适用〈中华人民共和国合同法〉若干问题的解释（二）》。该司法解释第二十六条明确了法学界长期呼吁引入的“情势变更”条款，使合同法原则与国际合同规范更加接近，而这个原则的确立，实际上也是司法机关应对金融危机、当代社会的复杂多变性与不可预见性的积极对策。可就当事人利益平衡因经济的激烈动荡而导致不公正结果时，施以法律的救济。

2.4.2 物流合同履行中的抗辩权

抗辩权是指在符合法定条件的情况下，债务人可以不履行债务的权利。抗辩权根据其存在的时间可分为两类：一时抗辩权和永久抗辩权。一时抗辩权具有暂时性质，当产生抗辩权的条件消失时，债务人应该恢复履行；永久抗辩权具有永远对抗债权人要求履行的权利，通常是因为过了诉讼时效所致。

一时抗辩权一般存在于双务合同中。物流合同属于双务合同，因此，也存在物流合同债务人利用抗辩权保护自己的情况。如果物流合同一方当事人担心履行合同后，对方可能不履行相应的义务，那么只要情况符合我国《合同法》规定的条件，就应及时行使抗辩权，以免遭受不必要的风险。双务合同抗辩权分 3 种：同时履行抗辩权、先履行抗辩权和不安抗辩权。

1．同时履行抗辩权

同时履行抗辩权，是指双务合同的当事人没有先后履行顺序的，一方在对方未给付以前，可拒绝履行自己的债务的权利。

双务合同中，当事人之间的权利义务是相互对应的，一方履行义务是另一方实现权利的前提。既然合同中没有确定合同履行顺序，履行期限届至，双方应当同时履行其各自的债务，以使对方权利得以实现。法律上设立同时履行抗辩权的目的，在于维持当事人在利益关系上的公平，平衡当事人之间的利益，平等维护当事人的权利，维护交易安全。

《合同法》第 66 条规定：“当事人互负债务，没有先后履行顺序的，应当同时履行。一方在对方履行之前有权拒绝其履行要求。一方在对方履行债务不符合约定时，有权拒绝其相应的履行要求。”根据此规定，同时履行抗辩权应当具备以下条件：

（1）当事人由同一双务合同产生互负的债务；

（2）在合同中未约定履行的先后顺序且履行期限届至；

（3）对方当事人未履行债务或者未提出履行债务；

（4）对方的给付是可能履行的。

当具备上述四个条件时，在一方未履行自己的义务，而要求对方履行义务时，对方有权不履行义务，这种不履行义务的权利即为同时履行抗辩权。

2．先履行抗辩权

先履行抗辩权，是指当事人互负债务，有先后履行顺序，先后的顺序可以是由当事人约定，也可以是基于法律规定。先履行一方在未履行之前，后履行一方有权拒绝其履行请求。先履行一方履行债务不符合合同目的的，后履行一方有权拒绝其相应的履行请求。

3．不安抗辩权

不安抗辩权，是指在双务合同中当事人双方互负债务的情况下，先给付义务人在有证据证明后给付义务人的经营状况严重恶化，或者转移财产、抽逃资金以逃避债务，或者丧失商业信誉，以及其他丧失或者可能丧失履行债务能力的情况时，可中止自己履行的权利。后给付义务人接到中止履行通知后在合理期限内提供了适当担保的，先给付义务人应当恢复履行其义务。在合理期限内未恢复履行能力并且未提供担保的，先给付义务人可以解除合同。但需要注意，不安抗辩人行使其权利时应当及时通知对方，并负有义务举证证明对方没有履行合同的能力。如果没有确切证据而中止履行义务的，应当承担违约责任。

当事人履行债务的时间有先后之分，如果后履行债务的一方已经或者可能丧失履约能力，对于先履行方而言，其在履行了自己的义务之后，不可能或很难得到对方的给付。为维护先履行方的利益，避免后履行方由于履约能力的欠缺而给先履行方造成损失，故法律规定了不安抗辩权，以资救济。

后给付义务人的履行能力明显降低，有不能为对待给付的现实危险。根据我国《合同法》规定，主要有下列情形：经营状况严重恶化；转移财产、抽逃资金，以逃避债务；丧失商业信誉；有丧失或者可能丧失履行债务能力的其他情形。

2.4.3 物流合同债权的保护

合同关系成立后，债务人的财产是债权人债权实现的保证，如债务人财产不当减少或者应当增加而没有增加，可能会直接影响债权人债权的实现。因此，法律设立了债权保全制度，以防止债务人的财产不当减少而危害债权人债权的实现。债权保全制度包括代位权制度和撤销权制度。

1. 代位权

代位权，是指当债务人怠于行使其对第三人享有的权利而危害债权人的债权时，债权人为保全自己的债权，以自己的名义行使属于债务人权利的权利。《合同法》第 73 条规定："因债务人怠于行使其到期债权，对债权人造成损害的，债权人可以向人民法院请求以自己的名义代位行使债务人的债权，但该债权专属于债务人自身的除外。代位权的行使范围以债权人的债权为限。"代位权涉及到债权人、债务人和次债务人。次债务人是债务人的债务人。

债权人行使代位权，应当符合下列条件：

（1）债权人对债务人的债权合法；

（2）债权人对债务人享有到期债权；

（3）债务人怠于行使其到期债权，对债权人造成损害；

（4）债务人对次债务人的债权已到期；

（5）债务人的债权不是专属于债务人自身的债权；

（6）债权人代位行使的范围应以保全债权的必要为标准。

所谓债务人怠于行使其到期债权，对债权人造成损害的，是指债务人不履行其对债权人的到期债务，又不以诉讼方式或者仲裁方式向次债务人主张其享有的具有金钱给付内容的到期债权，致使债权人的到期债权未能实现。次债务人不认为债务人有怠于行使其到期债权情况的，应当承担举证责任。

债权人行使代位权，是以保全债权为目的并需要向法院提起诉讼，由法院来决定。在代位权诉讼中，债权人是以自己的名义而不是以债务人的名义通过向法院起诉而对次债务人行使债权。债权人胜诉的，诉讼费由次债务人负担，从实现的债权中优先支付。债权人向次债务人提起的代位权诉讼经人民法院审理后认定代位权成立的，由次债务人向债权人履行清偿义务，债权人与债务人、债务人与次债务人之间相应的债权债务关系即予消灭。在代位权诉讼中，债权人行使代位权的请求数额超过债务人所负债务额或者超过次债务人对债务人所负债务额的，对超出部分人民法院不予支持。

2．撤销权

撤销权，指债权人对债务人滥用其财产处分权而损害债权人债权的行为，请求法院予以撤销的权利。《合同法》第 74 条规定："因债务人放弃其到期债权或者无偿转让财产，对债权人造成损害的，债权人可以请求人民法院撤销债务人的行为。债务人以明显不合理的低价转让财产，对债权人造成损害，并且受让人知道该情形的，债权人也可以请求人民法院撤销债务人的行为。"

《合同法》在规定撤销权时，对债务人的主观状态并无要求，只要客观上具有债务人放弃到期债权或无偿转让财产的事实或以明显不合理的低价转让财产并对债权人造成损害的不当行为，债权人就可以行使撤销权。至于债务人是否具有损害债权人债权的意思，并不重要。但对第三人的主观状态，因债务人转让财产是否有偿而有不同的要求。一种情况是在债务人以明显不合理的低价转让财产的情形下，第三人明知会损害债权人的利益而仍与之进行交易，债权人才能行使撤销权。另一种情况是在债务人无偿转让财产的情形下，合同法对第三人的主观状态没有要求，即无论第三人主观上是善意还是恶意，只要债务人从事了无偿转让财产的行为，并对债权人造成损害，债权人就可以行使撤销权。

在债务人滥用财产处分权的行为符合法定要件时，债权人即可以自己的名义通过诉讼的方式在其债权范围内行使撤销权。如果债务人实施的是单方行为（如单方免除债务），则应以债务人为被告；如果债务人与第三人共同实施无偿转让财产或低价转让财产的行为，则原则上应以债务人及/或第三人为被告。另外，债权人行使撤销权应该在一定的期限内进行。我国《合同法》规定，撤销权自债权人知道或者应当知道撤销事由之日起一年内行使，自债务人的行为发生之日起五年内没有行使撤销权的，该撤销权消灭。一年时效属于诉讼时效的规定，五年时效属于除斥期间的规定。诉讼时效，是指权利人不行使权利的事实状态，持续经过法定的期间，从而失去诉讼保护的法律制度。诉讼时效的立法目的在于消除因权力人不行使权利而导致的法律关系的不稳定状态。除斥期间，是指法律规定某种民事实体权利存在的期间。它的特点是权利人在此期间内不行使相应的民事权利，则在法定期间届满时导致该民事权利的消灭。除斥期间不适用时效的中止、中断和延长的规定。

2.5 物流合同违约责任

如果合同得以正常履行，合同在被履行完毕时终止。但是，合同当事人可能有意或无意地违反合同约定的义务，这就涉及《合同法》上的违约责任制度。物流合同纠纷大部分与违约行为及应当承担的违约责任有关。

2.5.1 违约责任的概念和特点

违约责任，也称为违反合同的民事责任，是指合同当事人因违反合同义务所承担的责任。物流合同违约责任即为物流合同当事人违反合同约定的义务或法律规定的义务而承担的责任。

违约责任的产生是以合同的有效存在为前提的，合同一旦生效，在当事人之间即产生法律约束力，当事人有义务全面地、严格地履行合同义务。任何一方当事人因违反有效合同约定的义务均应承担违约责任，所以违约责任是违反有效合同约定的义务的结果。当事人订立合同的目的是为了合同的履行，以实现一定的经济利益，合同一旦被违反，当事人一方或双方的目的就无法实现。违约方承担违约责任是对受害方的救济，使其达到合同被正常履行时的状况。

物流合同违约责任具有以下特点：

（1）违约责任的产生是以合同当事人不履行合同义务为条件的。违约责任产生的基础是双方当事人之间存在合法有效的合同关系。若当事人之间不存在有效的合同关系，则无违约责任可言，因此，违约责任是以有效合同义务为前提的，只有违反有效合同义务时，才在法律上构成违约责任。

（2）违约责任具有相对性。合同关系具有相对性，这种相对性也包括违约责任的相对性，即违约责任只能在特定的当事人之间即合同关系的当事人之间发生，合同关系外的人不负违约责任，合同当事人也不对其承担违约责任。

（3）违约责任可由当事人约定。因违约责任由当事人约定，所以，具有一定的任意性。如当事人可事先约定违约金的数额、损害赔偿的计算方法等，这是由合同自由原则所决定的，法律允许合同当事人自主、自愿约定各自的权利义务，同时也允许当事人通过合同预先约定违约形态及其他事项。当然，这种约定的任意性不是绝对的，必须在法律规定的范围内进行，如一方当事人认为约定的违约条款缺乏公平合理，则可以主张无效或申请撤销。允许当事人约定违约责任可以避免违约发生后确定损害赔偿的困难，有利于纠纷的及时解决，也易于当事人控制风险。

（4）违约责任具有补偿性。通常情况下，违约责任旨在弥补或补偿因违约行为造成的损害后果。但是，在一定情况下，违约责任可能与补偿没有直接关系。定金通常与补偿不存在关系，违约金的数额可能高于实际损害或低于实际损害，但一般按约定的违约金赔偿。

2.5.2 物流合同中违约责任的归责原则

归责原则，指基于一定的归责事由而确定责任是否成立的法律原则。

违约责任的归责原则是合同当事人违约时，确定其承担民事责任的依据和标准。根据我国的法律制度，判断责任的标准主要有无过错责任原则、过错责任原则和公平责任原则。无过错责任原则（也称为严格责任）通常适用于侵权时，过错责任原则通常适用于违约。

我国《合同法》第107条规定："当事人一方不履行合同义务或者履行义务不符合约定的，应当承担继续履行、采取补救措施或者赔偿损失等违约责任。"该条规定实质上确立了无过错责任原则为违约责任的一般归责原则。与此同时，该法通过一些例外情形规定在个别情况下可采用过错责任原则。

对于物流合同来说，我国《合同法》对运输合同、仓储合同、承揽合同、委托合同的规定也采取无过错责任原则。物流合同当事人是否承担违约责任的主要依据是合同履行行为是否与合同约定的义务一致，而不考虑在履行物流合同中是否存在过错。

在考虑是否应当承担违约责任时，除了存在违约行为，还要考虑是否属于可以免责的因素。法律规定的可以免责的原因主要是不可抗力。不可抗力是指不能预见、不能避免并不能克服的客观情况。诸如地震、台风等自然现象及战争、罢工等社会异常事件均可视为不可抗力。

2.5.3 物流合同中的违约行为

违约行为，指合同当事人违反合同义务的行为。

在我国，由于违约责任的归责原则为无过错责任原则，只要违约方违反合同义务，且不具备法定或约定的免责事由，不管其在主观上是否存有过错，违约方均应承担违约责任。因此，对物流违约责任构成条件的认定，只需看合同当事人客观上是否存在违约行为。

根据我国《合同法》，违约行为分为预期违约行为和实际违约行为两种类型。

1．预期违约行为

预期违约也称为先期违约，指在合同履行期限届满之前，当事人一方明确表示或者以自己的行为表明不履行合同的行为。它具有以下特征：

（1）违约行为发生在履行期限届满之前。预期违约并非现实的违约，而是一种违约的危险，其侵害的是期待的债权而非现实的债权。

（2）违约行为的类型包括明示违约和默示违约两种。明示违约即当事人一方在履行期限届满之前，已明确做出届时将不履约的意思表示。默示违约即当事人一方在履行期限届满之前，以自己的行为在客观上能让人推断出其缺乏到期履约的诚意，或将不可能履行合同，如一物多卖、转移财产、抽逃资金等行为。

（3）预期违约责任具有特殊性。对此种违约行为，非违约方有选择权，可以采取积极措施，在履行期限届满之前，要求违约方承担预期违约责任，并解除合同；也可以静候履行期限届满，追究违约方的实际违约责任。

2．实际违约行为

实际违约行为是指在履行期限届满以后，当事人不履行或不完全履行合同义务而构成的违约行为。实际违约行为有以下几种类型：

（1）拒绝履行。拒绝履行，指在合同履行期限届满之后，一方当事人无正当理由拒绝履行合同约定的全部义务的行为。

（2）迟延履行。迟延履行，指当事人的履行违反了履行期限的有关约定，包括债务人的给付迟延和债权人的受领迟延。

给付迟延，指在履行期限届满时，债务人能够履行而没有按期履行债务的情形，这是债务人违约的最常见的表现形式。在许多情况下，迟延履行的债务人在迟延一段时间后仍会履行义务，因而与拒绝履行不同。

受领迟延，指债权人对于债务人的履行应当受领而不接受或不能接受的情形。即：① 债权人具有合法债权；② 债务人的履行需要债权人的协助；③ 债务已达履行期限；④ 债务人已经实际履行或提出履行的情况下；⑤ 债权人无正当理由不接受履行。

（3）不适当履行。不适当履行，指债务人虽然履行了债务，但其履行有瑕疵或给债权人造成损害的情形。当事人一方履行合同的目的，主要在于使合同债权人的利益得到满足，同时债务人的履行行为应不使债权人的其他利益受到损害。而在不适当履行中，债务人主观上存在过错，履行行为有违于债务履行的目的，如提供的食物腐烂变质，受雇人随意泄露雇主的商业秘密等。

2.5.4 物流合同下承担违约责任的方式

违约责任形式，指合同当事人违反合同义务后，按照合同约定或者法律规定承担违约责任的方式。违约行为的复杂性决定了承担违约责任方式的多样性。根据《合同法》的规定，在我国，违约责任的承担方式主要有如下几种，这些形式也全部适用于物流合同。

1．继续履行

继续履行是指违约方不履行合同时，另一方有权请求法院强制违约方按合同的约定履行义务，而不得以支付违约金或赔偿金的方式代替履行。继续履行可以与支付违约金或损害赔偿等责任形式并存。继续履行也称为实际履行、强制实际履行、依约履行等，是对违约行为人的一种强制措施，必须具备以下条件：

（1）必须是违约方能够继续履行的合同。如果法律上或者事实上不能履行，或者债务的标的不适于履行或者履行费用过高，不能适用继续履行。如提供劳务的合同、标的物灭失的合同，一方违约时，都不能适用继续履行的违约责任形式。

（2）必须有非违约方的请求。法院或仲裁机关只有根据非违约方的请求，才能做出继续履行的裁决。若没有当事人的请求，法院或仲裁机关不得主动为之。是否请求继续履行是非违约方的一项权利，非违约方如果要求违约方继续履行，违约方拒绝，即可申请法院或仲裁机关裁决。

（3）非违约方须在合理期限内提出。具体的期限根据合同本身确定。

2．支付违约金

违约金是指合同当事人在合同中预先约定的，在合同债务人不履行或者不适当履行合同义务时，向对方当事人支付的一定数额的金钱。违约金具有以下特征：

（1）违约金由当事人约定。违约金作为违约责任的方式，直接来源于双方当事人在合同中的约定。若当事人在合同中未约定违约金条款，则不产生违约金责任。

（2）违约金的数额是预先确定的。违约金作为合同违约方在违约后承担的一种责任，必须在合同义务履行之前预先确定。违约金的数额由当事人预先确定，有利于非违约方的损失迅速得以补偿，免去了非违约方在另一方违约以后就实际损失所负的举证责任。同时，由于违约金数额是预先确定的，它在事先向债务人指明了违约后所需承担责任的具体范围，从而有利于当事人在缔结合同时预先确定风险和成本。

（3）违约金是一种违约后生效的责任方式。违约金责任条款并不与合同的其他条款同时生效，只在违约行为发生后产生效力。如果合同被完全履行，则该条款不发生实际作用。当然，违约金条款在合同履行过程中具有督促当事人履行合同的功能。

根据我国《合同法》的规定，违约金的性质主要是补偿性，有时具有惩罚性。违约金以补偿受损害一方当事人的损失为主要功能。在违约方支付违约金后，对方不得再请求损害赔偿。但如果违约金是专门为迟延履行约定的，不受此限。支付违约金的主要目的是使非违约方因违约方违约造成的损失得以弥补，而不是惩罚违约方。因此，我国《合同法》规定，约定的违约金低于造成的损失的，当事人可以请求人民法院或者仲裁机构予以增加；约定的违约金过分高于造成的损失的，当事人可以请求人民法院或者仲裁机构予以适当减少。

3. 损害赔偿

（1）损害赔偿的概念与特征。损害赔偿是指因合同一方当事人的违约行为而给对方当事人造成财产损失时，违约方向对方当事人所做的经济补偿。在我国，损害赔偿的形式主要是金钱赔偿，即在发生损害赔偿责任时，法律强制违约当事人给受害人一定数额的金钱，以弥补受害人所遭受的损失。损害赔偿是违约责任中的一种重要的、常见的责任形式。具有以下特征：

① 须有实际损失的存在。违约金责任只要有违约行为就可发生，而赔偿责任不仅应有违约行为的存在，而且还须有另一方因此而遭受实际损失的事实。

② 损害赔偿原则上仅具有补偿性而不具有惩罚性。补偿性特点使非违约方不能从违约方获得超过其实际损失的经济利益，这是民事法律制度的基本规则。

③ 损害赔偿具有一定程度的任意性。当事人在订立合同时，可以预先约定一方当事人在违约时应向对方当事人支付一定数额的金钱，这与实际的损失可能存在一定的差距。

④ 损害赔偿以赔偿当事人实际遭受的全部损害为原则。这种赔偿原则既可以弥补非违约方的全部损失，也使得违约方不能从违约中得到利益。

（2）损害赔偿的基本原则。损害赔偿的基本原则是完全赔偿。所谓完全赔偿，是指因违约使受害人遭受的全部损失都应当由违约方负赔偿责任。全部损失可分为两个方面，一是实际损失，二是可得利益的损失。完全赔偿原则使受害人的这两种损失均得以获得补偿，使受害人恢复到合同被严格履行情况下的状态。

实际损失，是指因为违约行为使非违约方遭受的直接经济损失；可得利益，是指合同在履行以后可以实现和取得的利益。可得利益是一种未来的必须通过合同的实际履行才能实现的利益，是当事人在订立合同时能够合理预见到的利益。如果没有违约方的违约行为，这种可得利益就可能实现。

（3）损害赔偿的限制。完全赔偿原则受可预见性规则和减轻损失规则的限制。

① 可预见性规则。我国《合同法》第 113 条规定，损害赔偿不得超过违反合同一方订立合同时预见到或者应当预见到的因违反合同可能造成的损失。根据该规定，只有当违约所造成的损失是违约方在订立合同时可以预见的情况下，才能认为损害结果与违约行为之间具有因果关系，违约方才承担这些损害的赔偿责任。确立可预见性规则的目的是为了使合同当事人对未来的风险和责任可以进行一定的预测，以促进交易的发展。表面上不完全合理，但因为对合同当事人同样适用，任何一方都可利用该规则限制或确定自己的违约责任，所以，该规则被各国合同法律制度及有关的国际公约普遍采纳。

② 减轻损失规则。所谓减轻损失规则，是指在一方违约并造成损害后，另一方有义务及时采取合理措施防止损失的扩大；否则，应对扩大的损失部分负责，即不能要求违约方赔偿本可避免发生的扩大损失。减轻损失的规则是依据诚实信用原则产生的。另外，未采取措施避免

损失扩大的一方当事人本身若有过错，应对自己的过错承担责任。减轻损失规则有利于提高社会整体利益。如果受害人因采取措施减轻损失而支付了一定的费用，只要该费用的支付是合理的，应当由违约方承担。

4．定金

所谓定金，是指合同当事人为了确保合同的履行，依据法律规定和合同约定，由一方按合同标的额的一定比例预先给付对方一定的金钱或其他代替物。定金首先是合同担保的一种形式，同时，也作为承担违约责任的一种形式。与其他违约责任形式不同的是定金通常与实际的损害没有直接的关系，不论有无损害，都应该按照定金规则承担责任。所以，定金具有制裁违约行为的性质，一般用于较为严重的违约行为。

《合同法》第 115 条规定，当事人可以依照《担保法》约定一方向对方给付定金作为债权的担保。债务人履行债务后，定金应当抵作价款或者收回。给付定金的一方不履行约定债务的，无权要求返还定金；收受定金的一方不履行约定债务的，应当双倍返还定金。按照《担保法》的规定，定金的数额不得超过合同标的额的 20%。如果当事人既约定违约金，又约定定金的，一方违约时，对方可以选择适用违约金或者定金条款。

本章小结

物流合同是物流活动最主要的法律形式。广义上，涉及到物流合同的法律既有《合同法》，又有《产品质量法》、《消费者权益保护法》等国内法；如果提供的是国际物流服务，还涉及到国际公约、国际惯例等。本章主要讨论物流合同的基本概念和分类、物流合同的订立、效力、履行、违约责任等有关物流合同的基本法律制度，从而为进一步学习买卖合同、保险合同、运输合同、仓储合同、装卸合同、流通加工合同等具体的物流合同奠定基础。

思考与练习

1．要约的概念是什么，有哪些构成要件？
2．承诺的概念是什么，有哪些构成要件？
3．物流合同生效应具备什么条件？
4．无效物流合同与可撤销物流合同有什么区别？
5．什么是情势变更原则？
6．行使同时履行抗辩权和不安抗辩权分别应具备什么条件？
7．什么是违约行为的归责原则？我国《合同法》的归责原则是什么？
8．什么是违约行为？违约行为的具体种类有哪些？
9．违约金与损害赔偿之间具有怎样的关系？
10．损害赔偿金额应如何确定？

案例分析

1. 第三方物流合同条款分析

（注：本合同条款选自骆温平编著的《第三方物流——理论、操作与案例》，有少量修改。）

本协议由　　物流公司（在此称为第三方）与　　公司（在此称为顾客）之间于　年　月　日在　　地生效。

顾客要求第三方进行物流与存货管理服务。

问题：

（1）这里“生效”的含义是（　　）。

A. 合同订立　　B. 合同成立　　C. 合同对当事人产生约束力。

（2）本合同下的物流服务具体包括哪些项目？

因此，双方达成以下协议。

（一）服务、支付和期限

第三方将履行在“工作范围”所定义的服务，费用支付与附件中所定义服务费用一致。如果在合同下提供的物流服务的货币价值比附件提出的每月最小额要少，顾客需支付不小于最小额的费用，不能再少。除了物流服务外，顾客将在　　合同条款（$　　），付给第三方物流公司一个月的仓储服务费。除非任何一方根据8（a）条款提出书面终止通知，合同期限自　　年　　月　　日起至　　年　　月　　日（起止条款），然后自动延期　　年（续订条款）。合同的起止条款与续订条款终止日期前的60天，双方将重新洽谈下一个延期合同的物流、仓储费。

问题：

（3）根据本条款，第三方与顾客负有何种合同义务？（　　）

（4）在本合同自动延期前，可以重新谈判的项目是（　　）。

A. 物流服务项目　　B. 工作范围　　C. 附件

（5）在什么情况下，本合同终止？（　　）。

（二）运送

（a）货物运送不以第三方作为指定收货人。顾客同意不以第三方作为指定收货人来运送货物。第三方有权利、自由地拒绝或接受以第三方作为指定收货人的货物。如果第三方接受以第三方作为指定收货人的货物，顾客在得知第三方通知后，应立即书面通知承运人，副本一份送给第三方，说明第三方对上述财产没有受益权或利益关系。

（b）不符合规定的货物。顾客同意不把符合下列条件的货物运送到第三方：① 与货物清单中规定的不一致。② 与每一批货物的包装条上描述的不一致。第三方有权利自由地拒绝或接受任何不符合规定的货物。如果第三方接受了这种货物，顾客应支付表A中所规定的费用。若表A中没有规定，则支付合理的费用。第三方收到这些不符合规定的货物，将尽力快速通知顾客，以获得有关指令，第三方不负责由于口头传递所造成的失误。

问题：

（5）根据本条（a）的规定，顾客“说明第三方对上述财产没有受益权或利益关系”的效力是什么？

（6）根据本合同以下相关内容，（b）中的“第三方不负责由于口头传递所造成的失误”的效力是什么？

（三）仓储的提供

由第三方配送的所有货物都必须恰当地标记和包装，然后送到仓库以便配送。双方同意，顾客在送货前，准备好符合“工作范围”的货单。双方同意第三方以相互同意价格，储存和搬运其他货物，这以达成书面协议为前提。工作范围内所列货单和将来可能加到货单中的其他物品，在这里称为货物清单。所有送到第三方的货物都必须是清单中所列的货物。

问题：

（7）如果第三方提供了超出“工作范围”外的货物仓储或搬运，仓储或搬运的费用该如何确定？

（8）本条规定的货物清单对顾客可能具有什么作用？

（9）为什么不属于“工作范围”的其他货物需要双方达成书面协议？

（四）送货要求

（a）没有顾客明确的书面指示，第三方不运送或转移货物。当然也可以根据顾客电话发送货物，但是第三方不承担口头传递信息而造成失误的责任。

（b）当顾客从仓库中订购了货物时，必须给第三方合理的时间执行指令。如果因为天气、战争、公敌、罢工、扣押、骚乱等，或者其他第三方不能控制的任何原因，或者因为不由第三方责任而造成货物的损失或损坏，或者因为法律所提供的任何其他理由，那么第三方不承担这种过失的责任。如果执行过程中发生了某一事件或困难，顾客与第三方应同意适当地延期。

问题：

（10）本条（b）规定的是第三方免责条款，具体包括不可抗力等原因。我国《合同法》规定的构成不可抗力的条件是____。

（11）口头通知有什么风险？

（五）额外服务（特殊服务）

（a）不属于通常物流服务（即“工作范围”内）的服务需要第三方劳动力，顾客按第三方的通常费用标准承担额外的合理费用。

（b）顾客所需的特殊服务包括但不仅仅限于编制特定的存货报表、报告标记的重量及包装上的系列数字或其他数据、货物的物理检验和物流运送清单，顾客按第三方的通常费用标准承担额外的合理费用。

（c）为顾客提供材料、包装材料或其他特殊材料，顾客按第三方的通常标准承担额外的合理费用。

（d）由于事先安排，不在正常商业时间内收到或运送货物，顾客按第三方的通常费用标准承担合理的额外费用。

（e）包括邮资、电传、电报或电话的通信费用，如果这些方面的服务超过通常的服务标准，或者在顾客的要求下，这些通信不采用邮政的正常方式，那么上述费用向顾客收取。

（f）必须认识到，有时第三方在没有顾客书面同意的情况下，造成一些“非常”费用是必需的，顾客因此同意支付第三方由此而产生的合理适当的费用。然而，只要可能，第三方在造成这些费用前，应从顾客那里获得许可。这种许可可以是口头的，但第三方对口头传递信息所造成的失误不负责任。

问题：

（12）本条（a）规定的“劳动力”的含义是什么？

（13）简单归纳一下本条所涉及的额外服务（特殊服务）的项目涉及哪些方面。

（14）“合理费用”这一约定的利与弊？如何理解、判断“合理费用”？对于额外的服务，除“合理费用”约定方式外，还有哪些约定更能减少事后争议的弊端？

（六）责任和损失限制

（a）损失责任。作为委托人的顾客把私有财产送到作为受托人的第三方，第三方在下列条件下同意接受上述财产：第三方对储存货物的丢失或损坏不负责任，除非这种丢失或损坏是由于第三方照管不当而造成的。对收据中的所有财产，第三方不为顾客投保火灾险或其他意外事故险，顾客对于因火灾或其他事故对财产所造成的损失，同意第三方无法律责任。

（b）保险。“第三方承诺其已购买的保险单（仓储责任险）继续生效。在协议的期限或延期内，对置放在协议指定的第三方仓库里的他人财产的丢失、毁坏或损坏在责任险范围内承担责任，但这些损失的赔偿金额由保险公司代表第三方（物流公司）来支付。顾客如果需要的话，第三方可以提供保险单的副本。”

（c）损失计算。如果第三方对顾客货物的丢失或损坏负责，那么为了计算这种损失，货物将按其售价和存货成本来估算。

（d）装卸。第三方对由于进货装卸或出货装卸的延误而造成的滞期费负责。第三方应竭尽全力提供及时的服务。

（e）随后损失。不是由于第三方的任何行为或疏忽而造成的随后损失，第三方不负责任。

问题：

（15）本条（a）规定的“私有财产”是指什么财产？

（16）这些私有财产遭受意外损失时，保险公司是否承担赔偿责任？（　　）

A. 承担　　　　B. 不承担

（17）本条（b）所涉及的保险的投保人是谁？（　　）

A. 第三方　　　　B. 顾客

（18）本条（c）中的“货物将按其售价和存货成本来估算”在用词上存在含义不清楚的问题。如果当事人为此产生纠纷，那么，请提供一种合理的解释。

（19）第三方原因造成的货物丢失、损坏，是否包括在保险合同中？如包括（c）款的约定是否有必要？

（七）义务

第三方将负责监督、人员配备、看门服务、物流设备、办公家具、正常安全（包括下班后锁门和启动电子安全系统）、包装材料、捆绑和房屋的保养。

（八）风险分担

有关方都认识到第三方物流公司为提供服务将做出承诺并投资。因此，双方同意下列条款。

（a）中止。尽管与以上协议相反，无须任何理由，任何一方在 90 天前以书面形式通知另一方，可终止该协议。该书面通知应有中止日期。无论什么原因的终止、无论是顾客或第三方或法律等作用提出中止，顾客同意补偿第三方未摊提的全部贷款或租金……所有由第三方购买和租赁的与协议有关的资产，包括房屋租赁资产的改进，在此称为“资产”。顾客同意一旦中止，无论何种原因，顾客应确保　　（出租人）和第三方作为承租人于　　年开始，至　　年，为租赁附件所描述的这些房屋，顾客将完全承担在租约下的承租人的责任，包括并不仅限于支付租金或其他费用。

(b)劳动力价格。双方承认在第一部分中所提出的价格是物流和存储服务的最低收费，是基于一定的劳动力价格的。在实际的劳动力价格超过第三方的假设时，双方应调整支付给第三方的费用与最低月费用，结果是顾客应支付额外的劳动力成本。

问题：

(20) 本条主要保护（　　）的利益。

A. 第三方物流公司　B. 顾客　C. 资产出租人

(21) 本条（a）所用的“中止”和“终止”是否具有相同的含义？（　　）

A. 是　B. 不是

(22) 如果第20题回答“是”，那么其共同的含义是________。如果回答“不是”，则其含义分别是________。

(23) 本条“风险分担”中主要涉及什么风险？该风险如何分担？

(24) 本条（b）中的“假设”的含义是什么？

(25) 合同在风险防范方面有什么作用？

(26) 本条（a）中的“终止该协议”与第（一）条中的“终止”约定，有何不同？

(九) 参与各方的地位

(a) 参与各方达成共识：第三方不从事出租货物的存储业务，也不能被看做法律规定的仓库所有人。并且，第三方明确表示在任何时候都不提出索赔、抵押、特免、抵消的优惠权或类似的有关对合同中所约定第三方所处理的货物的权利，货物的全部的、单一的、无疑问的权利仍属于顾客。

(b) 以与合同中的任何条款不冲突为前提，据此同意：第三方对于合同中所约定的货物而言，是一受托者，第三方与顾客之间的关系是受托人—寄托人的关系。进一步又达成共识：第三方与对于完成任务所需的方法和措施，应有独立控制和自由处理的能力。他不是顾客的代理或雇员。为了使第三方能完成作为该合同的受托者的任务，顾客允许第三方按顾客的利益，在任何适当的时间内，能独立控制并进行对货物和房产的检查。

问题：

(27) 根据本条规定，第三方是否可以将仓库中的货物向他人提供抵押？为什么？

(28) 顾客与第三人之间是何种法律关系？

(十) 索赔通知和诉讼

(a) 以下所有的索赔必须在法院宣判前，以书面形式提交。

(b) 只有当这些索赔用书面形式提交，并且是在事件发生后1年内提出索赔，顾客或第三方才能做出反应。

问题：

(29) 本条（a）中的“在法院宣判前”的约定是否存在问题？存在什么问题？什么是诉讼时效？

(30) 根据（b）的规定，“一年内提出索赔”的含义是否是向法院提出诉讼的时间要求？（　　）

A. 是　B. 不是

(十一) 口头交流

在（二）(b)、（四）(a) 和（五）(c) 小节中规定了由于与顾客进行口头交流后所产生的误交流的责任。在与以上各节内容无冲突的条件下，顾客因而同意用书面形式在发生口头交流 24 小时内，对这些口头交流内容进行确认。第三方收到这些书面确认后，再也无权依靠自己对口头交流的理解行事，而应按书面确认的情况为准。但是，在第三方收到口头交流确认前，第三方不必对根据口头内容而发生的行为负责。

问题：

（31）“第三方不必对根据口头内容而发生的行为负责”是否意味着第三方不承担一切法律后果？（　　）

A. 是　　　　　　　　B. 不是

（32）如何确定顾客与第三方的意思表示一致？如无确认，产生争议时，谁应承担对意思不一致后果的责任？

（十二）仓库

房产与中止的结果：以下用于服务活动的仓库应为一定的房产，位于　　　，房产由第三方租赁，约定　　　年，自　　　年开始。该房产的详细情况见合同有关附件。当由于某些原因要中止该合同时，顾客应承担该中止后的租赁。因而，顾客应单独承担租赁中承租人的法律责任，而第三方不应承担所有这些责任，即包括但不限于必须支付的租金或其他任何款项。一旦合同中止，第三方应向顾客移交其在所有租赁改进中所获得的利益。

问题：

（33）本条“中止”的含义是什么？

（34）本条与第（八）条是否存在重复规定的问题？（　　）

A. 是　　　　　　　　B. 没有

（十三）转让

不得到顾客书面同意，第三方不能转让、转送、抵押或让渡这一合同或合同的任何一部分，或与合同有关的任何条款。上述书面同意是不能随意收回的。

问题：

（35）根据我国《合同法》规定，权利的转让需要通知债务人，义务的转让应该获得债权人的同意。本条规定一律要求获得同意，如果适用我国《合同法》，该条款是否有效？（　　）

A. 有效　　　　　　　　B. 无效

（十四）违约

下列情况被认为是第三方违约。

（a）如第三方在执行或遵守合同条款时，有实质性的违约。

（b）如果第三方向法院提出自愿破产的申请，或被法院宣布破产或资不抵债，或为债权人的利益进行转让，寻求或同意对所有资产任命第三方的接收人或清算。

如果第三方收到这一书面违约通知单后 30 天，违约还在继续，这种情况下，顾客有权中止合同，它满足第（八）（a）节中所述的中止付费的规定。与前述无冲突的情况下，第三方在收到这一违约通知后有 30 天时间来消除、纠正其违约行为。

问题：

（36）什么是合同法上的违约行为？

（37）解释“实质性违约”概念的含义。

（38）如果顾客根据本条规定中止合同，是否仍然承担支付租金等有关费用的责任？（ ）

A. 承担　　　　B. 不承担

（39）本条（b）规定的各种情形被认为是违约的理由是什么？

（十五）继任者和受让人

该合同应对各方的继任者和受让人具有法律效力。

问题：

（40）本条的“继任者和受让人”可能包括哪些人？

（十六）所适用的法律

该合同应根据　　　　法律执行。

问题：

（41）合同当事人为什么可以选择适用于合同的法律？

（十七）修改——最终完成合同

除了下面所述或各方签名的书面协议外，这一合同不能以口头或其他任何方式改变、修改、作废，或丢弃，或中止。书面意见包括完整的协议，是双方签署的，而不能由任何其他人代理，无论是书面还是口头的都不许可。

问题：

（42）根据本条约定，说明口头形式与书面形式的内容在本合同中的不同作用。

（43）该合同在违约责任的规定方面是否存在不足？有哪些需要完善之处？

（44）在争议处理的约定方面本合同有哪些不足？如何完善？

2. 中国 ERP 第一案

1998 年北京三露厂感到原来的财务软件难以适应大规模企业的管理，并且需要将财务、采购、库存等数据进行整合，从而决定上 ERP（物流术语，Enterprise Requirement Planning，企业需求计划）。联想集成系统有限公司（现已并到神州数码旗下）当时是瑞典 Intentia 公司的独家代理。

1998 年 3 月 20 日，双方签订了 ERP 合同《关于实施 MOVEX 计算机管理系统的合同书》，约定三露厂付给联想集成人民币 1 697 297.50 元。其中 MOVEX 软件费用为 786 552.5 元；设计、实施服务费用为 67 103.97 元；购买服务器等费用为 843 641.03 元。联想集成以总承包的身份负责包括软、硬件及咨询服务在内的系统工程实施。

根据合同，实施时间为 1998 年 4 月 1 日 ~ 9 月 30 日，试运行时间是 1998 年 10 月 1 日～12 月 31 日，正式运行时间是 1999 年 1 月 1 日，验收时间是 1999 年 3 月 30 日。合同还约定了违约责任：1998 年 9 月 30 日之前，如不能完成合同有关事项，每延期一天，联想集成应向三露厂支付全部价款千分之五的赔偿金。

合同签订之后，三露厂陆续付给联想集成包括购买硬件、软件在内的有关费用 140 万元，联想集成也派人进驻了三露厂，开始和三露厂的工作人员一起进行实施工作。然而，在实施过程中，三露厂认为出现了几个难以解决的问题。首先，Intentia 软件产品汉化不彻底，操作界面和表单中有英文出现，致使员工难以使用；其次，系统提供的后台报表和数据采集的方式不符合国内财务制度和需求习惯；第三，软件实施商对软件不熟悉，没有按照软件厂商标准流程和实施方法来实施。据一些当时参与实施的三露厂技术人员反映，由于联想集团的技术人员不熟悉产品，在参数的设置上出现错误，造成了一些表单无法正确生成。

至2000年7月前，双方又一次进行实施、修改和汉化，软件产品提供商Intentia公司也派人来三露厂解决了一些技术问题。但是由于汉化、报表生成等关键问题仍旧无法彻底解决，三露厂始终在试运行MOVEX有关模块的同时并行原有的管理信息系统，反而增加了员工的工作量。

2000年12月11日，三露厂正式向北京市崇文区人民法院提起诉讼，要求联想集成赔偿损失。

2002年初，联想集成系统有限公司与北京市三露厂在北京市崇文区人民法院经济庭的主持下达成庭内调解：

（1）2002年2月28日之前，由被告方原联想集成系统有限公司向原告方北京三露厂给付200万元人民币；

（2）2002年2月28日之前，原告方将MOVEX（瑞典Intentia公司之ERP产品名称）计算机管理信息系统硬件及软件返还被告方（实际已退到神州数码）。

问题：

（1）北京三露厂与联想集成系统有限公司订立的实施ERP合同是否有效？

（2）北京三露厂能否要求瑞典Intentia公司承担责任？为什么？

（3）联想集成系统有限公司的违约行为具体体现在哪些方面？

（4）按照合同约定，联想集成系统有限公司应该赔偿北京三露厂多少万元人民币？

（5）合同当事人能否对达成的调解提起上诉？

第3章 物流与货物销售

内容提要

- 国内货物买卖的主要法律问题；
- 产品质量法与货物买卖合同；
- 《联合国国际货物销售合同公约》主要内容；
- 国际货物买卖中的主要惯例；
- 我国对外贸易主要法律制度；
- 物流风险防范与保险。

3.1 国内货物买卖的法律问题

国内货物买卖的法律问题一方面涉及当事人之间的合同问题，另一方面也涉及到国家对货物买卖相关的强制性规定。一般来说，有关国家的强制性规定可通过当事人在合同中约定成为合同的组成部分，当然，如无约定，则适用法定。

货物买卖中对交付、品质、包装、检验、保险、通知等项规定与物流环节中货物的交接、仓储、包装、加工整理、运输、装卸有着密不可分的联系。一方面，物流活动中的仓储、包装、流通加工等是为货物买卖合同服务的，另一方面，买卖合同约定的运输、包装、货物交付等内容直接制约着物流活动的进行。目前，我国国内货物销售主要受 1999 年制定实施的《中华人民共和国合同法》有关规定的规范，该法第九章专门对买卖合同进行了规定。另外，我国的《产品质量法》、《标准法》、《消费者权益保护法》等也有相关的规定。

3.1.1 货物买卖合同

1. 货物买卖合同的概念与特征

买卖是社会经济生活中最常见的一种现象，是财产流转的基本形式。买卖有广义和狭义之分，广义上的买卖是指财产权的转移，而狭义上的买卖仅仅指所有权的转移。比如土地使用权出让属于广义买卖范畴，但不属于狭义买卖范围。我国《合同法》第130条从狭义上定义买卖：买卖合同是出卖人转移标的物所有权于买受人，买受人支付价款的合同。物流活动主要与狭义买卖定义下的货物有关。货物买卖合同具有下列特征：

（1）出卖人须转移标的物的所有权。买卖合同的目的，从购买方来说是获得货物的所有权，从出卖方来说是通过转让所有权获得货款，转移所有权成为买卖合同的主要内容。

（2）买受人须支付价款。转移货物所有权的并非都是买卖，例如赠予是转移所有权，但不是买卖。买受人获得货物所有权需要支付价款，价款是取得所有权的对价。

（3）买卖合同的标的物为非限制流通物、有体物。限制流通物的买卖须经特别许可，只能在限定的范围内或限定的主体之间进行流通，否则，以限制流通物为标的物的买卖合同无效。根据物的形态可分有体物和无体物，无体物通常是指与知识产权有关的技术、商标和作品等。因为无体物的转让受特别法规范，通常的买卖合同仅针对有体物。物流活动的对象也正是有体物。

（4）买卖合同是诺成性、双务、有偿、不要式合同。

2．买卖合同中所有权的转移

买卖合同所有权转移是买卖合同的目的，该问题的关键是所有权转移的时间，即什么时候所有权从出卖人转移给买受人。

不同的国家对所有权转移时间的规定不同。英国《货物买卖法》区分特定物和非特定物的不同转移时间。特定物在当事人双方完成转移所有权的合意时起转移，非特定物在特定化之前所有权不转移，所谓特定化是指处于可交付状态的货物无条件地划拨于合同项下的行为。《美国统一商法典》不严格区分特定物和不特定物，除非当事人另有约定，货物所有权在出卖人完成其应履行的交货义务时转移于买受人。

我国《合同法》133条规定，标的物所有权自标的物交付时起转移，但法律另有规定或者当事人另有约定的除外。所以，我国货物买卖合同所有权转移的规则是：

（1）自交付时起转移。自交付时起转移货物所有权的通常是动产买卖合同，因此，尽管合同已经订立，但货物的所有权需要等到交付给购买方后，所有权才完成转移。但该规则是以法律没有特别规定或当事人没有约定的情况下适用的。

（2）法律规定所有权转移时间。法律对于比较重要的物或具有特殊性的物的所有权转移可以做出特别的规定。我国主要是对不动产买卖规定了特别的所有权转移制度，即自登记时起所有权才转移。我国对船舶所有权的取得和转让要求向船舶登记机关登记，但该登记属于对抗要件，不是生效要件，即船舶的取得和转让未经登记的，不得对抗第三人。登记生效要件是将登记作为合同或其他法律行为生效的条件之一，未经登记，不能产生法律效力。登记对抗要件是指是否登记不影响合同或其他法律行为的生效，但登记后具有对抗第三人的效力。

（3）当事人约定所有权转移时间。在法律没有特别规定时，当事人可以约定货物所有权的转移时间，该时间可不以交付时间为准。当事人约定所有权转移时间的有两种情形，第一，当事人约定所有权自合同订立时起转移；第二，当事人约定所有权的转移不是自交付时起而是交付后一定期限才转移。前者将所有权转移的时间提前，后者将所有权转移的时间推后。货物交付后一定期限才转移所有权的通常属于保留所有权买卖。

在实际的货物交付中货物所有权转移是比较复杂的，涉及到有关货物的单证、交付时间、交付地点、运输等问题。这些内容是买卖合同中的主要条款，直接涉及到所有权的转移，应该非常明确地予以约定。比如卖方应向买方交付有关单证资料；应按约定期限交付或在未约定期限时经必要的准备时间后交付；卖方应按约定地点交付；货物需要运输的，卖方应将其交付第一承运人，货物无须运输的，在双方确知其存放地点的情况下，在存放地交付；在存放地点无法确定的情况下，应在卖方订约时的营业地交付；分批交付的货物，如因其中一批货物未交付或不合要求而影响到整个合同的商业目的时，买方可要求解除合同。

3．买卖合同中风险的转移

买卖合同中的风险，是指因不可归责于当事人双方的事由而导致标的物损毁、灭失的风险。标的物若因可归责于一方当事人的事由发生损毁、灭失，则应由该当事人承担责任。

各国对买卖合同货物风险转移的规定通常有以下三种：第一，自合同订立时起，风险转移给买受人；第二，原则上以合同订立时起转移风险，但种类物买卖以标的物脱离出卖人时风险转移；第三，以标的物交付时间为风险转移时间，异地买卖自标的物交付于承运人时起转移，不动产自登记时起转移。

我国《合同法》第142条规定，标的物毁损、灭失的风险，在标的物交付之前由出卖人承担，交付之后由买受人承担，但法律另有规定或者当事人另有约定的除外。根据《合同法》其他有关条文的规定，我国法律对货物风险转移的主要规则有：

（1）自交付时起转移风险。这是我国法律规定的货物买卖合同中风险转移的一般规则。把握该原则应该注意以下几个问题：

① 自交付时起转移风险是在法律没有另有规定，或当事人没有约定的情况下。

② 风险的转移与出卖人履行行为是否符合合同的约定根据情况确定，如果属于不完全履行，但不属于严重违反合同的，即使出卖人交付的货物不完全符合合同的约定，如果货物已交付，风险同样转移。当然，购买方对有瑕疵的货物享有索赔权。但是，因标的物质量不符合质量要求，致使不能实现合同目的的，买受人可以拒绝接受标的物或者解除合同。买受人拒绝接受标的物或者解除合同的，标的物毁损、灭失的风险由出卖人承担。

③ 风险转移与所有权的转移没有直接关系，尽管从表面上两个都以交付为准。风险尚未转移但所有权已转移，或风险已转移但所有权尚未转移。

④ 无论是动产还是不动产，风险转移规则是一样的。在采取登记转移不动产所有权的情况下，风险转移也是根据是否交付为标准的。

（2）迟延受领时的风险负担。因买受人的原因致使标的物不能按照约定的期限交付的，买受人应当自违反约定之日起承担标的物毁损、灭失的风险。这是对交付转移风险的例外规定。在购买方迟延接受货物，导致出卖人不能交付货物，货物的风险在交付之前转移给购买方。因此，购买方应对自己的违约行为承担货物毁损、灭失的风险，这是一种公平合理的规则。

（3）买卖在途货物的风险转移。买卖在途货物，或称路货买卖，是指货物在运输途中，当事人达成有关货物的买卖协议。这在国际贸易中比较普遍，即通常说的单证买卖。我国《合同法》第144条规定，出卖人出卖交由承运人运输的在途标的物，除当事人另有约定的以外，毁损、灭失的风险自合同成立时起由买受人承担。但有一个前提，如果卖方在订立合同时已经知道或者应该知道在途货物已经毁损、灭失的，则这种损失应由卖方承担，即风险没有在订立合同时转移给买方。

（4）交付地点不明确又需要运输时风险的转移。货物风险在交付时转移，通常是在当事人约定了明确的交付地点的条件下。如果交付地点不明确，导致交付难以进行，那么，当事人可以协商达成补充协议。如果不能达成补充协议，则视货物是否需要运输而定，标的物需要运输的，出卖人将标的物交付给第一承运人以后，货物风险即发生转移；标的物不需要运输，出卖人和买受人订立合同时知道标的物在某一地点的，出卖人应当在该地点交付标的物；不知道标的物在某一地点的，应当在出卖人订立合同时的营业地交付标的物。因此，在不需要运输时，如果购买方没有及时提取货物，则应承担货物毁损、灭失的风险。

4．出卖人的瑕疵担保义务

出卖人的瑕疵担保义务，是指出卖人应该履行法定的和约定的义务，确保所交付的货物不存在权利瑕疵和品质瑕疵。瑕疵担保义务分为权利瑕疵担保义务和品质瑕疵担保义务。

权利瑕疵担保义务，是指出卖人应保证不会出现第三人对买卖标的物主张权利的情况。具体内容包括：（1）出卖方保证对其出售的货物享有合法的权利；（2）出卖方保证在其出售的货物上不存在任何未曾向购买方透露的担保物权，如抵押权、留置权等；（3）出卖方应保证所出售的货物没有侵犯他人的权利，如知识产权、担保物权等。我国《合同法》第150条规定，出卖人就交付的标的物，负有保证第三人不得向买受人主张任何权利的义务，但法律另有规定的除外。第151条规定，买受人订立合同时知道或者应当知道第三人对买卖的标的物享有权利的，出卖人不承担权利瑕疵担保义务。

品质瑕疵担保义务，是指出卖人应担保所出售的货物的品质符合要求，即品质无瑕疵。衡量交付的货物是否存在瑕疵有两个标准：第一，当事人在合同中对货物品质的约定；第二，法律对货物品质的规定。一般来说，商事合同中货物的品质要求首先考虑当事人的约定，在当事人没有约定，或事后不能达成协议的情况下，才适用国家规定的产品质量标准。根据我国《合同法》的有关规定及实际做法，卖方应按约定的质量要求交付货物，卖方提供质量说明的，实物应符合质量说明的要求；未约定质量要求或要求不明确的，应按国家标准、行业标准履行；没有国家标准、行业标准的，按照通常标准或符合合同目的的特定标准履行；以样品为标准进行的买卖，当事人应封存样品，以便对照；如果样品存在内在缺陷不能被发现，即使交付的货物与样品相同，卖方仍应使其符合通常标准；卖方提供的货物不合要求或标准，则按违约处理。

货物是否存在品质问题一般是通过品质检验来判断。买受人收到标的物时应当在约定的检验期间内检验。没有约定检验期间的，应当及时检验。当事人约定检验期间的，买受人应当在检验期间内将标的物的数量或者质量不符合约定的情形通知出卖人。买受人怠于通知的，视为标的物的数量或者质量符合约定。当事人没有约定检验期间的，买受人应当在发现或者应当发现标的物的数量或者质量不符合约定的合理期间内通知出卖人。买受人在合理期间内未通知或者自标的物收到之日起两年内未通知出卖人的，视为标的物的数量或者质量符合约定，但对标的物有质量保证期的，适用质量保证期，而不适用该两年的规定。出卖人知道或者应当知道提供的标的物不符合约定的，买受人不受前述的通知时间的限制。

5．出卖人的包装义务

货物的包装有两个基本功能：商业功能和运输功能。包装的商业功能不仅强调包装对货物的保护作用，更重视包装对顾客的吸引力，因此需要具有外在美。包装的运输功能首先考虑对货物的保护作用，避免货物在运输、保管期间遭受损坏。货物的实际包装材料的选择和包装的操作方式，这两方面内容都与货物的运输方式、货物性质以及包装材料的性能有关。

货物的包装一般是由出卖人负责，尤其是为运输而进行的包装。在现代物流相对发达的时代，出卖人可以委托物流服务提供者进行包装，但对购买方来说，仍然是属于出卖人的义务。出卖人履行包装义务的根据是合同的约定，在没有约定的情况下，可按照通用的方式包装。我国《合同法》第156条规定，出卖人应当按照约定的包装方式交付标的物。对包装方式没有约定或者约定不明确，当事人可以事后达成有关包装的补充协议，如果不能达成协议，按照有关条款或者交易习惯确定，由此仍然不能确定的，应当按照通用的方式包装，没有通用方式的，应当采取足以保护标的物的包装方式。所谓通用的方式，一般是指同类货物通常的包装方式；所谓足以保护标的物的包装方式，是指能够使货物在运送、搬运、装卸过程中不致受损坏的包装方式。

6．价款及其支付

买卖合同是典型的双务有偿合同，价款的支付与货物所有权的转移互为对价。购买方支付价款主要涉及三个方面的问题：支付金额、支付地点和支付时间。

（1）价款的支付金额。买受人应当按照约定的数额支付价款。约定的数额可以通过约定一个价款总额、约定单价、或约定计价方法等，因此，合同货款通常是明确的。对价款没有约定或者约定不明确的，可以协议补充；不能达成补充协议的，按照合同有关条款或者交易习惯确定。如果仍然不能解决的，按照订立合同时履行地的市场价格履行；依法应当执行政府定价或者政府指导价的，按照规定履行。

（2）价款的支付地点。价款的支付地点与购买方履行义务的费用有关，购买方应当按照约定的地点支付价款。对支付地点没有约定或者约定不明确，可以协议补充；不能达成补充协议的，按照合同有关条款或者交易习惯确定。如果仍然不能解决的，购买方应当在出卖人的营业地支付，但约定支付价款以交付标的物或者交付提取标的物单证为条件的，在交付标的物或者交付提取标的物单证的所在地支付。

（3）价款的支付时间。价款的支付时间对出卖人来说是及时实现其权利的保障，也可依此判断购买方是否在履行支付价款义务上存在违约行为。价款支付时间依然是以当事人约定为准，因此，有约定的按约定；未约定或约定不明的，可以协议补充；不能达成补充协议的，按照合同有关条款或者交易习惯确定。如果仍然不能解决的，购买方应在收到货物或提货凭证的同时支付。

3.1.2 我国产品质量法与货物买卖

货物买卖合同当事人可约定货物的品质、包装等与质量有关的内容，但是，这些约定并不是没有限制的，通常有国家强制性的规定。我国有关产品质量的强制性规定主要体现在《产品质量法》中。

产品质量法是调整产品质量关系的法律规范的总称。在我国，产品质量法主要调整产品质量管理关系、产品质量监督关系和产品质量责任关系。

1986年通过的《中华人民共和国民法通则》第122条规定："因产品质量不合格造成他人财产、人身损害的，产品制造者、销售者应当依法承担民事责任。运输者、仓储者对此负有责任的，产品制造者、销售者有权要求赔偿损失。"确立了保护消费者权益的产品质量侵权的严格责任制度。

1993年2月22日，全国人民代表大会常务委员会通过了《中华人民共和国产品质量法》。

2000 年 7 月，全国人大常委会对 1993 年的产品质量法进行了较大幅度的修改。修改的主要内容体现在：

- 将提高产品质量水平补充规定为该法的立法目的；
- 明确划分政府与企业的产品质量监督和管理的责任；
- 扩大了产品质量法的调整范围；
- 有效增强执法的力度和对违法行为的惩罚力度；
- 保障和维护公平、公正原则；
- 准确界定产品质量相关责任者；
- 切实保护消费者权益。

1. 产品质量法的调整范围

从广义上说，产品是指经过人类劳动获得的具有一定使用价值的物品，既包括直接从自然界获取的各种农产品、矿产品，也包括手工业、加工业生产的各种产品。作为法律的调整对象，一般限于生产者和销售者能够对其质量进行控制的产品，因此，直接取自自然界、内在质量主要决定于自然因素的产品不由法律调整。我国的《产品质量法》第 2 条规定："本法所称产品是指经过加工、制作，用于销售的产品。建设工程不适用本法规定；但是，建设工程所使用的建筑材料、建筑构配件和设备，属于前款规定的产品范围的，适用本法规定。"我国《产品质量法》对适用的产品范围采用概括法和排除法相结合的方式。我国《产品质量法》中所指的产品需满足两个条件，第一，是经过加工、制作的产品；第二，是用于销售的产品。经过加工、制作的产品是指将原材料、半成品经过加工、制作改变形状、性质、状态、功能，成为产成品，未经加工、制作的产品，如种植业、畜牧业、渔业等农业初级产品，采矿业的原油、原煤等直接开采出来未经加工、提炼的原矿产品，狩猎品等不包括在内。

2. 企业产品质量管理制度

（1）质量检验制度。产品质量应当检验合格，不得以不合格产品冒充合格产品。产品或者在其包装上应当有证明产品质量检验合格的标志。因此，产品在出厂前，生产企业的质量检验机构或人员应该对产品进行检验，未经检验或检验不合格的产品，不得出厂销售。所谓合格，应该是符合有关的产品质量标准和要求。不合格产品是指不符合有关标准和要求的产品，分为劣质产品和处理品。不符合强制性的国家标准、行业标准的产品，或不具备产品应当具备的性能的产品，都是劣质产品；处理品是指不存在危及人体健康、人身和财产安全的危险，但产品的性能、包装等方面存在瑕疵，具有一定的使用价值的产品。劣质产品和处理品均不得冒充合格产品，劣质产品不得出厂销售，但处理品可以以较低的价格销售。

（2）质量标准制度。产品质量标准制度是产品质量法律制度的基础。产品质量标准包括法定标准和约定标准，在消费合同中，消费者与经营者之间就产品质量标准一般使用法定标准，因此，无需约定，直接援用法律规定的标准；在商事合同中，企业之间的合同可以约定具体产品的质量标准，也可以以国家或行业标准作为共同遵守的标准。政府产品质量监督机关对产品质量的监督主要依据国家标准或行业标准进行。但是，合同交易当事人在采用约定标准时，应该遵守《产品质量法》和其他法律的强制性规定，即可能危及人体健康和人身、财产安全的工业产品，必须符合保障人体健康和人身、财产安全的国家标准、行业标准；未制定国家标准、行业标准的，必须符合保障人体健康和人身、财产安全的要求。禁止经营者生产、销售不符合保障人体健康和人身、财产安全的标准和要求的工业产品。可能危及人体健康和人身、财产安全的工业产品有压力容器、易燃易爆产品、医疗器械、儿童玩具、电器等产品。

国家标准是为在全国范围内统一技术要求而制定的标准，行业标准是对于那些没有国家标准而又需要在全国某个行业范围内统一技术要求而制定的标准。在我国，产品质量标准的种类还有地方标准和企业标准。对于可能危及人体健康和人身、财产安全的工业产品，如果国家没有制定强制性的国家标准和行业标准，那么不仅要符合地方标准和企业标准，而且还要符合保障人体健康和人身、财产安全的要求。

（3）许可证制度。生产许可证制度是对于那些可能危及人体健康和人身、财产安全的产品实施的强制许可的市场准入制度，对保障生命和财产的安全具有重要的作用。但是，《产品质量法》没有直接规定生产许可证制度，因为生产许可证制度不仅能够起到控制产品质量的作用，而且在市场经济条件下，具有宏观调控、实现国家产业政策的作用，已经超出产品质量法的范畴，可以由国务院制定专门的办法来调整。例如，2005 年国务院出台了《中华人民共和国工业产品生产许可证管理条例》，对食品、电气产品、安全保护产品等规定适用许可证制度。

（4）质量体系认证制度。质量是竞争取胜的根本，关系到企业的生存与发展。通过企业质量体系认证，可以提高企业的质量管理水平，开拓广阔的市场，带来巨大的经济效益。企业质量体系认证是指由国家有关部门认可的认证机构，依据认证标准，按照规定的程序，对企业的质量保证体系，包括企业的质量管理制度、企业的生产技术条件等影响产品质量的诸因素进行全面的评审，对于符合有关条件的企业，颁发认证证书，证明企业的质量保证能力符合相应标准要求的活动。

（5）产品质量认证制度。产品质量认证是指依据具有国际水平的产品标准和技术要求，经过认证机构确认并通过颁发认证证书和产品质量认证标志的形式，证明产品符合相应标准和技术要求的活动。企业申请产品质量认证的目的是为了提高产品的信誉，增强产品的市场竞争能力。《产品质量法》规定："国家参照国际先进的产品标准和技术要求，推行产品质量认证制度。企业根据自愿原则可以向国务院产品质量监督部门认可的或者国务院产品质量监督部门授权的部门认可的认证机构申请产品质量认证。经认证合格的，由认证机构颁发产品质量认证证书，准许企业在产品或者其包装上使用产品质量认证标志。"

3. 产品质量监督制度

我国产品质量监督从主体上可分为行政监督制度、中介机构监督制度和社会监督三类。

产品质量行政监督是国家行政机关对产品质量的监督。国务院产品质量监督部门主管全国产品质量监督工作。国务院有关部门在各自的职责范围内负责产品质量监督工作。县级以上地方产品质量监督部门主管本行政区域内的产品质量监督工作；县级以上地方人民政府有关部门在各自的职责范围内负责产品质量监督工作。法律对产品质量的监督部门另有规定的，依照有关法律的规定执行。该条确立了我国产品质量监督组织体制的基本框架，即统一监督与分工监督结合、中央监督与地方监督结合的体制。行政监督的方式主要是实行以抽查为主要方式的监督检查制度。

产品质量中介机构主要包括产品质量检验机构和质量认证机构。产品质量检验机构是指接受他人委托（包括有关行政执法部门的委托），对有关产品的质量进行鉴定，并出具检验结果报告的社会中介机构。质量认证机构是从事企业质量体系认证和产品质量认证的社会中介机构。

产品质量社会监督制度主要包括消费者监督、消费者组织监督、社会媒体监督等。

4．产品质量责任制度

产品质量责任分生产者的产品质量责任和销售者的产品质量责任，一般简称产品责任，是生产者和销售者因缺陷产品而对产品的使用者和消费者承担的侵权责任，是生产者和销售者违反法定的产品质量义务应承担的责任。

（1）生产者的产品质量义务。生产者的义务分作为义务和不作为义务两个方面。

第一方面：生产者的作为义务。指应该从事一定的行为履行法律规定的义务，具体包括：

① 产品质量应当符合明示担保和默示担保的义务。产品质量应该符合下列要求：不存在危及人身、财产安全的不合理的危险，有保障人体健康和人身、财产安全的国家标准、行业标准的，应当符合该标准；具备产品应当具备的使用性能，但是，对产品存在使用性能的瑕疵做出说明的除外；符合在产品或者其包装上注明采用的产品标准，符合以产品说明、实物样品等方式表明的质量状况。其中前两个方面是生产者对产品质量承担的默示担保，是法律直接规定的义务。对于可能危及人体健康、人身和财产安全的产品必须符合国家标准、行业标准；在没有国家标准、行业标准时，应该具备产品应当具备的使用性能。最后一个方面是明示担保，产品质量应该与该产品明确采用的产品标准、说明、样品等相符合。

② 产品或者其包装上的标识必须真实并符合要求。产品标识是指用于识别产品及其质量、数量、特征、特性和使用方法所做的各种表示的统称，产品标识可以用文字、符号、数字、图案以及其他说明物等表示。《产品质量法》对产品标识的要求是：有产品质量检验合格证明；有中文标明的产品名称、生产厂厂名和厂址；根据产品的特点和使用要求，需要标明产品规格、等级、所含主要成份的名称和含量的，用中文相应予以标明；需要事先让消费者知晓的，应当在外包装上标明，或者预先向消费者提供有关资料；限期使用的产品，应当在显著位置清晰地标明生产日期和安全使用期或者失效日期；使用不当，容易造成产品本身损坏或者可能危及人身、财产安全的产品，应当有警示标志或者中文警示说明。裸装的食品和其他根据产品的特点难以附加标识的裸装产品，可以不附加产品标识。

③ 特殊产品的包装应该符合特殊的要求。易碎、易燃、易爆、有毒、有腐蚀性、有放射性等危险物品以及储运中不能倒置和其他有特殊要求的产品，其包装质量必须符合相应要求，依照国家有关规定做出警示标志或者中文警示说明，标明储运注意事项。

第二方面：生产者的不作为义务。指不得从事的行为，否则就是违反法律规定的义务，需要承担法律责任。具体包括：

① 生产者不得生产国家明令淘汰的产品；

② 生产者不得伪造产地，不得伪造或者冒用他人的厂名、厂址；

③ 生产者不得伪造或者冒用认证标志等质量标志；

④ 生产者生产产品，不得掺杂、掺假，不得以假充真、以次充好，不得以不合格产品冒充合格产品。

（2）销售者的产品质量义务。销售者的产品质量义务也分为作为义务和不作为义务两个方面。

第一，销售者的作为义务包括：

① 销售者应当建立并执行进货检查验收制度，验明产品合格证明和其他标识；

② 销售者应当采取措施，保持销售产品的质量；

③ 销售者不得销售国家明令淘汰并停止销售的产品和失效、变质的产品；

④ 销售者对销售的产品的标识应当履行与生产者同样的义务。

第二，销售者的不作为义务包括：

① 销售者不得伪造产地，不得伪造或者冒用他人的厂名、厂址；

② 销售者不得伪造或者冒用认证标志等质量标志；

③ 销售者对销售产品，不得掺杂、掺假，不得以假充真、以次充好，不得以不合格产品冒充合格产品。

（3）损害赔偿责任。损害赔偿责任包括责任的认定和具体的责任形式等多方面的内容。

① 瑕疵和缺陷的含义。生产者、销售者承担产品质量责任的前提是产品存在质量问题。《产品质量法》用"瑕疵"和"缺陷"表明产品存在质量问题。《产品质量法》对瑕疵没有定义，仅在第 26 条"产品存在使用性能的瑕疵"中使用该概念。对缺陷的明确定义是"指产品存在危及人身、他人财产安全的不合理的危险；产品有保障人体健康和人身、财产安全的国家标准、行业标准的，是指不符合该标准。"通常可以认为，瑕疵是指一般的质量问题，缺陷是严重的质量问题，两者存在程度的区别。只要产品存在危及人身、财产安全的不合理危险即可认为存在缺陷，其他的产品质量问题一般只属于瑕疵。

② 归责原则。产品责任的归责原则要考虑是违约责任还是侵权责任，是瑕疵责任还是缺陷责任。如果是违约责任要考虑合同法的有关规定，如果是侵权责任，则主要考虑《产品质量法》、《侵权责任法》和《民法通则》的规定；《产品质量法》对瑕疵责任和缺陷责任也做了不同的规定。通常的产品责任归责原则是在侵权责任下因产品缺陷引起的归责原则。在此意义上，我国《产品质量法》规定的产品责任的归责原则采用严格责任和过错责任结合的制度。《产品质量法》第 41 条规定："因产品存在缺陷造成人身、缺陷产品以外的其他财产损害的，生产者应当承担赔偿责任。"据此规定，生产者承担产品缺陷造成人身、缺陷产品以外的其他财产损害赔偿责任的归责原则是严格责任。缺陷产品本身的损害，应依合同法上的瑕疵担保责任予以救济。但销售者承担产品缺陷责任的归责原则是过错责任，即《产品质量法》第 42 条规定的"由于销售者的过错使产品存在缺陷，造成人身、他人财产损害的，销售者应当承担赔偿责任。销售者不能指明缺陷产品的生产者也不能指明缺陷产品的供货者的，销售者应当承担赔偿责任。"当销售者不能指明缺陷产品的生产者也不能指明缺陷产品的供货者时，采用过错推定责任原则。过错推定原则仍属于过错责任原则，只是举证责任的转移而已。

③ 免责事由。生产者对缺陷产品承担严格责任时，如果证明有下列情形之一的，可以享有除外责任：未将产品投入流通的；产品投入流通时，引起损害的缺陷尚不存在的；将产品投入流通时的科学技术水平尚不能发现缺陷的存在的。

④ 连带责任。为方便消费者维护合法权利，法律规定因缺陷产品遭受损害的消费者既可以向销售者要求赔偿，也可以向生产者要求赔偿，然后规定销售者与生产者之间的相互求偿制度。因产品存在缺陷造成人身、他人财产损害的，受害人可以向产品的生产者要求赔偿，也可以向产品的销售者要求赔偿。属于产品生产者的责任，先由产品销售者赔偿的，产品销售者有权向产品生产者追偿。属于产品销售者的责任，却由产品的生产者赔偿的，产品的生产者有权向产品的销售者追偿。由于生产者与销售者对缺陷产品承担责任的归责原则不同，因此，赔偿的结果可能不同。

⑤ 赔偿范围。因产品存在缺陷造成受害人人身伤害的，侵害人应当赔偿医疗费、治疗期间的护理费、因误工减少的收入等费用；造成残疾的，还应当支付残疾者生活自助具费、生活补助费、残疾赔偿金以及由其扶养的人所必需的生活费等费用；造成受害人死亡的，并应当支付丧葬费、死亡赔偿金以及由死者生前扶养的人所必需的生活费等费用。因此，应视伤害程度，

分一般伤害赔偿的范围、致人残疾伤害的赔偿范围和致人死亡伤害的赔偿范围。其中残疾赔偿金和死亡赔偿金属于精神损害赔偿。

而财产损害赔偿的责任则分为三种情况：

第一种情况是因产品瑕疵承担的责任。销售者承担瑕疵责任的条件有三个：第一，属于不具备产品应当具备的使用性能而事先未做说明的、不符合在产品或者其包装上注明采用的产品标准的、不符合以产品说明、实物样品等方式表明的质量状况的等情形之一；第二，属于严格责任归责原则；第三，不论是否发生损害后果。承担责任的形式可以是修理、更换、退货、赔偿损失。

第二种情况是因产品缺陷承担的责任。承担产品质量缺陷责任的条件包括：第一，产品存在缺陷；第二，造成了他人缺陷产品以外的财产损害；第三，缺陷与损害之间存在因果关系；第四，对生产者根据严格责任归责原则，对销售者根据过错责任归责原则。侵害人承担责任的方式是恢复原状或者折价赔偿。受害人因此遭受其他重大损失的，侵害人应当赔偿损失。所谓"其他重大损失"指受害人因财物毁损所发生的经济损失。

第三种情况是对缺陷产品本身承担的责任。依据合同法，根据约定或法定承担违约责任。

5. 我国侵权责任法与产品质量

2009年12月26日，《中华人民共和国侵权责任法》公布，并于2010年7月1日起实施。该法对于侵权责任的构成与责任方式、免责与减轻责任的情况做了更为明确的规定。其中第五章是对产品责任的规定，该法所确定的产品责任归责原则与2000年公布的《产品质量法》一致。《侵权责任法》与《产品质量法》为同一序位的法律，但《产品质量法》为特别法，因此就产品质量及其责任的问题，应该首先适用《产品质量法》，但该法没有规定的涉及产品侵权的问题应适用《侵权责任法》。

以下一些规定，为之前的《产品质量法》所没有：

（1）因运输者、仓储者等第三人的过错使产品存在缺陷，造成他人损害的，产品的生产者、销售者赔偿后，有权向第三人追偿。

（2）因产品缺陷危及他人人身、财产安全的，被侵权人有权请求生产者、销售者承担排除妨碍、消除危险等侵权责任。

（3）产品投入流通后发现存在缺陷的，生产者、销售者应当及时采取警示、召回等补救措施。未及时采取补救措施或者补救措施不力造成损害的，应当承担侵权责任。

（4）明知产品存在缺陷仍然生产、销售，造成他人死亡或者健康严重损害的，被侵权人有权请求相应的惩罚性赔偿。

3.2 国际物流与国际贸易公约、惯例

从国际贸易合同角度，在国际物流、信息流中，许多国际公约和国际惯例都涉及销售中买卖双方在品质、包装、交付、保险、通知等方面的权利、义务与责任，它们主要有《联合国国

际货物销售合同公约》、《国际贸易术语解释通则》（INCOTERMS 2000）、《跟单信用证统一惯例》（UCP 500）等。

3.2.1 《联合国国际货物销售合同公约》

迄今已生效的关于国际货物买卖的公约有三个，即1964年《国际货物买卖统一法公约》、《国际货物买卖合同成立统一法公约》和1980年《联合国国际货物销售合同公约》。前两个公约均由国际统一私法协会拟定，并于1964年海牙会议通过，于1972年生效。第三个公约于1980年4月11日在奥地利首都维也纳签订，1988年1月1日生效。

1.《联合国国际货物销售合同公约》概述

《联合国国际货物销售合同公约》是目前最主要的国际货物买卖合同方面的国际公约，我国于1987年加入该公约。我国加入时做出了两项保留，该公约第1条第1款（b）、第11条对我国不适用。前者是关于该公约适用范围的规定，即如果合同双方当事人的营业地处于不同的国家，即使他们的营业地所在国不是公约的缔约国，但如果按照国际私法规则导致适用某一缔约国的法律，则公约将适用于这些当事人所订立的国际货物销售合同。后者规定，国际货物销售合同无须具备特定形式，不受任何条件的限制。后一项保留目前已经不具有实质意义，因为我国《合同法》也是采取合同形式自由的态度。

《联合国国际货物销售合同公约》共分四个部分，第一部分是适用范围和总则；第二部分是买卖合同的订立；第三部分是货物的销售，包括总则、卖方的义务、买方的义务、风险转移、违约责任等；第四部分是最后条款，规定了公约的批准、接受、核准和加入、保留、生效等。限于本书篇幅，在此仅就可能对物流产生影响的内容做必要的介绍。

2.《联合国国际货物销售合同公约》的主要内容

（1）《联合国国际货物销售合同公约》的适用范围。《联合国国际货物销售合同公约》明确规定，除船舶、飞机等少数实物或有价证券外，其他已经生产、正在生产及将要生产的货物的销售均适用于公约。现代物流的各个环节中与销售货物的品质、包装、交付、检验相关的部分显然将受到该公约的影响。

具体地说，除《联合国国际货物销售合同公约》明确规定的不适用的货物销售外，只要当事人没有明确排除该公约的适用，均受该公约的规范。不适用的货物销售有6种情况：

① 供私人、家人或家庭使用的货物的销售，除非卖方在订立合同前任何时候或订立合同时不知道而且没有理由知道这些货物是供任何这种使用；

② 经由拍卖的销售；

③ 根据法律执行令状或其他令状的销售；

④ 公债、股票、投资证券、流通票据或货币的销售；

⑤ 船舶、船只、气垫船或飞机的销售；

⑥ 电力的销售。

（2）国际货物销售合同的订立。国际货物销售合同的订立分为要约和承诺两个阶段。我国在国际贸易中，习惯将要约翻译成报价，承诺翻译成接受。本部分依照习惯用语，将要约人称为报价人，承诺人称为接受人。

《联合国国际货物销售合同公约》规定向一个或一个以上特定的人提出的订立合同的建议，如果十分确定并且表明报价人在得到接受时承受约束的意思，即构成报价。一个建议如果写明货物并且明示或暗示地规定数量和价格或规定如何确定数量和价格，即为十分确定。不是向一个或一个以上特定的人提出的建议，仅应视为邀请做出报价，除非提出建议的人明确地表示相反的意向。报价于送达被报价人时生效。即使表明是不可撤销的报价，也可以撤回，条件是撤回通知应当在报价送达被报价人之前或同时。但在下列情况下，报价不得撤销：报价写明接受报价的期限或以其他方式表示报价是不可撤销的；或被报价人有理由信赖该项报价是不可撤销的，而且已本着对该项报价的信赖行事。

被报价人声明或做出其他行为表示同意一项报价，即是接受。沉默或不行动本身一般不能视为接受。接受报价在表示同意的通知送达报价人时生效。接受应当在报价所规定的时间内到达报价人，如未规定时间的，应在一段合理的时间内到达，否则，视为接受无效。合理时间即应当考虑到交易的情况，包括报价人所使用的通信方法的迅速程度等因素。虽然表示接受报价，但同时有添加、限制或其他更改内容的，并且在实质上改变了报价的条件的，应视为不接受，并构成还价（反要约）。有关货物价格、质量和数量，交货地点和时间，付款期限，一方当事人对另一方当事人的赔偿责任范围或解决争端等的添加或不同条件，均视为在实质上变更报价的条件。如果撤回通知在接受通知到达之前或同时送达报价人，接受可以撤回。

按照《联合国国际货物销售合同公约》规定，合同于对报价的接受生效时达成。

（3）卖方的义务。卖方的义务主要有：

① 按照合同约定交货；

② 交付与货物有关的单据；

③ 转移货物的所有权。

在涉及运输的情况下，卖方应将货物交给第一承运人，并向买方发出发货通知；而在其他情况下，卖方应在货物存放地点或生产地点或卖方在订约时的营业地点把货物交给买方处置。需要卖方安排运输的情况下，卖方应以通常的运输条件，用适当的运输工具，把货物运到指定地点。交货应在合同约定的时间或订约后的一段合理时间内完成。但是，如果卖方在约定的日期前交付货物，买方可以选择拒绝收货。对于与货物有关的单据，《联合国国际货物销售合同公约》也要求卖方按照合同约定的时间、地点和方式移交。

关于货物的品质、包装等方面的要求，《联合国国际货物销售合同公约》规定，卖方交付的货物必须与合同约定的数量、质量、规格相符，并按约定的方式装箱或包装。所谓品质与合同相符，是指货物适合通常的使用目的或合同的特定目的或与样品相同。如有品质不符的情况发生，买方应通知卖方，并要求减价。当不符严重到构成根本违约时，买方可要求卖方交付替代货物。此外，货物要以通用的方式装箱或包装，要能达到保护货物的目的。

（4）买方的义务。买方的义务主要有两项：一是支付货款；二是受领货物。

货物的价款数额应由双方在订约时确定，否则按订约时货物在类似情况下的通常价格支付。支付的地点可以是卖方营业地或移交货物或单据的地点或者双方约定地点。买方应在卖方移交货物或物权单据时支付价款，在涉及运输的情况下，卖方可以将支付价款作为移交单据、发运货物的条件。如有可能，买方应检验货物后支付价款，但这不应与双方议定的交货或支付程序相抵触。

对于货物的检验与通知，《联合国国际货物销售合同公约》规定，检验应在尽可能短的时间内进行。对需要运输的货物的检验可在货物到达目的地后进行。如果货物有与合同要求不符的情况，买方应在发现或理应发现后2年内通知卖方，除非对保质期另有约定。

买卖双方均可享用保全货物的权利，主要用于买方未支付货款或买方根据规定或约定行使退货权利的情况。由于保全货物可能涉及向第三方租用仓库并发生费用，而此项费用要由另一方当事人承担，因此费用必须合理。有时，保全的货物还会被拍卖以保证保全方的利益，这样做之前实施保全的一方必须事先通知另一方。

（5）货物风险的转移。《联合国国际货物销售合同公约》规定，一般货物的风险转移以交付为界。涉及运输的情况下，风险以货物交付第一承运人时起转到买方，如果约定在特定地点交付承运人，则风险以该特定地点为界。上述情况下的风险转移有个前提条件，简言之就是卖方要向买方发出通知。至于对运输中的货物的买卖，如双方未约定风险转移的时间、地点，则其风险一般自订约之时转移给买方，但这一点可以有例外。最典型的情况是，卖方将已知道在运输中遭受损坏、灭失的货物出售给买方，而后者却毫不知情。这种恶意行为所带来的风险肯定不能让无辜者承担。

3.2.2 国际货物买卖中的主要惯例

1. 国际惯例概述

国际惯例是指在长期的国际贸易实践中，经过反复使用而逐步形成的习惯性规范。国际惯例不具有强制性，由当事人约定是否采用。一经当事人采用，它们就在当事人之间产生相当于法律的效力。成文的国际惯例由某些国际组织或商业团体制订。目前与国际贸易有关的国际惯例主要是：

（1）国际商会制定的《国际贸易术语解释通则》；

（2）国际法协会制定的《1932年华沙—牛津规则》；

（3）国际商会制定的与贸易支付有关的《跟单信用证统一惯例》。

在国际贸易中，得到最普遍承认和应用的国际惯例是《国际贸易术语解释通则》（Incoterms）。该惯例最早由国际商会（ICC）于1936年制定，以后分别于1953年、1967年、1976年、1980年、1990年和2000年进行了补充和修订，共有7个版本。它为节省贸易谈判时间、减少纠纷、方便并促进贸易，起到了不可低估的作用。尽管完成一笔国际贸易除销售合同外还牵涉到运输合同、保险合同和融资合同等，而《国际贸易术语解释通则》的内容只限于贸易双方当事人权利义务中与售出货物的交付有关的事项，但是它对与贸易货物的最终交割密切相关的整个过程的各个方面都有着重大影响。这无疑对物流的过程同样意义重大，尤其是在国际贸易的数量和复杂程度日益增加的今天，这一点更为明显。

《国际贸易术语解释通则》的不断修订充分体现出其适应现代商业实践需要的宗旨。以最近三个版本为例，1980年版本为适应多式联运的发展趋势，增加了货交承运人术语，即后来的FCA；1990年版本为适应电子商务的兴起，在涉及卖方提供交货凭证义务的条款中，增加了在双方当事人同意的情况下，允许用电子资料交换的信息来替代纸面单据；2000年版本则考虑了最近国际上出现的无关税区的广泛发展以及运输方式的进一步变化，对一些贸易术语内容做了调整，主要体现在FAS和DEQ术语下的清关问题以及FCA术语下装货和卸货问题。

由于《国际贸易术语解释通则》的不同版本对贸易术语的解释不完全相同，因此买卖双方在贸易合同中引用的术语所属版本必须予以明确。就《国际贸易术语解释通则》的内容而言，涉及到卖方交货的义务、买卖双方风险的划分、提货凭证（与运输方式有关）、货物进出口清关、货物包装及买方受领货物的义务等。以下对《国际贸易术语解释通则》的主要内容进行简要介绍。

2. 国际贸易术语的基本类型

为便于理解，1990 年《国际贸易术语解释通则》将贸易术语分为四个基本类型，2000 年《国际贸易术语解释通则》仍然沿用了这一分类方法。按照分类，第一组（E 组：EX WORKS），指卖方仅在自己的地点为买方备妥货物；第二组（F 组：FCA, FAS 和 FOB），指卖方须将货物交给买方指定的承运人；第三组（C 组：CFR, CIF, CPT 和 CIP），指卖方须订立运输合同，但对货物灭失或损坏的风险以及装船和启运后发生的额外费用，卖方不承担责任；第四组（D 组：DAF, DES, DEQ, DDU 和 DDP），指卖方须承担将货物交至目的地所需的全部费用和风险。下表为术语分类。

E 组（发货）	
EXW	工厂交货（……指定地点）
F 组（卖方不负担运费）	
FCA	货交承运人（……指定地点）
FAS	船边交货（……指定装运港）
FOB	船上交货（……指定装运港）
C 组（卖方负担运费）	
CFR	成本加运费（……指定目的港）
CIF	成本、保险费加运费（……指定目的港）
CPT	运费付至（……指定目的地）
CIP	运费、保险费付至（……指定目的地）
D 组（到达）	
DAF	边境交货（……指定地点）
DES	目的港船上交货（……指定目的港）
DEQ	目的港码头交货（……指定目的港）
DDU	未完税交货（……指定目的地）
DDP	完税后交货（……指定目的地）

3. 卖方的交货义务

这是《国际贸易术语解释通则》最主要的内容。对于卖方交货有关的责任和费用应如何确定，这在各当事方有持续商务关系的情况下一般不会产生问题，通常是按习惯做法来处理日后的交易。然而，当建立一种新的商业关系或通过中介订立合同时，当事人必须按合同约定行事。如果在合同中引入了 2000 年《国际贸易术语解释通则》，就得按其规定来划分责任、费用和风险的承担。

在订立贸易合同时，有时可能无法准确地确定卖方将货物交付运输的点或地点，因此合同中有可能只约定某个范围或若干港口。这样买方就要在此基础上确定更精确的地点；如果卖方没能做到，那么就得承担由此造成的任何额外的风险和费用。此外，如果买方没能行使自己的权利最终确定交货点，则卖方可以选择对自己最合适的点交货。

与 1990 年《国际贸易术语解释通则》相比，2000 年《国际贸易术语解释通则》更多地考虑了尽可能细致地划分与交货有关的各当事方的义务。但是因为贸易术语要在不同行业和不同地区使用，对双方的义务无法总能规定得很明确。所以，在某种程度上，有必要参考港口或特定行业的习惯做法，或当事方在以往的交易中已建立起来的习惯做法。例如 FAS 和 FOB 这两种术语下的交货义务会因各港的具体做法（惯例）不同而不同。为了避免可能发生的纠纷，买卖双方可以通过在贸易合同中使用适当条款的方式来明确当事方的权利、义务。

4．风险和费用的转移

当卖方交货后，货物灭失或损坏的风险，以及负担与货物有关的费用的义务便从卖方转移到买方。由于不应给予买方任何拖延风险和费用转移的机会，因此，所有术语都规定，当买方没有给予卖方完成交货义务的必要指示（有关装船时间及/或交货地点）时，风险和费用甚至在交货之前就可转移。这种提前转移风险和费用的条件是货物已特定为买方准备。

除了 EXW 术语外，在 F 组、C 组、D 组中，当卖方采取措施为交运、发送货物或为在目的地交货做准备时，一般就认为货物是专门为买方准备的。

5．清关的义务

清关一词的含义不仅包括交纳关税和其他费用，而且包括履行一切与货物通过海关有关的行政事务以及向海关当局提供必要信息并交纳相关费用。这些费用主要是指在出口或进口中所需交纳的规费（官方费用），不包括与清关义务无关的货物储存等费用。

清关手续由居住在该国的一方或其代表办理通常比较方便。因此，出口商通常应办理出口清关手续，而进口商应办理进口清关手续。

1990 年《国际贸易术语解释通则》中，EXW 和 FAS 要求买方办理货物出口清关手续，DEQ 要求卖方办理进口清关手续，这与上述原则不一致，也与实务中的做法有差异。为此，2000 年《国际贸易术语解释通则》对这些术语中的清关义务做了调整，使之对当事方更为方便并符合实际情况。只是保留了 EXW 中的原规定，以体现卖方义务最小的原意。因此，在买方不能直接或间接地办理出口手续时，应避免使用 EXW，而应选用 FCA 术语。

6．货物的包装与检验

大多数情况下，当事人事先知道货物安全运达目的地需要何种包装。但是，由于卖方包装货物的义务可能因具体的运输方式和期限不同而大相径庭，同时包装费用的发生也影响到卖方的利益，因而有必要规定卖方有义务使货物的包装适合运输方式的要求并且能够保护货物安全。

许多情况下，买方为了自身利益而在卖方将货物交付运输前或交付运输时安排货物检验，并一般承担检验费用。但是，如果进行的检验是为了使卖方履行在其本国适用于出口货物的某些强制性规定，则除了使用 EXW 术语情况以外，卖方应支付检验费用。

7．运输单证和电子商务

在 C 组术语下，卖方义务包括订立运输合同、将货物交付承运人并提供运输单据给买方。

其中，CFR 和 CIF 术语下，提单是卖方应提供的可接受的单据。但在 CPT 和 CIP 术语下，卖方只需提供“通常的运输单据”。不管怎样，运输单据必须证明货物已交付承运人，而且要证明在承运人能够确定的范围内货物是在良好状态下被收受。在运输单据中任何表示货物及/

或其包装与合同不符的批注，都将使该单据“不清洁”。根据《跟单信用证统一惯例》，银行是不能接受此类单据结汇的。

除了传统的提单，运输单据还有一些新的形式，如海运单、班轮运单、货运收据等。后者都是不可转让的单据。如果订约时买方没有在运输途中转让货物的计划，那么提单就可以用上述不可转让的单据来替代，贸易术语则可采用 CPT 和 CIP。而要使转让运输中的货物成为可能，就必须采用 CFR 和 CIF 术语，保留卖方提供提单的义务。

另外，随着电子商务的广泛发展，电子提单等将被越来越多地应用。1990 年《国际贸易术语解释通则》已考虑到这种趋势，明确规定，只要当事方同意以电子方式通信，则可以用具有同等作用的电子信息取代纸面的运输单据。至于电子信息的传递，既可以是卖方直接传给买方，也可以通过提供增值服务的第三方，如货运代理人、集运经营人、多式联运经营人或物流经营者等。这与《国际海事委员会 1990 年电子提单统一规则》及《1996 年 UNCITRAL 电子商务示范法》的精神是一致的。

8. 术语的理解与选择使用

E 组术语只有一个，即 EXW，卖方只要将货物在约定地点，通常是在卖方所在地，交给买方处置即可。这在所有术语中是卖方义务最小的一个。目的是适用于那些卖方不愿意承担任何装货义务的情况。但在实务中，卖方经常会帮助买方将货物装到买方的运输工具上。如果当事双方都希望这样做，应在合同中明确约定，因为这一义务在术语中并未包括。

F 组术语要求卖方按照买方的指示将货物交付运输。在 FCA 术语下，交付承运人的地点可能会有各种情况，如货物可能装上买方派往卖方所在地提取货物的车辆；货物也有可能需从卖方派往买方指定的交货地点的车辆上卸下。因此 2000 年《国际贸易术语解释通则》规定，如果合同中指定交货地点是卖方所在地，那么，当货物装上买方的装货车辆时，即完成交货；在其他情况下，当货物在卖方的车辆上尚未卸货而交给买方处置时，即完成交货。FOB 是一个已为人们熟知的术语，遵循越过船舷交货的原则，买卖双方可以根据货物的特点及可用的装载设备选用该术语。FAS 术语下，最普遍的做法是由卖方来办理货物的出口手续，为此，2000 年《国际贸易术语解释通则》将原有规定做了修改，使之更适合实际情况。

C 组术语要求卖方按照通常条件订立运输合同，支付运输费用。因此，卖方支付费用而进行的运输，其目的地必须在 C 组每一术语后予以明确。按照 CIF 和 CIP 术语，卖方还要负责办理保险和负担保险费用。也就是说，费用划分地点确定在目的地国家的某个点。但是，需要特别注意的是卖方仍然是在装运国或发货国完成履行合同的义务，因此合同的性质仍属装运合同。实质上，C 组术语包含两个区别于其他所有术语的“分界点”：一个是划分买卖双方责任与费用的点，另一个是划分风险的点。CIF 和 CIP 术语下，卖方在履行其合同义务，订立运输合同，将货物交付承运人并办理保险后，即可免除任何进一步的风险和责任。在货物装船或发货后所发生的额外费用必须由买方承担。同样，卖方不应承担任何保证货物抵达目的地的义务（比如时间），因为在运输途中任何延误的风险应由买方承担。

在其他术语下，当事方自己决定是否办理保险以及投保到什么程度。在 CIF 和 CIP 术语下，卖方办理保险的义务是为了买方的利益。为了避免出现过于复杂的情况，这两个术语要求卖方只承担办理“最低程度”的货物保险。如果买方想要卖方安排办理更高的保险（如基本险外加附加险），它就必须指示卖方，卖方也应在可能的情况下负责办理相应的保险。

D 组术语属于到货合同。根据该组术语，卖方负责将货物运至边境或进口国国内约定的目的地或点，且必须承担货物运至该地之前的全部风险和费用。如果让卖方负担运输中的风险，可使用指明边境的 DAF 术语。当卖方准备在目的国交货但不办理进口手续，不交纳关税时，可使用 DDU。为了避免因办理进口手续费时太多或出现困难而使自己陷入进退两难境地，对办理进口手续有相当困难的交易，卖方尽量不要使用 DDU 术语。

3.3 国际物流与国际贸易管理

国家对国际贸易的管理制度直接影响到国际物流。对我国国际贸易而言，主要有两大方面的法律约束：一是我国《对外贸易法》及相关法律、法规的有关规定。此外，货物进出口贸易相关的法规主要有《反倾销条例》、《反补贴条例》、《保障措施条例》、《出口产品反倾销应诉规定》等，外经贸主管部门颁布的规章有《货物进口指定经营管理办法》、《出口商品配额招标办法》、《机电产品进口配额管理实施细则》、《纺织品被动配额管理办法》等。二是 WTO 有关议定书和我国的承诺。

3.3.1 我国《对外贸易法》

我国《对外贸易法》适用于对外贸易以及与对外贸易有关的知识产权保护。所谓对外贸易，是指货物进出口、技术进出口和国际服务贸易。应该说这三类贸易均与国际物流有关，当然主要是货物进出口。技术进出口如果以机器、设备形式，则涉及物流；国际服务贸易也涉及部分物品的贸易和运输。

1.《对外贸易法》的制定和修订

《中华人民共和国对外贸易法》于 1994 年 5 月 12 日由第八届全国人民代表大会常务委员会第七次会议通过，2004 年 4 月 6 日第十届全国人民代表大会常务委员会第八次会议进行了修订。

从 1994 年《对外贸易法》通过至 2003 年的 10 年间，我国进出口总额已经从世界排名第 11 位上升为第 4 位。2003 年我国外贸进出口总额突破了 8 500 亿美元，对外贸易已成为我国国民经济持续发展的重要推动力。

对 1994 年《对外贸法》的修改有许多重要原因。随着我国经济、对外贸易的迅速发展，1994 年《对外贸易法》的一些规定已经不能适应我国对外贸易发展中出现的新情况、新变化、新要求，在对外贸易管理、对外贸易促进、对外贸易救济等诸多方面已不能完全适应对外贸易快速发展的需要。我国在 2001 年底加入 WTO 的谈判中，在对外贸易制度、对外贸易管理等方面做出了一定承诺。为履行这些承诺，我国需要对现行《对外贸易法》进行相应修订和完善。同时，也需要通过修订外贸法，将 WTO 规则转化为国内法律，以便正当地行使成员权利。

2004 年主要针对现行《对外贸易法》中与我国入世承诺和 WTO 规则不相符的内容进行了

修订，并对我国享受WTO成员权利的实施机制和程序做出新的规定。与1994年《对外贸易法》相比，修订的《对外贸易法》增加了3章内容和26个条款。这3章内容分别涉及与贸易有关的知识产权保护、对外贸易调查和对外贸易救济。修订后的《对外贸易法》具备了更强的可操作性，减少和规范了行政审批程序，完善了中介机构、金融扶持等外贸促进体系，建立健全了贸易防御和贸易救济措施的法律体系。修订后的《对外贸易法》于2004年7月1日起施行。

2.《对外贸易法》规定的基本原则和基本制度

修订后的《对外贸易法》适用于对外贸易以及与对外贸易有关的知识产权保护。所谓对外贸易，是指货物进出口、技术进出口和国际服务贸易。应该说这三类贸易均与国际物流有关，当然主要是货物进出口。技术进出口如果以机器、设备形式，涉及物流；国际服务贸易也涉及部分物品的贸易和运输。

修订的《对外贸易法》确立的基本原则和制度有：

（1）平等原则。中华人民共和国根据平等互利的原则，促进和发展同其他国家和地区的贸易关系，缔结或者参加关税同盟协定、自由贸易区协定等区域经济贸易协定，参加区域经济组织。

（2）遵循国际公约原则。中华人民共和国在对外贸易方面根据所缔结或者参加的国际条约、协定，给予其他缔约方、参加方最惠国待遇、国民待遇等待遇，或者根据互惠、对等原则给予对方最惠国待遇、国民待遇等待遇。

（3）对等原则。任何国家或者地区在贸易方面对中华人民共和国采取歧视性的禁止、限制或者其他类似措施的，中华人民共和国可以根据实际情况对该国家或者该地区采取相应的措施。

（4）对外贸易统一管理制度。国家实行统一的对外贸易制度，鼓励发展对外贸易，维护公平、自由的对外贸易秩序。国务院对外贸易主管部门主管全国对外贸易工作，目前是商务部。

3. 对外贸易经营者资格

对外贸易经营者，是指依法办理工商登记或者其他执业手续，依照《对外贸易法》和其他有关法律、行政法规的规定从事对外贸易经营活动的法人、其他组织或者个人。修订的《对外贸易法》赋予个人对外贸易权，这是一大进步。从事货物进出口或者技术进出口的对外贸易经营者，应当向国务院对外贸易主管部门或者其委托的机构办理备案登记；但是，法律、行政法规和国务院对外贸易主管部门规定不需要备案登记的除外。备案登记的具体办法由国务院对外贸易主管部门规定。对外贸易经营者未按照规定办理备案登记的，海关不予办理进出口货物的报关验放手续。国家可以对部分货物的进出口实行国营贸易管理。实行国营贸易管理货物的进出口业务只能由经授权的企业经营；但是，国家允许部分数量的国营贸易管理货物的进出口业务由非授权企业经营的除外。实行国营贸易管理的货物和经授权经营的企业的目录，由国务院对外贸易主管部门会同国务院其他有关部门确定、调整并公布。

4. 货物和技术进出口制度

我国原则上实行货物、技术进出口自由原则，但具体分为自由进出口、限制进出口和禁止进出口三类。对于自由进出口的货物，国务院对外贸易主管部门基于监测进出口情况的需要，可以对部分自由进出口的货物实行进出口自动许可并公布其目录。实行自动许可的进出口货物，其收货人、发货人在办理海关报关手续前提出自动许可申请的，国务院对外贸易主管部门或者其委托的机构应当予以许可；未办理自动许可手续的，海关不予放行。属于自由进出口的技术贸易，应当向国务院对外贸易主管部门或者其委托的机构办理合同备案登记。

修订的《对外贸易法》对限制和禁止进出口的货物和技术原则上不做严格的区分，根据情况可以实施限制或禁止的措施。有些情况下仅规定了限制，则不得采取禁止措施。这与原《对外贸易法》明确划分为限制和禁止的做法不同。修订的《对外贸易法》规定，国家基于下列原因，可以限制或者禁止有关货物、技术的进口或者出口：

（1）为维护国家安全、社会公共利益或者公共道德，需要限制或者禁止进口或者出口的；

（2）为保护人的健康或者安全，保护动物、植物的生命或者健康，保护环境，需要限制或者禁止进口或者出口的；

（3）为实施与黄金或者白银进出口有关的措施，需要限制或者禁止进口或者出口的；

（4）国内供应短缺或者为有效保护可能用竭的自然资源，需要限制或者禁止出口的；

（5）输往国家或者地区的市场容量有限，需要限制出口的；

（6）出口经营秩序出现严重混乱，需要限制出口的；

（7）为建立或者加快建立国内特定产业，需要限制进口的；

（8）对任何形式的农业、牧业、渔业产品有必要限制进口的；

（9）为保障国家国际金融地位和国际收支平衡，需要限制进口的；

（10）依照法律、行政法规的规定，其他需要限制或者禁止进口或者出口的；

（11）根据我国缔结或者参加的国际条约、协定的规定，其他需要限制或者禁止进口或者出口的。

国家对限制进口或者出口的货物，实行配额、许可证等方式管理；对限制进口或者出口的技术，实行许可证管理。实行配额、许可证管理的货物、技术，应当按照国务院规定经国务院对外贸易主管部门或者经其会同国务院其他有关部门许可，方可进口或者出口。国家对部分进口货物可以实行关税配额管理。进出口货物配额、关税配额，由国务院对外贸易主管部门或者国务院其他有关部门在各自的职责范围内，按照公开、公平、公正和效益的原则进行分配。具体办法由国务院规定。

5．与对外贸易有关的知识产权保护

国家依照有关知识产权的法律、行政法规，保护与对外贸易有关的知识产权。进口货物侵犯知识产权，并危害对外贸易秩序的，国务院对外贸易主管部门可以采取在一定期限内禁止侵权人生产、销售的有关货物进口等措施。知识产权权利人有权阻止被许可人对许可合同中的知识产权的有效性提出质疑、进行强制性一揽子许可、在许可合同中约定排他性返售条件等行为之一。对于危害对外贸易公平竞争秩序的，国务院对外贸易主管部门可以采取必要的措施消除危害。其他国家或者地区在知识产权保护方面未给予中华人民共和国的法人、其他组织或者个人国民待遇，或者不能对来源于中华人民共和国的货物、技术或者服务提供充分有效的知识产权保护的，国务院对外贸易主管部门可以依照本法和其他有关法律、行政法规的规定，并根据中华人民共和国缔结或者参加的国际条约、协定，对与该国家或者该地区的贸易采取必要的措施。

3.3.2 货物进出口管理条例

2001 年 10 月 12 日国务院发布的《中华人民共和国货物进出口管理条例》，自 2002 年 1 月 1 日起施行。这是专门为规范货物进出口管理而制定的一个行政法规。随着修订的《对外贸易法》的实施，《货物进出口管理条例》中的一些内容可能与《对外贸易法》不一致，根据一般原则，在法律效力上，上位法的效力优于下位法，后法优于前法，因此，如二者规定有不一致之处，不一致内容的效力将据此原则确定。但是，这部分内容不是很多，该条例整体上仍然具有合理性。其中与物流相关的主要内容是进出口配额或许可证管理。对于进出口货物的限制属于数量方面的实行配额制度，其他方面的实行许可证制度。

1. 进口配额管理

根据《货物进出口管理条例》，限制进口数量的货物每年配额的公布、申请、分配按照以下程序执行：

（1）每年 7 月 31 日前，由国家进口配额管理部门公布下一年度进口配额总量；

（2）每年 8 月 1 日至 8 月 31 日由配额申请人向国家进口配额管理部门提出下一年度进口配额申请；

（3）每年 10 月 31 日前由进口配额管理部门将下一年度的配额分配给配额申请人；

（4）进口经营者凭配额证明向国务院外经贸主管部门申请进口配额许可证，后者于收到申请之日起 3 个工作日内发出进口配额许可证。进口配额管理部门分配配额时主要考虑申请人的进口实绩，以往配额的使用情况，申请人的生产能力、经营规模、销售状况，新增申请者的情况，配额总量等因素。未用完的年度配额，应于当年 9 月 1 日前交还进口配额管理部门；未交还的配额年内尚可使用，如未用完，可在下一年度的配额中扣减。

2. 出口配额管理

根据《货物进出口管理条例》，限制出口数量的货物每年配额的公布、申请、分配按照以下程序执行：

（1）每年 10 月 31 日前由国务院外经贸主管部门和国务院有关部门（统称出口配额管理部门）公布下一年度出口配额总量；

（2）每年 11 月 1 日至 11 月 15 日配额申请人向出口配额管理部门提出下一年度出口配额申请；

（3）每年 12 月 15 日前由出口配额管理部门将下一年度配额分配给配额申请人；

（4）出口经营者凭配额证明向国务院外经贸主管部门申请出口配额许可证，后者于收到申请之日起 3 个工作日内发出出口配额许可证。

根据原外经贸部于 2002 颁布的《出口商品配额管理办法》，出口商品配额总量的确定主要考虑下列因素：保障国家经济安全之需，保护国内有限资源之需，国家对有关产业的发展规划、目标和政策，国内外市场需求及产销状况。而当国际市场存在不稳定因素时，出口配额还可能分两次分配，第一次应在每年 12 月 15 日前将下一年度不少于总量 70%的配额下达，其余部分应在第二年当年 6 月 30 日前下达。未用完的年度配额，应于当年 10 月 31 日前交还出口配额管理部门，未交还的配额年内尚可使用（有效期至 12 月 31 日），如未用完，可在下一年度的配额中扣减。

3. 关税配额管理

国家对部分进口货物实行关税配额管理，目的是对关税配额内进口的货物按配额内税率给予关税上的优惠。实行关税配额管理的进口货物的目录也由国务院外经贸主管部门会同国务院有关部门事先制定、调整和公布。每年 9 月 15 日至 10 月 14 日公布下一年度的关税配额总量，而配额的申请人应在每年 10 月 15 日至 10 月 30 日向进口配额管理部门提出关税配额申请，进口配额管理部门一般于 12 月 31 日前做出关税配额分配的决定。未用完的年度配额，应于当年 9 月 15 日前交还进口配额管理部门；未交还的配额年内尚可使用，如未用完，可在下一年度的配额中扣减。

4．进出口许可证管理

进出口许可证是指包括法律、行政法规规定的各种具有许可进出口性质的证明、文件。许可证根据进出口类别分为进口许可证和出口许可证；根据进出口贸易的限制程度，分为限制性质的许可证和自动许可证。

实行许可证管理的限制进口货物，进口经营者应向国务院外经贸主管部门或国务院有关部门（统称为进口许可证管理部门）申请，后者应于收到申请之日起 30 天内给予答复。对于自由进口的货物，可以不受限制，但是有关主管部门为监测货物进口情况的需要，也会对部分自由进口的货物实行自动进口许可管理。列入自动进口许可管理的货物由主管当局在实施前先行公布目录，而且全部给予许可。这对进口经营者的影响仅在于，办理海关报关前应先向主管部门申请自动进口许可，并取得自动进口许可证。与自动进口许可管理相关的法规还有由原外经贸部发布的部门规章《货物自动进口许可管理办法》。根据该管理办法，进口属自动进口许可管理的货物，经营者应先向外经贸部授权的自动进口许可证发证机构提交申请，由发证机构提供盖章的自动进口许可证，然后进口经营者才能凭此证向海关办理报关手续（一批货物仅有一证，不可分批累计），在要求银行办理售汇和付汇手续时也需要出示此证。对于列入自动进口许可管理货物目录的货物申领自动进口许可证，存在少数例外，如属于加工贸易方式或属于样品、广告品的货物进口或进入保税区和出口加工区的货物就可以免于申请和领证。

实行许可证管理的限制出口货物，出口经营者应向国务院外经贸主管部门或国务院有关部门（统称出口许可证管理部门）提出申请，由出口许可证管理部门在收到申请之日起 30 天内给予许可与否的答复。

对于进出口许可证的具体管理，可根据商务部 2004 年 12 月 9 日发布的《货物进口许可证管理办法》和 2008 年 6 月 7 日发布的《货物出口许可证管理办法》实施。

5．国营贸易管理

除了上述进出口配额和许可证的管理之外，国家还对部分货物的进出口实行国营贸易管理。实行国营贸易管理的进出口货物目录事先公布，除非国家允许，未列入该名录和指定经营企业名录的企业或其他组织，不能从事实行国营贸易管理、指定经营管理的货物的进出口贸易。

3.3.3 《进出口货物原产地条例》

货物的产地亦称为货物的国籍，是指某一特定产品的原产国或原产地区，即货物的生产来源地。根据各国的原产地规则和国际惯例，原产国是指某一特定货物的完全生产国。当一个以上的国家参与了某一货物的生产时，那个对产品进行了实质性加工的国家为原产国。

确定货物原产地的意义有：便利进口国的海关征收关税；便于进口国实施反倾销和反补贴措施；便于贸易统计；实施贸易管理，如对进出口货物的许可证和配额管理。

世界贸易组织在乌拉圭回合谈判中专门达成了《原产地规则协议》。我国曾有两个原产地规则：1986年12月海关总署颁布《国华人民共和国海关关于进口货物原产地暂行规定》，1993年10月26日由海关总署修订。国务院于1992年3月8日发布了《中华人民共和国出口货物原产地规则》。在立法体例上分别规定进出口货物的原产地规则，已经不能适应国际贸易发展的需要。为此，2004年8月18日国务院第61次常务会议通过，自2005年1月1日起施行《中华人民共和国进出口货物原产地条例》。

《中华人民共和国进出口货物原产地条例》第3条至第6条对原产地的认定做了如下规定：完全在一个国家（地区）获得的货物，以该国（地区）为原产地；两个以上国家（地区）参与生产的货物，以最后完成实质性改变的国家（地区）为原产地。

1. 完全在一个国家（地区）获得的货物

根据条例，此类货物包括：

（1）在该国（地区）出生并饲养的活的动物；

（2）在该国（地区）野外捕捉、捕捞、搜集的动物；

（3）从该国（地区）的活的动物获得的未经加工的物品；

（4）在该国（地区）收获的植物和植物产品；

（5）在该国（地区）采掘的矿物；

（6）在该国（地区）获得的除本条第（1）项至第（5）项范围之外的其他天然生成的物品；

（7）在该国（地区）生产过程中产生的只能弃置或者回收用作材料的废碎料；

（8）在该国（地区）收集的不能修复或者修理的物品，或者从该物品中回收的零件或者材料；

（9）由合法悬挂该国旗帜的船舶从其领海以外海域获得的海洋捕捞物和其他物品；

（10）在合法悬挂该国旗帜的加工船上加工本条第（9）项所列物品获得的产品；

（11）从该国领海以外享有专有开采权的海床或者床底土获得的物品；

（12）在该国（地区）完全从上述第（1）~（11）项所列物品中生产的产品。

不过，在确定货物是否在一个国家（地区）完全获得时，为运输、储存期间保存货物而做的微小加工或处理，为货物便于装卸而做的微小加工或处理，为货物销售而做的包装等微小加工或处理均可忽略。

2. 两个以上国家（地区）参与生产的货物

两个及以上国家（地区）参与生产的货物，其最后完成的实质性改变，是以税则归类改变为基本标准；税则归类改变不能反映实质性改变的，则以从价百分比、制造或者加工工序等为补充标准。具体标准由海关总署会同商务部、国家质量监督检验检疫总局制定。

所谓税则归类改变，是指在某一国家（地区）对非该国（地区）原产材料进行制造、加工后，所得货物在《中华人民共和国进出口税则》中某一级的税目归类发生了变化。

所谓从价百分比，是指在某一国家（地区）对非该国（地区）原产材料进行制造、加工后的增值部分，超过所得货物价值一定的百分比。

所谓制造或者加工工序，是指在某一国家（地区）进行的赋予制造、加工后所得货物基本特征的主要工序。

世界贸易组织《协调非优惠原产地规则》实施前，确定进出口货物原产地实质性改变的具体标准，由海关总署会同商务部、国家质量监督检验检疫总局根据实际情况另行制定。

3.4 物流风险防范与保险

风险无处不在，对于风险的积极态度一是建立科学的风险管理制度，二是通过保险机制实现风险的分散。在物流业，因为涉及到的环节多而复杂，其中的风险与一般的经济活动存在较大的差异。目前对物流风险及保险的认识基本上停留在物流各基本功能上的保险，如运输保险、仓储保险等，而对综合物流的整体风险及其防范的认识存在欠缺，保险公司也缺乏相应的保险条款。

3.4.1 物流风险与保险概述

1. 物流风险

物流过程存在的诸多环节中，每个环节都可能存在特有的风险，特别是货物运输以及包装、仓储、装卸等注重操作的环节更是如此。事实上，在《联合国国际货物销售合同公约》和重要国际惯例《国际贸易术语解释通则》中，都有关于买卖双方风险划分的条款。贸易合同、运输合同、仓储合同和承揽合同中，也都有涉及风险分担的内容。对于承担风险的一方而言，他需要与保险公司或其他保险机构订立保险合同，以化解风险。因此，保险合同所涉及的法律问题也需要引起物流关系方的注意。

2. 保险合同基础知识

（1）保险。保险是指投保人根据合同约定，向保险人支付保险费，保险人在保险合同约定的范围内，对发生事故所造成的财产损失承担赔偿保险金责任，或者当被保险人死亡、伤残、疾病或者达到合同约定的年龄、期限时承担给付保险金责任的商业保险行为。因此，保险通常分为财产保险和人身保险两类。其中的财产保险包括财产损失保险、责任保险、信用保险等。

（2）保险合同。保险合同是指投保人与保险人约定保险权利义务关系的协议。保险合同作为一种特殊的民商合同，除具有一般合同的法律特征外，还具有以下一些独有的法律特征：保险合同是有偿合同；保险合同是双务合同；保险合同是最大诚信合同；保险合同是射幸合同，即只有在发生保险事故时，保险人才承担赔偿责任；保险合同是附合合同，即保险条款由保险人单方制订。投保人与保险人订立保险合同时应履行如实告知义务，如实告知是指投保人在订立保险合同时将保险标的重要事实，以口头或书面形式向保险人做真实陈述。所谓保险标的重要事实，是指对保险人决定是否承保及影响保险费率的事实。如实告知是投保人必须履行的基本义务，也是保险人实现其权利的必要条件。

（3）保险价值。保险价值是指保险标的的实际价值，即投保人对保险标的所享有的保险利益的货币评估额。保险利益原则是指在签订和履行保险合同的过程中，投保人和被保险人对保险标的必须具有保险利益。如果投保人对保险标的不具有保险利益，签订的保险合同将是无效的；保险合同生效后，如果投保人或被保险人失去对保险标的的保险利益，保险合同即随之失效，但人身保险合同除外。保险利益是保险合同得以成立的前提，无论是财产保险合同，还是人身保险合同，必须以保险利益的存在为前提。保险利益应符合以下条件：保险利益应为合法的利益，保险利益应为经济上有价的利益，保险利益应为确定的利益，保险利益应为具有利害关系的利益。

（4）保险标的和保险金额。保险标的是指作为保险对象的财产及其有关利益或者人的生命和身体，它是保险利益的载体。保险金额是指保险人承担赔偿或者给付保险金的最高限额。在定值保险中，保险金额为双方约定的保险标的的价值。在不定值保险中，保险金额的确定有三种方法：第一，投保人按保险标的的实际价值确定；第二，由投保人和保险人协商按保险标的的实际价值确定；第三，根据投保人投保时保险标的的账面价值确定。无论在定值保险中还是在不定值保险中，保险金额都不得超过保险价值，超过的部分无效。

（5）可保风险。可保风险是指符合保险人承保条件的特定风险。一般地说，理想的可保风险应具备以下条件：第一，风险必须是纯粹的风险。即风险一旦发生，便成为现实的风险事故，只有损失的机会，没有获利的可能。第二，风险必须具有不确定性。风险的不确定性有三层含义，即风险是否发生是不确定的，风险发生的时间是不确定的，风险发生的原因和结果等是不确定的。第三，风险必须使大量标的均有遭受损失的可能。这一条件要求大量的性质相近、价值相近的风险单位面临同样的风险。第四，风险必须有导致重大损失的可能。这一条件的含义是，风险一旦发生，由其导致的损失是被保险人无力承担的，是一种遭受重大损失的机会较小但损失重大的风险。第五，风险不能使大多数的保险对象同时遭受损失。这一条件要求损失的发生具有分散性，因此保险人在承保时应力求将风险单位分散。第六，风险必须具有现实的可测性。保险的经营要求制定准确的费率，费率的计算依据是风险发生的概率及其所导致标的损失的概率，因此，风险必须具有可测性。

（6）保险责任。保险责任是指保险合同约定的保险事故或事件发生后，保险人所应承担的保险金赔偿或给付责任。其法律意义在于确定保险人承担风险责任的范围。责任免除是指保险人依照法律规定或合同约定，不承担保险责任的范围，是对保险责任的限制。责任免除条款的内容应以列举方式规定。其法律意义在于进一步明确保险责任的范围，避免保险人过度承担责任，以维护公平和最大诚信原则。

3.4.2 物流保险的特殊性

物流的产生对传统保险提出了新的课题，尤其是第三方物流对保险提出了新的要求。在传统物流概念里，保险是根据货物状态、运输方式、货物本身特点等设计分门别类的保险条款加以承保。对相对静止的货物，如企业财产、仓库中的财产等有专门的保险单；根据运输方式，可将货物保险分为海上货物运输保险、公路货物运输保险、铁路货物运输保险、航空货物运输保险等；对运输工具也设计专门的保险单，如船舶保险、机动车保险、飞机保险等；另外，针对不同的货物可设计专门的保险单。

现代物流以多式联运为基础，以第三方物流经营人为核心；传统保险面临着没有能力涵盖物流范围的挑战。

1. 现代物流业的风险不等于传统运输风险的简单相加

传统物流对时间的要求不高，协议一般对时间不做约定；而现代物流对时间的要求很高，必须做到在确定的时间内将完整无缺的产品以精确的数量送到准确的地点，难度和风险是显而易见的。同时，物流商是所有供应链的组织者，其中有的环节由其自己负责，有的环节需要委托分包商来具体实施。但实践中，在与分包商合作以及物流运作的全过程中，当客户发生损失时，无论是物流商的过失还是分包商的过失，都要由物流商先承担对外赔偿责任。尽管物流商在赔付后，尚可向负有责任的分包商进行追偿，但由于物流商与客户和分包商所签合同分别是背对背的合同，因此所适用的法律往往是不一样的，其豁免条款、赔偿责任限额及诉讼时效也是不一样的，致使物流商常常得不到全部赔偿。此外，物流商还需要承担信息系统可能带来的风险以及赔偿运作过程中给第三者造成的损失。这些因素都使得现代物流商所承担的风险较传统货运商大为增加。

2．物流经营人是否承担货物保险的责任

在物流经营人负责货物的运输、配送等情况下，货物掌握在物流经营人手里，那么应由谁负责购买保险呢？从货主方面考虑，既然物流公司负责货物的保管、运输，就应该对货物的所有损失承担责任，不管是不是物流公司的责任。从物流公司的角度看，传统货物运输是由买卖双方确定由谁负责购买保险，与从事运输的人没有关系，况且，物流公司是作为卖方或买方的代理人身份从事运输。因此，即使在现代物流里，也可以认为，货物运输保险仍可由货主购买。但是，因为货物实际控制在物流公司那里，由物流公司负责运输、装卸、配送，货主实际上没有办法控制风险，物流合同履行中，主体双方应各自根据自己可能遇到的风险进行投保。

3．仓储货物如何保险

传统仓储业中，仓储从业者为仓库中的货物购买保险。而在现代物流环境下，继续沿用这种做法是否合理呢？现代仓储业利用现代化的仓库，除专门用途的仓库外，可同时为许多顾客提供种类繁多的货物保管服务。

4．物流业务发展本身需要新的保险险种

除了前述的物流风险不同于运输风险外，物流保险的必要性还有下列原因。

物流公司肩负着保证按时送达的责任，而实际上，因为意外因素延误运输时间的现象并不少见。这种情况并不在通常的货物保险赔付条款之内，目前只能由物流公司自己负责赔偿。这种风险可否投保呢？

当物流公司从事零担运输的时候，往往需要面临货物件数多、单件价值低的问题。由于逐件货物进行保险，手续十分繁杂，而且存在着货主不愿意投保或不按货物价值投保，保险公司不愿意受理易碎、易损货物保险等情况，物流公司不得不为此承担更多的风险。

现在的物流服务商不同于以往简单的运输商，提供的常常是一种整体的方案，可能涉及到多种运输方式的联合运作。过程中的很多情况并不能完全掌控，但物流各个环节的风险却都要一并承担。以公铁联运为例，一旦铁路运输出现问题，赔偿的程序非常复杂，时间耗费很长，但客户却会将这部分的责任统统划到物流公司的头上。物流企业往往不得不先行赔偿，甚至付出很多额外的代价。

5．物流保险的性质

物流保险应该是与传统的货物保险，无论是企业财产保险还是货物运输保险都存在较大区别的一个险种，二者应该属于两个不同的体系，物流保险并不是货物保险的简单修正。货物保险是财产险的一种，投保人和受益人都是货主，而物流保险应该属于责任险，投保人和受益人都是物流企业；货物保险保的是货物本身，而物流保险保的是物流企业的责任。在投保物流经营者责任险以后，物流经营者的风险将大大降低。

3.4.3 海上货物保险

1. 海上保险概念

海上保险是保险人和被保险人通过协商，对船舶、货物及其他海上标的所可能遭遇的风险进行约定，被保险人在交纳约定的保险费后，保险人承诺一旦上述风险在约定的时间内发生并对被保险人造成损失，保险人将按约定给予被保险人经济补偿的商务活动。海上保险属于财产保险的范畴，是对由于海上自然灾害和意外事故给人们造成的财产损失给予经济补偿的一项法律制度。

我国《海商法》规定，下列各项可以作为保险标的：

（1）船舶；

（2）货物；

（3）船舶营运收入，包括运费、租金、旅客票款；

（4）货物预期利润；

（5）船员工资和其他报酬；

（6）对第三人的责任；

（7）由于发生保险事故可能受到损失的其他财产和产生的责任、费用。

与物流直接相关的是海上货物保险。

2. 海上保险的原则

海上保险原则是指在海上保险活动中当事人应当遵循的行为准则。海上保险活动作为一种独立的经济活动类型，基于自身的特点和适用范围，逐步在长期的发展过程中形成了一系列基本原则。根据国际惯例，这些基本原则可归纳为：损失补偿原则、可保利益原则、近因原则、最大诚信原则和代位求偿原则。

（1）损失补偿原则。损失补偿原则是指被保险人在保险合同约定的保险事故发生之后，保险人对其遭受的实际损失应当进行充分的补偿。

（2）可保利益原则。可保利益原则是指只有对保险标的具有可保利益的投保人与保险人签订的海上保险合同才有法律效力，保险人才承担保险责任。其具体内容表现在：

① 可保利益是海上保险合同生效的依据。

② 可保利益是保险人履行保险责任的前提。可保利益原则为大多数国家的海商法和保险法所确认，并将其作为海上保险合同成立的法定条件，当事人不得协商变更。

（3）近因原则。近因原则是为了明确事故与损失之间的因果关系，认定保险责任而专门设立的一项基本原则。其含意是指保险人对于承保范围内的保险事故作为直接的、最接近的原因所引起的损失，承担保险责任，而对于承保范围以外的原因造成的损失，不负赔偿责任。

（4）最大诚信原则。最大诚信原则是指签订保险合同的各方当事人必须最大限度地按照诚实与信用精神协商签约。主要体现为海上保险合同当事人应当做到如实告知，通常指的是被保险人在签订保险合同时，应该将其知道的或推定应该知道的有关保险标的的重要情况如实向保险人进行说明。因为如实告知是保险人判断是否承保和确定保险费率的重要依据。

（5）代位求偿原则。有时保险标的所遭受的保险事故是由第三人的行为引起的，被保险人当然有权利向肇事者就其侵权行为所致损失进行索赔。由于海事诉讼往往牵涉到许多方面，诉讼过程旷日持久，保险人为便利被保险人，就按照保险合同的约定先行赔付，同时取得被保险人在标的物上的相关权利，代被保险人向第三人进行索赔，这就是在国际海上保险业中普遍盛行的代位求偿原则。

3．海上货物运输的风险

海上货物运输的风险分为海上风险和外来风险。

（1）海上风险。海上风险又称海难，一般是指货物在海上航行中发生的或随附海上运输所发生的风险。从性质上划分，海上风险可分为自然灾害和意外事故。自然灾害通常是指不以人的意志为转移的自然界的力量所引起的灾害，包括恶劣气候、雷电、洪水、流冰、地震、海啸，以及其他人力不可抗拒的灾害，而不是指一般自然力所造成的灾害。意外事故是指由于偶然的、难以预料的原因造成的事故，主要包括船舶搁浅、触礁、沉没、碰撞、失火、爆炸及失踪等具有明显海洋特征的重大意外事故。

（2）外来风险。外来风险是指海上风险以外的各种风险，外来风险必须是意外的，事先不能预料到的，所以货物的自然损耗和固有缺陷等发生的损失，不能计入外来风险。外来风险分为一般外来风险和特殊外来风险。一般外来风险是指偷窃、破碎、渗漏、玷污、受潮受热、串味、生锈、钩损、短量、淡水雨淋等。特殊外来风险主要是指由于军事、政治及行政法令等原因造成的风险，从而引起货物损失，如战争、罢工、交货不到、拒收等。

4．海上货物运输保险险别

根据能否单独投保，我国海上货物保险的险别可分为基本险和附加险。基本险也称主险，可以单独投保，承保的主要是自然灾害和意外事故所造成的损失和费用。附加险不能单独投保，只能在投保基本险后加保。

在我国，基本险分为平安险、水渍险及一切险三种。平安险的承保责任范围是：

（1）被保险货物在运输途中由于恶劣气候、雷电、海啸、地震、洪水等自然灾害造成整批货物的全部损失或推定全损。被保险人要求按推定全损赔付。

（2）由于运输工具遭受搁浅、触礁、沉没、互撞、与流冰或其他物体碰撞，以及失火、爆炸等意外事故造成货物的全部或部分损失。

（3）在运输工具已经发生搁浅、触礁、沉没、焚毁等意外事故的情况下，货物在此前后又在海上遭受恶劣气候、雷电、海啸等自然灾害所造成的部分损失。

（4）在装卸或转运时由于一件或数件整件货物落海造成的全部或部分损失。

（5）被保险人对遭受承保责任内危险的货物采取抢救、防止或减少货损的措施而支付的合理费用，但以不超过该批被救货物的保险金额为限。

（6）运输工具遭遇海难后，在避难港由于卸货所引起的损失以及在中途港、避难港由于卸货、存仓以及运送货物所产生的特别费用。

（7）共同海损的牺牲、分摊和救助费用。

（8）运输契约订有“船舶互撞责任”条款，根据该条款约定应由货方偿还船方的损失。

水渍险的承保责任范围是：

（1）平安险所承保的各项责任。

（2）被保险货物由于恶劣气候、雷电、海啸、地震、洪水等自然灾害所造成的部分损失。

一切险的承保责任范围除包括平安险和水渍险的各项责任外，还包括被保险货物在运输途中由于外来原因所致的全部或部分损失。

目前，在国际海上保险中使用最广的是伦敦保险协会制定的 ABC 条款，分别称为协会货物 A 险条款、协会货物 B 险条款、协会货物 C 险条款。除三个基本险条款外，还有战争险条款、罢工险条款、恶意损害险条款。

保险业为满足现代物流发展的需要，应在现有保险条款的基础上有所发展，产生具有综合风险承保能力、符合物流经营商客户需求的新险别。

本章小结

尽管货物买卖合同一般不被认为是物流合同之一，但是，无论是国内货物买卖，还是国际货物买卖，它们都是物流的基础和前提。货物买卖是基于产地和消费地之间因供需矛盾而产生的空间隔阂，这种空间隔阂的消除是依赖于物流来解决的。本章以国内货物买卖合同和国际货物买卖合同为重点进行分析，并对我国外贸管理制度和合同当事人的风险管理制度做了一些探讨。

思考与练习

1．简述货物买卖合同的概念与特征。
2．货物所有权转移的基本规则是什么？国内买卖合同风险转移的规则是什么？
3．简述瑕疵担保义务的概念及种类。
4．什么是产品质量责任？关于产品责任《侵权责任法》是如何规定的？
5．《联合国国际货物销售合同公约》关于合同订立的具体内容是什么？
6．国际货物买卖合同当事人有哪些义务？
7．《国际贸易术语解释通则》2000 年版与 1990 年版相比有哪些变化？
8．2004 年我国《对外贸易法》修订的主要内容有哪些？
9．物流风险防范与保险之间的关系是怎样的？
10．海上保险有哪些基本原则？

案例分析

1．国际货物买卖合同的成立问题

2003 年 4 月 4 日，境外 A 公司向我国 B 公司在境外当地的代理商 C 公司发来出售鱼粉的实盘，并规定于当天下午 5 时前答复有效。该实盘主要内容是：秘鲁或智利鱼粉；数量：10 000 公吨，溢短装 5%；价格条款：C&F 上海，价格每公吨 483 美元；交货期：2004 年 5～6 月，信用证付款，还有索赔以及其他条件等。当天，C 公司与北京的 B 公司联系后，将 B 公司的意见以传真转告 A 公司，要求 A 公司将价格每公吨从 483 美元减至当时国际市场价每公吨 480 美元，同时对索赔条款提出了修改意见，并随附 B 公司提议的中国惯用的索赔条款，并明确指出："以上两点如同意，请速告知，并可签约"。

4月5日，A公司与B公司直接通过电话协商，双方各作了让步，B公司同意接受每公吨483美元的价格，但坚持修改索赔条款，即："货到45天内，经中国商检机构检验后，如发现问题，在此期限内提出索赔。"结果，A公司也同意了对这一条款的修改。至此，双方口头上达成了一致意见。4月7日，A公司在给B公司的电传中，重申了实盘的主要内容和双方电话协商的结果。同日，B公司回电传给A公司，并告知由B公司的部门经理某先生在广交会期间直接与A公司签署合同。

4月22日，A公司副总裁来广交会会见了B公司部门经理，并交给他A公司已签了字的合同文本。该经理表示要审阅后再签字。4天后（4月26日），当A公司派人去取该合同时，B公司的部门经理仍未签字。A公司副总裁随即指示该被派去的人将B公司仍未签字的合同索回。5月2日，A公司致电传给B公司，重申了双方4月7日来往电传的内容，并谈了在广交会期间双方接触的情况，声称要对B公司不执行合同，未按合同条款规定开出信用证所造成A公司的损失提出索赔要求，除非B公司在24小时内保证履行其义务。

5月3日，B公司给A公司发传真称：该公司部门经理某先生4月22日在接到合同文本时明确表示："须对合同条款作完善补充后，我方才能签字。"在买卖双方未签约之前，不存在买方开信用证问题，并对A公司于4月26日将合同索回，B公司认为A公司"已改变主意，不需要完善合同条款而作撤约处理，没有必要等我签字生效"，并明确表示根本不存在要承担责任问题。5月5日，A公司致电传给B公司，辩称："该公司索回合同不表示撤约，双方之间有约束力的合同仍然存在"，并重申要对所受损失保留索赔的权利。

5月6日，B公司作了如下答复："（1）买方确认卖方递的报价、数量并不等于一笔买卖最终完成，这是国际贸易的惯例。（2）4月22日，我方明确提出要完善、补充鱼粉合同条款时，你方只是将单方面签字的合同留下，对我方提出的要求不作任何表示。（3）4月26日，未等我方在你方留下的合同上签字，也不提合同条款的完善、补充，而匆匆将合同索回，也没提出任何意见。现在贵公司提出要我开证履约，请问我们要凭以开证的合同都被你们撤回，我们怎么开证履约呢?上述说明，你方对这笔买卖已毫无诚意，时隔多日又重提此事，为此，我们对你方的这种举动深表遗憾。因此，我们也无须承担由此而引起的任何责任。"

5月15日，A公司又电传给B公司，告知该公司副总裁将去北京，并带去合同文本，让B公司签字。5月22日，A公司又发电传给B公司，称：因A公司副总裁未能在北京与B公司人员相约会见，故将合同文本快邮给B公司，让其签字。并要求B公司答复是否打算签合同还是仍确认双方不存在合同关系，还提出如不确认合同业已存在，要B公司同意将争议提交伦敦仲裁机构仲裁。5月23日，B公司电传答复A公司，再次重申该公司5月3日和6日传真信件的内容。

6月7日，A公司又致电传给B公司，重述了双方往来情况，重申合同业已成立，再次要求B公司确认并开证。6月12日，B公司在给A公司的传真信中除重申是A公司于4月26日将合同索回，是A公司单方面撤销合同。并告知，B公司的用户已将定单撤回，还保留由此而引起的损失提起索赔的权利。同时表示，在事隔一个多月后，B公司已无法说服用户接受A公司的这笔买卖，将A公司快邮寄来的合同文本退回。

6月17日和21日，A公司分别电告B公司和C公司，指出B公司已否认合同有效，拒开信用证等，A公司有权就此所受损害、费用、损失要求赔偿。双方多次的协商联系，均坚持自己意见，始终未能解决问题。

2003 年 7 月 26 日，A 公司通过律师，在境外向当地最高法院提起诉讼，告 B 公司违约，要求法院判令 B 公司赔偿其损失。当地最高法院受理了此案，并于 2004 年 1 月 3 日做出了中间性裁决。裁决书裁定中国 B 公司赔偿原告 A 公司的损失及其利息。3 月 27 日，当地最高法院又对上述赔偿金额和利息做出估价，共 85 万美元。同时，草拟并公布了最终判决。4 月 9 日，当地最高法院做出正式的最后判决，判决 B 公司赔偿 A 公司的损失以及自 2003 年 7 月 1 日至 2004 年 3 月 27 日的利息损失共计 85 万美元。

根据前述案例分析下列问题：

（1）什么是实盘和虚盘？两者的区别是什么？

（2）在 C&F 贸易术语下，当事人的权利义务分别有哪些？

（3）双方于 2003 年 4 月 5 日通过电话协商达成一致意见是否表示合同已于此时成立？

（4）B 公司要求签署书面合同是否仅仅是一种形式而不会影响到合同的有效成立？

（5）B 公司在收到 A 公司已签字的合同后 4 天内，仍未签字是否构成拒绝签约？

（6）A 公司在 B 公司还没有签字的情况下，又将合同索回是否是撤约？

（7）境外法院的判决在我国国内如何承认与执行？

（8）本案件应该适用什么法律确定合同纠纷？

2. 外贸代理人在进口货物运输合同中的法律地位

A 公司与 B 公司签订委托代理进口协议，协议主要条款有："A 公司作为 B 公司外贸进口业务的代理，根据 B 公司提供的相关资料及时与国外供应商签订进口合同，办理进口通关手续，以便顺利提货。A 公司申请开立信用证，但款项由 B 公司支付。

B 公司负责与国外供应商商谈合同具体条款，并及时将上述内容告知 A 公司以便 A 公司对外签约。B 公司负责筹备各种税费、货款以及办理提货手续；如货物质量存在问题，负责与国外供应商交涉索赔事宜。B 公司按每船进口数量总金额的 X%向 A 公司支付代理费。"

国外供应商将货物交船东 C 承运（贸易价格条款为 CIF），C 签发指示提单。提单经正常贸易程序流转至 A 公司，A 公司在提单背面加盖公章，交 B 公司提货。B 公司提货时，发现货损，便对船东提起索赔。

问题：

（1）B 公司是否具有原告的资格？为什么？

（2）A 公司是否具有原告的资格？为什么？

（3）利用《合同法》关于隐名代理人或未披露委托人的代理人的规定，解释 B 公司的地位。

（4）A 公司在提单背面加盖公章，交 B 公司提货，这是否意味着提单的转让？

3. 货物买卖中的违约责任

2008 年 1 月 28 日，A 公司（外国企业）与 B 公司（我国企业）签订了一项硅铁国际买卖合同，约定 A 公司向 B 公司购买规格为 75#10-50mm 的硅铁 540 吨，单价为 USD1125/MT FOB XINGANG，合同总价款为 607,500 美元。交货期为 2008 年 2 月、3 月、4 月，每月 180 吨。付款条件为装船后 3 日之内，凭单据副本电汇。

A 公司称，买卖合同签订后，B 公司于 2008 年 4 月 7 日向 A 公司交付硅铁 50 吨，又于 2008 年 4 月 14 日向 A 公司交付硅铁 175 吨。A 公司分别于 2008 年 4 月 10 日、4 月 16

日、4月18日向申请人付清该225吨硅铁的货款253,125美元。合同履行期间，硅铁市场价格不断上涨。合同项下剩余的315吨硅铁，B公司再未交付。鉴于B公司拒不履行合同交货义务，A公司在多次催货无效的情况下，认为B公司的行为已构成违约，于2008年10月解除了该买卖合同未履行部分。并委托律师代理该买卖合同争议仲裁索赔案，向中国国际经济贸易仲裁委员会提交仲裁申请，仲裁委员会受理了上述合同项下争议仲裁案。A公司提出的仲裁请求包括：B公司赔偿硅铁差价损失189,000美元；B公司承担案件仲裁费和律师费。

B公司称，2008年2月，由于情势变更，B公司电炉损坏，停产检修，使本案合同无法按期交货。B公司与A公司协商能否减半合同数量，并要求在A公司确认接受此提议后，再做装运安排。在得到A公司的许可后，B公司通知下属工厂想办法加紧生产，已尽力履行了合同交货义务。但B公司未能提供合同数量已做变更的证据。

本案合同双方没有约定解决合同争议应当适用的法律。

问题：

（1）本案是否应当适用中国的法律？

（2）B公司是否构成对合同的根本违约？

（3）A公司解除合同是否有法律依据？

（4）A公司提出的索赔金额是否有法律依据？

（5）B公司是否应承担本案的仲裁费和律师费？

4. 一切险的保险责任范围

我国某外贸公司A与荷兰进口商B签订一份皮手套合同，价格条件为CIF鹿特丹，向C保险公司投保一切险。生产厂家生产的最后一道工序是将手套温度降低到最低程度，然后用牛皮纸包好装入双层瓦楞纸箱，再装入20英尺集装箱。货物到达鹿特丹后，检验结果表明：全部货物湿、霉、玷污、变色，损失价值达8万美元。据分析：该批货物的出口地无异常热，进口地鹿特丹无异常冷，运输途中无异常，完全属于正常运输。试问：

（1）平安险、水渍险和一切险的保险责任范围分别是什么？

（2）CIF贸易术语下，货物的保险金额如何确定？

（3）保险公司对该批损失是否赔偿？为什么？

（4）进口商对受损货物是否支付货款？为什么？

（5）你认为出口商应如何处理此事？

5. 保险金额和保险费的计算

一批出口货物CFR价格为9 890美元，买方要求卖方代为在中国投保，卖方委托A货代公司按CIF加一成投保，保险费率为1%。

问题：

（1）请A货代公司代卖方来计算该批货物的保险金额是多少？

（2）应交纳的保险费是多少？

第4章 包装、配送的法律问题

内容提要

- 承揽合同的概念、特征、种类和当事人的权利义务；
- 流通加工的概念、作用和性质；
- 一般货物和危险货物运输包装要求；
- 配送概念及有关法律问题。

4.1 承揽合同概述

承揽合同关系是经济活动中普遍存在的一种关系，其原因主要是专业化分工的结果，即由他人完成比自己做更经济。

4.1.1 承揽合同的概念与特征

1. 承揽合同的概念

根据我国《合同法》第251条规定，承揽合同是承揽人按照定作人的要求完成工作，交付工作成果，定作人给付报酬的合同。承揽包括加工、定作、修理、复制、测试、检验等工作；在现实生活中，改制物品、印刷、翻译、复印等也属于承揽活动。在物流业中，承揽主要体现为流通加工和包装。

2. 承揽合同的特征

承揽合同具有下列特征。

（1）承揽合同是以完成定作事项为目的的合同。承揽合同的承揽人须依照定作人的要求完成一定的定作事项，定作人订立合同的目的是取得承揽人完成的一定工作成果。

（2）承揽合同属于双务、诺成性、不要式、有偿合同。

（3）承揽的标的具有特殊性。承揽合同的承揽标的是承揽人完成并交付的工作成果。这种工作成果具有特定性，是为满足定作人的特殊要求而完成的，因此，不能通过市场直接购买到所需要的工作成果。这也是承揽合同的价值之所在。

（4）承揽人以自己的风险独立完成工作。因为定作人对承揽人专业技能和工作条件信赖才将工作托付于承揽人，如果承揽人不能完成合同约定的工作，则应承担违约责任。

（5）承揽关系不同于委托关系。委托关系中被委托人通常以委托人的名义与第三人订立合同；在承揽关系中，虽然定作人将自己的事务委托他人处理，但承揽人不是以定作人的名义为定作人通过订立合同的方式获得有关的成果，而是自己亲自完成有关工作。

3．承揽合同的种类

（1）加工合同。加工合同是承揽人以自己的技术力量，按照定作人的要求，用定作人提供的材料，为定作人加工成品，定作人支付报酬的合同。如定作人用自己的材料要求承揽人制造特定设备、加工服装、制作家具等。

（2）定作合同。定作合同是指承揽人用自己的材料和技术，按照定作人的要求为定作人制作成品，由定作人支付报酬的合同。定作合同与加工合同最主要的区别是提供材料的人不同。

（3）修理合同。修理合同是指承揽人按照定作人的要求为其修复损坏的物品，定作人为此支付报酬的合同。生活中汽车、自行车、家用电器、手表等的修理都会成立修理合同。

（4）复制合同。复制合同是指承揽人按照定作人的要求，根据定作人的样品，为定作人重新制作类似成品，定作人支付报酬的合同。

（5）测试、检验合同。测试、检验合同是指承揽人按照定作人的要求，以自己的技术和设备为定作人提出的特定事物的性能、问题等进行测试、检验，并得出结论，定作人支付报酬的合同。

4.1.2　承揽合同当事人的权利和义务

承揽合同的内容包括承揽的标的、数量、质量、报酬、承揽方式、材料的提供、履行期限、验收标准和方法等条款。在这些条款中，约定当事人的权利和义务，如果没有约定或约定不明确，应该按照《合同法》规定的当事人的权利义务来解决纠纷。

1．承揽人应亲自完成主要工作并承担风险

承揽人应独立地以自己的名义完成定作人（客户）交付的工作，因此他必须有完成工作的条件和能力，自行配置设备、技术、劳力，亲自完成承揽的工作。在事先征得定作人同意的情况下，可以将承揽的主要工作或辅助工作（次要的工作）转包给他人完成，但应负责监督检查，并对全部（包括他人完成的）工作成果负责。

承揽人在完成工作或交付工作成果之前，对一切风险承担责任。除遇到不可抗力的原因外，在通常情况下，因承揽人管理不善，使标的物被盗、丢失、火烧、浸湿、毁损的，承揽人应承担这种风险责任，因此承揽人应妥善保管定作物。

2．加工中材料的使用

加工中使用的材料可以按约定由承揽人提供，也可以由定作人提供。由于材料的提供影响到承揽工作的进行，因此提供方要特别注意：

（1）材料如果由承揽人提供，则应接受定作人检验。承揽人应按合同约定的质量标准选用材料；没有约定质量标准的，承揽人应按诚实信用的原则，选用符合使用目的的材料，不能以次充好。定作人如有异议，则应当调换材料。

由于承揽人选用的材料有缺陷或者不符合约定造成定作物质量不合格的，承揽人应承担违约责任，定作人有权要求重作、修理、减少价款或解除合同。定作人对承揽人选用的材料未及时检验的，则视为同意。

（2）定作人提供材料的情况下，承揽人应对材料的质量、规格、数量进行及时检查，发现不符合约定的，应及时通知对方更换或补齐。如果对材料怠于检查导致加工成果不合格，或对材料擅自更换，承揽人要承担后果。

定作人不能在约定日期提供材料或材料质量不合格，数量不足，影响加工进度时，承揽人有权解除合同，并要求获得违约金。如果不解除合同，则可以根据情况延期交付成果，并对有关损失进行索赔。

3．双方当事人在工作中的配合

承揽工作需要定作人协助的，定作人有协助的义务。因定作人不履行协助义务使承揽工作不能完成的，承揽人有权解除合同；使完成工作的期限拖延的，定作人应承担迟延履行义务的责任。

承揽人在工作期间，应接受定作人必要的监督检验。但这种监督是平等的，目的是为了掌握情况，使加工工作顺利进行。因此定作人对承揽人工作的监督，不能妨碍承揽人正常工作，否则要对造成的损失承担赔偿之责任。

承揽人应在完成工作后交付成果，并提交必要的技术资料和有关质量证明。定作人则有检验、接受定作成果的义务。

4．违约处理

当事人违约的情况主要有以下几种：

（1）承揽人交付的工作成果不符合质量标准。工作成果不符合质量标准是指承揽人未按合同约定的质量标准完成定作人委托的工作。若定作人同意接受该工作成果，应按质论价，酌减价款或酬金。定作人不同意接受，承揽人应负责修整和调换，所需费用由承揽人自负；同时承揽人还要承担逾期交付的责任，依然按加工承揽合同约定的违约金条款支付违约金。逾期交付定作物，遇到价格上涨时，按原价格执行，遇到价格下降时，按新价格执行，即按有利于定作人的价格。定作人不同意按质论价，或修理、调换后仍不符合质量要求的，可以解除合同，承揽人应赔偿定作人因此而造成的损失。

（2）定作人未在约定期限内交付报酬或材料费等价款。定作人向承揽人支付报酬是定作人的义务，有约定期限的按照约定期限支付报酬；对于没有约定或约定不明确的，可以按补充协议约定的支付报酬的时间；不能达成协议的，定作人应在交付工作成果的同时支付报酬；交付部分工作成果的，定作人应相应地支付部分报酬；如果承揽工作的成果无须交付，定作人就于工作完成之时支付报酬。定作人延期支付报酬的，应承担逾期支付的利息。

定作人未向承揽人支付报酬或材料费等价款的，承揽人对完成的工作成果享有留置权。承揽人的留置权是保证承揽人实现报酬索求权的一种法定担保物权，但是留置权只有在合同中的义务人到期后仍不履行合同时行使，目的是为了促使有义务的一方履行合同。

（3）定作人中途变更承揽工作要求。加工承揽合同签订以后，在没有履行或没有完全履行合同义务之前，定作人未经承揽人同意而单方对合同的内容进行修改、增减，如变更标的内容，改变定作物数量、规格、设计等，实质上也是一种违约行为，应向承揽人承担违约责任，支付违约金；如果给承揽人造成的损失超过违约金，还应支付赔偿金，以补充不足部分。加工承揽合同签订后尚未履行或未完全履行时，由于签订加工承揽合同时所依据的主客观情况发生变化，定作人对原承揽合同条款进行修改或补充，可以是合同主体的变更，也可以是合同标的物的种类、数量、质量、价格、交货期限、交货地点等的变更。总之，承揽合同的变更只能对未履行的部分发生效力。

4.2 流通加工中的法律问题

流通加工是流通中的一种特殊形式，是生产过程在流通领域的延伸，是现代物流的一项基本功能。对物流企业来说，流通加工是一种重要的利润源泉，也是物流增值服务的体现。

4.2.1 流通加工的概念与作用

1．流通加工的概念

我国国家标准《物流术语》规定，流通加工（Distribution Processing）是指物品在从生产地到使用地的过程中，根据需要施加包装或进行分割、计量、分拣、刷标志、挂标签、组装等简单作业的总称。它与生产加工最大的不同是注重于物品在生产后、流通中或使用前的整理，因此又称加工整理。流通加工被称为简单作业不一定合适，但与生产加工比较，其复杂程度应该是低一些。但是，现在流通加工从过去的简单地粘贴标价牌，在某些方面发展到需要高科技才能完成，加工形态趋向多样化。流通加工受技术革新的影响，今后将越来越趋向复杂。随着适应消费的多样化和由激烈的市场竞争而引起的特色化战略的展开，流通加工的意义也日益增加。

在传统的生产、流通、交换和消费四个阶段中，流通是生产与交换、消费之间的桥梁，是物品从生产地向交换地和消费地的转移过程。因此，传统的流通并不需要对物品实体进行改变。随着现代物流的发展，部分生产功能转移至流通环节，由承担流通功能的企业来完成。只有完成这些生产，货品才能在市场上出售，进行交换。这些生产功能主要包括根据需要施加包装或进行分割、计量、分拣、刷标志、挂标签、组装等，这就是流通加工。流通加工与生产加工存在以下一些区别：

（1）加工的对象不同。流通加工的对象是进入流通过程的商品，生产加工以原材料、零配件、半成品等为对象。流通加工的对象通常是生产加工出来的商品，该商品可以认为是最终产品，只是缺少必要的包装、分类等。

（2）加工的复杂性不同。流通加工是一种简单加工，而不是复杂加工。一般来说，复杂加工应专设生产加工过程，并完成大部分加工活动，加工后的产品具备商品的基本功能，这通常只有生产加工才能做到。流通加工对生产加工只是一种辅助及补充，将未完成的简单加工在流通环节完成，因此，流通加工不是对生产加工的取消或代替，两者具有互补关系。

（3）增值内容不同。从价值观点看，生产加工的目的在于创造产品的价值及使用价值，而流通加工则在于完善产品的使用价值并在不做大的改变的情况下提高产品的价值。

（4）加工主体不同。流通加工的组织者是从事流通工作的人，他们能密切结合流通的需要进行这种加工活动；从加工单位来看，流通加工由商业或物资流通企业完成，而生产加工则由生产企业完成。

（5）加工的目的不同。商品生产是为了交换、消费，流通加工的一个重要目的是消费（或再生产），这一点与商品生产有共同之处。但是流通加工有时候是以自身流通为目的，纯粹是为流通创造条件。这种为流通所进行的加工与直接为消费进行的加工从目的上来讲是有区别的，这又是流通加工不同于一般生产的特殊之处。

流通加工与生产加工最大的不同是，流通加工注重于物品在生产后、流通中或使用之前的整理，因此又称为加工整理。

2．流通加工的作用

流通加工的作用可以从流通加工与生产加工的分工来理解，或者说包装、分割、计量、分拣、刷标志、挂标签、组装等业务从生产环节进入流通环节的原因来理解。流通加工的作用表现为以下几点。

（1）提高原材料的利用率。从事流通加工的企业同时为多家企业从事流通加工服务，因此具有综合利用有关原材料的优势，具有规模效益。

（2）满足消费者的需求。流通加工通常与配送等物流功能结合在一起，因此，配送中心可以根据消费者的个性化需求对物品进行加工，更好地满足消费者。

（3）提高物流效率。流通加工业务与运输存在直接的联系，物流企业在满足消费者需求的同时，要比一般生产企业更全面考虑到运输的要求，因此，可以大大提高物流效率。

（4）提高商品的附加值。生产企业愿意将部分业务分离出来，交由物流企业完成，这是因为物流企业能够更好地提高物品的附加值。

4.2.2 流通加工的性质

流通加工是对于货物或其包装等进行必要加工或整理的工作，也是物流中的一个内容。尽管物流中的加工整理只是在销售前或作为生产原料使用前的简单加工和为了配合运输或使用需要而进行的必要整理，但就其性质而言，该加工整理同样是一种承揽性的工作。委托此项工作的通常是货主，委托既可以是单项的，也可以包括在整个物流项目管理协议中。我国《合同法》中关于承揽合同的有关规定，应适用于流通中的加工整理工作。

物流中的承揽性工作主要涉及简单加工、修理、检验、其他过程前的准备等，由物流经营者按照客户的要求完成，并收取相应报酬。加工整理与物流中的配送和包装有着较为密切的关系，因此，客户应根据最终目的来对加工整理工作的质量提出要求，选择适当的加工形式。如包装前对商品的加工，主要是稳固、改装、品质保护（如保鲜）；而配送前的加工，主要是根据用户的要求进行初步加工，以便集中下料，或者是对货物进行分拣、配料或在出售前加贴标签。

为了明确双方的权利、义务和责任，当事人双方应对承揽的标的、数量、质量要求、报酬、承揽方式、材料的提供、履行期限、验收标准及方法做出约定。

4.3 包装中的法律问题

4.3.1 包装法律问题概述

包装是为了在流通过程中保护产品、方便储运、促进销售，而采用容器、材料及辅助物，利用一定的技术方法加以处理的操作活动。

商品包装根据其目的分为商业包装和工业包装，前者主要是为了方便零售和美化商品，因此又称为销售包装；后者主要是为了保护商品在流通过程不受外力的作用或环境影响而损坏，同时便于运输与储存时的交接计数、堆码、搬运，以及合理积载，因此又称为运输包装。

从物流的角度看，应该还有为方便使用而进行的包装。比如，在配送中心，可以对货物进行重新包装或分成小包装等。

货物包装通常由货主负责，如今，它已成为物流经营者从事增值服务的一个重要内容。由于包装影响到货物的保护以及有效利用运输工具，也影响仓储、运输的安全性以及使用的方便性，因此有关销售、运输、仓储的法律、法规及国际公约对货物的包装均有相应规定，技术上也要求包装执行一定的标准。有国家标准的按国家有关强制性标准执行；没有强制性标准的，按行业标准；没有国家标准或行业标准的，按照合同约定执行。总之，要在保证运输和储存安全的前提下妥善包装。

在国际贸易中，有时买卖合同对于包装条款不做具体规定，而使用“适合海运包装”（SEAWORTHY PACKING）、“习惯包装”（CUSTOMARY PACKING）或“卖方习惯包装”（SELLER'SUSUAL PACKING）等术语。由于这些术语含意不够明确，容易引起纠纷，因此，除非买卖双方对其具体内容事先已经充分交换了意见或在长期的业务交往中已取得一致认同外，一般不宜使用。

货物销售、运输、仓储等方面的法律、法规、公约和惯例，基本上都有关于包装的条款，如本书介绍的《联合国国际货物销售合同公约》、《合同法》中的买卖合同、仓储合同和运输合同分则，《国际贸易术语解释通则》，《海商法》，国际海事组织（IMO）制定的《国际海运危险货物规则》，国际航空运输协会（IATA）制定的《危险品航空安全运输技术细则》、中国民用航空总局制定 2004 年 9 月 1 日起施行的《中国民用航空危险品运输管理规定》等。

由于我国至今尚未制定专门的包装法，因此，除了有关法律、法规与公约的内容中涉及到对包装的要求和合同当事人对包装义务的承担外，主要就是执行包装标准。在我国，包装方面最重要的标准是：GB 9174《一般货物运输包装通用技术条件》、GB 12463《危险货物运输包装通用技术条件》、GB/T 16471《运输包装件尺寸界限》、GB/T 18923《运输包装件质量界限》、GB 190《危险货物包装标志》、GB 191《包装储运图示标志》、GB/T 5398《大型运输包装件试验方法》、GB 4857《运输包装件基本试验》中的一系列试验方法标准等。这些标准基本上都是强制性的，可视为技术法规。下面介绍一些主要内容。

4.3.2 我国对一般货物运输包装的要求

一般货物的运输包装必须符合国家强制性标准《一般货物运输包装通用技术条件》。该标准对适用于铁路、公路、水运、航空承运的一般货物运输包装的总要求、类型、技术要求和鉴定检查的性能试验等做了规定。运输包装如不符合该标准规定的各项技术要求，运输过程中一旦造成货损或对其他关系方的人身、财产造成损害，包装责任人均承担赔偿之责。对包装不符合要求的货物运输部门可以拒运。标准的主要内容可分总体要求和具体要求两方面。

1. 运输包装的总体要求

由于货物运输包装是以运输、储存为主要目的的包装，因此必须具有保障货物安全、便于装卸储运、加速交接点验等功能，同时应能确保在正常的流通过程中，抗御环境条件的影响而不发生破损、损坏等现象，保证安全、完整、迅速地将货物运至目的地。此外，货物运输包装还应符合科学、牢固、经济、美观的要求。

2. 运输包装的具体要求

（1）货物运输包装材料、辅助材料和容器。货物运输包装材料、辅助材料和容器均应符合相关的国家标准的规定。无标准的材料和容器必须经过试验，验证其性能可以满足流通环境条件的要求。货物运输包装应由国家认可的质量检验部门进行检查监督和提出试验结果评定，并逐步推行合格证制度。

（2）包装内货物堆积的要求。包装内货物应均布装载、压缩体积、排放整齐、衬垫适宜、内货固定，重心位置尽量居中靠下，使货物运输包装完整、成型。

（3）防护装置要求。根据货物的特性及搬运、装卸、运输、仓储等流通环境条件，货物应选用带有防震、防盗、防雨、防潮、防锈、防霉、防尘等防护装置的运输包装。

（4）包装的牢固程度要求。货物运输包装的封口必须严密牢固，对体轻、件小、易丢失的货物应选用胶带封合、钉合或全粘合加胶带封口加固。根据货物的品名、体积、特性、重量、长度和运输方式的要求，选用钢带、塑料捆扎带或麻绳等，进行各种形式的捆扎加固。捆扎带应搭接牢固、松紧适度、平整不扭，不得少于2道。

（5）货物运输包装的底面尺寸要求。货物运输包装的底面尺寸，应符合国家强制性标准的规定，考虑包装设计中的模数，以便有效利用运载工具。

（6）包装的标志要求。货物运输包装必须具有标志，标志应正确、清晰、齐全、牢固。内货与标志一致，如碰震易碎、需轻拿轻放的货物，必须使用“小心轻收”标志等。旧标志应抹除。标志一般应印刷或标打，也允许拴挂或粘贴，标志不得有褪色、脱落或喷刷在残留标记上。标志应符合内装货物性质和对运输条件的要求。运输包装标志应按照GB 191《包装储运图示标志》和GB 6388《运输包装收发货标志》的规定执行。此外，还要满足交通运输部门在必要时根据不同运输方式的特点和要求，对运输包装和运输环境条件制定的相应规定。

（7）运输包装的种类。按运输部门的承运要求，货物的运输包装共分为8类，即箱类、桶类、袋类、裹包类、夹板托盘类、筐篓类、坛类、局部包装及捆绑类。每一类包装按制作运输包装容器材料的不同，又可分为若干种。

（8）技术要求。标准对每类包装的技术要求、限制重量做了详细的规定。以箱类包装为例，其技术要求和使用注意事项包括：制箱材料应无明显的毛刺和洞眼，木材的缺陷不得影响其结构强度；木箱应四角垂直端正，并根据所装货物的重量确定箱板的厚度和宽度；限制重量控制在200kg以内；根据货物的性质、价值、体积、重量合理选用箱型及材料种类；价值较高、容易散落和丢失的货物应使用木箱；装运机械仪器，其重量超过100kg的木箱，应有底盘、底座或加厚底带，其材质应保证搬运装卸作业安全，箱内货物必须采用螺栓与底盘，底座固定牢靠，不摇晃、不滚动；装运精密仪器等货物，必须具有必要的防震装置。

（9）运输包装性能试验的规定。性能试验的目的是为了模拟或重现运输包装件在流通过程中可能遇到的各种危害及其抗御这些危害的能力，或发生事故时进行仲裁。试验的要求一般是对装有实物的货物运输包装件做堆码试验和垂直冲击跌落试验，并根据货物的特性、包装类型、不同运输方式及货物、流通环境条件和货主及运输部门的要求，GB/T 4857《运输包装件基本试验》中的一系列试验方法标准选做相应的试验，如水平冲击试验、堆码试验、浸水试验、跌落试验、倾翻试验、压力试验、低气压试验、水压试验和不渗漏试验等。

由于该标准针对一般货物运输包装，因此不包括危险货物、鲜活易腐货物和单件超重的货物的运输包装。

4.3.3 我国对危险货物运输包装的要求

危险货物运输包装是指根据危险货物的特性，按照有关标准和法规，专门设计制造的运输包装。按照国家强制性标准《危险货物运输包装通用技术条件》的规定，其分级、基本要求、性能试验和检验方法以及包装容器的类型和标记代号等都有特殊的要求。标准为运输、生产和检验部门对危险货物运输包装的质量进行性能试验和检验提供了依据。

1．危险货物运输包装的基本要求

（1）危险货物运输包装应结构合理，具有一定强度，防护性能好。包装的材质、形式、规格、方法和单件重量，应与所装危险货物的性质和用途相适应，并便于装卸、运输和储存。

（2）包装应质量良好。其构造和封闭形式应能承受正常运输条件下的各种作业风险，不应因温度、湿度或压力的变化而发生任何渗漏或撒漏；包装表面应清洁，不允许粘附有害的危险物质。

（3）包装与内装物直接接触的部分，必要时应有内涂层或进行防护处理。包装材质不得与内装物发生化学反应而形成危险产物或使包装强度削弱。

（4）内容器应予固定。如属易碎性的应使用与内装物性质相适应的衬垫材料或吸附材料衬垫妥实。

（5）盛装液体的容器应能经受在正常运输条件下产生的内部压力。灌装时必须预留足够的膨胀余量，并应保证在温度55℃时，内装液体不致完全充满容器。

（6）包装封口应根据内装物性质采用严密封口、液密封口或气密封口。

（7）盛装需浸湿或加有稳定剂的物质时，其容器封闭形式应能有效地保证内装液体的百分比，在储运期间保持在规定范围内。

（8）有降压装置的包装，其排气孔的设计和安装应能防止内装物泄漏和外界杂质进入，排出的气体量不得造成危险和污染环境。

（9）复合包装的内容器和外包装应紧密贴合，外包装不得有擦伤内容器的凸出物。

（10）无论是新型包装、重复使用的包装，还是修理过的包装均应符合规定的性能试验要求。

（11）盛装爆炸品的包装除了满足上述要求，还应使其具有防止渗漏的双重保护，防止爆炸品与金属物接触。封闭装置预设合适的垫圈，包装内的爆炸品及内容器，必须衬垫妥实，不至于在运输中发生危险性移动等。

2．危险货物运输包装的防护要求、包装分级、包装容器的类型以及包装标志

（1）危险货物包装一般可以采用支撑、加固、衬垫、缓冲和吸附等防护材料和防护方式。采用的防护材料及防护方式，应与内装物的性能兼容并符合运输包装件总体性能需要，能够经受运输途中的冲击与振动。保护内装物和外包装，即使在内容器破坏、内装物流出时也能保证外包装安全无损。

（2）危险货物包装按自身结构强度和防护性能及内装物的危险程度，分为Ⅰ级、Ⅱ级、Ⅲ级。结构强度和防护性能通过堆码试验、跌落试验、气密试验和液压试验测得，Ⅰ级包装适用于内装危险性较大的货物，Ⅱ级包装适用于内装危险性中等的货物，Ⅲ级适用于内装危险性较小的货物。

（3）货物包装类型分为单一包装和复合包装两种，包装容器的类型则分为各种不同材料制成的形状各异的桶、罐、箱、袋、瓶、坛、筐、篓等。

（4）包装标志根据危险货物特性，选用国家标准《危险货物包装标志》和《包装储运图示标志》规定的标志及尺寸、颜色和使用方法。此外，可根据需要采用危险货物运输包装标记代号来表示包装级别、包装容器、包装容器的材质、包装件组合类型及其他内容。要求字体清晰、醒目。

3．危险货物运输包装的性能试验及检验

用于危险货物的新设计包装，其设计尺寸、材料、厚度、制造工艺、包装方法和各种表面处理等均应按要求进行性能试验，合格后方可使用。包装的尺寸、材料、制造工艺或模具等如有改变，应重新进行试验。各种定型包装必须定期进行抽样复验，包装做局部改动的可进行选择性试验。

准备试验的包装件应处于待运状态，并盛装特定货物或与拟装物物理特性近似的其他物品。直接盛装危险货物的容器及封口、吸附、衬垫等防护材料在性能试验前，应进行盛装物一定时期（例如为期6个月）的兼容性试验。

危险货物包装的性能试验应采用GB 4857《运输包装件基本试验》规定的方法进行。试验的项目包括堆码试验、跌落试验、气密试验、液压试验，必要时根据流通环境条件或包装容器的需要，增加气候条件、机械强度等试验。

包装试验结束后，经检验合格，由国家授权的检验单位出具包装检验合格证书。

4.3.4 我国对运输包装尺寸的要求

货物包装尺寸的规范化，对于充分发挥各种运输工具的能力，合理利用运载工具的有效空间并保证运输的安全进行有着重大影响，因此，各国都十分重视包装标准化工作。我国在国家标准化机构的组织下，各运输有关方合作制定的国家推荐标准《运输包装件尺寸界限》，规定了公路、铁路、水路、航空等运输方式的运输包装件外廓尺寸界限，这对于运输包装件的设计和装载运输等具有重要的指导作用。

1．运输对包装尺寸的一般要求

交付运输的货物，其包装尺寸最大不能超过《运输包装件尺寸界限》中规定的限制长度5.639m、宽度2.134m、高度1.981m（航空运输除外）。

2．公路运输对包装尺寸的要求

适用于汽车各种载货空间的运输包装件最大外廓尺寸（即通用尺寸）长、宽、高应分别小于3.54m、1.60m、1.65m；适用于运输工具具体载货空间的运输包装件最大外廓尺寸（即允许尺寸）长、宽应分别小于12.16m、2.50m，装车后运输包装件最高离地不得超过4.00m，否则将作为超限货物特殊处理。不同的货车车型，其运输包装件的长、宽、高应分别小于该车型车厢的最小长、宽、高，最大应分别小于车型车厢的最大长、宽、高。具体尺寸按公路上运行的各种货车车型而定，如表4.1所示。

表4.1　公路主要货车车厢尺寸范围　（单位：mm）

车型	长		宽		高		门宽		门高		承载面高度	
	最小	最大	最小	最大	最小	最大	最小	最大	最小	最大	最小	最大
中型货车	3 540	7 950	2 205	2 490							1 200	1 425
重型货车	4 900	8 100	2 250	2 500							1 320	1 419
厢式货车	3 750	7 300	1 920	2 490	1 803	2 160	1 600	2 220	1 700	1 900		
挂车	3 800	12 160	2 100	2 500							1 100	1 400
厢式挂车	6 900	12 142	2 200	2 490	1 800	3 300	1 900	2 300	1 650	1 800		

长大货物尺寸为长度超过6m，或高度超过2.7m，或宽度超过2.5m。长大件货物分为三级，其中货物长度为6m～10m的为一级长大件，10m～14m（含10m）的为二级长大件，在14m以上的为三级长大件。

3．铁路运输对包装尺寸的要求

铁路运输的货物其包装件通用尺寸长、宽、高应分别小于2.3m、0.7m、1.782m；允许尺寸长应小于13.02m，装车后运输包装件宽、高不能超过机车车辆界限，如图4.1所示。超出此界限，应作为特殊运输。

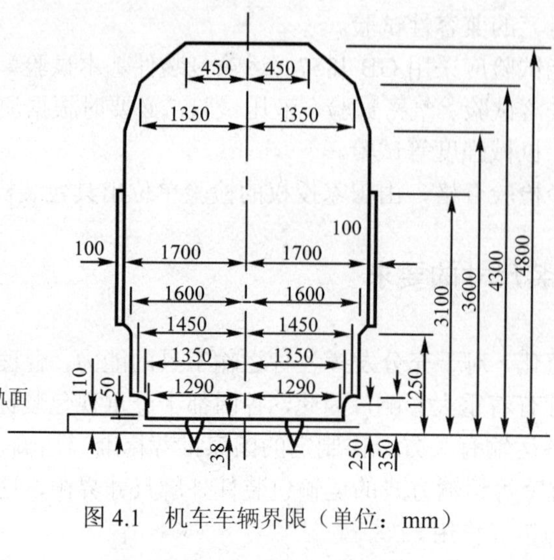

图4.1　机车车辆界限（单位：mm）

不同的货车车型，其运输包装件的长、宽、高应分别小于该车型车厢的最小长、宽、高（棚车、保温车应考虑门的高与宽），最大应分别小于车型车厢的最大长、宽、高（棚车、保温车应考虑门的高与宽，平车、敞车运输包装件高度按机车车辆界限减去超载面高度确定），如表4.2和图4.1所示。具体尺寸按铁路运输中主要车型的尺寸而异，如表4.2所示。

表4.2 铁路主要货车车厢尺寸范围 （单位：mm）

车型	长		宽		高		门宽		门高		承载面高度	
	最小	最大	最小	最大	最小	最大	最小	最大	最小	最大	最小	最大
棚车	-	-	2 400	2 870	2 000	2 819	1 540	2 964	1 900	2 647	-	-
平车	6 200	13 000	2 750	3 070	-	-	-	-	-	-	1 126	1 490
敞车	10 240	13 020	2 620	2 930	-	-	-	-	-	-	1 073	1 300
保温车	-	-	2 300	2 829	1 950	2 995	700	2 700	1 782	2 300	-	-

包装的尺寸最终决定货物的外廓尺寸。铁路运输中，一件货物装车后，在平直线路上停留时，其高度或宽度超过机车车辆界限或特定区段装载界限的，称为超限货物。除此之外，在平直线路上停留虽不超限，但在行进半径为300m的曲线路时，其内侧或外侧的计算宽度在减去曲线水平加宽量后仍然超限的货物，也属于超限货物。超限货物由线路中心线起分左侧、右侧和两侧超限并按照超限部位（上部、中部、下部）和超限程度（即超出的尺寸）划分为不同等级。

4. 水路运输对包装尺寸的要求

交付水运的货物包装件通用尺寸长、宽、高应分别小于5m、3.74m、1.1m；允许尺寸长、宽、高应分别小于32.2m、10.5m、5.39m，超出此界限，作为特殊运输。

不同的船型，其运输包装件的长、宽、高应分别小于该船型货舱的最小长、宽、高，最大应分别小于货舱的最大长、宽、高，如表4.3所示。

表4.3 主要船舶货舱尺寸范围 （单位：mm）

	舱口长		舱口宽		舱内高	
	最小	最大	最小	最大	最小	最大
海船	6 600	32 200	4 600	12 650	2 140	14 560
河船	5 000	60 000	3 740	10 500	1 100	5 390

水路运输中对长大件的规定是，沿海货物长度尺寸超过12m，长江、黑龙江干线超过10m为长大件；各省（自治区、直辖市）内运输的长大件尺寸标准按当地规定执行。

5. 航空运输对货物包装尺度的要求

空运中的货物一般单件包装较小，但在集装（即成组化）以后尺寸加大。航空成组器主要有集装箱和集装板两种形式。由于航空成组器都有标准的尺寸规定，因此集装运输包装件必须小于成组器的规定尺寸。总体要求是集装运输包装件通用尺寸长、宽、高应分别小于1.514m、1m、1.4m；集装运输包装件允许尺寸长、宽、高应分别小于3.175m、2.438m、1.626m，超出此界限，应作为特殊运输。不同的航空集装箱或集装板单元，其运输包装件长、宽、高应分别小于该航空集装箱或集装板单元尺寸，如表4.4、表4.5所示。具体尺寸按各型飞机的尺寸确定。

表 4.4　航空集装箱尺寸　（单位：mm）

形式	箱内长	箱门宽	箱门高
LD—3	1 514	1 460	1 400
LD—2	1 514	1 000	1 400

表 4.5　航空集装板单元尺寸　（单位：mm）

形式	长	宽	高
P6P	3 175	2 438	1 626
P1P	3 175	2 235	1 626

航空运输货物每件体积一般不超过 400mm×600mm×1 000mm，超出者作为超限货物处理。

6. 集装箱运输（航空运输除外）对包装尺寸的要求

集装箱作为一种载货工具，可接受装载的货物包装件其通用尺寸长、宽、高应分别小于 5.867m、2.286m、2.134m；允许尺寸长、宽、高应分别小于 11.998m、2.286m、2.566m。具体长、宽、高尺寸根据不同的箱型应分别小于该箱型最小内部长度、最小箱门开口宽度和高度。

4.3.5 《国际海运危险货物规则》对危险货物包装的要求

由国际海事组织制定的《国际海运危险货物规则》对于危险货物的包装有以下要求。

1. 基本要求

危险货物盛装在质量良好的包装内，应具有一定的强度，保证在正常的海运条件下使其所装物质不致撒漏和受到污染。包装的结构和密闭性应能够在正常运输条件下防止因温度、湿度或压力变化引起的任何渗漏。包装的外部粘附的任何危险物质的数量不得达到有害程度。

包装的材料、种类与所装危险货物的性质相适应。包装中直接与危险货物接触的部分不应受到此类货物的化学或其他作用的影响。必要时，包装应具有合适的内涂层或经过适当的处理。包装的这种部分不得含有与盛装物起危险反应生成危险产物或严重削弱包装强度的物质。

内包装装入外包装的方法应保证在正常运输条件下内包装不破裂、戳穿或渗漏，使内容物进入外包装。易于破裂或戳穿的内包装，例如玻璃、瓷器或陶器制成的内包装，应使用合适的衬垫材料和吸收材料紧固于外包装内。衬垫及吸收材料应是惰性的，并与内容物的性质相适应。常用的衬垫材料有瓦楞纸、泡沫塑料、塑料袋等，习惯用的吸收材料有硅藻土、陶土等。任何渗漏不应削弱衬垫材料或外包装的保护性能。另外，外包装的性质和厚度应保证在运输过程中所发生的摩擦不会产生足以使所装物化学稳定性发生改变的热量。

可能与危险货物接触的以塑料制成的容器、容器零件和封闭装置（塞子），应对危险物质有抵抗能力，并且不应含有可能引起危险反应的，或会使容器或封闭装置（塞子）软化、弱化或失效的材料。所使用的塑料包装，应对其所装物质或紫外线引起的包装自身老化及退化具有足够的抵抗能力。在正常运输条件下，任何所装物质的渗漏均不应构成危险。应采取措施保证用于生产塑料桶、塑料罐及塑料复合包装（塑料材料）的塑料材料符合《国际海运危险货物规则》附录 I 中相关小节规定的要求。

2．常用的纤维板箱包装

纤维板箱包括用做外包装的波纹纤维板箱在内，应具有足够的强度和足够的耐水性能。以前航次（包括中转）使用后不应再次使用该包装。除对各种物质有不同的限量外，一个纤维板箱用于Ⅰ类包装和Ⅱ类包装的物质时，总重量不得超过 40kg；用于Ⅲ类包装的物质时，总重量不得超过 55kg。凡明细表中规定可使用木箱包装外，在总重量不超过 100kg 时均可使用高纤维板制成的多层纤维板箱，但要符合下列条件：

（1）纤维板箱必须是装运该物质的推荐包装；

（2）如果使用木箱装运物质，总重量按规定不应超过 10kg 的话，则多层纤维板箱的总重量不应超过前者较低的重量；

（3）在加重的情况下，多层纤维板箱应能承受《国际海运危险货物规则》规定的相应性能实验；

（4）其积载应在舱内。如在舱面积载，应严加防护，任何时候不能使其受天气和海水的侵袭。

3．液体容器包装

当向容器内充灌液体时，必须留有足够的膨胀余位（预留等量），以防止可能发生的运输温度变化造成所装液体膨胀，导致包装容器渗漏或永久变形。除非在国内或国际规则、协议或建议书中有明确规定，否则在温度 55℃时，容器包装内均不应装满液体。装运液体的包装应足以抵抗正常运输条件下可能产生的内压力。凡标有规定的液压试验压力的容器只能盛装符合下列蒸气压力的液体：

（1）55℃时包装内总表压（即所盛装物质的压力加上空气或其他惰性气体的分压，减去 100kpa）不得超过所标示试验压力的 2/3。其总表压是根据充灌温度为 15℃，该点所述最大充灌温度来确定的。

（2）在 50℃时小于标示的试验压力与 100kPa 之和的 4/7。

（3）在 55℃时小于所标示的试验压力与 100kPa 之和的 2/3。

除组合包装的内包装外，每个用于盛装液体物质的包装，应在第一次投入运输之前或在修复之后、再次投入运输之前，按渗漏试验的相应规定进行试验。

应注意低沸点液体的蒸气压力通常较高，盛装这种液体容器的强度应具有足够的安全系数，足以抵抗可能产生的内部压力。

装有含水或稀释物质的包装，其封闭装置应能使其所含液体（水、溶剂或迟钝剂）的百分数不会在运输中降至所规定的限度之下。

如果所盛装的物质散发气体而在包装内部产生压力（由于温度增加或其他原因），包装可安装一个通气孔，但所释放出的气体不应因其毒性、易燃性及所散发的气体过量而造成危险。通气孔在设计上要保证在其处于计划的运输状态时，在正常运输条件下能防止渗漏和外界物质的侵入。

4．包装的封口

包装的封口应符合所装危险物质的性质。一般地说，危险物质的包装封口均应严密；特别是易挥发、腐蚀性强的气体，封口应更加严密。但有些危险物质的包装封口不要求严密，甚至要求设有通气孔。因此，如何封口要根据所装危险物质的特殊性来确定。根据包装性能的要求，封口分为气密封口、液密封口和牢固封口。其中气密封口用于装运以下物质的包件：

（1）产生易燃气体或蒸气；

（2）如使其变干燥，会成为爆炸性物质；

（3）产生毒性气体或蒸气；

（4）产生腐蚀性气体或蒸气；

（5）可能与空气发生危险性反应的物质。

除危险性已被清除外，盛装过危险物质的空包装，由于其包装面仍有可能受到以前所装危险物质的污染，因此，在经过清洁处理之前应遵守与装有该危险物质的容器相同的规定。

5．其他要求

相互会发生危险反应的不同物质不应装在同一外包装内。

新包装、再次使用的或经修复的包装应能通过液体实验、垂直冲击跌落实验、静负荷或堆码实验、温湿度实验、喷水实验、穿刺实验、制桶实验等。但是，不是每一类型的包装都要进行以上各种实验，而主要根据危险物质的性质、所用包装材料的质量和包装类型做其中几项实验。在盛装和交付运输之前，每个包装都应经过检查，保证包装没有任何腐蚀、污染或其他损坏。与批准类型相比，任何出现强度降低迹象的包装均不得再使用，或应进行修复处理使其能承受设计类型检验。

除组合包装的内包装外，每个包装均应符合规定的包装检验要求中检验合格的设计类型。

包装重量、规格和形式便于装卸、运输和存储。每件包装的最大容积或最大净重应符合规定。按《国际海运危险货物规则》规定，除了大型罐或槽外，包装最大容积为 450L，最大净重为 400kg。

4.4 配送中的法律问题

4.4.1 配送和配送中心的概念

所谓配送（Distribution），根据我国国家标准《物流术语》的定义，是指在经济合理区域范围内，根据用户要求，对物品进行拣选、加工、包装、分割、组配、送达等作业，并按时送达指定地点的物流活动。配送可以理解为特定目的的加工、包装、运输活动的集成，而所谓的特定目的可以是销售或生产，因为配送之后紧接着就是生产或销售环节。与流通加工概念比较，配送概念的外延更广，两者在功能上存在一定的交叉。拣选、加工、包装、分割、组配等本质上属于流通加工范畴，现在，又将其归结为配送活动，是基于配送不是简单的“送”货，更强调“配”货的含义。配即是根据客户的要求对物品进行拣选、加工、包装、分割、组配等。在现代物流业里，流通加工经常是由配送中心从事的物流活动，并与物品的运送结合在一起。

与配送活动相关的几个概念的基本含义：分拣（Sorting），是指将物品按品种、出入库先后顺序进行分门别类堆放的作业。拣选（Order Picking）是指按订单或出库单的要求，从储存场所选出物品，并放置在指定地点的作业。集货（Goods Collection），是指将分散的或小批量的物品集中起来，以便进行运输、配送的作业。组配（Assembly），是指配送前，根据物品的流量、流向及运输工具的载重量和容积，组织安排物品装载的作业。包装（Package / Packaging），是指为在流通过程中保护产品、方便储运、促进销售，按一定技术方法而采用的容器、材料及辅助物等的总体名称，也指为了达到上述目的而采用容器、材料和辅助物的过程中施加一定技术方法等的操作活动。

配送可以是传统意义上简单的送货行为，也可以是由现代配送中心进行的配送，严格意义上应是后者。根据我国国家标准《物流术语》的定义，配送中心（Distribution Center），是指从事配送业务的物流场所或组织。配送中心应基本符合下列要求：

（1）主要为特定的用户服务；

（2）配送功能健全；

（3）完善的信息网络；

（4）辐射范围小；

（5）多品种、小批量；

（6）以配送为主，储存为辅。

配送中心与传统的仓库是不同的，尽管配送中心是在仓库功能的基础上发展起来的。仓库最初的基本功能是作为保管物品的设施，后来的发展形成两类功能不同的仓库。一类是以长期储藏为主要功能的保管仓库，另一类是以货物的流转为主要功能的流通仓库。流通仓库以保管期短、货物出入库频度高为主要特征，相当于中转仓库。流通仓库的产生使仓库的功能从静态功能发展到动态功能。由于现代流通的复杂性和生产企业竞争的加剧，生产、销售和消费的紧密结合，以服务来争夺用户的竞争等因素，在传统仓库的基础上产生了配送中心，并成为现代物流的基本结点或物流中心，以及商流、物流、信息流、资金流的综合汇集地。促进配送中心的发展成为一个国家发展物流业的重要任务。

4.4.2 配送合同

与配送有关的法律问题主要体现在配送服务的需求者与提供者之间。配送合同是配送经营人根据用户需要为用户提供配送服务，用户支付配送费的合同。

配送经营人是提供配送服务的企业。如果提供配送服务的企业是买卖合同的卖方，通常属于买卖合同中约定的“送货上门”服务性质，如果是由第三方提供的，属于现代物流意义上的配送服务。在买卖双方以外的第三方提供配送服务的情况下，配送费用可由订立配送合同的需求者支付，也可由该配送合同有关货物的收货人支付。

配送服务的需求者有以下几种：销售合同的卖方、销售合同的买方、与买卖双方签订物流服务（包括配送服务）的物流企业。物流企业本身成为配送服务的需求者是由于其自身没有配送能力，而将该部分业务外包给他人。

由于配送包括拣选、加工、包装、分割、组配、送达等物流活动，配送合同根据其提供的服务内容有不同的种类。与货物销售结合在一起的配送合同是最复杂的一种。在销售环节的配送可以由销售企业与买方订立，也可由销售企业与物流企业订立。在销售企业与物流企业订立配送合同中，可以约定单一的配送服务，由物流企业将货物送到销售企业指定的购买方手中；也可以约定内容更广泛的配送合同，除了配送以外，物流企业还为销售企业提供订货、购货服务。

本章小结

流通加工、包装、配送是物流的三项基本功能。这三项功能传统上由生产企业自己完成，当由物流企业作为物流服务提供给生产企业时，他们之间的关系需要通过合同来规范，这种合同主要体现为承揽合同，有时也具有委托合同关系。本章重点介绍承揽合同和流通加工、包装、配送中的法律问题。

思考与练习

1. 什么是承揽合同？它具有哪些特征？
2. 承揽合同与流通加工合同、配送合同之间的关系如何？
3. 《合同法》对承揽合同当事人的权利和义务是如何规定的？
4. 比较流通加工与生产加工。
5. 简述流通加工在物流中的地位。
6. 一般货物运输的包装有哪些要求？
7. 危险货物运输的包装有哪些要求？
8. 不同运输方式下对包装尺寸有哪些具体要求？
9. 了解《国际海运危险货物规则》的基本内容。
10. 配送中主要有哪些法律问题？

案例分析

1. 加工承揽合同纠纷案

个体运输户李某将一台重型大货车送到先锋汽车修配厂维修。由于是简单修理，修配厂说两天就能提车，双方没有订立书面合同。可是先锋修配厂在修车中不慎引起火灾，该车被烧毁。经双方协商，先锋修配厂同意赔偿李某经济损失 12 万元。可是协议达成后，先锋修配厂拖了两个多月也未履行赔偿义务。李某多次讨要未果，将修配厂告上法庭，要求赔偿车损 12 万元及停运损失 3 万元。对本案处理有两种意见:

第一种意见认为，本案双方没有订立修车合同，合同关系不成立。本案是侵权损害赔偿。先锋修配厂修车中烧毁李某汽车，侵害了李某的财产权益，应承担赔偿责任。但侵权损害赔偿不应计算间接损失，故停运损失 3 万元不应赔偿。

第二种意见认为，本案属于加工承揽合同纠纷与侵权纠纷的竞合。李某把车送到修配厂修理，修配厂同意修理并接收了车辆，双方合同关系成立。修配厂在修车中没有注意安全，把李某车辆烧毁既属违约，又是侵权，李某有权选择法律的适用，可以要求修配厂赔偿车损和停运损失。

问题：

（1）李某与汽车修配厂是否订有合同？

（2）什么是加工承揽合同？本案是否为加工承揽合同纠纷？

（3）对于上述两种意见，哪一种意见更合理？

（4）对于既存在违约，又存在侵权的情况下，受害人怎么办？

（5）李某可获得多少损害赔偿？

2. 运输包装引发的纠纷案

我国A公司与丹麦B公司于某年1月通过函电签订了一份销售合同，由A公司向B公司出售化工原料5000吨。注明价格条款为CIF哥本哈根港，总金额250万美元。包装条款为适于海运的包装（PACKING IN SEAWORTHY PACKING）。索赔条款为货物到达目的港经卖方认可的检验人员证明后，数量和规格问题应于15天之内、质量问题应于90天之内向卖方提出索赔要求。

在货物发运前，丹麦B公司负责人到我国A公司仓库查看了货物包装情况，表示满意。

从当年2月份起，A公司开始向B公司发货；船方也出具了清洁提单，对袋装及托盘并无批注意见。货物运抵目的港后，B公司发现两批货物中有部分托盘和袋子损坏。为此，B公司单方面聘请某公证行检验货物，并自行将损坏的托盘更新，以便继续陆上运输。B公司的检验报告表明破损原因是"由于托盘木条强度不够，不适宜海上运输，以及包装带捆扎不紧所致"。B公司于5月写信给A公司提出索赔，要求A公司负责赔偿重新包装破损货物，以及所使用的人力、铲车、制作新托盘、购买新袋子、监工、货物检验等费用，索赔金20万美元。A公司答应负担有关损失的一半，表示"希望贵公司能仔细考虑并将意见复告，并盼早日来人商谈具体事宜"。

6月，A公司同B公司驻京代表进行洽谈。A公司仍坚持按B公司所提赔偿的50%理赔，并要求B公司补齐所缺的公证行证明，洽谈没有结果。8月，B公司电传A公司，要求A公司赔偿全部索赔金额的70%，遭到A公司拒绝。之后，A公司曾发去电传要求B公司考虑再订购一定数量的货物作为A公司理赔的条件。但B公司未接受。10月，B公司向中国国际经济贸易仲裁委员会上海分会提出仲裁申请。

B公司申诉书提出：

（1）按CIF条款成交，卖方应该将货物完整无缺地交给买方，否则与FOB条款无区别。

（2）卖方发货包装不牢固，托盘木条强度不够，有潜在缺陷，不适宜海上运输。

（3）卖方提出有条件赔偿，这个先决条件不公平。

A公司答辩指出：

（1）按国际贸易惯例，履行CIF销售合同，卖方的风险在货物越过船舷即转移给买方，货物的灭失与损坏均由买方负责。

（2）A公司货物的习惯包装是25千克一袋的塑料内包装和聚丙烯编织袋外包装，适合远洋运输，没有违反合同。托盘是运输工具，不是包装，托盘的结构和捆扎方式是一目了然的。经过承运人有专业经验的人员验收，出具了清洁提单，不存在"潜在缺陷"的问题。货物到达目的港后，托盘的作用已经结束，B公司重新整理托盘是为了其自身业务的需要，目的是将该批货物再由陆路转运销售给客户，这与本合同无关，A公司不应承担这项整理费用。

（3）以前双方协商时，A公司出于发展双方业务及友好关系的良好愿望，曾提出如果B公司购买一定数量的化工原料，我国A公司同意贴补争议费用的60%，这纯系争取业务的优惠方法。贸易业务中的先决条件是否公平、接受与否，由贸易双方协商决定，决不意味着A公司同意承担赔偿。

问题：

（1）该合同的包装条款是否足够明确？

（2）B公司认为A公司应该完整无缺地把货物交给买方的观点是否可以从价格条款得到支持？

（3）B公司是否可以向承运人或有关保险公司提出索赔？

（4）本案中托盘损坏是否可以视同包装损坏？

（5）袋装货物采用托盘进行成组运输是否适当？

（6）A公司在收到B公司提出的索赔后作出附带条件的赔偿允诺，这一处理是否恰当？

3. 海上危险品运输泄漏损害赔偿纠纷案

原告：上海金达运输有限公司（下称金达公司）

被告：中国北方有限公司（下称北方公司）

1998年7月8日，北方公司向金达公司订舱，要求提供29只集装箱并承运20 735桶冰醋酸，从大连港经日本神户港中转运至泰国曼谷，货物交接方式为CY—CY（堆场—堆场），运费预付。8月6日，金达公司接受订舱，安排由所属“海涛”轮第266航次承运，并指定在大连的代理将其所有29只集装箱交付北方公司装货。北方公司接收集装箱后，未进行装箱前检验，即将其自运来的桶装冰醋酸委托国际北方集装箱公司中转站，按“堆码四层、隔板衬垫、上层铁丝加固”的要求，装入集装箱。8月15日，装箱完毕，国际北方集装箱公司加封了海关封识，出具了《集装箱装运危险货物装箱证明书》；大连港监据此准予“海涛”轮装载该批集装箱。其中20只装在一舱舱内，9只装在一舱甲板。装船过程中，监装人员等先后发现4只集装箱外溢冰醋酸，即通知北方公司予以更换。装船结束后，大连港监签发了《危险货物监装证书》，金达公司签发了清洁提单交北方公司。

8月17日，“海涛”轮第266航次启航。在开往日本神户港途中，大副等先后发现船右舷甲板、左舷甲板各有一集装箱外溢冰醋酸，船长令船员及时采取了处置措施，并电告北方公司“冰醋酸渗漏，不要将提单寄出”。北方公司接报告后照办。从大连至神户途中，海面最大风力为东北风6级、5级浪，船横摇最大时约5°。8月20日10:56时，“海涛”轮靠妥神户港。因外溢的冰醋酸产生有害气味，工人拒卸应经该港中转的29只危险品集装箱。金达公司即电告北方公司“神户港不接收渗漏集装箱，于场站存放，要求该批船货原船运回”，北方公司回电同意。

因该航次还装有到名古屋和横滨的货，原告为减少损失，仍拟续航，将船载名古屋和横滨的货物运抵目的地。“海涛”轮于8月22日07:20时抵名古屋港卸货。卸货途中，金达公司传真告知北方公司，其托运的冰醋酸将原船全部运回大连，回程运费按规定收取。11:00时卸货完毕。航海日志记载，该轮第266航次结束，第267航次开始。

因名古屋海上保安厅登轮查出危险品泄漏，日本海上保安厅决定，船、货不能滞留在日本任何港口，指令“海涛”轮驶离名古屋。同日，该轮接到金达公司返航电报后，即返航大连。随船返回29只危险品集装箱和应运至横滨的95只集装箱；同时，金达公司已办妥承运手续。准备于267航次从横滨装船运至大连的71只集装箱，亦未能装运。

8月28日，“海涛”轮抵大连港，将29只集装箱货物卸于该港集装箱转运站仓库。北方公司要求发还货物，金达公司要求给付运费和赔偿损失，均未果。9月5日，金达公司申请商检，发现29只集装箱中有20只货物不同程度地向外渗漏。9月14日，金达公司向大连海事法院申请诉前保全，请求扣押29只集装箱内属北方公司所托运的桶装冰醋酸，责令北方公司提供35万美元的担保。中国船东互保协会为金达公司出具了35万美元的担保函。9月26日，大连海事法院裁定准予金达公司的申请。28日，北方公司提供了珠海市大洲石油化工公司出具的35万美元担保函及中国工商银行珠海市凤凰支行为此出具的35万美元银行担保，大连海事法院裁定解除了扣押。

金达公司于法定期间内向大连海事法院起诉，要求北方公司给付承运其货物从大连经日本至曼谷的运费45 675美元，回程运费38 823.75美元；赔偿随船返回的大连至横滨95只集装箱回程运费73 829.95美元及再次从大连运往横滨的运费86 858.76美元，“海涛”轮267航次准备从横滨受载71只集装箱至大连的计划收取运费72 647.94美元；赔偿集装箱修理费20 300美元，船舶修理费2 000美元，在日本的危险货物检验费4 028.08美元，从1998年9月9日至10月18日集装箱延滞费3 480美元及堆存费1 101.67美元，运费利息损失3 178.35美元，电信出差费588.66美元。

北方公司辩称，我方托运货物，遵守了货运规则，手续齐全合法，没有任何过失。冰醋酸包装桶破裂，是运输过程中金达公司由于过错造成的，其损失应由金达公司自负。要求法院判令金达公司赔偿货损11.5万美元及人民币9万元。

金达公司向大连海事法院提交了3次商检的情况和结论：商检先后开启加封完好的5只集装箱，将箱内货桶分层检查，查出106桶已漏完，各桶底角有一或几处纵向小裂缝；5个集装箱内，有4个包装编号的货桶，分别为2011、370019、370011和2049。已漏空的106桶中，2011编号的为90个，370011编号的为16个。经现场任意提取外观完好的2 011编号的包装桶倒空后，按《国际海运危险货物规则》进行跌落和堆码试验，均不合格。商检调查发现，货桶从厂家经火车运往大连后即发现有破裂，在装集装箱时发现有300个桶渗漏被退回。商检结论：① 该批4个编号的货桶，装运集装箱前长期堆放于露天货场，风吹日晒，周而复始的气温变化，使其疲劳，加剧老化；② 2011号货桶使用前未按《国际海运危险货物规则》要求做高温堆码和低温跌落试验，货桶存在质量问题；③ 桶身中部的破洞或裂缝的漏桶，明显是在辗转运输（陆运）中，由于操作不慎使其受外力碰撞所致。对此，大连海事法院查证核实：2011编号是国家商检局1986年批准青岛塑料五厂生产盛装冰醋酸外贸出口桶的编号，1998年1月起该厂已停止生产。北方公司使用的2011编号货桶，是佳木斯塑料二厂以青岛塑料五厂产品为样品生产的，桶底部印有02区别字样，黑龙江商检局没按《国际海运危险货物规则》的《ZBA87001.2－88》检验规程进行检验，便出具了没有货桶编号的《合格检定书》。北方公司向辽宁商检申请货桶使用鉴定时，商检虽提出检定书上无货桶编号，但仍签发了《使用合格证书》。上述商检事实属实，商检试验符合《国际海运危险货物规则》规定，可作为认定案件事实的证据。冰醋酸渗漏，使金达公司的集装箱和船舶受到了损害。经查，金达公司因集装箱受损需修理费人民币17.5万元，船舶修理费人民币11 480元，检验费人民币510元，在日本支付检验费53万日元，支付辽宁商检鉴定费人民币1.8万元，向本院申请诉前保全扣货费1 000美元，返大连后的集装箱堆存等费用人民币1 165元。

大连海事法院认为，自金达公司接受北方公司订舱并签发提单时起，海上货物运输合同即成立，任何一方不履行或不适当履行其义务，都应承担违约责任。该合同约定，北方公司托运冰醋酸自行装箱、铅封，双方进行整箱货物交接。金达公司签发清洁提单，只证明集装箱外表状况良好，对箱内货物质量及包装不负责任。金达公司接受北方公司交付的29只集装箱危险品货物后，装载于船舶上远离热源和生活区并有通风设备的一舱舱内及甲板；发现渗漏时，采取了相应防护措施，均符合《国际海运危险货物规则》的有关规定。“海涛”轮航行途中，风浪不大，没有发生其他海难事故；返回大连时，集装箱铅封完好，箱内货物在运输中无外力作用导致渗漏。因此，北方公司托运的冰醋酸渗漏，并非金达公司管货过失所致，金达公司不应承担责任。北方公司发现在仓储场地有部分包装桶破裂及辽宁商检对包装桶无编号产生疑问情况，未按《国际海运危险货物规则》的有关规定谨慎处理，停止交运，使不符合《国际海运危险货物规则》规定、未经批准生产的不合格包装桶混入集装箱内；北方公司在25kg容积包装桶内灌装25kg冰醋酸，亦不符合《国际海运危险货物规则》附录1第3·4段关于“当包装充灌液体时，必须留出足够的罐空余量，可以保证不致因运输中可能发生的温度变化所造成液体膨胀而引起包装渗漏或永久变形”的规定。因此，北方公司的不作为行为，不可避免造成所交运的危险品货液渗漏，北方公司应对此造成的损害负全部责任。

北方公司的货物装船后未运抵目的港，是自己的原因造成的，应根据提单第15条第1款的约定，支付大连至曼谷的全程运费。经双方协商后，该批货物从中途港返回启运港，回程运费应按实际发生计算。金达公司要求北方公司支付曼谷至大连的回程运费，不能支持。金达公司支付的货物检验费及29只集装箱的延期使用费、船舶修理费等，均是货物渗漏引起的，北方公司应予赔偿。“海涛”轮在名古屋结束266航次，开始267航次，说明该轮不再续航到横滨，故按提单第19条规定，应将在横滨卸货的95只集装箱卸在名古屋，再经其他途径转运，但金达公司未这样做，故其要求北方公司承担该95只集装箱从大连至横滨的回程运费及再次出口运费的请求，本院不予支持。该轮第267航次计划在横滨装运的集装箱，虽办妥手续，但因北方公司的货物渗漏而未能装运，其运费属实际可收取的运费，北方公司应依提单第20条第3款规定赔偿。金达公司因申请诉前保全向本院支付的1 000美元费用及关于运费利息的请求，北方公司应予支付。金达公司要求赔偿的电讯出差费，因没有提供证据，不予支持。北方公司在诉讼中向金达公司提出的赔偿反诉请求，因其未按《人民法院诉讼收费办法》交纳诉讼费，推定其自动撤回反诉。大连海事法院于1999年3月24日判决：

（1）北方公司给付金达公司29只集装箱大连至曼谷运费45 675美元，名古屋至大连回程运费28 347.5美元，并按年息8%支付上述运费（前者从1998年8月17日至1999年3月24日，后者从1998年8月28日至1999年3月24日）的利息3 454.4美元。

（2）北方公司偿付金达公司“海涛”轮第267航次可收运费损失73 829.95美元，并按年息8%支付该运费从1998年8月28日至1999年3月24日的利息3 390美元。

（3）北方公司偿付原告集装箱修理费人民币17.5万元，检验鉴定费人民币516元，船舶修理费人民币11 480元；承担扣货费1 000美元；偿付集装箱堆存费、场地费51 165元人民币和从1998年11月28日至1999年3月24日的利息（年息8%）人民币1 364元。

（4）北方公司偿付金达公司在日本支付的货物检验费53万日元及利息24 733日元（1998年8月23日至1999年3月24日，年息8%）；偿付支付给辽宁商检的检验费人民币1.8万元及利息人民币480元（1998年11月28日至1999年3月24日，年息8%）。

（5）北方公司偿付金达公司集装箱延滞费8 700美元（1998年9月9日至1998年10月18日、1998年11月15日至1999年3月15日，3美元/天×29只×100天）。

（6）驳回金达公司的其他诉讼请求。

北方公司不服此判，以应追加包装桶生产厂、运输部门为第三人，金达公司未尽到管货义务，未及时采取措施致损失扩大，运费判决不合理为理由，上诉于辽宁省高级人民法院。

二审法院经审理认为：双方当事人之间的海上货物运输合同合法有效。北方公司的货物包装桶存在质量问题，不符合有关规定，应承担包装桶渗漏所造成损失的赔偿责任。“海涛”轮第 267 航次应从横滨运回大连的货物，已由金达公司用其他船舶运回并实际收取了运费，不应由北方公司再支付此笔费用。双方同意将 29 只集装箱运回大连后，北方公司曾多次要求退还货物，金达公司未予理睬，也未妥善保管该批货物，致使货物存放一个多月，加剧了集装箱的腐蚀，扩大了损失，金达公司也应对集装箱的损失承担一定责任。因此，集装箱修理费、堆存费及场地赔偿费、延滞费应由北方公司承担 60%，金达公司承担 40%。北方公司要求追加第三人一节，因属包装桶质量纠纷，不属国际海上货物运输合同损害赔偿纠纷，不予支持。金达公司在运输中没有管货不当，不应承担责任。二审法院于 1999 年 10 月 8 日判决：

（1）维持一审判决第（1）项、第（4）项和第（6）项，撤销一审判决第（2）项、第（3）项、第（5）项；

（2）北方公司偿付金达公司集装箱修理费 10.5 万元人民币，集装箱检验鉴定费 516 元人民币，船舶修理费 11 480 元人民币，诉前保全费 1 000 美元，从应支付之日起按年息 8%计付利息；

（3）北方公司偿付金达公司支付的集装箱堆存费及场地赔偿费 30 699 元人民币，集装箱延滞费 5 220 美元，从应支付之日起按年息 8%计付利息。

问题：

（1）我国《海商法》对危险品海上运输的规定是什么？

（2）在 CY—CY 货物交接方式下，托运人和承运人的义务分别是什么？

（3）北方公司的哪些行为违反了《国际海运危险货物规则》的规定？

（4）金达公司向法院申请诉前保全的目的是什么？被申请人可以采取哪些措施？

4. 电子商务网站物流配送的法律问题

目前，大多数电子商务网站把配送业务交给第三方配送公司，这种合作是符合现代社会分工原则的。一方面是由于网站本身的经济实力、业务规模和配送成本等方面不允许电子商务公司分散更多的财力和物力在物流配送方面；同时也是由于绝大多数商务网站的定位仅仅是做信息的发布，不涉及物流甚至商流。这种将信息流和物流分开模式的好处是显而易见的。它可以发挥各自的优势，做好自己熟悉的业务，分散经营风险，减小经营成本。这种模式基本能满足目前多数商业网站配送的基本需求。试分析这种模式下的几个法律问题：

（1）电子商务网站与第三方配送公司订立的是什么类型的合同？该合同应包括哪些主要内容？

（2）消费者作为合同一方当事人时，另一方当事人是电子商务网站还是第三方配送公司？为什么？

（3）在这种模式下，货款的支付方式有哪些？

（4）如果由于配送公司的原因造成了货物损害，消费者可以向谁索赔？

（5）如果消费者要求退货，谁负责回收该货物？

（6）电子商务网站在从事 B2B（Business-to-Business 企业对企业）与 B2C(Business-to-Consumer 企业对消费者)两种业务时，其法律责任有何区别？

第5章 仓储中的法律问题

内容提要

- 仓储的概念、作用；
- 仓储合同的概念与特征；
- 仓单的概念、性质和内容；
- 仓储合同当事人的权利义务；
- 保税货物的仓储。

5.1 仓储与物流

5.1.1 仓储的概念

仓储（Storage）即货物的储存。储存（Storing）是保护、管理、储藏物品的一种活动。广义的仓储包括了各种能够提供货物储存服务的设施和场地，例如为社会提供服务的仓库和企业自用的仓库、集装箱场站、中转站、露天堆场等。

根据不同的功能，广义的仓储可分为：

（1）仓储经营者提供的专业性仓储；

（2）自有仓库的临时保管仓库；

（3）运输环节的临时仓储，如港口运输中始发港和目的港的仓储；

（4）配送服务中的仓储等。

从现代物流看，仓储是物流的功能之一，是构成物流的基本环节。

现代仓储与过去的仓储存在较大的区别。过去的仓储一般具有长期储存原材料和产品的功能。生产商储存原材料是为了避免因原材料供应不足影响正常的生产，而储存产品是为了持续地满足销售市场的需要。因此，货物的储存时间一般都比较长。而现代物流的发展要求在理论上实现零库存，当然，事实上做不到。但是，货物在仓库中停留的时间大大缩短成为节省成本、提高经济效益的重要环节。因此，现代物流对仓储经营者提出了更高的要求。

5.1.2 仓储在现代物流中的作用

仓储在现代物流中具有堆存、拼装、流通加工、配送等一系列功能。

1．堆存

仓储设施最首要的功能是提供货物堆放的场所，同时提供货物保管服务。货物被保管在仓库或其他设施里，不及时投入流通、运输的理由主要是解决货物在产销、运输等方面的时间差。仓储可实现产销的平衡、运力和运量的平衡。

2．拼装

在货物不足以装满一整箱，或者其他运输单位时，从节省运输费用方面看，应该将零担货物和可拼箱货物整合为整车或整箱。在海上货物运输中，无船承运人的基本业务之一即是提供拼箱服务，将属于不同货主而目的港相同的货物拼装成一个集装箱运出。与拼装类似的另一种功能是混装，即根据顾客的要求，将不同颜色、形状、大小的货物组合成一个销售单位，如将不同规格的杯子组合成一个销售单元。

3．流通加工

货物在仓库中的保管期间，可对其进行包装、分类、加标签等加工服务。提供流通加工服务是现代仓储企业一项重要的增值服务。

4．配送

根据客户要求的时间、数量、地点及其他内容，仓储经营者将货物从仓库中提出，并运送给客户或其他与客户达成买卖交易的购买方、消费者。当仓储经营者同时提供配送服务时，业务的复杂性将大大提高，与传统的提供单一的货物保管服务有着本质的区别。

物流是将运输、储存、装卸、搬运、包装、流通加工、配送、信息处理等基本功能有机结合起来的活动。从仓储功能上可以看出，物流相当多的功能与仓储存在密切的联系。仓储不仅本身是物流的一项基本功能，而且物流的其他功能也可以在仓储环节得以实现，如流通加工、包装等，配送在一定程度上也以仓储为前提。因此，人们说仓储是现代物流的核心。

5.2 仓储合同概念与特征

在仓储活动中，仓储经营者与货物的存货人之间是通过订立仓储合同确立双方之间的权利义务关系的，我国《合同法》对仓储合同做了专门规定。这些规定是当事人订立合法的仓储合同的基础。

5.2.1 仓储合同的概念和特征

仓储合同是保管人储存存货人交付的仓储物，存货人支付仓储费的合同，又称仓储保管合同。合同当事人是保管人和存货人，保管的货物被称为仓储物，保管人因保管获得的报酬是仓储费。根据《合同法》对仓储的定义，这里的仓储是狭义上的，仅仅限于货物保管意义上的仓储，即不包括广义上仓储经营人可能提供的流通加工、配送、拼装、包装等服务。当然，当事人在狭义的仓储合同基础上完全可以将有关的其他服务条款纳入其中。

仓储合同具有下列特征：

（1）仓储合同是以仓储保管为标的的合同。仓储合同是一种提供劳务的合同，其标的属于劳务。这种劳务的内容即是双方约定的货物保管。保管是对物品进行保存和对物品的数量、质量进行管理控制的活动。因此，保管既是静态意义上的货物存储，更重要的是对货物进行动态的质量管理，避免货物的毁损。

（2）保管人是从事仓储保管业务的人。从事仓储保管业务的经营者应该具备相应的资格，具备一定的仓储设备和管理能力。但是，对提供不同仓储业务的经营者，所要求的仓储设备和能力是不同的。利用自动化立体仓库从事保管服务的要求比场站、中转站要高得多。

（3）仓储物为动产。仓储保管人是以自己的仓库为存货人的货物提供保管服务，因此，仓储物只能是动产，不动产不能成为仓储物。

（4）仓储合同是双务、有偿、诺成性、不要式合同。在仓储合同成立后，当事人均应履行一定的义务，保管人提供仓储服务，存货人提供仓储费，双方的权利和义务是相对应的，因此，仓储合同是双务合同、有偿合同。仓储合同自双方达成意思表示一致即告成立，因此，仓储合同属于诺成性合同。无论是否签订仓储合同，通常存货人将货交到保管人仓库后，保管人都要向存货人出具仓单。该仓单虽不是仓储合同本身，但可以作为仓储关系的证明。由此可见，仓储是一种不要式的合同关系。

5.2.2 仓储合同与保管合同的联系与区别

保管合同是指双方当事人约定一方将物品交付他方保管的合同。《合同法》规定，保管合同是保管人保管寄存人交付的保管物，并返还该物的合同。保管物品的一方为保管人，或称受寄托人，其所保管的物品为保管物；交付物品的一方为寄存人，或称寄托人。因此，保管合同又称寄托合同或寄存合同。

1．仓储合同与保管合同的区别

（1）仓储合同是有偿合同，保管合同既可以是有偿合同也可以是无偿合同。仓储合同的有偿性主要体现在存货人应当支付仓储费；保管合同主要是有偿的，如车站提供的保管服务。在公民之间订立的保管合同，大部分是无偿合同。如果当事人没有约定保管费，事后又没有达成关于保管费的补充协议，《合同法》规定应推定为是无偿的。

（2）仓储合同是诺成性合同，保管合同通常是实践性合同。《合同法》规定，保管合同自保管物交付时成立，但当事人另有约定的除外。因此，如果当事人有约定，保管合同可以自意思表示一致时成立；反之，则以交付保管物为合同成立的条件。

（3）根据仓储合同可签发仓单，而保管合同中不存在仓单，保管人可出具收货凭证（或保管凭证）。仓储合同有效成立后，在存货人交付仓储物时，保管人应当给付仓单，并在仓单上签名或盖章。仓单与通常的保管凭证的区别在于，仓单具有物权凭证的性质，仓单可以抵押、转让等，而保管凭证不具有这些功能。

（4）现有法律对仓储经营人要求特殊的经营资格条件，而对保管人未做限制。从事仓储经营须具备一定的条件并进行工商登记取得营业执照。仓储经营者从事仓储经营活动应具备以下条件：仓库位置、设施、装卸、搬运、计量等机具应经行业技术规定；仓库安全设施须经公安、消防、环保等部门批准许可；有完整的货物进库、入库、存放等管理制度；有专职保管员。因此，仓储经营人具有特殊性，而非商业性的保管人可以是任何人。

（5）仓储合同根据无过错原则确定责任，而保管合同根据过错责任确定责任。《合同法》规定，保管期间，因保管人保管不善造成保管物毁损、灭失的，保管人应当承担损害赔偿责任，但如果保管是无偿的，保管人证明自己没有重大过失的，无须承担损害赔偿责任。

（6）仓储合同的仓储物应该是动产；而对保管合同的保管物法律上没有仅限于动产，在理论上，不动产也可成立保管合同。保管合同中的寄存人可以寄存货币、有价证券或者其他贵重物品，仓储合同一般是针对商业性货物提供的保管服务。

（7）仓储合同与保管合同在成立与生效方面有很大不同。《合同法》第 382 条规定“仓储合同自成立时生效”，双方当事人均应严格按合同的约定履行，若未按合同约定履行即构成违约，应承担违约责任。而一般保管合同，依《合民法》第 367 条之规定，自保管物交付时成立，但当事人另有约定的除外。

2．仓储合同与保管合同的联系

（1）仓储合同与保管合同都是对他人的货物提供一定的保管服务，在保管期限届满时返还该物的合同。因此，当事人在合同权利义务上具有相似性。

（2）仓储合同是一种特殊的保管合同。虽然我国《合同法》对保管合同和仓储合同各自设有专门的分则，但保管与仓储这两种活动具有许多相似性。《合同法》第 395 条写明：凡仓储合同这一章未做规定的，应适用保管合同的有关规定。

5.3 仓　　单

仓单是仓储活动中规定当事人权利义务的主要单据，我国《合同法》第 385、386、387 条规定了仓单的主要内容和性质。

5.3.1　仓单的概念和性质

1．仓单的概念

仓单是指保管人在收到仓储物时向存货人签发的表示收到一定数量的仓储物的有价证券。

《合同法》第 385 条规定，存货人交付仓储物的，保管人应当给付仓单。所以仓单的签发要以存货人交付仓储物为条件。不符合这个条件，保管人有权不签发仓单；但当符合这个条件时，签发仓单是保管人的一种义务，该义务的履行无须以存货人的请求为条件。

仓单与仓储合同的关系。仓单是仓储合同的一种证明文件。签发仓单是保管人在合同成立后履行的义务，是在存入货物后履行的。在实际的仓储合同订立过程中，当事人既可以采取书面形式，也可以采用口头形式。如果仓单记载的内容与书面合同不一致，究竟以书面约定为准还是以仓单为准存在不同的观点；但仓单转让后，应该以仓单为依据是没有疑问的。如果仓储合同是口头形式的，在没有其他证明的情况下，仓单记载的内容应该就是当事人达成的合同内容本身。

仓单具有可分割性。仓单的分割是指仓单持有人将仓单下的货物转让给不同的受让人，或者将部分仓单价值用于质押时，要求保管人将原来的仓单转化成几份仓单的行为。我国《合同法》没有规定仓单的可分割性，但理论上是持肯定态度的。

2. 仓单的性质

仓单是一种有价证券。证券分为有价证券和无价证券，有价证券分为价值证券和实物证券，而价值证券又分为货币证券和资本证券。有价证券是指该证券足以表明财产权，且其权利的发生、行使或转移须全部或一部分以占有交付证券为要件。有价证券通常是持有人享有一定的所有权或债权的凭证。仓单是提取仓储物的凭证，提取仓储物的权利依法可以转让。因此，仓单完全符合有价证券的定义。作为有价证券，仓单具有下列性质：

（1）仓单是要式证券。要式证券是指具备法定格式才有效的证券。《合同法》要求保管人应当在仓单上签字或者盖章，仓单应该记载规定的事项，否则，仓单不能产生法律效力。

（2）仓单是背书证券。背书证券是指可以通过背书方式进行转让的证券。存货人或者仓单持有人在仓单上背书并经保管人签字或者盖章的，可以转让仓单。仓单的转让意味着提取货物的权利的转移。

（3）仓单是物权证券。物权证券是指以物权为证券权利内容的证券。仓单是提取仓储物的凭证，存货人取得仓单后，即意味着取得了享有仓储物所有权的凭证。仓单转让时，仓储物的所有权也发生转移。因此，仓单是物权证券。当然，仓单也具有债权效力，是债权凭证。所谓债权凭证是指仓单持有人享有向保管人请求交付仓储物的权利，这种请求权是一种债权。

（4）仓单是文义证券。文义证券是指证券上的权利和义务仅依照证券上记载的文义而确定的证券。仓单所创设的权利义务是依据仓单记载的文义予以确定的，不能以仓单记载以外的其他因素加以认定或变更。因此，仓单是文义证券。

（5）仓单是记名证券。记名证券是指证券上记载权利人姓名或名称的证券。各国法律对仓单是否必须为记名证券有不同的规定，有些国家认为仓单应该是记名证券，但也有少数国家认为仓单可以是无记名的。我国《合同法》要求仓单记载存货人的名称或者姓名和住所，因此，我国《合同法》上的仓单应该是记名证券。

（6）仓单是无因证券。所谓无因证券，是指证券权利的存在和行使不以做成证券的原因为要件，证券的效力与做成证券的原因完全分离；所谓有因证券，是指证券权利的存在和行使以其基础原因为条件，基础原因的有效与否直接影响证券的效力。仓单是有因证券还是无因证券，在我国有两种相反的认识。一种观点认为仓单是有因证券，因为仓单上的权利不是基于仓单的出单行为本身产生的，其出单行为的基础为有效的仓储合同。另一种观点认为仓单是无因证券，认为既然仓单是文义证券，就不宜为有因证券。从仓单持有人不管是否为存货人及保护仓单质押权人的利益出发，仓单应该理解为无因证券更合适。

（7）仓单为换取证券。换取证券是指义务人履行了证券上的义务后，权利人应该将证券返还给义务人的证券。仓单持有人请求交付仓单上记载的仓储物时，应将仓单交还保管人，因此，仓单是换取证券。

5.3.2 仓单的内容

仓单是提取仓储物的凭证，是一种要式证券和文义证券，因此，仓单上记载的事项具有重要意义。我国《合同法》第386条规定，保管人应当在仓单上签字或者盖章。仓单包括下列事项：

（1）存货人的名称或者姓名和住所。仓单是记名证券，因此，仓单上必须记载存货人的名称或者姓名，以及住所。这是仓单必须记载的内容，否则仓单不产生法律效力。

（2）仓储物的品种、数量、质量、包装、件数和标记。仓储物的品种、数量、质量、包装、件数和标记直接涉及到仓单当事人的权利和义务，对这些内容进行清楚记载也是避免纠纷的有效方法。

（3）仓储物的损耗标准。仓储物的损耗标准主要是关于仓储物在保管期间因为自然因素和货物本身的因素导致损耗的计算方法。

（4）储存场所。仓单上记载储存场所是为了存货人或仓单持有人及时、准确地提取货物。如果存货人购买保险，货物所在的仓库或场所是保险人是否同意承保的一个考虑因素。

（5）储存期间。储存期间具有多方面的意义：首先，可以明确保管人履行保管义务的开始时间和终止时间；其次，在储存期间届满时，即为存货人提取仓储物的时间；第三，是计算仓储费的一个因素。

（6）仓储费。仓储合同是有偿合同，仓储费是保管人为存货人提供保管服务而获得的报酬。仓储费的约定具体包括数额、支付方式、支付时间、支付地点等。

（7）仓储物已经办理保险的，其保险金额、期间以及保险人的名称。仓储物的保险比较复杂，主要涉及谁负责购买保险的问题。仓储经营人可以对仓库中的所有货物向保险人投保，也可就特定的货物投保。货物所有人也可以就仓储物自己投保。有时保管人和存货人同时购买保险，但是，两种保险的保险责任范围是不同的。

（8）填发人、填发地和填发日期。保管人应当在仓单上签字或者盖章。填发人可以是保管人本人，也可以是其授权的人，填发地和填发日期也涉及到当事人的权利和义务。

前述的仓单记载事项是否都应是绝对记载事项的问题，我国存在不同的认识，不同国家具体的规定也有差异。以往法律对仓单的记载事项要求比较严格，不能缺少法律要求的任何一项，否则该仓单不产生效力。随着合同自由原则的广泛认同，对仓单记载事项的要求逐渐放宽。其中的一些事项要求是必须记载的，这被称为绝对必要记载事项；其他事项由当事人决定是否记载，那些事项被称为相对必要记载事项。

我国《合同法》对哪些属于绝对必要记载事项，哪些属于相对必要记载事项并没有明确规定。对保管人应当在仓单上签字或者盖章、存货人的名称或者姓名和住所这两项一般不存在争议，都认为是绝对必要记载事项。而对其他事项则存在不同见解。一种观点认为，除保管人签章外，前述的第1项、第2项、第4项和第8项也属于绝对必要记载事项。这种观点具有一定的参考价值。

5.4 仓储合同当事人的权利和义务

仓储合同以当事人的权利和义务为内容，一方的义务即为另一方的权利。只有义务人履行义务，权利人才能实现权利。

5.4.1 仓储经营人的义务

1．仓单的签发

签发仓单是仓储经营人的基本义务，该义务发生于存货人交付货物后即产生，无须以存货人的请求为前提。签发仓单时，应该根据法律规定的仓单格式和内容，以及当事人达成的仓储合同的内容填写。

2．货物的入库验收

《合同法》规定了保管人具有按照合同约定应承担验收入库货物的义务，以及当入库货物与约定不符时，及时通知货主的义务。同时规定在保管人验收后发生货物与约定不符时，保管人应承担损害赔偿责任。

货物的入库验收将直接影响到事后履行合同、承担责任等问题，保管人应当给予重视。验收通常应包括：货物的品名、规格、数量、重量、外包装及不破坏包装的情况下直观可辩的质量情况。保管人验收时发现入库货物与约定不符的，应及时通知货主。例如将货物与约定不符之处、已采取的措施或处理的建议等告知货主。

《合同法》规定保管人验收后，如发生货物的品种、数量、质量不符合约定的情况，保管人应承担损害赔偿责任。这是由于验收后，即便是货物与约定不符，保管人并未在验收当时提出异议，即可推定货物是与约定相符的；货物在验收后的保管期间，因保管人未尽保管义务造成其品种、数量、质量不符合约定，保管人当然应承担责任。

货物在储存保管和运输过程中的损耗、磅差标准，应予明确，以免产生纠纷。一般应执行国家标准、行业标准，无国家标准或行业标准的，合同也可另行约定。

货物在储存期间，如果保管人履行了合同约定的保管要求，那么由于不可抗力的原因、自然因素或货物及包装本身的性质所造成的损失，不应由其负责。为此，当事人应考虑到风险问题。如果双方对货物在存储期间的风险承担有约定，那么，仓单中的保险条款应将保险金额、期间、保险公司名称等予以明确记载。

3．货物的检查和取样

保管人根据存货人或仓单持有人的要求，应当同意其检查货物或提取样品。

通常，在商业运作中，货主（存货人和经背书转让的新的仓单持有人）为便于顺利交易，尤其在更换新货主时，比较关注存储货物的保管情况，保管人对此应予配合。但是，仓单持有人必须事先向保管人提出要求，而不能擅自干扰其正常的业务活动。因此，保管人处理货物在存储期间的检查和取样要求时，应注意以下三点：提出要求的人必须是仓单持有人；提取样品检查货物的要求必须合理，并与仓单记载内容相一致；保管人有权阻止仓单持有人任意干扰其业务活动的行为。

4．通知和催告

保管人对入库货物发现有变质或其他损坏的，应及时通知货主。如果保管人没有及时告知，造成了货物不必要的损失，应对此承担相应责任。通常，为了防止损失的发生，当保管人发现货物已存在变质或其他损失发生的可能性或危险性时，也应及时通知货主。

入库货物发生变质或其他损坏，危及其他货物的安全和正常保管的，保管人应催告货主做出必要处置。因情况紧急，保管人无法及时与货主联系时，可以自行采取必要措施，妥善处置，尽可能控制或减少损失的发生或危险的扩大。在保管人进行了必要的处置后，应将情况及时通知货主。

5．返还保管的货物

在仓储合同约定的保管期限届满或者因其他原因导致合同终止的，仓储经营人应将货物退还存货人或仓单持有人。仓储经营人除依法行使留置权外，不得扣留仓储物。

6．承担相应责任

货物在存储期间，因保管不善造成货物毁损、灭失的，保管人应承担损害赔偿责任。货主将货物储存的目的是为了使货物得到妥善适当的保管，保持货物的品质，以便于日后生产、消费或交易。因而，保管人应按国家有关规定和合同约定进行保管及必要的仓库储存、堆码、装卸与操作。货物在存储期间，保管人没有适当履行保管义务而造成货物毁损、灭失的，应承担相应的违约责任。

因货物的性质、包装不符合约定或超过储存期造成货物变质、损坏的，保管人不承担损害赔偿责任。根据传统的交易习惯，货物几乎都是货主自行包装，所以，货物在交付之时，均已包装妥当。保管人没有包装的义务，因而不应承担因包装不符合约定造成损失的赔偿责任。物流业的兴起使传统的生产和流通理念发生了变化，仓储经营者根据客户之需提供包装服务已不少见，所以，如果当事人约定货物入库前由保管人负责包装，则保管人承担相应的责任。货物超过有效储存期造成变质、损坏的，保管人不承担损害赔偿责任。货主对于自己货物的内在品质应予充分考虑，因为货物的内在品质是保管人无法处置的。

5.4.2 存货人的义务

1．按照合同约定交付仓储物

存货人应当按照仓储合同约定的货物品种、数量、时间等交付仓储物。如果存货人没有按时将仓储物交付于保管人，仍然应当支付合同中约定的仓储费。如果存货人交付的货物不符合同约定，保管人有权拒绝接受。

2．特殊货物的告知与处理

货主如需存储易燃、易爆、有毒、有腐蚀性、有放射性等危险品或易变质物品，应向保管人说明存储物的性质，危险品或易变质物品的名称、种类、化学成分及性质等并提供相应的材料，如存储物的说明书、化学检验单等。

货主如违反上述告知义务，保管人可以拒收货物，或采取相应措施避免损失发生，如转移仓位增加保管手段等，同时有权要求货主支付由此产生的相应费用。

保管人在储存易燃、易爆、有毒、有腐蚀性、有放射性等危险品时，应具备相应的保管条件和具有相应的防火、防化、防毒等必要措施的能力。

3．支付仓储费

存货人应当按照约定的数额、时间和方式等支付仓储费。仓储费的支付与约定不一致的，属于违约行为，存货人应承担违约责任。

4．提取货物

提取货物既是存货人的权利，也是存货人的义务。

货物的提取，有的可能发生在存储期间，有的可能发生在存储期间届满后。通常，合同双方在订约时对货物的存储期间都有约定，仓单记载的事项中一般也有这一内容。如果合同对存储期间有约定，那么，前者属于提前提取，后者属于正常提取。但是合同也可以不约定存储期间。如果合同没有约定或约定不明，那么，货主根据需要则可随时提取货物。

合同对存储期间未做约定或约定不明的情况下，货主可以随时提取货物；保管人也可随时要求货主提取货物，但应给予必要的准备时间，即不能以合同对存储期间没有约定或约定不明为由要求货主随时提取货物。这一规定对便利货主的交易活动是有利的。只要货主有提货需要，保管人都应当允许并提供方便。考虑到保管人可能同时保管着大批的、多种多样的货物，货主提取货物时一般应事先告知保管人，以便保管人作好提货安排。这一方面有利于货主及时提取，另一方面也不会干扰保管人的正常业务活动。

合同约定存储期间的情况下，在期间届满时，货主应凭仓单提取货物，并向保管人提交货物验收资料，包括已收到货物、货物的品质、数量、包装等，便于保管人对此后货主提出的请求（如货损、变质等）进行抗辩。货主逾期提取货物的，保管人应加收仓储费；提前提取的，不减收仓储费。因为无论提前还是逾期，都是违约。经营仓储业务需要仓储设施并借助人力，所以逾期提取，加收仓储费是合理的；提前提取则会干扰保管人的正常营业而造成保管人的损失，所以不减收仓储费也是合理的。

存储期间届满，货主不提取货物的，保管人可以通过一定方式告知并催促货主在合理期限内提取货物。逾期不提取的，保管人可以提存货物。存储期间届满，保管人对于基于合同而产生的保管义务即告履行完毕，已没有义务继续保管货物，有权要求货主及时提取。在合理期限过后可以将货物交给提存机关使合同义务消灭。保管人将货物提存后，货主就无权再向保管人提出提取货物的请求，而只能向提存机关请求领取提存物。因提存所支出的费用，应由货主承担。提存期间，风险责任也由货主承担。

5.5 保税货物的仓储

保税货物仓储是国际物流中的一项重要内容。其中的法律问题不仅与《合同法》等有关，还与国家颁布的口岸法律、法规和政策有关。

保税货物是指经过海关批准未办理纳税手续进境，在境内储存、加工、装配后复运出境的货物。一般需要储存的保税货物包括来料或进料加工的料件、补偿贸易进口的设备、寄售维修零配件、供应国际航行船舶的燃料和零配件、外商寄存或暂存的货物、转口贸易货物、免税品商店进口的货物等。

国际上通行的保税制度是，进境存入保税仓库的货物可暂时免纳进口税款，免领进口许可证或其他进口批件，在海关规定的存储期内复运出境或办理正式进口手续。1988 年我国加入了《关于简化和协调海关业务制度的国际公约》（简称《京都公约》）的《关于保税仓库的附约》。2004 年 2 月 1 日，我国的《海关对保税仓库及所存货物的管理规定》正式生效。

根据我国《海关法》、《海关对保税仓库及所存货物的管理规定》及《海关对保税货物和保税仓库监管暂行办法》的有关规定，保税货物的仓储有许多具体的要求。

5.5.1 设立保税仓库的条件

保税仓库是指经海关批准设立的专门存放保税货物及其他未办结海关手续货物的仓库。设立保税仓库的条件包括以下两个方面。

1. 经营保税仓库的企业应具备的条件

（1）企业合法注册，具有法人资格；

（2）注册资本达到或超过 300 万元人民币；

（3）具备向海关缴纳税款的能力；

（4）具有专门存储保税货物的营业场所；

（5）经营特殊许可商品存储的，应当持有规定的特殊许可证件；

（6）经营备料保税仓库的加工贸易企业，年出口额最低为 1000 万美元。

2. 保税仓库本身应当具备的条件

（1）符合海关对保税仓库的布局要求，具备符合海关监管要求的安全隔离设施、监管设施和办理业务必需的其他设施；

（2）根据保税仓库的使用对象不同和特定用途，要求达到相应的面积（最低为 2000m^2）；

（3）具备符合海关监管要求的保税仓库计算机管理系统并与海关联网；

（4）具备符合海关监管要求的保税仓库管理制度、符合会计法要求的会计制度；

（5）符合国家土地管理、规划、交通、消防、安全、质检、环保等方面法律、行政法规及有关规定。

5.5.2 申请保税仓库的程序

保税仓库由直属海关审批，报海关总署备案。

1．申请

企业申请设立保税仓库，应向仓库所在地主管海关提交书面申请，并提供企业与仓库具备所要求的相关条件的证明材料。

2．受理

申请材料齐全有效的，主管海关予以受理。并于受理申请之日起 20 个工作日内提出初审意见并将有关材料报送直属海关审批。

3．批准

直属海关在接到材料之日起 20 个工作日内审查完毕，对符合条件的，出具批准文件，批准文件的有效期为 1 年。

4．验收

在海关出具批准文件 1 年内，申请设立保税仓库的企业还应向海关申请保税仓库的验收，无正当理由逾期未申请验收或验收不合格者，保税仓库的批准文件自动失效。

保税仓库只有验收合格，经海关注册登记并核发《中华人民共和国海关保税仓库注册登记证书》（简称《保税仓库注册登记证书》），方可投入运营。

5.5.3 保税仓库所存货物的进出口申报

经海关批准暂时进口或暂时出口的货物，以及特准进口的保税货物，在收货人或发货人向海关缴纳相当于税款的保证金或者提供担保后，准予暂时免缴关税。海关根据货物的进口或出口情况，再决定征税或免税。因此出入保税仓库的货物需要进行申报。

加工贸易进口货物、转口货物、供应国际航行船舶和航空器的油料、物料和维修用零部件、供维修外国产品所进口寄售的零配件、外商暂存货物、未办结海关手续的一般贸易货物以及经海关批准的其他未办结海关手续的货物，经海关批准可以存入保税仓库。

1．保税仓库货物的进口

保税仓库货物的进口分为三种情况：

（1）在保税仓库所在地海关入境。货主或其代理人应当填写进口货物报关单一式三份，加盖“保税仓库货物”印章并注明此货物将要存入的保税仓库，向海关申报，经海关查验放行后，一份由海关留存，另两份随货带交保税仓库。

保税仓库的业务人员应在货物入库后将货物与报关单进行核对，并在报关单上签收，其中一份留存，一份交回海关存查。

（2）在非保税仓库所在地海关入境。货主在保税仓库所在地以外的其他口岸进口货物，应按海关对转关运输货物的规定办理转关运输手续。货物运抵后再按上述规定办理入库手续。

（3）自用的生产、管理设备的进口。保税仓库经营单位进口供仓库自己使用的设备、装置和用品，如货架，搬运、起重、包装设备，运输车辆，办公用品及其他管理用具，均不属于保税货物。进口时应按一般贸易办理进口手续并缴纳进口税款。

保税仓储货物入库时，收发货人或其代理人持有关单证向海关办理货物报关入库手续，海关根据核定的保税仓库存放货物范围和商品种类对报关入库货物的品种、数量、金额进行审核，并对入库货物进行核注登记。

入库货物的进境口岸不在保税仓库主管海关的，经海关批准，按照海关转关的规定或者在口岸海关办理相关手续。

2. 保税仓库货物的出库

经海关批准，保税仓储中运往境外的货物、运往境内保税区、出口加工区或者调拨到其他保税仓库继续实施保税监管的货物、转为加工贸易进口的货物和转入国内市场销售的货物可以办理出库手续，海关按照相应的规定进行管理和验放。

保税仓库货物的出库分以下几种情况：

（1）原货物复运出口。保税仓储货物出库复运往境外的，发货人或其代理人应当填写出口报关单，并随附出库单据等相关单证向海关申报，保税仓库向海关办理出库手续并凭海关签印放行的报关单发运货物。出境货物出境口岸不在保税仓库主管海关的，经海关批准，可以在口岸海关办理相关手续，也可以按照海关规定办理转关手续。

（2）用于加工贸易的货物。从保税仓库提取货物用于进料加工、来料加工项目的，经营加工贸易的单位应首先按照进料加工或来料加工的程序办理审批。也就是说，经历了合同审批、合同登记备案、开设加工贸易银行保证金台账后，由主管海关核发《加工装配和中小型补偿贸易进出口货物登记手册》（简称《登记手册》）。

经营加工贸易的单位持海关核发的《登记手册》，向保税仓库所在地主管海关办理保税仓库提货手续，填写进料加工或来料加工专用《进口货物报关单》，需确定其贸易性质为进料加工或来料加工时，应补填《进口货物报关单》和《保税仓库领料核准单》。经海关核实后，在《保税仓库领料核准单》上加盖放行章，其中一份由经营加工贸易的单位凭以向保税仓库提取货物，另一份由保税仓库留存，作为保税仓库货物的核销依据。

（3）运往境内其他地方的货物，包括国内销售使用或运往境内保税区、出口加工区或者调拨到其他保税仓库继续实施保税监管的货物。收发货人或其代理人应当填写进口报关单，并随附出库单据等相关单证向海关申报，保税仓库向海关办理出库手续并凭海关签印放行的报关单发运货物。

从异地提取保税仓储货物出库的，可以在保税仓库主管海关报关，也可以按照海关规定办理转关手续。

出库保税仓储货物批量少、批次频繁的，经海关批准可以办理集中报关手续。

3. 保税仓库货物的核销

（1）报送有关单证。保税仓库对所存的货物应有专人负责，并于每月的前五日将上月发生的货物收受、交付、储存等情况列表报送当地海关核查，并随附经海关签章的进出口报关单及《保税仓库领料核准单》等单证。

（2）海关予以核销。主管海关对保税仓库入库、出库报表与实际进口、出口报关单及领料单进行审核，必要时派员到仓库实地核查，核实无误后予以核销，并在一份保税仓库报表上加盖印章认可，退还保税仓库经营单位留存。

5.5.4 海关对保税仓库货物的监管

1．储存期限

保税仓库所存货物的储存期限为 1 年。确有正当理由的，经海关同意可予以延期；除特殊情况外，延期不能超过 1 年。所存货物储存期满仍未转为进口或复运出境的，由海关依法将货物变卖处理。

2．对不同环节的监管

（1）货物的使用。保税仓库所存货物，属于海关监管的保税货物，未经海关核准并按规定办理有关手续，任何人不得擅自出售、转让、抵押、质押、留置、移作他用或者进行其他处置。

（2）货损时的处理。保税货物在仓库储存期间发生短少或灭失，除不可抗力原因外，短少或灭失部分由保税仓库经营单位承担缴纳税款责任，并由海关按有关规定予以处理。

（3）货物的加工。保税仓储货物可以进行包装、分级分类、加刷唛码、分拆、拼装等简单加工，不得进行实质性加工。

本章小结

仓储是物流的基本组成部分。随着现代物流的发展，传统仓储正向现代仓储转化，即由传统的静态货物保管功能向动态的货物管理转化，由独立的仓库功能向与配送相结合的方向发展。因此，有关仓储的法律关系也渐趋复杂。通过本章的学习，既要掌握仓储在现代物流中的作用，更要掌握仓储合同的基本知识，重点掌握仓单的性质、内容及仓储合同当事人的权利和义务。

思考与练习

1．仓储在现代物流中的作用有哪些？
2．什么是仓储合同？它具有哪些特征？
3．简述仓储合同与保管合同的联系与区别。
4．仓单具有怎样的性质？
5．仓单应当记载哪些内容？
6．仓储经营人的权利和义务有哪些？
7．什么是仓储经营人的留置权？
8．存货人的义务主要体现在哪些方面？

9．保税货物的仓储有哪些特点？

10．海关对保税仓库的货物如何进行监管？

案例分析

1．仓储合同的性质与违约责任

被告（商行）与原告（储运公司）曾于2000年4月3日订立一份仓储保管合同，由原告为被告保管布料、自行车等物，该合同应于2001年5月30日终止。2001年4月30日，被告提出其50辆自行车因无处堆放，在合同到期后继续在原告处存放半年，为此被告向原告多支付保管费1 000元。原告表示同意。2001年7月15日，双方又订立了一份仓储保管合同，约定由原告为被告保管衣服、布料等物品，时间为1年（自2001年9月1日至2002年9月1日），保管费为3.5万元。合同并约定："任何一方违约，应按保管费的30%向对方一次性支付违约金，并应赔偿对方的损失。"合同订立后，原告即开始清理其两个仓库，并拒绝了有关单位要求为其保管货物的请求。同年9月4日，原告突然接到被告的通知，称其原定需保管的部分衣服、布料，因为他人没有供货，因此不能交给原告保管。另有部分货物因其租到了仓位，不再需要原告保管。原告提出如解除合同，则应支付全部保管费并应支付违约金；否则原告将扣留被告先前寄存的50辆自行车。被告认为原告的要求极不合理。双方因不能达成协议，原告遂向法院提起诉讼，请求判令被告支付全部保管费及违约金。

问题：

（1）什么是仓储合同？其性质有哪些？

（2）原告要求被告承担支付全部保管费及违约金的要求是否合理？为什么？

（3）合同约定"任何一方违约，应按保管费的30%向对方一次性支付违约金，并应赔偿对方的损失"，为什么是违约金？合同对违约金的约定是否符合法律规定？支付违约金后，是否还应该承担赔偿责任？

（4）本案中的被告能否解除合同？合同解除有哪些类型？合同解除的后果可能有哪些？

（5）原告可否留置被告的50辆自行车？为什么？

（6）什么是留置权？成立留置权的条件有哪些？

（7）如果法院判决当事人解除合同，那么，被告是否负有支付全部保管费的义务？

2．仓储合同纠纷案

2004年6月3日，某市盛达粮油进出口有限责任公司（下称盛达公司）与该市东方储运公司签订一份仓储保管合同。合同主要约定：由东方储运公司为盛达公司储存保管小麦60万公斤，保管期限自2004年7月10日至2004年11月10日，储存费用为50000元，任何一方违约，均按储存费用的20%支付违约金。合同签订后，东方储运公司即开始清理其仓库，并拒绝其他有关客户在这三个仓库存货的要求。同年7月8日，盛达公司书面通知东方储运公司：因收购的小麦尚不足10万公斤，故不需存放贵公司仓库，双方于6月3日所签订的仓储合同终止履行，请谅解。东方储运公司接到盛达公司书面通知后，遂电告盛达公司：同意仓储合同终止履行，但贵公司应当按合同约定支付违约金10000元。盛达公司拒绝支付违约金，双方因此而形成纠纷，东方储运公司于2000年11月21日向人民法院提起诉讼，请求判令盛达公司支付违约金10000元。

问题：

（1）盛达公司与东方储运公司所签订的仓储保管合同是否有效？

（2）盛达公司单方提出终止履行是否构成违约？

（3）盛达公司尚未向东方储运公司交付仓储物的情况下，是否应承担违约金？

（4）仓储合同与保管合同在成立与生效方面有什么不同？

3．仓单转让纠纷

2000 年 9 月，海燕服装公司（以下简称服装公司）与被告富来货仓公司（以下简称货仓公司）签订了一份仓储合同，合同约定：货仓公司为服装公司储存 20 万件羽绒服，并在储存期间保证羽绒服完好无损，不发生虫蛀、霉变；服装公司交纳 2 万元仓储费；储存期间至同年 12 月 20 日。合同标明了储存的羽绒服的质量、包装及标记等，并约定了双方具体责任的划分和违约条款。合同签订后，服装公司依约将羽绒服并送至货仓公司处，并交纳了仓储费。货仓公司在收到羽绒服并验收后向服装公司签发了仓单。

同年 12 月初，原告第一百货商场向服装公司订购了 20 万件羽绒服。服装公司为了简便手续，让第一百货商场早日提货并节省交易费用，于是将仓单背书转让给第一百货商场，实际上是把提取羽绒服的权利转让给了百货商场。并在事后通知了货仓公司。

第一百货商场持仓单向货仓公司提货时，货仓公司以第一百货商场不是合法的仓单持有人为由拒绝交付羽绒服。第一百货商场则认为，该仓单已由原存货人合法背书转让，且服装公司已通知了货仓公司，货仓公司应履行返还义务。由于货仓公司拒不给货，耽误了时节，羽绒服作为季节性商品已过旺季销售，第一百货商场遭受了损失。遂向人民法院起诉，要求货仓公司赔偿损失。

问题：

（1）海燕服装公司与富来货仓公司的仓储合同是否有效成立？合同成立的一般条件是什么？

（2）什么是仓单？仓单具有哪些性质？

（3）我国《合同法》对仓单的转让是如何规定的？

（4）海燕服装公司转让仓单的行为是否有效？为什么？

（5）海燕服装公司对第一百货商场的损失是否应承担赔偿责任？为什么？

第6章 装卸、搬运的法律、法规及公约

内容提要

- 港站经营人的概念和法律地位；
- 《港口法》与港口经营制度；
- 《联合国国际贸易运输港站经营人赔偿责任公约》；
- 《港口货物作业规则》的主要规定；
- 铁路货场作业规则；
- 公路场站作业规则。

6.1 港站经营人的法律地位与责任

6.1.1 港站经营人及其业务范围

根据联合国 1991 年制定的《联合国国际贸易运输港站经营人赔偿责任公约》，运输港站经营人是指在其业务过程中，在其控制下的某一区域内或在其有权出入或使用的某一区域内，负责接管国际运输货物，以便对这些货物从事或安排从事与运输有关服务的人。

港站经营人主要包括港口码头、内陆车站、机场货运中心的经营者以及经营仓储、装卸、转运工作的其他人。传统上，港站经营人所涉及的业务活动就有重叠交错的特点，但基本上以提供装卸服务为主。进入物流时代后这种情况发生了变化，服务项目更具有广泛性，活动的内容、服务的对象和性质、与有关当事人建立的法律关系等都更为复杂。有些港站经营人向承运人、货物的托运人、收货人提供比较全面的港站服务，包括在其拥有或有权使用的场所进行货物装卸、储存、包装或组装，集装箱货物的装拆箱及修理，以及短距离的货物搬运和货物的简单加工等。此类港站经营人包括空港、海港、内河港口、铁路和公路车站的经营人。他们提供的服务往往涉及两种或两种以上运输工具。例如，海港和内河港口往往同铁路和公路相连，除

为远洋船舶和内河船舶装卸货物外，还办理铁路货车和汽车的装卸业务。航空港也往往同铁路和公路衔接。尽管空港经营人一般不为飞机以外的运输工具装卸货物，但可以将空港内场地和设施租赁给铁路承运人或货运商。还有一些港站经营人从事与货物运输有关的业务，如集装箱货运站、码头装卸公司、仓储公司、海关监管仓库或保税仓库等。除了上述具有独立的公共性质的港站经营人外，有些船舶经营人、代理商、运输承运人，在经营主业之外还兼营仓储、装卸等业务；一部分生产厂商也自行经营原料或专用码头。多式联运经营人除从事多式联运外，还在其掌管货物期间进行货物的储存、装卸及其他有关业务。《联合国国际贸易运输港站经营人赔偿责任公约》对运输港站经营人的定义中说明，按照有关法律规定，以承运人或多式联运经营人的身份接管货物者不属于公约所指的运输港站经营人。

对于港站经营人而言，非由港站经营人提供的集装箱、托盘或其他类似的运输或包装器具都是作业对象。因此可以这样理解，在特定场所与货物运输有关的服务可以包括一般货物的堆存、仓储、装货、卸货、积载、平舱、隔垫、绑扎、分拣、混合、包装、短距离搬运与加工，以及集装箱运输中货物的包装、加固、储存、装拆箱、修洗箱、清理标志及作业区域内的搬运等。也就是说，港口、机场、公路和铁路车站的经营人、装卸公司、货运站、仓储公司、保税仓库等都属于港站经营人范畴。港站经营人在各种运输方式中的地位都非常重要。一旦出现责任事故，如何进行法律认定，妥善处理纠纷就成为棘手的问题。这对运输各方当事人都有很大的影响。

6.1.2 港站经营人的法律地位

由于立法上的差异，港站经营人的法律地位及其应承担的责任，在各国有不同的规定。如有的国家规定，港站经营人是处理海陆货物交接、装卸、堆存的经营人，可以是独立合同人，也可以是代理人或受雇人。在我国港口法尚未出台前，因无针对性的法律，对港站经营人法律地位存在各种观点。比较主流的看法是，尽管港站经营人的活动与承运人、货主关系密切，但是他并不是承运人真正意义上的受雇人或代理人，其行为并不受承运人的约束，所以港站经营人是独立的合同当事人，作为独立的法律主体而存在。交通部《港口货物作业规则》就是在这样一种观点的指导下制定的。

港站经营人的法律地位的确定，与国际贸易、运输的发展紧密相关。20 世纪 50 年代之前，由于国际贸易、运输建立在件杂货基础上，港站经营人的业务活动仅局限于件杂货的装卸上，而且大多使用船上的装卸设备，因而也将运输港站经营人按船方雇佣人员来理解，《海牙规则》就是如此。20 世纪 50 年代后，集装箱运输的出现给运输港站经营人带来了新的变化，业务活动由传统的件杂货作业向围绕集装箱运输、为集装箱运输各关系方提供服务转变。由此港站经营人的法律地位也发生了变化，即不再作为船方雇佣人员看待。进入 20 世纪 90 年代后，物流业的兴起使港站经营人所经营的传统业务由单一的装卸向多元化发展，人们对港站经营人的经营活动和法律地位又有了新的认识与规范。

综上所述，港站经营人的法律地位可以归结如下。

（1）港站经营人既不是贸易合同当事人，也不是运输合同当事人。由于港站经营人不直接从事货物运输活动，从而不与托运人、收货人或第三人订立运输合同。同样，由于不从事国际贸易活动，从而不可能成为买卖合同当事人。

（2）船舶经营人、货主及其他要求提供服务的人建立服务合同关系。港站经营人可以接受多方委托从事业务活动，并订立协议或合同。如与船公司订立装卸协议，与货主订立货物仓储协议，与作业委托方订立装、拆箱及集装箱堆存协议等。向港站提出服务要求的可以是船公司、托运人、收货人、货运代理人、船务代理人，也可以是租用堆场、货运站的装卸设施、场所进行货物堆存、仓储、加工等服务的人。

（3）少数情况可以根据委托人授权，充当代理，为委托人进行与港站自身经营活动无关的交易。按照代理活动的一般原则，在这种情况下，不可以代委托人与港站自己或港站所代理的另一方委托人进行交易，否则将构成代理权的滥用。

（4）对责任期间内所发生的有关货物灭失或损害应根据相关法律来认定其责任。根据有关法律法规，可以免责的情况除外。

（5）可能同时受多个服务合同制约。由于其经营活动场所主要处于运输枢纽，为多个承运人、货主或其他作业委托人服务，必然订立多种合同。即使这些合同的标的都是具体作业项目，可是服务的内容可能完全不同。

（6）港站经营人的行为受各国国内相关法律、法规、行业规范及惯例的制约。对于没有合同关系的情况，港站经营人可能因行为过失而侵犯他人权利。

可见，港站经营人的法律地位非常复杂，其中既有与船公司、货主之间的合同关系，又可能存在与船公司、货主之间的雇佣或代理关系，以及对第三方的侵权关系。当多种法律关系互相交织的时候，必须明确港站经营人的法律地位，才能确定其对各方造成损害时的赔偿责任。

6.1.3 《港口法》对港口经营的基本规定

1．我国《港口法》的制定

港口是国民经济和社会发展的重要基础设施。截至 2001 年底，我国已建成各类商港 1 467 个，其中海港 165 个，内河港 1 302 个。这些港口中，主枢纽港 43 个（海港 20 个，内河港 23 个），地区重要港口 18 个，其他一般港口 1 406 个。随着港口建设的快速发展，港口对国民经济和社会发展的促进作用日趋明显，对经济增长的贡献率显著提高。

为了进一步促进港口的发展，充分发挥港口在经济、社会发展中的作用，国务院于 2001 年决定对港口管理体制进行改革。2003 年 6 月 28 日第十届全国人民代表大会常务委员会第三次会议通过的《中华人民共和国港口法》，对港口的规划、建设、维护、经营、管理及其相关活动进行了全面的规范，是我国水路运输法律体系中一部基本的法律。

《港口法》的制定和出台经历了漫长的岁月。交通部从 1981 年开始组织相关的港口立法工作，至 1994 年政府机构改革，先后起草了《海港管理条例》、《内河港口管理条例》和《港口法》的审议稿。政府机构改革完成后，交通部加强了《港口法》的起草工作。从 1994 年 8 月开始，数易其稿，于 1995 年 12 月报送国务院。《港口法》送审稿报送国务院后，国务院法制办曾几次启动对《港口法》的审查工作。但由于对《港口法》应当确立怎样的港口管理体制、建立怎样的港口运营机制，以及《港口法》是否应当建立独立的港口经营民事法律关系体系等重大问题存在着重大的分歧意见，使得《港口法》的审议工作停顿了 6 年。进入 21 世纪后，困扰《港口法》出台的几个主要问题基本上得到了解决。2002 年国务院讨论通过了《港口法》（草案），并报送全国人民代表大会常务委员会。从 2003 年 2 月起至同年 6 月 24 日，全国人民代表大会常务委员会共进行了 3 次审议，并于 6 月 28 日投票通过了《港口法》。国家主席于 2003

年6月28日签发第5号主席令向社会发布，并于2004年1月1日正式开始实施《港口法》。

《港口法》确立了中央宏观调控、地方政府进行具体管理的港口管理体制，取代了长期实行的政企合一、高度集中的管理模式，保证了港口管理的科学、高效、低成本。新的港口管理体制的主要内容是：交通部作为中央政府行政主管部门，对全国港口实行统一的行政管理，负责制定全国港口行业的规划，按有关规定调控岸线资源的合理利用，对大中型港口建设项目提出行业审查意见，制定港口行业发展政策和法规，并实施监督；省级人民政府交通（港口）主管部门负责本行政区域内港口的行政管理工作；省级或港口所在地城市人民政府港口主管部门按照“一港一政”的原则依法对港口实行统一的行政管理。

2．关于港口经营的基本规定

建立政企分开的港口运行机制和加强对港口经营人的管理、规范是同时进行的，这两方面都依赖贯彻实施《港口法》的有关规定。《港口法》关于港口经营方面主要规定了市场准入制度、港口经营人公平竞争制度、港口经营人的义务制度，以保证港口经营市场的公平和有序发展。

（1）港口经营市场准入制度。港口经营是一种面向社会的公共服务，而且具有一定的独占性，公众和企业选择服务提供者的余地较小。为了保证港口经营人的服务质量，防止经营欺诈行为的发生，切实维护企业和个人的合法权益，《港口法》规定了港口经营许可制度，并明确了许可的范围、条件和程序。

《港口法》第22条规定了港口经营的许可制度，即从事港口经营，应当向港口行政管理部门书面申请取得港口经营许可，并依法办理工商登记。所谓港口经营，是指码头和其他港口设施的经营，港口旅客运输服务经营，在港区内从事货物的装卸、驳运、仓储的经营和港口拖轮经营等。

《港口法》第23条是关于港口经营一般条件的规定。取得港口经营许可，应当有固定的经营场所，有与经营业务相适应的设施、设备、专业技术人员和管理人员，并应当具备法律、法规规定的其他条件。

港口行政管理部门实施港口经营许可，应当遵循公开、公正、公平的原则，并应当根据《港口法》规定的程序做出决定。《港口法》第24条规定，港口行政管理部门应当自收到有关的书面申请之日起30天内依法做出许可或者不予许可的决定。予以许可的，颁发港口经营许可证；不予许可的，应当书面通知申请人并告知理由。

另外，《港口法》对经营港口理货业务的也要求按照规定取得许可。

（2）港口经营人公平竞争制度。《港口法》第29条规定，国家鼓励和保护港口经营活动的公平竞争。港口经营人不得实施垄断行为和不正当竞争行为，不得以任何手段强迫他人接受其提供的港口服务。这方面的具体行为准则要根据我国的《反不正当竞争法》和2007年公布的《反垄断法》，及其他有关的法律、法规来认定。港口理货业务经营人应当公正、准确地办理理货业务，不得兼营货物装卸经营业务和仓储经营业务。

（3）港口经营人的义务制度。港口经营人从事经营活动，必须遵守有关法律、法规，遵守国务院交通主管部门有关港口作业规则的规定，依法履行合同约定的义务，为客户提供公平、良好的服务。具体的义务包括：

① 港口经营人应当依照有关环境保护的法律、法规的规定，采取有效措施，防治对环境的污染和危害。

② 港口经营人应当优先安排抢险物资、救灾物资和国防建设急需物资的作业。

③ 港口经营人应当在其经营场所公布经营服务的收费项目和收费标准；未公布的，不得实施。港口经营性收费依法实行政府指导价或者政府定价的，港口经营人应当按照规定执行。

④ 港口行政管理部门依照《统计法》和有关行政法规的规定要求港口经营人提供的统计资料，港口经营人应当如实提供。

⑤ 港口经营人必须依照《安全生产法》等有关法律、法规和国务院交通主管部门有关港口安全作业规则的规定，加强安全生产管理，建立健全安全生产责任制等规章制度，完善安全生产条件，采取保障安全生产的有效措施，确保安全生产。

为进一步完善对港口经营的管理，依据《港口法》及其他相关法律法规，2009 年 11 月 6 日，交通运输部公布了《港口经营管理规定》，对港口经营的事项、港口经营许可的资质及具体的经营管理内容进行了细化。该管理规定于 2010 年 3 月 1 日起实行。

6.1.4 《联合国国际贸易运输港站经营人赔偿责任公约》

为了在国际范围内保证货主利益，使货物在装船前和卸船后在港口保管阶段，以及在货物转船或由于某种原因中断运输滞留在港口时，能受强制性法规的制约；同时方便承运人按照运输合同约定对受损货物做出赔偿后，能根据与港站经营人之间的合同获得相应追偿，1983 年 4 月，联合国贸易法委员会（UNCITRAL）决定将运输港站经营人赔偿责任问题列入工作计划，并委托其下属的国际惯例工作组具体实施这项工作。工作组经过此后几年的多次讨论，于 1989 年形成并由国际贸易法委员会通过了《联合国国际贸易运输港站经营人赔偿责任公约（草案）》。1991 年 4 月 19 日，联合国贸易法委员会召开专门会议，讨论并通过了《联合国国际贸易运输港站经营人赔偿责任公约》。尽管该公约至今尚未生效，但各国对港口经营人方面的法律规范与赔偿责任大都借鉴了该公约的精神。因此可以认为，该公约代表着国际上有关港站经营人责任方面立法的统一趋势。以下是公约的主要内容。

1. 有关定义

运输港站经营人（Operator of Transport Terminals），是指业务活动中，在其所控制的或有权使用的场地上，负责接管国际运输货物，并对这些货物从事或安排与国际货物运输有关的服务的经营者。但按照有关法律规定以承运人或多式联运经营人的身份接管货物的人不应视为港站经营人。

货物，包括非由港站经营人提供的集装箱、托盘或其他类似的运输或包装器具。

国际运输，是指经营人接管货物时该货物发运地和目的地位于两个不同国家的任何运输。

运输有关业务，包括堆存、仓储、装载、卸载、积载、平舱、隔垫和绑扎等服务项目。

2. 适用范围

《联合国国际贸易运输港站经营人赔偿责任公约》的适用范围为：当提供与国际货物运输有关服务的港站经营人的营业地处于缔约国内，或者依照国际私法规则缔约国法律应适用于运输有关的服务时，则应适用于本公约。如果港站经营人有一个以上的营业地，则以与运输有关服务联系最密切的营业地为港站经营人的营业地；若无营业地时，则以港站经营人的惯常住所为依据。

3. 港站经营人的责任期间

港站经营人对货物灭失或损坏的责任期间，是指从其接管货物之时起至其向有权提货的人交付或交由该人处理时止的整个期间。

4．赔偿原则与责任基础

港站经营人对于货损货差的赔偿适用过错责任原则，即没有过错就不承担民事责任，这是不同于无过错责任的。由于在事故发生时货主就在现场的可能性很小，因此，港站经营人必须负责举证，证明损害并不是由于其本人或雇佣人员或代理人的过错造成的，或者已按合同履行了应尽义务仍无法避免损害的发生，否则将负赔偿之责。也就是说他应承担推定过失责任。

推定过失责任原则与《汉堡规则》和《联合国国际货物多式联运公约》的赔偿责任原则是一致的。《联合国国际贸易运输港站经营人赔偿责任公约》规定港站经营人对其责任期间内发生的货物灭失、损坏或延迟交货负责，除非他能证明其本人、受雇人或代理人已采取一切所能合理要求的措施来防止有关情事的发生及其后果。对于延迟交货，《联合国国际贸易运输港站经营人赔偿责任公约》规定，如港站经营人未能在明确约定的时间内，或者无约定时，当有权提取货物的人提出收货要求后，未能在合理时间内交付货物，即构成交货延迟。在约定交货时间届满后连续 30 天内或提出收货要求后连续 30 天内，港站经营人仍不交付货物，有权提取货物的人可以视为该货物已经灭失，并按货物灭失的情况向港站经营人提请赔偿。

5．赔偿责任限制及其权利丧失

当事故的发生已成事实，无法避免赔偿时，经营人就应以责任限制来抗辩索赔人。责任限制是指当经营人对于货物的灭失损害不能免责时，对其赔偿金额进行限制，也就是说对超过限额部分的货物灭失或损害，经营人可以免于赔偿。

关于赔偿责任限制，《联合国国际贸易运输港站经营人赔偿责任公约》规定，港站经营人对其应负责的原因造成的货物灭失或损坏所负的赔偿责任，以灭失或损坏货物的毛重每千克不超过 8.33 特别提款权的数额为限；但是，若货物经海上或内陆水运后立即交给港站经营人，或者货物是由经营人交付或待交付后进行此类运输，包括港内的提货和交货，则其赔偿责任以灭失或损坏货物的毛重每千克不超过 2.75 特别提款权。港站经营人对延迟交货的赔偿责任限额，为其向被延误货物提供服务而可收取的费用的 2.5 倍，但这一数额不超过对包含该货物在内的整批货物所收费用的总和。此外，对货物灭失、损坏和延迟交付的赔偿责任总额，不得超过货物全部灭失时的赔偿限额。

《联合国国际贸易运输港站经营人赔偿责任公约》中所述规定是为了与《联合国国际货物多式联运公约》以及其他海运、陆运、空运公约的责任限额相衔接，从而保障承运人或多式联运经营人根据有关公约赔付货主后，能从港站经营人那里获得全部赔偿。

当诉讼是针对港站经营人的受雇人或代理人时，如该受雇人或代理人能证明他是在受经营人雇佣和聘用的范围内行事，则其有权引用经营人根据本公约可以援引的抗辩和赔偿责任限额。

当然，并非在任何情况下经营人都可以享受责任限制的权利，否则将使其责任限制的权利无限扩大。为此《联合国国际贸易运输港站经营人赔偿责任公约》规定，如能证明货物灭失、损坏或延迟交付，是由港站经营人或其受雇人或代理人故意造成，或者明知可能造成这种灭失、损坏或延迟交付情况下轻率地行为或不行为所造成，则港站经营人或其受雇人或代理人便丧失限制赔偿责任的权利。

故意和明知可能都是指行为人在作为或不作为时，对损害的发生所具有的心理状态。故意是指希望损害发生，例如码头工人监守自盗；明知可能是指已经预见到自己的行为可能造成损害的结果，这种出于轻率的作为或不作为属于过失。在司法实践中，判断行为人是否有过失，必须以行为人是否应当注意、能够注意却未注意作为依据。过失可分为一般过失和重大过失。如果法律在某种情况下对某一行为人应当注意或能够注意的程度有较高要求时，行为人没有遵守这种较高的要求，但未违背一般人应当注意并能注意的一般规则，就是一般过失。如果行为人不但没有遵守法律的较高要求，甚至连人们应当注意的一般标准也未达到，这就是重大过失，经营人对此需承担全部赔偿责任。

此外，为避免港站经营人以责任限制作为抗辩，货主常会以侵权来提起诉讼。侵权是指行为人由于过错侵害了他人的财产、人身而依法承担民事责任的行为；货主一旦胜诉，港站经营人就要对有关损害进行等价赔偿。

运输中有一种货物，在装运前托运人已经申报其性质和价值，并在运输单证中载明，这种货物称为保价货物。对于保价货物或是承运人和托运人已经另行约定赔偿限额的，承运人必须如实赔付。他是否能够相应地从港站经营人那里追偿到有关款项，将取决于其与港站经营人之间的独立合同是如何约定的。为此，对保价货物的运输和操作需加以特别的注意。

6．关于货物的留置权

港站经营人对货物提供或安排与运输有关的作业后，如果委托方未支付应付的费用，那么港站经营人可以留置相应货物。但如果货主对索赔金额已提供足够担保，或已向双方同意的第三方或经营人营业地所在国某一官方机构存入一笔相等数额的款项，则经营人无权扣留货物。为了取得满足其索赔所需的金额，港站经营人有权在货物所在国法律允许的范围内出售其已行使扣押权的全部或部分货物。但在行使出售权之前，经营人应做出合理努力将出售的意向通知货主、将货物交付给经营人的人和有权向经营人提货的人，并适当地报告出售货物所获收益减去经营人应得金额和合理出售所需费用后的结余情况。

7．货物灭失、损坏、延迟交付与诉讼

对于货物存在的灭失或明显损坏，收货人在收取货物后 3 个工作日内向港站经营人递交说明货物灭失或损坏程度的书面通知具体说明这种灭失或损坏的一般性质，否则交货本身应视为港站经营人已按出具单证所载明的情况交货的初步证据。

对于不明显的货损，应在该票货物运达最终接收人之日后连续 15 天内向港站经营人递交书面通知，但不得迟于向有权提货的人交付货物后连续 60 天内递交书面通知。否则，交货本身便是港站经营人已交付完好货物的初步证据。港站经营人在交货时，已同有权提货的人在交货时参与了对货物的检验或检查，则收货人无须就已经证实的灭失或损坏提交此种书面通知。

延迟交货所造成的损失，如果收货人未在提货后连续 21 天内向港站经营人发出通知，港站经营人便不负赔偿责任。

关于货物灭失、损坏或延迟交付的诉讼时效，规定为 2 年，自港站经营人将全部或部分货物交付给提货人或将货物交由他支配之日起算；或者，在货物发生全部灭失的情况下自有权提出索赔要求的人收到经营人发出的关于货物灭失的通知之日起算，或自有权提出索赔要求的人据有关规定视货物已经灭失之日起算，两者以较早者为准。

《国际贸易运输港站经营人赔偿责任公约》还规定，承运人或其他人可以在上述期限届满后，对港站经营人提起追偿诉讼，但此诉讼必须在对承运人或其他人提起的诉讼中承运人或其他人被判为负有赔偿责任，或者他已解决对其提出的索赔后 90 天内提起。而且，必须在对某一承运人或其他人提出的任何索赔可能导致对港站经营人提起追索诉讼时，在提出索赔后的一段合理时间内，已就提出索赔之事，向港站经营人发出了通知。

上述时效也适用于仲裁。对于上述时效期限，港站经营人可以书面形式通知索赔方予以延长，并可另行通知或多次通知予以继续延长。

6.2 《港口货物作业规则》

尽管《港口法》确立了我国港口经营人的基本法律地位和活动准则，但缺乏具体的可操作性，港口实际业务活动还需遵循国家交通主管部门（即交通部）制定的《港口货物作业规则》。《港口货物作业规则》于2000年7月17日由交通部发布，自2001年1月1日起施行。尽管《港口货物作业规则》只是一个部门规章，但它填补了我国在港口货物作业方面的法律空白，而且可以满足港口业务活动对法律规范的实际需要。它除了规范国内运输货物的港口作业外，还调整国际贸易运输货物的港口作业的法律关系，标志着我国独立的港口经营人法律制度的建立。

6.2.1 《港口货物作业规则》与有关法律、法规及公约的关系

1. 与《民法通则》和《合同法》的关系

《民法通则》、《合同法》是《港口货物作业规则》的主要立法依据。由于在港口作业所涉及的民事法律关系中，合同关系占有重要地位，因此《合同法》中规定的当事人的基本权利、义务关系仍适用于港口作业合同。其中，尤其是《合同法》总则的规定，是指导《港口货物作业规则》的重要依据。

当然，《港口货物作业规则》的针对性更强，对实际业务活动中出现的法律问题的规定更具体、更灵活。如它并没有局限于港口作业合同，而是同时包括了与港口经营人无作业合同的其他关系方的权利、义务。这样才能对港口作业中的实际运作关系进行完整的规范，从而更全面地保护港口作业中各方的合法权益，促进港口作业活动的顺利、有序地进行。

2. 与《海商法》、《国内水路货物运输规则》的关系

港口作业合同的当事人常常与运输合同当事人重合，在许多情况下，两个合同之间的权利、义务关系相互交叉、互相影响，这是由港口在整个运输中特定的地位所决定的。港口的服务对象主要是海上承运人和货主，当然，也包括陆上承运人、各种运输中介人等。

港口作业与运输中承运人、货主之间进行的货物交接紧密相关。因此，规范运输合同的法律、法规也是《港口货物作业规则》制定时参考的主要依据。其中，主要参考的有《合同法》中的运输合同分则和《海商法》；另外，《港口货物作业规则》与同时制定的《国内水路货物运输规则》保持了必要的衔接和呼应。

3. 与港站经营人赔偿责任公约的关系

《联合国国际贸易运输港站经营人赔偿责任公约》代表了国际上对港口法律关系调整工作的发展趋势。因此，我国的《港口货物作业规则》参考和借鉴了该公约中符合我国国情的内容。

过去，我国一直将港口作业关系视为运输关系的附属，认为港口经营人不是独立的经营人，而是承运人的受雇人或者代理人。《港口货物作业规则》对港口经营人的法律定位突破了上述观点，给港口经营人做了明确的法律定位，即是独立的法律主体。它所承担的是严格责任，即对违反约定义务及造成其他当事人损失的行为要负全额赔偿责任。这种过错责任原则和全额赔偿责任制度与《联合国国际贸易运输港站经营人赔偿责任公约》存在较大区别。从上节内容可知，公约虽然也采用过错责任制，但是却为港站经营人设定了责任限制的权利。

6.2.2 《港口货物作业规则》的主要内容

《港口货物作业规则》共分 5 章 54 条。围绕港口业务活动的开展，重点规范港口货物作业合同中各关系方的权利、义务。

1.《港口货物作业规则》的适用范围

《港口货物作业规则》适用于在我国港口为水路运输货物提供的有关作业。这里需要注意三点：

（1）《港口货物作业规则》适用于水运货物港口作业。港口作业一般包括三方面内容，一是为船舶提供相应的服务，如锚泊、靠泊及进行其他作业；二是为货物的通过提供相应的服务，如装卸、储存、驳运及相关服务；三是为旅客提供上下船和候船服务。其中，只有港口货物作业才是《港口货物作业规则》所调整的内容。

凡是港口的货物作业中不涉及水运的作业不受《港口货物作业规则》的调整，如在港口设有铁路专用线的情况下，经铁路运输进出港口的货物的装卸虽然发生在港口，却仍然属于铁路装卸作业，其法律关系受制于《铁路法》的规定；如果货物是通过汽车等其他运输工具进出港口，则装卸作业中的关系受制于相应的法律规定，不受《港口货物作业规则》限制；如果货物出入港口仅仅为了储存等与运输无关的作业，就更不受《港口货物作业规则》的限制。

（2）水路运输的含义。《港口货物作业规则》所用的“水路运输”应做广义的理解，即不仅包括国内水路货物运输，也包括国际海上货物运输。

（3）港口作业的内容。港口作业的内容包括装卸、驳运、储存、装拆集装箱、水上过驳和换装货物的分拣、混合、制作标志、更换包装、灌包、拆包、捆绑、加固，以及水路货物运输所需的其他各项服务。其中装卸、驳运、储存和装拆集装箱是主要的作业项目，装卸则是其中最为重要的。

2. 港口货物作业合同的概念

港口货物作业合同是指港口经营人在港口对水路运输货物进行装卸、驳运、储存、装拆集装箱等作业，作业委托人支付作业费用的合同。

合同是港口经营人进行业务活动采用的基本法律形式。合同关系在港口作业法律关系中占有根本性的地位，双方协商一致约定的权利、义务关系对保护当事人利益意义重大。港口货物作业合同的标的是港口经营人提供的作业行为。港口货物作业合同是一种双务合同，港口经营人提供服务，委托人支付作业费用。

3．港口货物作业合同的形式及基本内容

作业合同以公平为原则，违背这一原则所订立的合同将导致合同法律效力的不确定性。这一点符合《民法通则》和《合同法》的相应规定。

由于合同的形式和内容具有较大的任意性，《港口货物作业规则》对此只是做了一些原则性的规定。

（1）作业合同的形式。当事人可以根据需要订立单次作业合同和长期作业合同。在港口货物作业的实践中，使用最多的是单次作业合同，即按每委托进行一次港口作业来签订合同，作业委托人可以按每批或每船货物与港口经营人签订作业合同。与之对应的是长期作业合同，即月度或月度以上的作业合同，具有连续单次作业合同的特征。尽管有长期作业合同，但在每批货物实际到港作业时一般还需签订单次作业合同作为分合同，以便落实具体的权利、义务。

作业合同可以采用书面形式、口头形式和其他形式。依照《合同法》，当事人可以根据自己的意愿选择不同的合同形式，只要不违反有关法律、法规的规定或当事人的约定即可。虽然《合同法》和《港口货物作业规则》规定了当事人可以自由选择合同形式，但从港口作业的实践来看，采用口头形式的较少，而选择使用书面形式的较多。因为书面形式可以更加明确地表现双方当事人的意思表示，减少理解上的歧义和发生纠纷后举证上的困难等。而书面形式的合同已不限于传统意义上的合同书、信件、电报等，还包括了现代信息技术发展的产物，如电子资料交换、电子邮件等形式，当事人有了更多的选择。此外，当事人还可以采用其他形式，如通过实施一定行为，使他人通过这一行为推定出当事人为某种意思表示的形式，即法律上所谓的默示。

（2）作业合同的内容。作业合同一般包括以下条款：作业委托人、港口经营人和货物接收人名称，作业项目，货物名称、件数、重量、体积（长宽高），作业费用及其结算方式，货物交接的地点和时间，包装方式，识别标志，船名、航次，起运港（站、点）和到达港（站、点），违约责任，解决争议的方法。

但是，根据《合同法》的规定，订立作业合同无须包括本条款中所列的全部内容，缺少其中的若干项并不影响合同的效力。除关于合同当事人、合同标的及货物数量的有关条款是合同成立的必备条款外，其他条款都可由双方当事人在合同生效后进一步补充约定。

4．作业合同的成立

采用合同书形式订立作业合同的，自双方当事人签字或盖章时合同成立。在签字或盖章之前，合同应认为尚未成立，但当事人一方已经履行主要义务，对方接受的，例如作业委托人将货物送至港口，而港口经营人接受了该货物并开始进行仓储、装卸等港口作业的，视为港口经营人以自己的行为表明了对委托人要约的接受，即以默示行为表明其承诺，该合同成立。

采用信件、资料、电文等形式订立合同的，可以在合同成立之前要求签订确认书。合同自签订确认书时成立。

5．作业委托人的义务和权利

（1）关于交付单证和货物方面。《港口货物作业规则》要求作业委托人及时办理港口、海关、检验、检疫、公安和其他货物运输和作业所需的各种手续，并将已办理各项手续的单证送交港口经营人，以表明该作业货物的合法性。由于这些单证一般需随货同行，以备有关部门的检查，因此港口经营人应妥善保管并进行检查。检查限于手续与证明文件是否齐全，是否有核准印章等。经查验证明手续或证件齐全，符合有关规定，港口经营人才能作业。如果因作业委托人办理各项手续和有关单证不及时、不完备或不正确，造成港口经营人损失的，港口经营人可要求其给予赔偿。

作业委托人向港口经营人提供的实际货物的名称、件数、重量、体积、包装、标志应与合同约定一致，否则构成违约；造成港口经营人损失的，应当给予赔偿。但是，如果港口经营人接收了该货物，则视为双方同意变更合同。对于笨重、长大货物作业委托人还应对单件重量、尺寸进行声明。因为笨重、长大货物的港口作业难度和风险较大，需要给予特别注意。在货物交接时，港口经营人需要对货物进行检验，并根据检验的结果签发货物收据。港口经营人验收货物时，发现货物的实际重量或体积与申报不符，可以认定是作业委托人过错造成的，应由委托人支付相应的检验、衡量等费用。

（2）关于货物的正确包装。《港口货物作业规则》要求，对需要具备运输包装的货物，作业委托人有义务保证货物包装符合国家规定的包装标准；没有包装标准的，应当在保证作业安全和货物质量的原则下进行包装。当作业委托人是运输关系中的托运人时，托运人同时负有运输与港口作业中对货物进行包装的义务；当作业委托人是托运人以外的其他人时，如果因货物包装不良而发生损害赔偿责任的，该委托人可以在支付相关费用后，根据运输中的权利义务关系，向负有包装义务的托运人追偿。

此外，作业委托人应根据货物作业的需要，向港口经营人提供作业过程中所需的足够数量的备用包装，以确保货物作业的安全、顺利进行。

至于危险货物，作业委托人应按照有关危险货物运输的规定妥善包装，制作危险品标志和标签，并将其正式名称和危害性质以及必要时应采取的预防措施书面通知港口经营人。这是为了保证作业过程中人身和财产的安全，从而需要进行特别防护。我国 1996 年实施的《水路危险货物运输规则》在危险货物的分类、编号、包装标志、积载、隔离、储存等方面都做了较为详细的规定，是国内水路危险货物运输的主要法律依据，也同样适用于港口的危险货物作业。此外，港口作业还须遵守 2002 年 1 月由国务院发布的《危险化学品安全管理条例》的相关规定。

（3）有关仓储与接收。有特殊保管要求的货物，作业委托人应与港口经营人约定货物保管的特殊方式和条件。普通货物在进行仓储作业时，港口经营人应根据作业委托人提供的有关货物性质、状态等基本资料，安排适当的仓储场所并保证适当的仓储条件，谨慎、妥善地保管货物。这种情况下，港口经营人是按货物的一般仓储要求进行作业的。对于特种货物、危险货物等需要特殊保管方式和保管条件的货物，由于货物性质以及保管要求比较特殊，因此要求双方当事人在订立作业合同时对所需的特殊保管方式和条件进行明确约定。港口经营人应按该特别约定对货物进行仓储，否则就属于违约，因此造成货物损坏、灭失的，应承担赔偿责任。

非属港口经营人的原因，而是因货物的性质或携带虫害等情况，需要对库场或货物进行检疫、洗刷、熏蒸、消毒的，应由作业委托人或货物接收人自行办理检疫有关事宜并承担有关费用。

港口经营人将货物交付货物接收人之前，作业委托人可以要求港口经营人将货物交给其他货物接收人，但应赔偿港口经营人因此而受到的损失。贸易活动中对处于港口的货物变更货物接收人的情况是实际存在的。当运输合同中的收货人是目的港的作业委托人，并在港口作业期间将货物转让给第三方时，就会产生变更作业合同中货物接收人的需要；当作业委托人是承运人或托运人时，由于《国内水路货物运输规则》中赋予了托运人变更运输合同的权利，因此在承运人或托运人提出相应要求时，港口经营人需要配合。这是保证运输过程中托运人变更运输要求的权利得以实现的必要条件。

作业委托人负有保证第三方按约定与港口经营人交接货物的义务。港口业务实践中，发生港口经营人与非合同的第三方主体进行货物交接的情况很多。如起运港作业委托人是托运人，但根据约定，将货物实际交付港口经营人的是发货人，发货人就是港口作业合同的第三方；又如，到达港的作业委托人是收货人，但实际将货物交付港口经营人的是承运人。以上两例均属由第三方向港口经营人实际交付货物的情况。第三方在事实上履行与港口经营人的货物交接义务，是基于在作业合同关系之外存在着该第三方与作业合同委托人之间的运输合同、贸易合同或代理合同等。与此对应，作业合同约定港口经营人将货物交付第三方的情况在实践中也经常发生。如，在起运港作业委托人是托运人，作业完毕后港口经营人将货物交付承运人；又如，到达港作业委托人是承运人，作业完毕后港口经营人将货物交付收货人等。

作业委托人或接收人有按时交付或接收货物的义务。在港口货物作业中必定要涉及到两次交接，交接是否能顺利进行影响着合同双方当事人的利益。作业委托人履行这项义务有三种情况：一是作业合同中对交接期限有明确约定的，委托人或货物接收人必须按此约定期限交付或接收货物，否则即构成违约；造成损失的，还须承担相应的赔偿责任。二是法律、法规或部门规章对交付或接收货物的期限做了规定的，则作业委托人或货物接收人应按规定的期限交付或接收货物，否则自行承担法律后果。三是既无约定又无规定时，根据民事活动的一般原则，作业委托人或货物接收人应及时交付或接收货物。

港口经营人交付货物时，货物接收人应验收货物，并根据验收结果签发收据，表示对收到的货物的状况的一种确认。发现货物损坏、灭失的，交接双方应编制货运记录。货物接收人在接收货物时没有就货物的数量和质量提出异议的，视为港口经营人已按照约定交付货物，除非货物接收人提出相反的证据。根据我国港口的习惯做法，当发生货物损坏、灭失时双方对交接的事实没有异议的，可通过签字、盖章等形式对记载内容加以确认；反之，双方只需将各自的观点分别加以记明。

（4）关于付费和全面履约。支付作业费用是作业委托人的一项基本的合同义务。作业费用支付的时间可以在合同中约定；在合同未做约定的情况下，《港口货物作业规则》规定，应按谁委托谁付费的原则在港口作业开始之前由作业委托人支付。这是为了保护港口经营人的合法权益，避免实践中因运输关系中的纠纷导致货物作业完毕后，无人向港口经营人支付作业费用的情况发生。

作业委托人不履行合同义务或履行合同义务不符合要求的情况下，应当承担继续履行、采取补救措施或赔偿损失等违约责任。因不可抗力不能履行合同的，根据不可抗力的影响，部分或全部免除责任。但是作业委托人迟延履行后发生不可抗力的，不能免除责任。这体现了一方违约的情况下，将丧失有关权利的原则。

6．港口经营人的义务和权利

（1）关于作业条件。配备适合的机械、设备、库场等，是港口经营人在履行港口作业合同时的基本义务。港口经营人应按照作业合同的约定，进行相应配备。即使合同没有明确约定，港口经营人也应按照通常的作业要求及具体作业货物的性质和状态，进行适当的配备，并使之处于良好的、适于作业的状态。这是完成港口作业合同的必备条件。如果港口经营人未能按照上述要求提供必要的条件，造成作业委托人或其他人损失的，应承担相应责任。

（2）关于货物接收。只要作业委托人正确、及时地履行了其交付货物的义务，港口经营人就应按照合同约定接收货物；否则就属于违约，须承担相应的违约责任。港口经营人接收时还必须签发货物收据。但对运输货物在装卸作业之后立即提离港区的，由于货物基本上不在港口经营人的掌管之下，而无须签发收据。

对港口经营人而言，应当保证货物从接收到交付一直处于完好状态。接收货物时签发收据，不仅表明了作业货物的基本状况，同时也表明了港口经营人负有按照收据上的记载将货物完好地交付作业委托人或货物接收人的义务。如果交付时的货物状况与接收时收据上的记载不同，则可能会导致港口经营人的违约责任。

（3）关于货物的保管照料。无论港口作业项目如何，只要货物处于港口经营人的掌管之下，港口经营人就负有对其进行妥善、谨慎地保管和照料的义务。在经过对货物的表面状况检查，发现有变质、滋生病虫害或其他损坏时，应及时通知作业委托人或货物接收人。

（4）关于完成作业的时间。港口经营人应在约定期间，或者在没有约定时在合理期间内完成货物作业，否则构成违约。因违约给委托人造成损失的，港口经营人应承担赔偿责任。

（5）包装不合要求或危险货物未正确申报时的处置权。当作业委托人没有按照规定的包装标准对货物进行包装或者没有满足危险货物作业规定的要求时，港口经营人享有拒绝作业的权利。这是从保证运输质量与安全的角度所做的规定。此外港口经营人有在作业中对危险货物进行紧急处理的权利，以确保港口及其他方在港口的财产和人身的安全。

（6）关于货物交接。除另有约定外，散装货物按重量交接，其他货物按件数交接。当然，按件交接的货物，港口经营人可以根据需要称重，作为对货物数量的检验。无论如何，港口经营人对其作业的货物在重量和件数上都负有完好交付的义务。如未能完成这一义务，则需承担相应的赔偿责任。

散装货物按重量交接的，货物由港口经技术监督部门检验合格的计量器具计量的，重量以该计量确定的数字为准；未经技术监督部门检验合格的计量器具计量的，除对计量手段另有约定外，有关单证中载明的货物重量对港口经营人不构成其交接货物重量的证据。如果港口经营人交付货物时其重量在扣除货物自然减量、合理损耗等因素后较之接收时仍有短少的，那么港口经营人应对短少的货物承担赔偿责任。

应作业委托人或货物接收人的要求，港口经营人可以编制普通记录。普通记录是为作业委托人或货物接收人提供的一种证明性文件，一般不涉及到作业合同当事人的责任问题，港口经营人可自行决定是否编制。而货运记录则是在交接中发现货物损坏、灭失的情况下，对这种状态进行认定的证明性文件。《港口货物作业规则》要求交接双方在接收或交付货物的当时共同编制。货运记录和普通记录的编制，均应准确、客观。

交接集装箱空箱时，应当检查箱体并核对箱号；交接整箱货物，应当检查箱体、封志状况并核对箱号，即只对集装箱的表面状况进行查对；交接特种集装箱，应当检查集装箱机械、电器装置、设备的运转情况。交接时，如果发现集装箱封志号与运输单证（运单或提单）不符或封志被破坏的，交接双方应编制货运记录，作为出现纠纷时划分当事人责任的一种依据。

《港口货物作业规则》要求港口经营人应当按照作业合同的约定交付货物，这是港口经营人所负的基本合同义务。即按货物接收时的种类、数量、质量完好地将货物按时交付作业委托人或由作业委托人所指定的货物接收人。

货物接收人接收水路运输货物时，港口经营人应当核对其证明或证件。当货物接收人是个人时，港口经营人应核对证明其身份的有关证件；当货物接收人是单位时，港口经营人需同时核对单位出具的委托办理接收货物的证明及经办人的身份证明。

港口经营人对收集的地脚货物，应当做到物归原主；不能确定货主的，应按无法交付货物处理。这是因为地脚货是港口经营人在交付货物后，经打扫而收集的作业后的残留货物，其所有权归属于货主。

（7）关于超期货物处理。如果货物接收人未在约定或规定的期限内接收货物，则港口经营人可以依照有关规定将货物转栈储存，有关费用、风险由作业委托人承担。这是因为超期堆存占用港区的有限空间，会影响港口的正常运营。

货物接收人逾期不提取货物的，港口经营人应当每10天催提一次，满30天货物接收人不提取或者找不到货物接收人，港口经营人应当通知作业委托人。作业委托人在港口经营人发出通知后 30 天内负责处理该批货物。作业委托人未在上述最后期限内处理货物的，港口经营人可以按照有关规定将该批货物做无法交付货物处理。

当港口经营人无法交付货物的情况满足《合同法》关于提存的条件时，港口经营人也可以采取提存的方法来履行作业合同，从而终止货物交付义务。

（8）关于留置权。应向港口经营人支付的作业费、速遣费和港口经营人为货物垫付的必要费用没有付清，又未提供适当担保的，港口经营人可以留置相应的货物。但当事人约定排除或限制留置权发生的情况除外。

（9）关于责任与免责。港口经营人对港口作业合同履行过程中货物的损坏、灭失或者延迟交付承担损害赔偿责任，但能够证明货物的损坏、灭失或延迟交付是由于下列原因造成的除外：不可抗力，货物的自然属性和潜在缺陷，货物的自然减量和合理损耗，包装不符合要求，货物与港口经营人签发的收据记载内容不符，作业委托人申报的货物重量不准确，普通货物中夹带危险、流质、易腐货物，作业委托人、货物接收人的其他过错。

7．港航货物交接的特别规定

（1）关于港航货物交接的适用原则。除另有约定外，港口经营人与船方在水路运输货物港口装卸作业过程中的交接，也适用由货物的接收一方当事人向交付货物的另一方签发收据的基本原则。

（2）关于船方的配积载义务。船方应向港口经营人提供配、积载图，港口经营人应按照配、积载图进行作业。船方可以在现场对配积载提出具体要求。

在运输关系中，船舶的配积载是承运人的一项法定义务。因为适当的配积载不仅可以更好地保持运输货物的良好状况，而且它与船舶的航行安全直接相关。船舶配积载的操作过程是：首先由承运人向港口经营人提供运输货物的相关材料及船舶的计划积载图，以便港口经营人安排货物进港的时间、库场货位等，然后港口经营人根据货物进港及验收的实际情况对计划积载图进行调整，取得船方同意后，按调整的积载图进行装船作业。由于作业过程中经常会出现一些事先无法预料的情况，所以现场作业时，积载图还会发生一些变动。此时，港口经营人应按照船方的指示进行作业。尽管配积载的实际工作是由船方与起运港的港口经营人共同协作完成的，但是，对船舶配积载享有决定权的是船方，负有配积载义务的也是船方。当作业货物因配积载原因产生货损时，船方应当承担相应的法律责任。

（3）船方提供船舶预确报的义务。船方应向港口经营人预报和确保船舶到港日期，提供船舶规范以及货物装卸的有关资料，使船舶处于适合装、卸作业的状态，办妥有关手续。这一规定使港口经营人可以更好地安排作业，使港口生产活动有组织地进行。

（4）港航交接的方式。国际运输中船方通过理货机构与港口经营人进行货物交接。

（5）港航交接的地点。《港口货物作业规则》规定，水路运输货物，港口经营人与船方在船边进行交接。这符合国际运输中的惯例。当然，港航之间在船边进行交接的原则并不排斥双方可以根据实际需要约定其他的货物交接地点，如在港区库场进行计数交接。

（6）港航货物交接清单的使用。《港口货物作业规则》要求，船方和港口经营人交接国内水路运输货物时，应编制货物交接清单。因为无论船方作为作业委托人还是作业合同关系中的第三方，港航之间的货物交接不会因合同关系而转移，这是一种实际情况。编制港航交接清单就是双方对交接的货物（特别是整船交接的货物）的状况进行记载。至于国际运输，因为通过外轮理货交接，所以以外轮理货机构出具的理货清单作为交接依据。

6.3 铁路货场作业规则

按照《铁路法》的规定，铁路运输企业对承运货物的责任是自接收到交付。在此过程中发生的货物灭失、短少、变质、污染或损坏，铁路应承担责任。交付铁路运输的货物不可避免地要进行装卸、搬运等作业。为了规范作业、保证货物在各项作业中不受损害，铁道部制定了相应的技术管理规程。其中与货场作业有关的有《铁路装卸作业标准》、《铁路货物运输规程》、《铁路装卸作业安全技术管理规则》、《集装箱在铁路上的装卸和拴固》、《铁路车站集装箱货运作业标准》等。由于《铁路法》并未涉及具体作业特别是装卸、搬运中的问题，而只是原则性地规定了铁路的技术管理规程由国务院铁路管理部门制定，因此上述标准、规则就成了铁路货场有关作业的准则。

6.3.1 《铁路货物运输管理规则》对货场作业及装卸车的规定

我国 1972 年制定的《铁路货物运输管理规则》现已失效，仍然有效的是 1981 制定的《铁路货物运输规程》，在《铁路货物运输规程》中，关于货场作业与装卸车主要有以下三个方面的规定具有针对性。

1．货场作业要求

对搬入货场的货物，车站要检查货物品名与运单记载是否相符，运输包装和标志是否符合规定。按件数承运的货物，应对照运单点清件数。零担和集装箱货物要核对货签是否齐全、正确。零担货物还应核对货物外形尺寸和体积；对个人托运的行李、搬家货物，要按照物品清单进行核对，并抽查是否按规定在包装内放入标记（货签）。集装箱货物还要核对箱号、封号，检查施封是否正确、有效。需要使用装载加固装置和加固材料的货物，应按规定对装载加固装置和加固材料的数量、质量、规格进行检查。对超限、超长、集重货物，应按托运人提供的技术资料复测尺寸。

按规定由铁路确定重量的货物，要认真过秤。由托运人确定重量的货物，车站应组织抽查。

抽查的间隔时间，每一托运人（大宗货物分品种）不超过 1 个月，零担和集装箱货物不超过 1 个月。对按密度计算重量的货物，应以定期测定的密度作为计算重量的依据。

货物应稳固、整齐地堆码在指定货位上。整车货物要定型堆码，保持一定高度。零担和集装箱货物，要按批堆码，货签向外，留有信道。需要隔离的，应按规定隔离。货物与线路或站台边缘的距离必须符合规定。

2．装车作业

（1）装车时总的要求。装运货物要合理使用货车，车种要适合货种。除规定必须使用棚车装运的货物外，对怕湿或易于被盗、丢失的货物，也应使用棚车装运。发生车种代用时，应按《铁路货物运输管理规则》的要求报批，批准代用的命令号码要记载在货物运单和货票“记事”栏内；装车时，应采取保证货物安全的相应措施。有毒物品专用车不得用于装运普通货物。冷藏车严禁用于装运可能污染和损坏车辆的非易腐货物。需要插放货车表示牌的货车，应按规定插放。对装载货物的敞车，要检查车门插销、底开门搭扣和篷布苫盖、捆绑情况。篷布不得遮盖车号和货车表示牌。

（2）装车前的注意事项。应认真检查货车的车体（包括透光检查）、车门、车窗、盖阀是否完整良好，有无扣修通知、色票、货车洗刷回送标签或通行限制，车内是否干净，是否被毒物污染。装载粮食、医药品、食盐、鲜活货物、饮食品、烟草制品以及有押运人押运的货物等时，还应检查车内有无恶臭异味。要认真核对待装货物品名、件数，检查标志、标签和货物状态。对集装箱还应检查箱内装载情况，检查箱体、箱号和封印。

（3）装车时的注意事项。装车时，必须核对运单、货票、实际货物，保证运单、货票、货物“三统一”。要认真监装，做到不错装、不漏装，巧装满载，防止偏载、偏重、超载、重量过于集中以及亏吨、倒塌、坠落和超限等。对易磨损货件应采取防磨措施，怕湿和易燃货物应采取防湿或防火措施。装车过程中，要严格按照《铁路装卸作业安全技术管理规则》有关规定办理，对货物装载数量和质量要进行检查。

对以敞、平车装载的需要加固的货物，有定型方案的，严格按方案装车；无定型方案的，车站应制定装载加固方案，并按审批权限报批，按批准方案装车。装载散堆装货物，顶面应予平整。对自轮运转的货物、无包装的机械货物，车站应要求托运人将货物的活动部位予以固定，以防止脱落或侵入限界。

（4）装车后的检查。装车后，认真检查车门、车窗、盖、阀关闭及拧固和装载加固情况。需要填制货车装载清单及标画示意图的，应按规定填制。需要施封的货车，按规定施封，并用直径 3.2mm 的铁线将车门门鼻拧紧。需要插放货车表示牌的货车，应按规定插放。对装载货物的敞车，要检查车门门插销、底开门搭扣和篷布苫盖、捆绑情况。篷布不得遮盖车号和货车表示牌。篷布用绳索捆绑，不得妨碍车辆手闸和提钩杆。两篷布间的搭头应不小于 500mm。绳索、加固铁线的余尾长度应不超过 300mm。装载超限、超长、集重货物，应按装载加固定型方案或批准的装载加固方案检查装载加固情况。对超限货物，还应对照铁路局、分局的批示文电，核对装车后尺寸。

要严格执行装车质量签认制度，建立档案管理。

3．卸车作业

（1）卸车前，认真检查车辆、篷布苫盖、货物装载状态有无异状，施封是否完好。

（2）卸车时，必须核对运单、货票、实际货物，保证运单、货票、货物“三统一”。要认真监卸，根据货物运单清点件数，核对标记，检查货物状态。对集装箱货物应检查箱体，核对箱号和封印。严格按照《铁路装卸作业安全技术管理规则》及有关规定作业，合理使用货位，按规定堆码货物。发现货物有异状，要及时按章处理。

（3）卸车后，应将车辆清扫干净，关好车门、车窗、阀、盖，检查卸后货物安全距离，清理线路，将篷布按规定折叠整齐，送到指定地点存放。对托运人自备的货车装备物品和加固材料，应妥善保管。

卸下的货物登记《卸货簿》、《集装箱到发登记簿》或具有相同内容的卸货卡片、集装箱箱号卡片。在货票上记明卸车日期。

6.3.2 铁路一般货物的装卸作业要求

《铁路装卸作业标准》适用于铁路货场内的装卸搬运作业，规定了铁路装卸作业的程序和具体作业项目、内容及技术要求。

铁路货场装卸作业主要指装卸车的作业，包括准备作业、实施作业和整理作业三个阶段。除了实施作业要根据在实施作业时所针对的作业目标和采用的具体手段确定作业内容和技术要求外，其他两个阶段的作业内容和技术要求都有统一的规定。以下是货场作业的内容和技术要求。

1. 准备作业

准备作业包括出工、作业前准备和附属作业三个项目，其中作业前准备最为重要。

（1）出工，即对人员和机械、工具的准备。要求作业人员在接受任务后携带工具和备品出发。先由值班员向班组长明确布置作业任务、地点、时间要求及注意事项。班组长将作业任务传达到工组，然后根据作业需要开出机械，带齐工具备品和安全防护用品，按要求出工。

（2）作业前准备，首先，要安设防护信号；其次，检查车辆、货物、作业场所，具体检查货车车门、车窗、钩链、底板等是否完好，车辆内有无异味、异状，货物包装、堆码及衬垫、苫盖的状态；第三，检查机具，对机械做必要的动车实验，对工具、属具、索具进行检查，保证其安全有效；第四，由班组长召集车前会，了解车辆、货物、机械检查情况和防护信号，布置作业要求。然后进行分工，宣布作业开始。

（3）附属作业，主要指装车前对货车的清扫和卸车前对货位的清扫，撤揭篷布，打开车门等辅助性的作业。

2. 实施作业

实施作业的工作要求根据不同的作业方式和货物特点而异。使用机械作业因不同机械的特点，需要有不同的作业标准。以下是实施作业过程中的一些基本要求。

（1）必须查看现场的货物和场地，了解作业货物品种、类别、数量和特殊要求；查看作业场地情况，如机械走行轨道不能有障碍物。

（2）备齐作业所需机械、工属具，进行检查并打扫作业现场。机械需要试车以确认技术状态正常。

（3）实施作业时，首先要确认货物状态正常，包装无明显缺陷。对有作业注意标志的货物，加以必要注意。机械操作中应保持机械与货物的连接可靠，运行中保持货物的平稳。

（4）放下货物前要校正货物状态，对准堆码位置，在确认符合堆码要求后再放落。

（5）作业终了时要整理、清点工索具及用品，整理车辆、场地和货物。

（6）人工操作的情况下，要特别注意劳动防护和作业安全。

（7）货物在货场内的堆码应根据货物数量、体积和特点恰当选择码货位置和堆垛方式，要求定型整齐、货垛牢固。

（8）货物在货车内应堆码紧凑、层次清楚，大宗货物定型定量，堆放高处的货物应垫实底部。

3．整理作业

整理作业包括附属作业、作业后检查和收工环节。

（1）附属作业主要指关闭车门，苫盖篷布，整理清扫等。苫盖篷布要求拉紧、拴牢，不要遮住车牌、车号。整理货物应按货运员要求进行，剩余货物和货位集中清点、码放或苫盖。货运备品送到指定地点。

（2）作业后检查应注意货车、货位、线路检查。要求配合货运员检查作业后车辆清扫、加固、苫盖、装载状态，检查作业货物的堆码、苫盖状态。作业线路附近无遗留物，发现异状及时处理。此外，应检查机械和工具备品，并按要求存放。对于防护信号应及时撤除。

（3）收工，由班组长召集车后会，了解作业后检查情况，进行对本次作业的小结。并最后由货运员签认装卸工作单。

6.3.3　铁路危险货物的装卸作业

铁路危险货物作业须遵守以下技术要求。

（1）作业人员应经过专门知识的培训。

（2）作业前有关人员应详细了解该危险货物的品名、性质、作业注意事项和防护方法。配备必要的防护器材。

（3）作业人员应着防护服装，携带必要的保护用品。

（4）作业前对作业车辆或仓库先进行通风或对作业车辆或库区进行必要的测试。作业时必须轻拿轻放，平稳搬运，不能摔、碰、翻滚、撞击和剧烈震动，保持包装的完整。堆码应牢固，不倒置。

（5）爆炸品、氧化剂、自燃物品在作业中应防止火花产生。

（6）易燃物品作业严禁翻滚、冲击，及用铁器猛烈敲打门窗等处。

（7）毒害品的作业应使用工具，货物不直接接触身体，轻搬轻放，防止破包。

6.3.4　铁路车站集装箱货运作业

铁路车站的集装箱货运作业包括受理、承运、装车、中转、卸车、交付、集装箱进出站、调度、码放、送修和验收等。目前铁路运输中有 1t、5t、10t 国内集装箱和 20 英尺、40 英尺国际集装箱。根据铁道部的有关标准，集装箱货运作业的项目、作业内容和质量方面都有具体要求。

1．计划与受理

（1）进行适箱货源调查，掌握集装箱货物的流量、流向，随时掌握变化情况；

（2）编制集装箱月度装箱计划，核实货源，合理组织安排，最大限度地将适箱货源纳入集装箱运输；

（3）提报集装箱月度货物运输计划，保证月度装箱计划的落实；

（4）统一受理和审核运单，按运单填制办法逐项审核，要求集装箱货物符合一批办理托运条件，符合到站营业办理范围，戳记齐全，所附证明文件齐全有效；

（5）安排日装箱计划，批准集装箱进站日期，以便及时通知托运人在规定时间内领取空箱、装箱进站；

（6）组织铁路拼箱运输，将符合拼箱条件的货物尽量纳入。

2．承运

（1）复核运单记载事项，戳记要齐全无误。按批准进箱日期调拨空箱。检查箱体状态，遇有箱体状态不良，及时给予更换。

（2）按运单记载验箱，签章，注明箱位号码。抽验集装箱重量，确保箱号、封号与运单填写一致，集装箱箱体状态良好，手把全部入座，施封符合规定。集装箱上无残留的旧货签及其他无关标记。

（3）检查集装箱内货物品名、重量是否与运单填写一致。

（4）正确填写票据，核收运杂费用，登记有关台账。填报有关报表，做到账款相符。

（5）填写到发集装箱登记簿、箱号、卡片，注意填写正确，不漏项，字迹清晰。

（6）凭货票逐批逐箱办理交接、签章，做到票、箱、卡相符，交接清楚。

（7）铁路拼箱货物组织装箱、施封，填写装箱清单。箱内货物码放稳固，清单填记清晰、正确。

（8）国际集装箱运输，填写跟踪单。

3．装车

（1）确认配装计划符合办理限制，确保装运条件、中转范围正确。

（2）向货运调度提报装箱车种、车数，提报应及时、准确，选配的车种应符合要求。

（3）装车前进行票、箱、车三检，要求货票齐全，票箱相符，箱体状态完好，施封有效，车辆符合要求，如发现问题，应及时处理。

（4）规定现场指导装车，保证不偏载、不错装、不漏装。

（5）装车后进行箱区残存箱、车辆装载状态、施封三检，使装载符合规定，施封符合要求。

（6）整理货票，正确填写货车装载清单和封套。台账、货票、清单、箱相符，戳记齐全。及时、正确报告作业完了时间。

4．中转

（1）编制中转配装计划，检查是否符合中转范围，尽量多装直达，加速中转，不使车辆过度滞留。

（2）布置中转作业计划及注意事项。根据中转配装计划，进行作业。合理加装，车内剩余箱的整理应符合规定。

（3）中转作业后，整理复查箱位、货票、中转计划表，填写集装箱中转台账和有关报表，移交货票，报告作业完了时间。要求填记完整、正确，箱位、箱数无差错，票据整理、报告及时、正确。

5．卸车

（1）核对货票、装载清单、封套是否填写一致，确定卸箱区位，检查货票中有无记录，及时处理发现的问题。

（2）卸车前，确认车号，检查车辆装载状态；棚车装载时，检查施封，召开车前会，按规定对棚车进行启封；发现异状，编制记录，及时处理。

（3）卸车时，指定卸车箱位。将封锁、封套一同保存，做到不错卸、不漏卸。

（4）卸车后检查箱体，凭票核对箱号、箱数、货签、施封锁（环）内容，注明箱位，在货票上加盖卸车日期戳，并填写到达登记台账；票、箱、台账要一致，发现异状，如实编制记录。

（5）凭卸车清单（卡）办理集装箱交接，签章；使集装箱交接清楚。

（6）卸车货运员凭卸车清单向内勤货运员办理货票交接，签章，使货票交接清楚；作业完了及时报告时间。

（7）铁路拼箱货物在卸车作业完毕后，将拼箱货物掏出，办理交接。发现问题，及时编制记录。

6．交付

（1）最晚在卸车次日发催领通知。

（2）办理票据交付手续；检查收货人提出的领货凭证及有效证明文件与货票上记载的收货人名称、货票号码是否相符，戳记是否齐全，不误交。

（3）按规定核收杂费、装卸费，不误收、不漏收，正确加盖交付日期戳；将运单和卸车清单（卡）上的交付日期戳对照，过期补收滞留费。核实无误后，现场逐箱检查和交付，交付完了加盖戳记，在卸车清单（卡）上记明交付日期和交付货运员。不误交、不漏收，填记正确及时。

（4）向统计、箱管调度准确提供有关资料。

（5）以卸车清单（卡）核对待交箱，对积压箱进行催领。

（6）整理并及时按规定保管国际箱跟踪单，不误收、不漏收往返运输国际箱的返程运输费用。

7．集装箱进出站

（1）集装箱进出站按箱号管理，进行登记和销号，要求记载正确，账箱相符，资料正确。

（2）从车站搬出的铁路集装箱，要按规定填写出站单。

（3）验收返回的空、重集装箱，核对“铁路集装箱出站单”，甲、乙联核对，返回还箱收据。督促托、收货人按规定日期返回集装箱，对超期箱核收延期使用费。对发生破损的集装箱编制记录，向责任者核收修理费用。

（4）“铁路集装箱出站单”顺号装订成册，妥善保管。

（5）站外存留的铁路集装箱和周转集装箱按时按单位填报集装箱站外存箱登记簿、站外存留日况表，以便准确掌握站外存留箱，做到账箱相符。

8．调度

（1）掌握站内、外集装箱动态，组织运用；加速集装箱的周转，压缩停时。

（2）掌握集装箱到发规律，向铁路分局集装箱调度汇报车站货源和箱源情况，及时提出调整箱流的意见；做到不积压，搞好均衡运输。

（3）认真完成日计划；根据日班计划，组织装卸车。

（4）正确、按时执行调度命令；按下达的空箱回送命令，及时组织向指定的集装箱办理站回送。

（5）及时、准确地填写集装箱作业图表，向车站货调报告。

（6）往返运输的国际集装箱应在规定时间内回送。

（7）及时发现问题，正确、果断地处理集装箱运输中日常发生的问题。

9．统计

（1）做好集装箱运用报告、停留时间统计、箱公里计算、集装箱运输情况月报、集装箱站外存留日况等日常报表统计；做到资料准确、齐全，报告及时。

（2）分析月、旬装箱计划完成情况；集装箱占普通零担货比重情况；“门到门”运输开展情况及站外存留情况；集装箱在站平均停留时间完成情况；定期向领导汇报各项指针完成情况，并提出改进措施。通过分析，发现问题，及时汇报，改进工作。

10．码放

按照划分的箱区、箱位码放。空箱、重箱分开；发送、到达、中转、修理箱分开。在货位划分上不能与笨重货物混用，留有通路。进区入位、整齐、稳固，关闭箱门。双层码放，角件对齐。

11．送修与验收

（1）检查集装箱状态，根据修理箱规则，确定修理箱种类，负责扣修；使坏箱不能投入使用。扣修当日送入修理箱区。

（2）货运员及时、准确填写“集装箱修理登记簿”和“集装箱送修通知单”，与修理单位办理交接。

（3）严格执行调度命令，需回送其他车站修理的集装箱按规定办理。

（4）对超过规定维修天数的集装箱核收集装箱延期使用费，因此要严格掌握进出厂时间，记录准确。

（5）修竣集装箱按照《铁路集装箱修理规则》的要求验箱。

（6）及时、准确填写有关报表。

6.4 公路场站作业规则

汽车运输的货物在站场进行搬运和装卸时，应按照《汽车货物运输规则》、《中华人民共和国道路运输条例》中对站场作业的要求进行。在站、场范围内从事货物仓储、堆存、包装、搬运装卸等业务的经营者，即站场经营人，应保证在站场内搬运、装卸、存放及进行其他作业的货物的完好。

6.4.1 搬运装卸的一般规则

搬运装卸，是指货物运输起讫两端利用人力或机械将货物装上、卸下车辆，并搬运到一定位置的作业。人力搬运距离不超过200m，机械搬运不超过400m（站、场作业区内货物搬运除外）。货物的搬运、装卸由承运人还是托运人承担，一般在货物运输合同中约定。承运人或托运人承担货物搬运装卸后，委托站场经营人、搬运装卸经营者进行货物搬运装卸作业的，应签订货物搬运装卸合同。搬运装卸的具体规则有：

（1）搬运装卸人员应对车厢进行清扫，发现车辆、容器、设备不适合装货要求，应立即通知承运人或托运人。

（2）搬运装卸作业应当轻装轻卸，堆码整齐；清点数量；防止混杂、撒漏、破损；严禁有毒、易污染物品与食品混装，危险货物与普通货物混装。

（3）对性质不相抵触的货物，可以拼装、分卸。

（4）搬运装卸过程中，发现货物包装破损，搬运装卸人员应及时通知托运人或承运人，并做好记录。

（5）搬运装卸危险货物，应按《汽车危险货物运输、装卸作业规程》进行作业，以确保货物及作业人员和场地的安全。

（6）搬运装卸作业完成后，货物需绑扎苫盖篷布的，搬运装卸人员必须将篷布苫盖严密并绑扎牢固；由承运人、托运人或委托站场经营人、搬运装卸人员编制有关清单，做好交接记录；并按有关规定施加封志和外贴有关标志。

（7）货物在搬运装卸中，承运人应当认真核对装车的货物名称、重量、件数是否与运单上记载相符，包装是否完好。包装轻度破损，托运人坚持要装车起运的，应征得承运人的同意，承托双方需做好记录并签章后，方可运输，由此而产生的损失由托运人负责。

6.4.2 站场经营人的责任

搬运装卸作业中，因搬运装卸人员过错造成货物毁损或灭失，站场经营人或搬运装卸经营者应负赔偿责任。由托运人直接委托站场经营人装卸货物造成货物损坏的，由站场经营人负责赔偿；由承运人委托站场经营人组织装卸的，承运人应先向托运人赔偿，再向站场经营人追偿。

货物在站、场存放期间内，发生毁损或灭失，站场经营人应负赔偿责任。但有下列情况之一者，站场经营人举证后可不负赔偿责任：

（1）不可抗力；

（2）货物本身的自然性质变化或者合理损耗；

（3）包装内在缺陷，造成货物受损；

（4）包装体外表面完好而内装货物毁损或灭失；

（5）托运人违反国家有关法令，致使货物被有关部门查扣、弃置或做其他处理；

（6）押运人员责任造成的货物毁损或灭失；

（7）托运人或收货人过错造成的货物毁损或灭失。

6.4.3 场站经营要求

除了《汽车货物运输规则》，交通运输部根据《中华人民共和国道路运输条例》及有关法律、行政法规的规定，于 2005 年 6 月 16 日制定了《道路货物运输及站场管理规定》，并于 2008 年 7 月和 2009 年 4 月进行了两次修订。这个规定具体规范了道路货运和场站的经营要求。

由于我国道路运输和场站的经营实行许可制度，因此，货运站经营者应按核定的许可事项经营，不得随意改变货运站用途和服务功能。

场站应具备完善的安全生产条件并建立相应管理制度；应当公布收费项目和收费标准；建立和完善各类台账和档案，并按要求报送有关信息；货物应根据性质和保管要求分类存放，危险货物单独存放，以保证货物完好；包装作业应符合国家规定的标准，包装物和包装技术、质量要符合运输要求；搬运和装卸作业应当规范，以免造成货损；不得超限、超载配货，不得为无道路运输经营许可证或证照不全者提供服务；不得违反国家有关规定，为运输车辆装卸国家禁运、限运的物品；应制定应急预案，包括报告程序、应急指挥、应急车辆和设备的储备以及处置措施等内容。

本章小结

装卸是指物品在指定地点以人力或机械装入运输设备或卸下。搬运是在同一场所内，对物品进行水平移动为主的物流作业。货物在流通过程中，需要经常进行与装卸、搬运相关的操作。港口、车站、机场和现代化的物流中心是集中进行装卸、搬运等作业的场所。专门规范装卸、搬运操作或经营活动的法律尚未颁布，但是，由于装卸、搬运与运输、仓储、配送活动紧密相关，因此要受到规范这些相关活动的法律、法规中与装卸、搬运内容有关的条款的约束。如《海商法》、《铁路法》、《航空法》、《合同法》、《港口货物作业规则》等都有相关内容。至于国际公约，则主要有《联合国国际贸易运输港站经营人赔偿责任公约》。

思考与练习

1. 港站经营人的概念及主要种类。
2. 分析港站经营人的法律地位。
3. 我国《港口法》规定了哪些港口经营制度？
4. 《联合国国际贸易运输港站经营人赔偿责任公约》是如何规定港站经营人的赔偿责任的？
5. 我国《港口货物作业规则》与相关法律、公约的关系是什么？
6. 港口货物作业合同的形式及基本内容是什么？
7. 港口货物作业合同当事人的主要权利和义务是什么？
8. 关于港航货物交接有哪些特别规定？

案例分析

1. 装卸所致船舶损害纠纷

原告（反诉被告）：广州港沙新港务公司（简称沙新公司）

被告（反诉原告）：大连兴华船行有限公司（简称兴华船行）

被告：中国化工供销华南公司黄埔分公司（简称黄埔化工公司）

兴华船行所属的"华顺"轮系钢质干杂货船，船长139.57m，船宽21m，船深12.30m，总吨位9 295t，净吨位6 386t，各货舱舱底的内底板上铺有木铺板，木铺板中央有多处每一排3座独立的、不高出木铺板的、连接内底板的凸出钢结构件。该轮系1980年8月由原西德不莱梅富坎造船厂制造。"华顺"轮在营口港装载木材、钢材及散煤运往广州港。兴华船行与沙新公司于2002年7月19日签订《速遣协议书》，约定卸载杂货的速遣费为每吨4元。因煤炭放在二层舱，作业难度加大，卸载煤炭的速遣费每吨增加1元，即速遣费为每吨5元。22日14时"华顺"轮靠沙新公司2号码头卸载煤炭。23日0:30时，沙新公司3号桥式卸船机卸至"华顺"轮第5舱时，该卸船机的25 t抓力抓斗被损坏，下缘斗口开裂。在原因未查明的情况下，沙新公司更换同一抓力的抓斗继续卸货，新换抓斗又于3：10时被损坏，5舱因此停卸。7月24日，兴华船行代表及"华顺"轮船长向沙新公司调度室出具《确认书》，确认抓斗抓到"华顺"轮底舱双层底人孔盖，造成不同程度、不同部位的局部开焊和变形；并认为对于造成事故的原因双方互有共同责任，修理费用双方按责任比例承担。

30日，黄埔化工公司应兴华船行的要求，为兴华船行"华顺"轮的运费向沙新公司出具了15万元的担保函。同日18:30时，沙新公司更换小抓斗续卸5舱，23：30时卸完。

应沙新公司的申请，中国船级社广州分社派员于7月31日在广州港沙新码头对"华顺"轮第5舱及沙新公司两只被损坏的抓斗做了检验。经检验认为：①"华顺"轮原设计为杂货船型，且内底板上铺有木铺板，一般情况下，不采取用此种类型船舶装载使用抓斗卸货的货物；②5舱货舱内中央部分木铺板裂散及松脱出来的木铺板可能是抓斗作业所造成的；③两台抓斗的损坏推断为由于抓斗抓到舱内内底板上的独立、凸出钢结构件所造成的。9月6日，中国船级社广州分社对两只被损坏抓斗的修理费做了评估，认为修理费用为177 261元，包括验船师检验的费用6 500元。同日，中国船级社广州分社应广州跨海船舶设计公司申请又对"华顺"轮进行海损检验，检验认为：1号、2号、4号货舱底木铺板和5号货舱口区域外木铺板的损坏，属于卸货方采用大型机械在货舱内作业所致的可能性是存在的。

12月31日，大连联合船舶修造工程公司对"华顺"轮受损的木铺板进行修理，兴华船行支付了修理费6 000元。辽宁省船舶检验局大连检验处认为修理费用合理。

后沙新公司向法院提起诉讼，要求判令兴华船行赔偿抓斗修理费177 261元、公证检验费3 300元，共180 561元；并判令黄埔化工公司承担连带责任。

兴华船行答辩并提出反诉认为，本案事故的原因是由于沙新公司的装卸工人在卸货作业时未能严格遵守操作规程，在作业现场不安排指挥手，违章盲目操作，野蛮卸货，以致在吊重负荷超出机械安全负荷数时不能及时发觉，强行起吊，导致起吊设备损坏，亦造成"华顺"轮舱底受损。沙新公司应承担事故的全部责任。兴华船行在卸货作业中无过错，并且又向沙新公司支付了每吨1元的困难作业费，故不承担任何责任。沙新公司除应自行承担抓斗损坏的损失外，应赔偿兴华船行因船舶舱底板受损造成的修理费等损失120 168.28元、船期损失90 000元，共210 168.28元。

黄埔化工公司答辩认为，黄埔化工公司仅是“华顺”轮运载的煤炭的收货人，在本案事故中无过错，不承担任何责任。受兴华船行的要求出具的担保是以兴华船行和沙新公司达成协议或法院做出判决或仲裁机关做出裁决作为履行的条件。

2002年10月7日，黄埔化工公司对本案管辖权提出异议。9日，法院裁定驳回黄埔化工公司的管辖权异议。

问题：

（1）船方是否有告知港方安全卸货方式的义务？为什么？

（2）本案应如何处理？

2. 装卸作业中的货损纠纷

原告：福建顶益食品有限公司（简称食品公司）

被告：某集装箱班轮公司（简称班轮公司）

被告：某集装箱码头公司（简称码头公司）

原告以与两被告发生海上货物运输合同货损赔偿纠纷为由，于2003年3月13日向广州海事法院提起诉讼。

原告食品公司诉称：2001年9月11日顶益国际有限公司与意大利西帕公司（简称西帕公司）签订买卖合同，约定由西帕公司向顶益国际有限公司出售11台一步法制瓶机及相关设备。同年10月16日，顶益国际有限公司与原告签订买卖合同，约定由顶益国际有限公司向原告出售1台一步法制瓶机及相关设备。2002年3月23日，西帕公司将1台一步法制瓶机交由班轮公司的船舶进行运输。班轮公司签发了以原告为记名收货人的COSU92423790号提单。4月16日，船舶抵达国内港口。班轮公司委托码头公司负责卸货。卸货过程中，装有原告所买设备的CBHU9202426号集装箱从码头的龙门吊上坠落。经检验，货物毁损严重，并且修理费用超过该设备的价值。原告认为，在二被告的责任期间货物发生损坏，二被告应承担货损的全部赔偿责任。请求判令两被告共同赔偿原告货物损失1 218 400美元。

原告在举证期限内提供了有关证据，包括货物发票和码头公司制作的《货运记录》等。

被告班轮公司辩称：① 原告不是货物所有权人，不是适合的诉讼主体；② 本案货物在港口交付给收货人时，货物并没有损坏，原告诉称的货物损失不存在；③ COSU92423790号记名提单记载“托运人自行装箱、计数”，原告没有证据证明货物在交运时品质良好，没有残损；④ 即使本案货物发生了损坏，也没有造成原告的损失；⑤ 班轮公司在本次事故中没有故意和过失，不应对货损承担责任；⑥ 班轮公司即使对货物损坏承担赔偿责任，也应依法享受单位责任限制，赔偿限额为46 000特别提款权。

班轮公司在举证期限内提供了中国进出口商品检验广东公司出具的《残损鉴定报告》。

被告码头公司辩称：① 本案货物损坏发生在承运人的责任期间内，原告依据提单只能起诉承运人。② 原告与码头公司不存在任何合同关系，码头公司在本案中只是班轮公司的受雇人，为其安排靠泊、装卸及其他有关作业；因此，原告无权向码头公司提起本案诉讼。③ 根据原告与顶益国际有限公司买卖合同的约定，原告对本案货物应在安装验收后凭验收文件付款，且对海运过程外发生的货物损坏不承担责任。本案货物损坏不是发生在海运过程中，原告作为买方不应承担责任，且原告亦没有付款，故原告对本案货物不具有所有权，无权向码头公司提起侵权诉讼。④ 本案所涉事故是由于货物包装不良、标志欠缺不清引起的，码头公司可以免责。⑤ 如果须负赔偿责任，码头公司可援用《海商法》第 56 条的规定限制赔偿责任。

码头公司在举证期限内提供了外贸船舶装卸协议、提单背面条款及该提单的附件、起重机检验报告书等证据。

广州海事法院经庭审质证，查明：

（1）关于货物买卖的事实。

2001 年 10 月 16 日，顶益食品有限公司与原告签订的买卖合同中约定 1 台一步法制瓶机及相关设备的价格为 2 373 906 美元，其中包括 CIF 中国开放港口、安装、试车费用；付款方式为安装验收后凭验收文件 100%电汇付款；买方责任包括“将机器和部件卸载至安装地点，吊装过程中任何损坏完全为买方责任，除非证明该损坏是在海运过程中产生的”。

（2）关于货物运输合同的事实。

2002 年 3 月 23 日，西帕公司将 1 台一步法制瓶机交由班轮公司承运，班轮公司签发了 COSU92423790 号提单。该提单记载托运人为西帕公司，收货人为原告，通知人为广州顶益食品有限公司；货装 7 个 40 英尺集装箱和 2 个 20 英尺集装箱，货物总重 127 021kg，运输交接条款为 CY—CY。该提单的法律适用条款记载该提单适用中华人民共和国法律。该提单还附有 1 份清单，记载了各集装箱的编号、所载货物的件数和重量。其中编号为 CBHU9202426 的集装箱货物件数为 1 件，重量为 23 000 kg。据西帕公司出具的装箱单记载，该集装箱装载的货物为吹压装置。

（3）关于 CBHU9202426 号集装箱坠落的事实。

2002 年 4 月 16 日，货物运抵广州黄埔。班轮公司委托码头公司为其安排靠泊、装卸及其他有关作业。同日，码头公司卸船。在吊卸货物过程中，CBHU9202426 号集装箱一边突然脱落，另一边箱柱与箱体底梁折断，砸到另外一个 40 英尺集装箱的箱体上，斜靠在龙门吊 2 号陆侧机架上。码头公司出具的货运记录记载了该集装箱坠落的经过，并表明事故的具体原因和货物损坏的情况正在调查中。

原告提取货物后，将受损的集装箱与整套制瓶机运到福州。由于吹压装置损坏，致使整套设备无法安装，存于厂区。

（4）关于货物损坏情况检验的事实。

原告提供证据表明，2002 年 4 月 23 日，西帕公司代表会同广州顶益食品有限公司、班轮公司、公证方代表，在广州黄埔对损坏的集装箱进行了开箱检验。西帕公司估算原告因事故受到的损失为 1 218 400 美元，并且认为吹压装置不能继续使用，其拆卸费用和检验未明显受损部分工作效率的费用将超过该设备的价值。

由于两被告公司认为，西帕公司并非法定或权威的鉴定机构，且其作为本案货物卖方，与本案有利害关系。因此，西帕公司做出的上述意见和结论，不能作为本案货物损坏和损失的依据。2002 年 8 月 26 日，中国进出口商品检验广东公司根据两被告公司的申请，在原告厂区内对一步法制瓶机吹压装置的残损情况进行了鉴定。残损鉴定意见认为：无法确定该吹压装置的价值，但从吹压装置在整套制瓶机的结构构成及其所起的作用方面考虑，该段的价值约占整套设备价值的 25%～35%；吹压装置的设备残值率初步估计约为 20%。

根据法院查明的上述事实，请回答如下问题：

（1）货损是否发生在承运人责任期间内？承运人可否免责？

（2）如果承运人不能免责，应赔多少？

（3）码头公司是什么身份，食品公司可否以运输合同为由要求其赔偿？

（4）货主对码头公司以侵权之诉相告，结果会是怎样？

（其中，前两个问题需结合第7章的知识）

3. 港口费用纠纷

原告：珠海国际货柜码头(高栏)有限公司

被告：精准海空联运有限公司

2000年5月30日，原告珠海国际货柜码头(高栏)有限公司与被告精准海空联运有限公司通过传真方式签订《行走珠海港至香港定期货柜轮班珠海港码头费率表》，双方约定了对停泊费、进出口集装箱装卸费、集装箱堆存费、搬移费和代收港务费等项的计费标准，若被告逾期支付上述费用，原告有权向被告收取每日0.3%的滞纳金。2000年6月2日、9月1日，原告与被告分别签订集装箱装卸费率合约—特殊补充条款及集装箱装/拆箱费补充协议，约定集装箱(重柜)的装卸费给予40％的优惠、涉及珠海腾飞工贸开发公司/志荣腾器公司的CFS装箱包干费为港币350元/40尺。双方达成上述约定后，被告的集装箱陆续在原告码头装卸货物，由湛江市兴海船务有限公司所属"兴海2"轮、"兴海328"轮承运，原告负责装卸。原告对每个集装箱均出具来往港澳小型船舶进口/出口货物舱单（集装箱专用），详细记载了集装箱和提货单的编号、货物名称、重量与件数、发货人及收货人的名称。货物舱单由被告和承运船舶盖章确认。前期的有关费用，被告均能按时付清。2001年4月3日至2001年11月14日的装卸费和港口费等费用，被告仅支付了人民币15,000元。原告为催收欠款，根据与被告签订的费率表、特殊补充条款和补充协议约定的计费标准结算费用，分别于2001年6月～12月交付6份费用结算清单给被告，并附16份货物装卸计费单、13份港口建设费专用计费单。结算费用包括：①停泊费、进出口集装箱装卸费、集装箱堆存费、搬移费部分合计人民币2,576元、港币177,492元。②港口费部分合计人民币35,644元。上述两项扣除被告支付的人民币15,000元，被告仍拖欠人民币23,220元、港币177,492元。被告有关业务人员签收了上述费用结算单据，对原告的结算未提出异议。2002年2月28日，原告向被告发出催缴通知单，要求被告付清上述欠款，并支付从欠款之日起至2002年2月28日止每日万分之二的滞纳金人民币693元、港币7,188元。本金及滞纳金共计人民币23,913元、港币184,680元。由于被告的不配合，导致原告诉至法院。

法院审理认为，本案为港口作业合同纠纷。原、被告没有约定选择处理本案实体争议所适用的法律，而本案所涉货物的卸货港为珠海市高栏港，根据《中华人民共和国民法通则》第一百四十五条第二款规定的最密切联系原则，应适用中华人民共和国法律处理本案实体争议。

问题：

（1）原告与被告双方签订的《行走珠海港至香港定期货柜轮班珠海港码头费率表》及集装箱装卸费率合约—特殊补充条款、集装箱装/拆箱费补充协议是否能证明双方之间存在港口作业合同法律关系？

（2）原告是否有权请求被告支付装卸费用？

（3）原告提出的欠款金额是否合理？

（4）原告按每日万分之二计算滞纳金比费率，表中约定每日0.3%的滞纳金标准，可以吗？

第 7 章 水运物流法律、法规及公约

内容提要

- 《水路运输管理条例》;
- 《国际海运条例》;
- 《国内水路货物运输规则》;
- 《海商法》
- 《海牙规则》;
- 《维斯比规则》;
- 《汉堡规则》。

7.1 水路运输管理制度

7.1.1 水运与物流的关系

我国水上运输包括内河、沿海和远洋三部分。

水运是物流运输功能实现的最基本的形式之一，装卸、搬运、包装、配送、流通加工等物流功能均与水运存在着不可分离的关系。现代物流中心、配送中心通常与港口联系在一起。在我国，尤其是在 85%的外贸依赖国际海运进出口的情况下，水运的重要性更是不言而喻。

现代物流代表了 21 世纪交通运输现代化的发展趋势，体现了高质量、高附加值的运输服务，具有广阔的市场发展空间。水运必须向现代物流方向发展，水运企业应该成为物流企业的基本主体。

综合物流的形成依赖于综合运输体系的形成。在我国，综合运输体系的发展模式已经开始从追求总量规模向注重质量效益转变，各种运输方式相互促进，相互补充，协调发展，共同建设以大运能、高速化、信息互通互连为主要特征的综合运输大通道已成为综合运输体系发展的

新趋向。我国水路运输正逐渐成为综合运输体系中一个有机组成部分，与其他运输方式在相互竞争、相互促进中不断发展。

7.1.2 国内水路运输管理制度

我国对内河航运、沿海航运管理的主要规定是《水路运输管理条例》（以下简称《水运管理条例》），该条例于1987年5月12日由国务院发布，1997年12月3日，国务院对其进行了修改。2000年修订的《国内水路货物运输规则》则主要是对运输合同当事人权利和义务的规定。前者属于行政管理法规，后者属于合同法范畴。

1.《水运管理条例》的一般性规定

制定《水运管理条例》的目的是加强水路运输管理，维护运输秩序，提高运输效益。适用于我国沿海、江河、湖泊及其他通航水域内从事水路运输和水路运输服务业务的单位和个人。水路运输企业，是指专门从事水路营业性运输的企业。水路运输服务企业，是指从事代办运输手续、代办货物中转、代为组织货源的企业，但为多种运输方式服务的联运服务企业除外。国际海运则适用《国际海运条例》。因此，我国对内河、沿海与国际海运分别建立了不同的合同法律制度和航运管理制度。不过运输业务的主管部门是一样的，交通部主管全国水路运输事业，各地交通主管部门主管本地区的水路运输事业。

《水运管理条例》将水路运输分为营业性运输和非营业性运输。营业性运输是指为社会服务，发生费用结算的旅客运输（含旅游运输，下同）和货物运输。非营业性运输是指为本单位或本身服务，不发生费用结算的运输。

国际上有些国家对内河运输和沿海运输，一般实行不对外开放或实行有限开放。《水运管理条例》规定，未经我国交通部准许，外资企业、中外合资经营企业、中外合作经营企业不得经营中华人民共和国沿海、江河、湖泊及其他通航水域的水路运输。

2．水路运输市场的准入条件

设立水路运输企业必须具备下列条件：

（1）具有与经营范围相适应的运输船舶；

（2）有较稳定的客源或货源；

（3）经营旅客运输的，应当落实客船沿线停靠港（站）点，并具备相应的服务设施；

（4）有经营管理的组织机构和负责人；

（5）有与运输业务相适应的自有流动资金。

如果设立船舶代理企业和客货运输代理企业，则应符合《水路运输服务业管理规定》的条件。设立水路运输服务企业，应当具备下列条件：

（1）有稳定的水路运输客源、货源和船舶业务来源。

（2）有与经营范围相适应的组织机构和专业人员。

（3）有固定的经营场所和必要的营业设施。

（4）有符合规定的最低限额的注册资本。经营船舶代理业务的，为20万元人民币；经营客货运输代理业务的，为30万元人民币；同时经营船舶代理和客货运输代理业务的，为50万元人民币。《水运管理条例》对船舶代理企业和客货运输代理企业的市场准入放宽了条件，即只要有经营管理的组织机构和负责人，并拥有与水路运输服务业务相适应的自有流动资金，即可设立这两类企业。

交通主管部门根据《水运管理条例》的有关规定和社会运力运量综合平衡情况，以及申请人的管理水平、运输能力、客源货源情况，审批其经营范围，以及决定是否允许设立。对批准设立的水路运输企业和其他从事营业性运输的单位、个人，发给《运输许可证》；对批准设立的水路运输服务企业，发给《运输服务许可证》。取得《运输许可证》和《运输服务许可证》的单位和个人，凭证向当地工商行政管理机关申请营业登记，经核准领取营业执照后，方可开业。

3．水路运输市场的经营规则

水路运输企业和其他从事营业性运输的单位、个人，应该在批准的经营范围内自行组织承运。任何单位和个人均不得实行地区或部门封锁，垄断客源、货源。营业性水路货物运输的承运方和托运方，按照《合同法》和《国内水路货物运输规则》的规定，签订运输合同。

水路运输企业和其他从事营业性运输的单位、个人，必须按国家有关规定计收运杂费用，并使用交通部规定的运输票据。2001 年，为适应社会主义市场经济体制要求，充分发挥价格杠杆对水运市场资源的配置作用，促进水运业发展，原国家计划发展委员会和交通部经国务院批准，决定放开水运客货运输价格。2001 年 5 月 1 日开始，实行市场调节价，具体价格由水路运输企业根据经营成本和市场供求情况自行确定。除合同运价外，水路运输企业调整水路客、货运输价格，应提前 30 日向社会公布。

7.1.3 国际海运管理制度

2001 年 12 月 11 日，国务院第 335 号令发布了《国际海运条例》，该条例自 2002 年 1 月 1 日起施行。交通部于 2003 年 1 月 20 日颁布了《国际海运条例实施细则》，该实施细则自 2003 年 3 月 1 日起施行。《国际海运条例》的颁布实施，为规范国际海上运输活动，履行我国加入 WTO 的承诺，维护国际海运市场秩序，保障国际海上运输各方当事人的合法权益，提供了重要的法律保障。

1．《国际海运条例》的适用范围

《国际海运条例》适用于进出中华人民共和国港口的国际海上运输经营活动以及与国际海上运输相关的辅助性经营活动。国际海上运输经营活动包括国际船舶运输业务和无船承运业务。所谓与国际海上运输相关的辅助性经营活动，是指包括国际船舶代理、国际船舶管理、国际海运货物装卸、国际海运货物仓储、国际海运集装箱站和堆场等业务。

国际海运货物仓储业务经营者，是指依照中国法律设立，提供海运货物仓库保管、存货管理以及货物整理、分装、包装、分拨等服务的中国企业法人。

国际海运集装箱站与堆场业务经营者，是指依照中国法律设立，提供海运货物集装箱的堆存、保管、清洗、修理以及集装箱货物的存储、集拼、分拨等服务的中国企业法人。

2．国际船舶运输市场准入制度

经营国际船舶运输业务，应当具备下列条件：

（1）有与经营国际海上运输业务相适应的船舶，其中必须有中国籍船舶；

（2）投入运营的船舶符合国家规定的海上交通安全技术标准；

（3）有提单、客票或者多式联运单证；

（4）有具备国务院交通主管部门规定的从业资格的高级业务管理人员。

根据《国际海运条例实施细则》的规定，在中国境内设立企业经营国际船舶运输业务，或者中国企业法人申请经营国际船舶运输业务，申请人应当向交通部提出申请，报送相关材料，并应同时将申请材料抄报企业所在地的省、自治区、直辖市人民政府交通主管部门。申请材料应当包括：

（1）申请书；

（2）可行性分析报告、投资协议；

（3）申请人的企业商业登记文件（拟设立企业的，主要投资人的商业登记文件或者身份证明）；

（4）船舶所有权证书、国籍证书和法定检验证书的副本或者复印件；

（5）提单、客票或者多式联运单证样本；

（6）符合交通部规定的高级业务管理人员的从业资格证明。

经营国际船舶运输业务，应当向国务院交通主管部门提出申请，并附送符合规定的相关材料。国务院交通主管部门应当自受理申请之日起 30 天内审核完毕，做出许可或者不予许可的决定。予以许可的，向申请人颁发《国际船舶运输经营许可证》；不予许可的，应当书面通知申请人并告知理由。国务院交通主管部门审核国际船舶运输业务申请时，应当考虑国家关于国际海上运输业发展的政策和国际海上运输市场竞争状况。

3. 无船承运市场准入制度

无船承运业务，是指无船承运业务经营者以承运人身份接受托运人的货载，签发自己的提单或者其他运输单证，向托运人收取运费，通过国际船舶运输经营者完成国际海上货物运输，承担承运人责任的国际海上运输经营活动。

无船承运业务具体包括下列活动：

（1）以承运人身份与托运人订立国际货物运输合同；

（2）以承运人身份接收货物、交付货物；

（3）签发提单或者其他运输单证；

（4）收取运费及其他服务报酬；

（5）向国际船舶运输经营者或者其他运输方式经营者为所承运的货物订舱和办理托运；

（6）支付港到港运费或者其他运输费用；

（7）集装箱拆箱、集拼箱业务；

（8）其他相关业务。

经营无船承运业务，应当向国务院交通主管部门办理提单登记，并交纳保证金。在中国境内经营无船承运业务，应当在中国境内依法设立企业法人。无船承运业务经营者应当在向国务院交通主管部门提出办理提单登记申请的同时，附送证明已经按照规定交纳保证金的相关材料。保证金金额为 80 万元人民币；每设立一个分支机构，增加保证金 20 万元人民币。保证金应当向中国境内的银行开立专门账户交存。专门账户由国务院交通主管部门实施监督。保证金用于无船承运业务经营者清偿因其不履行承运人义务或者履行义务不当所产生的债务以及支付罚款。保证金及其利息，归无船承运业务经营者所有。

国务院交通主管部门应当自收到无船承运业务经营者提单登记申请并交纳保证金的相关

材料之日起 15 日内审核完毕。申请材料真实、齐备的，予以登记，并通知申请人；申请材料不真实或者不齐备的，不予登记，书面通知申请人并告知理由。已经办理提单登记的无船承运业务经营者，由国务院交通主管部门予以公布。

4．国际船舶代理市场准入制度

经营国际船舶代理业务，应当具备下列条件：

（1）高级业务管理人员中至少 2 人具有 3 年以上从事国际海上运输经营活动的经历；

（2）有固定的营业场所和必要的营业设施。

国际船舶代理经营者接受船舶所有人或者船舶承租人、船舶经营人的委托，可以经营下列业务：

（1）办理船舶进出港口手续，联系安排引航、靠泊和装卸；

（2）代签提单、运输合同，代办接受订舱业务；

（3）办理船舶、集装箱以及货物的报关手续；

（4）承揽货物、组织货载，办理货物、集装箱的托运和中转；

（5）代收运费，代办结算；

（6）组织客源，办理有关海上旅客运输业务；

（7）其他相关业务。

经营国际船舶代理业务，应当向国务院交通主管部门提出申请，并附送符合规定的相关材料。国务院交通主管部门应当自收到申请之日起 15 日内审核完毕。申请材料真实、齐备的，予以登记，并通知申请人；申请材料不真实或者不齐备的，不予登记，书面通知申请人并告知理由。

5．国际船舶管理市场准入制度

经营国际船舶管理业务，应当具备下列条件：

（1）高级业务管理人员中至少 2 人具有 3 年以上从事国际海上运输经营活动的经历；

（2）有持有与所管理船舶种类和航区相适应的船长、轮机长适任证书的人员；

（3）有与国际船舶管理业务相适应的设备、设施。

国际船舶管理经营者接受船舶所有人或者船舶承租人、船舶经营人的委托，可以经营下列业务：

（1）船舶买卖、租赁以及其他船舶资产管理；

（2）机务、海务和安排维修；

（3）船员招聘、训练和配备；

（4）保证船舶技术状况和正常航行的其他服务。

经营国际船舶管理业务，应当向拟经营业务所在地的省、自治区、直辖市人民政府交通主管部门提出申请，并附送符合规定条件的相关材料。省、自治区、直辖市人民政府交通主管部门应当自收到申请之日起 15 日内审核完毕。申请材料真实、齐备的，予以登记，并通知申请人；申请材料不真实或者不齐备的，不予登记，书面通知申请人并告知理由。

6．国际班轮运输市场准入制度

国际班轮运输业务，是指以自有或者经营的船舶，或者以共同派船、舱位互换、联合经营等方式，在固定的港口之间提供的定期国际海上货物或旅客运输。

国际船舶运输经营者经营进出中国港口的国际班轮运输业务，应当依照规定取得国际班轮运输经营资格。未取得国际班轮运输经营资格的，不得从事国际班轮运输经营活动，不得对外公布班期、接受订舱。

经营国际班轮运输业务，应当向国务院交通主管部门提出申请，并附送下列材料：

（1）国际船舶运输经营者的名称、注册地、营业执照副本、主要出资人；

（2）经营者的主要管理人员的姓名及其身份证明；

（3）运营船舶资料；

（4）拟开航的航线、班期及沿途停泊港口；

（5）运价本；

（6）提单、客票或者多式联运单证。

国务院交通主管部门应当自收到经营国际班轮运输业务申请之日起 30 日内审核完毕。申请材料真实、齐备的，予以登记，并通知申请人；申请材料不真实或者不齐备的，不予登记，书面通知申请人并告知理由。

取得国际班轮运输经营资格的国际船舶运输经营者，应当自取得资格之日起180日内开航；因不可抗力并经国务院交通主管部门同意，可以延期 90 日。逾期未开航的，国际班轮运输经营资格自期满之日起丧失。新开、停开国际班轮运输航线，或者变更国际班轮运输船舶、班期的，应当提前 15 日予以公告，并应当自行为发生之日起 15 日内向国务院交通主管部门备案。

7．运价备案制度

经营国际班轮运输业务的国际船舶运输经营者的运价和无船承运业务经营者的运价，应当按照规定格式向国务院交通主管部门备案。国务院交通主管部门应当指定专门机构受理运价备案。公布运价和协议运价备案的具体办法，由交通部另行规定。我国目前尚未全面实施运价备案制度。

备案的运价包括公布运价和协议运价。公布运价，是指国际船舶运输经营者和无船承运业务经营者运价本上载明的运价，运价本由运价、运价规则、承运人和托运人应当遵守的规定等内容组成。协议运价，是指国际船舶运输经营者与货主、无船承运业务经营者约定的运价。协议运价包括运价及其相关要素，协议运价以合同或者协议形式书面订立。

公布运价自国务院交通主管部门受理备案之日起满 30 日生效；协议运价自国务院交通主管部门受理备案之时起满 24 小时生效。

国际船舶运输经营者和无船承运业务经营者应当执行生效的备案运价。

国际船舶运输经营者在与无船承运业务经营者订立协议运价时，应当确认无船承运业务经营者已依照《国际海运条例》的规定办理提单登记并交纳保证金。

8．国际航运协议组织管理制度

国际航运协议组织，是指从事国际班轮运输的国际船舶运输经营者根据相互订立的协议而组成的各种经营合作性质的具有组织机构形式或没有组织机构形式的组织，包括班轮公会、协商协议组织、运营协议组织等。

班轮公会，是指两个或两个以上国际船舶运输经营者，在特定的地理范围内，在某一条航线或数条航线上提供国际班轮的货物运输服务，在根据达成的协议或安排的范围内，按照统一的或共同的运费率及其他运输条件从事经营活动的组织。

协商协议组织，是指从事国际班轮运输服务的国际船舶运输经营者在特定的航线上成立的，就有关运价、运力进行协商，并可以制定对成员没有强制约束力的指导性规则的组织。协商协议组织包括运价协商组织、运力稳定组织和运价运力协商组织等。

运营协议组织，是指从事国际班轮运输服务的国际船舶运输经营者在特定的航线上，为了实现经营的合理化，在技术、经营、商业等方面的合作，但不包括运价和运力方面的合作协议。运营协议组织包括联营体协议和联盟协议等形式。

对国际航运协议组织管理的基本制度是反垄断豁免制度。各国航运管理法律、法规允许国际航运协议组织享有反垄断豁免，各类协议组织的豁免范围有所不同。在反垄断豁免下，航运协议组织应该履行备案制度和与托运人及其组织协商的制度，以保护托运人的利益。《国际海运条例》第 22 条规定，从事国际班轮运输的国际船舶运输经营者之间订立涉及中国港口的班轮公会协议、运营协议、运价协议等，应当自协议订立之日起 15 天内将协议副本向国务院交通主管部门备案。

9. 国际海上运输经营活动准则

经营国际船舶运输业务和无船承运业务，不得有下列行为：

（1）以低于正常、合理水平的运价提供服务，妨碍公平竞争；

（2）在会计账簿之外暗中给予托运人回扣，承揽货物；

（3）滥用优势地位，以歧视性价格或者其他限制性条件给交易对方造成损害；

（4）其他损害交易对方或者国际海上运输市场秩序的行为。

10. 国际海运业对外开放制度

经国务院交通主管部门批准，外商可以依照有关法律、行政法规以及其他有关规定，投资设立中外合资经营企业或者中外合作经营企业，经营国际船舶运输、国际船舶代理、国际船舶管理、国际海运货物装卸、国际海运货物仓储、国际海运集装箱站和堆场业务；并可以投资设立外资企业经营国际海运货物仓储业务。

经营国际船舶运输、国际船舶代理业务的中外合资经营企业，企业中外商的出资比例不得超过 49%。经营国际船舶运输、国际船舶代理业务的中外合作经营企业，企业中外商的投资比例适用同样的规定。

中外合资国际船舶运输企业和中外合作国际船舶运输企业的董事会主席和总经理，经中外合资、合作双方协商后由中方指定。

经国务院交通主管部门批准，外商可以依照有关法律、行政法规以及其他有关规定投资设立中外合资经营企业、中外合作经营企业、外资企业，为其拥有或者经营的船舶提供承揽货物、代签提单、代结运费、代签服务合同等日常业务服务；未在中国境内投资设立中外合资经营企业、中外合作经营企业、外资企业的，上述业务必须委托中国的国际船舶代理经营者办理。

外国国际船舶运输经营者以及外国国际海运辅助企业，经国务院交通主管部门批准，可以依法在中国境内设立常驻代表机构。外国国际船舶运输经营者以及外国国际海运辅助企业在中国境内设立的常驻代表机构，不得从事经营活动。

7.2 《国内水路货物运输规则》

《国内水路货物运输规则》是规范我国沿海、江河、湖泊以及其他通航水域中从事营业性水路货物运输合同的基本规则。它在性质上与《海商法》相同，都是属于调整横向法律关系，主要是合同关系的基本法律。但与《水运管理条例》相比，两者的性质则完全不同，《国内水路货物运输规则》是私法，而《水运管理条例》是公法。

7.2.1 《国内水路货物运输规则》概述

我国国内水路货物运输中有关当事人的权利、义务关系，不属于《海商法》调整的范围，而《合同法》中的运输合同分则无法很好地体现水上货物运输活动的特点，为此交通运输主管部门（当时的交通部，即现在的交通运输部）专门颁布了有关水路货物运输方面的规则。

1987 年，交通部颁布了《水路货物运输规则》，1995 年 3 月 15 日该规则经修改并予以重新发布。1999 年 3 月 15 日第九届全国人民代表大会第二次会议通过了《合同法》，鉴于《水路货物运输规则》不再适应合同法律制度的最新发展，交通部于 2000 年 7 月 17 日发布《国内水路货物运输规则》（以下简称《货规》），对原运输规则做了较大的修改，新规则自 2001 年 1 月 1 日起施行。

《民法通则》、《合同法》有关当事人权利和义务的规定一般都较为概括和原则，《海商法》较好地体现了水运的行业特点，但它主要规范国际海上运输。《货规》正是依据现行有关法律、法规对水路货物运输中有关当事人的基本权利、义务做出的相关规定，结合国内沿海和内河运输的特点而制定的。但它并未明确国内水路货物运输中有关方的全部权利和义务，而是最基本的规定。为了体现合同自由原则，在不违反国家法律规定的前提下，合同当事人可以根据实际情况确定双方其他权利、义务。因此，《货规》既包括一些强制性条款，也给自由订约留下了不小的空间。此外，《货规》对水路运输合同之外的其他有关问题也做了规定。

7.2.2 水路货物运输合同的定义、形式与内容

1. 水路货物运输合同的定义

水路货物运输合同，是指承运人收取运输费用，负责将托运人托运的货物经水路由一港（站、点）运至另一港（站、点）的合同。

运输合同是承托双方对运输中的各主要事项，特别是权利、义务等进行约定的产物。合同的标的是承运人的运输行为，即货物在空间上的位移。运输的起止地点包括港口和水岸边的具体地点。运输费用不仅指运费，还可能包括加固绑扎费、必要的中途垫款、共同海损分摊等，

但不包括规费。承运人可以是船舶所有人、经营人或者与托运人订立运输合同的人。

2. 运输合同的形式与内容

运输合同可以采用书面、口头和其他形式。书面形式是指合同书、信件和数据电文（包括电报、电传、传真、电子数据交换和电子邮件）等可以有形地表现所载内容的形式。

运输合同的内容根据运输形式而有所不同。《货规》重点规定了班轮运输和航次租船运输两种形式。班轮运输，是指在特定的航线上按照预定的船期和挂港从事有规律的水上货物运输的运输形式。航次租船运输，是指船舶出租人向承租人提供船舶的全部或者部分舱位，装运约定的货物，从一港（站、点）运至另一港（站、点）的运输形式。《货规》对班轮运输、租船运输下的合同的基本条款做了规定，但这些条款仅为建议性而非强制性，缺少其中的若干内容并不影响合同的效力。

班轮运输下的运输合同一般包括承运人、托运人和收货人的名称，货物名称、件数、重量、体积，运输费用及其结算方式，船名、航次，起运港（站、点）、中转港（站、点）和到达港（站、点），货物交接的地点和时间，装船日期，运到期限，包装方式，识别标志，违约责任，解决争议的方法。

航次租船下的运输合同一般包括出租人和承租人的名称，货物名称、件数、重量、体积，运输费用及其结算方式，船名，载货重量、载货容积及其他船舶资料，起运港和到达港，货物交接地点和时间，受载期限，装、卸货期限及其计算办法，滞期费率和速遣费率，包装方式，识别标志，违约责任，解决争议的方法。

7.2.3 托运人的权利与义务

1. 关于交付和验收

托运人应当及时办理港口、公安和其他货物运输所需的各项手续，并将已办理各项手续的单证送交承运人。因托运人办理各项手续和有关单证不及时、不完备或者不正确，造成承运人损失的，托运人应当承担赔偿责任。

危险品、特种货物及有关主管机关根据行政管理之需，要求对其进行查验或核准后方可投入运输的货物，都要求托运人预先办理好有关手续，取得准许运输的证明，并将办好的各种单证与文件送交承运人。如因托运人送交的单证、文件的真实性问题造成承运人损失的，承运人可向托运人追偿。

托运人提交托运的货物应与合同约定相符，包括名称、件数、重量、体积、包装方式、识别标志等。如有不符，即托运人构成违约，造成承运人损失的，应予赔偿。但是一旦与合同约定不符的货物被承运人接受，则视为双方对运输合同予以变更。

货物的交接检验。散装货物，在交接时托运人确定重量有困难的，可以要求承运人提供船舶水尺计量数作为申报的重量；承运人应予协助。以件运输的货物，承运人验收货物时，发现货物的实际重量或者体积与托运人申报的重量或者体积不符时，托运人应当按照实际重量或者体积支付运输费用并向承运人支付衡量等费用。

水路运输货物通常以货物的重量或体积计费，因此确定货物的重量、体积是正确计收费用的前提。如果发现托运人的申报与持有人验收的实际重量或体积不符，特别是当托运人为少交运费而故意少报货物重量或体积时，托运人的这种重大过失或故意有时会酿成严重后果。托运人理应知道自己所托运的货物的基本情况，因此应对上述过失或故意承担责任，即除按照实际重量或体积补交运费及其他费用外，还应承担衡量等验收、检验费用。

2. 关于包装与标志

需要具备运输包装的货物，托运人应当保证货物的包装符合国家规定的包装标准；没有包装标准的，货物的包装应当保证运输安全和货物质量。需要随附备用包装的货物，托运人应当提供足够数量的备用包装，交承运人随货免费运输。但如果货物托运时未加包装，而是准备运抵目的地后实施包装的，承运人无免费运送包装的义务。

托运危险货物，托运人应当按照有关危险货物运输的规定，妥善包装，制作危险品标志和标签，并将其正式名称和危险性质以及必要时应当采取的预防措施书面通知承运人。我国《水路危险货物运输规则》在危险货物的分类、编号、包装标志、积载、隔离、储存等方面都做了较为详细的规定，是国内水路危险货物运输的主要依据。

托运人应当在货物的外包装或者表面正确制作识别标志。识别标志的内容包括发货符号、货物名称、起运港、中转港、到达港、收货人、货物总件数。托运人应当根据货物的性质和安全储运要求，按照国家规定，在货物外包装或者表面制作储运指示标志。识别标志相当于外贸运输中的主标志，储运指示标志相当于外贸运输中的副标志。主要包括必要的警示标志、起吊重心等，是安全、准确地运输及交付货物的保证。因此识别标志和储运指示标志都应字迹清楚、牢固。

3. 关于特殊货物

除另有约定外，运输过程中需要饲养、照料的活动物、有生植物，以及尖端保密物品、稀有珍贵物品和文物、有价证券、货币等，托运人应当向承运人申报并随船押运。托运人押运其他货物须经承运人同意。托运人应当在运单内注明押运人员的姓名和证件。但是押运人员的存在并不减轻承运人对货物所负的责任。出现货损等情况判别责任时，应根据实际情况，只有因押运人员的过失造成的货物损坏、灭失，承运人才可免责。

托运笨重、长大货物和舱面货物所需要的超出承运人应承担的基本义务之外的额外作业，包括特殊加固、捆扎、烧焊、衬垫、苫盖物料和人工由托运人负责，卸船时由收货人拆除和收回相关物料；需要改变船上装置的，货物卸船后应当由收货人负责恢复原状。

托运人托运易腐货物和活动物、有生植物时，应当与承运人约定运到期限和运输要求；使用冷藏船（舱）装运易腐货物的，应当在订立运输合同时确定冷藏温度。由于这些货物对运输的及时性和运输期间的照料方面都有较高的要求，如果不能按期运到可能会导致腐坏、变质、枯萎甚至死亡，从而丧失应有的价值。因此应在合同中明确约定特殊货物的有关要求，以保证其完好。

4. 关于运费及其他费用

除另有约定外，托运人应当预付运费。

托运人托运货物，可以办理保价运输。货物发生损坏、灭失，承运人应当按照货物的申明价值进行赔偿；但承运人证明货物的实际价值低于声明价值的，按照货物的实际价值赔偿。

其他因货物的特殊性等发生的费用，《货规》做了如下规定：

（1）下列原因发生的洗舱费用由托运人或者收货人承担：托运人提出变更合同约定的液体货物品种；装运特殊液体货物（如航空汽油、煤油、变压器油、植物油等）需要的特殊洗舱；

装运特殊污秽油类（如煤焦油等），卸后须洗刷船舱。

（2）在承运人已履行了《货规》规定的适货义务的前提下，因货物的性质或者携带虫害等情况，需要对船舱或者货物进行检疫、洗刷、熏蒸、消毒的，应当由托运人或者收货人负责，并承担船舶滞期费等有关费用。

5．关于变更运输

承运人将货物交付收货人之前，托运人可以要求承运人变更到达港或者将货物交给其他收货人，但应当赔偿承运人因此受到的损失，包括变更合同所增加的运费、保管费等，以及承运人完成原运输合同后可以获得的利益。

当托运人行使运输变更的权利将损害他人的合法权益时，承运人应予以拒绝。所以托运人的此项权利不是绝对的。

此外，根据《合同法》的规定，托运人另有一项重要权利，即要求承运人中止运输、返还货物，使运输合同提前终止。

6．违约责任和免责事项

托运人不履行合同义务或者履行合同义务不符合约定的，应当承担继续履行、采取补救措施或者赔偿损失等违约责任。

托运人因不可抗力不能履行合同的，根据不可抗力的影响，部分或者全部免除责任。迟延履行后发生不可抗力的，不能免除责任。其实，除了不可抗力，其余情况不是负责人的规定，就相当于要求承运人履行严格责任。

7.2.4 承运人的权利与义务

1．保证船舶适航

承运人应当使船舶处于适航状态，妥善配备船员、装备船舶和配备供应品，并使干货舱、冷藏舱、冷气舱和其他载货处所适于并能安全收受、载运和保管货物。

所谓适航就是指船舶可以抵御航行的风险并适合水路货物运输的能力或状态，一般包括三个方面：船舶的结构适航，船舶配备的人员、设施适航，以及船舶的载货处所适于装载货物（通常概括为适航、适货和装备船舶）。适航的含义是相对的而且是具体的，因为所载货物的不同，对船舶运输的要求（即船舶适航性）是不尽相同的。因此，船舶是否适航，需要根据各航次的具体情况做具体的分析和判断。

2．接收和照管货物

承运人应当按照运输合同的约定接收货物。若无正当理由承运人拒不接收托运人送交的货物，则属于违约。《合同法》规定，从事公共运输的承运人不能拒绝托运人通常、合理的运输要求，但由于货物包装不符合相应的运输安全标准时，承运人可以拒绝运输。

承运人应当妥善地装载、搬移、积载、运输、保管、照料和卸载所运货物。这是承运人管货义务的具体体现。

3．不得绕航

承运人按照要求应按三种可能的航线完成货物运输，其选择的顺序依次为：按照双方约定的航线、未做约定时按照习惯航线、不具备约定及习惯航线时按照地理上的航线，将货物运往到达港。所谓习惯航线一般指起运港和到达港之间的水域内，其他同类型船舶在该季节通常行走的路线；地理航线一般指在保证航行安全的前提下最近的路线。如果船舶驶离上述三种可能航线即构成绕航。

在规定承运人不得绕航的同时，《货规》允许合理绕航。即为救助或企图救助人命或财产而发生的绕航。此外，承运人为了避开水上风险而驶离正常航线也应属于合理绕航。

4．不得延迟交付

承运人应当在约定期间或者在没有这种约定时在合理期间内将货物安全运送到约定地点。货物未能在约定或者合理期间内在约定地点交付的，为迟延交付。对由此造成的损失，承运人应当承担赔偿责任。

承运人未能在上述约定期间届满的次日起 60 天内交付货物，有权对货物灭失提出赔偿请求的人可以认为货物已经灭失。

延迟交付属于一种违约行为，造成的损失可能是多方面的，如物质损失、市价损失、利息损失、停工停产损失、收货人涉及的另一合同的违约损失等。承运人在延迟交付的赔偿方面，一般限于合理范围，不能预见到的损失不予赔偿。

因不可抗力致使船舶不能在合同约定的到达港卸货的，除另有约定外，承运人可以将货物在到达港邻近的安全港口或者地点卸载，这被视为已经履行合同。但是承运人这样做应当考虑托运人或者收货人的利益，并及时通知托运人或者收货人。

5．对危险品的特殊处理

托运人违反托运人对危险品运输应负的包装、通知等义务或通知有误的情况下，承运人可以拒绝运输，也可以在任何时间、任何地点根据需要将危险货物卸下、销毁或者使之不能为害，而不承担赔偿责任。托运人对承运人因运输此类货物所受到的损失，应当承担赔偿责任。

承运人知道危险货物的性质并已同意装运的，仍然可以在该货物对于船舶、人员或者其他货物构成实际危险时，将货物卸下、销毁或者使之不能为害，而不承担赔偿责任。但是，如此规定并不影响共同海损的分摊。

承运人在对危险品进行紧急处理时，应尽可能地考虑货方利益，减少货方损失。

6．交付货物、港口作业和留置权

（1）有关交付的规定。首先，承运人在货物运抵到达港后，应在 24 小时内向收货人发出到货通知。承运人对通知义务的履行不局限于传统的信函、电传、电报等方式，也可以采用资料电文的形式。其次，承运人发出到货通知后，应当每 10 天催提一次。满 30 天收货人不提取或者找不到收货人，承运人应当通知托运人，托运人在承运人发出通知后 30 天内负责处理该批货物。托运人未在规定期限内处理货物的，承运人可以将该批货物作无法交付货物处理。

针对承运人经常面临的货物无法交付的情况，国家曾颁布了《关于港口、车站无法交付货物的处理办法》。《货规》设计的催提程序是最终将货物作无主货处理的必要步骤。

此外，承运人可以根据《合同法》的规定，在收货人不明或收货人无正当理由拒绝受领货物的情况下提存货物。承运人将货物提存，在法律上就是履行了其运输合同中的交货义务。

（2）港口作业的规定。为了减少承运人因船舶滞留港口而发生的费用损失，保证船舶尽快完成卸货，进入下一航次的运输，在运输合同约定应当由收货人委托港口作业的情况下，货物运抵到达港后，如果收货人没有及时委托作业，承运人可以委托港口经营人进行作业。由此产

生的费用和风险由收货人承担。

这样的变通处理是在运输合同未能正常履行的情况下，为解决无人与港口经营人签订作业合同，必然发生延误船期的情况而做的。

（3）留置权的规定。留置权是承运人享有的一项非常重要的权利，是保护其合法权益的一个重要手段。《货规》规定，应当向承运人支付运费、保管费、滞期费、共同海损的分摊和承运人为货物垫付的必要费用以及其他运输费用而没有付清，又没有提供适当担保的，承运人可以留置相应的运输货物，但另有约定的除外。

7．关于索赔

收货人有权就水路货物运单（以下简称运单）上所载货物损坏、灭失或者迟延交付所造成的损害向承运人索赔，这是一种基于侵权而产生的权利。因为收货人不是运输合同的当事人，不能据合同主张权利；同时，承运人负有向收货人交付货物的义务。运单作为承运人接收货物后签发的收据，表明承运人已按运单上的记载接收了货物，并应将货物完好地交给指定的收货人。

当运输中出现实际承运人时，有权提出索赔的人既可以向承运人也可以向实际承运人提出索赔请求，或者向二者同时提出。无论如何，承运人或实际承运人都有责任向索赔人进行全额赔偿，然后再向实际应承担责任的另一方当事人追偿。

8．承运人的责任与免责

承运人对运输合同履行过程中货物的损坏、灭失或者迟延交付承担损害赔偿责任，但证明货物的损坏、灭失或者迟延交付是由于下列原因造成的可以免除责任。

（1）不可抗力；

（2）货物的自然属性和潜在缺陷；

（3）货物的自然减量和合理损耗；

（4）包装不符合要求；

（5）包装完好但货物与运单记载内容不符；

（6）识别标志、储运指示标志不符合《水规》的规定；

（7）托运人申报的货物重量不准确；

（8）托运人押运过程中的过错；

（9）普通货物中夹带危险、流质、易腐货物；

（10）托运人、收货人的其他过错。

享受免责权利的前提是承运人负有举证的义务。

9．关于运费

货物在运输过程中因不可抗力灭失，未收取运费的，承运人不得要求支付运费；已收取运费的，托运人可以要求返还。货物在运输过程中因不可抗力部分灭失的，承运人按照实际交付的货物比例收取运费。

7.2.5　运输单证

1．运单的性质

运单是运输合同的证明，是承运人已经接收货物的收据。运单的记载如与运输合同的约定不一致，可以视为对合同进行了更改。

运单不是物权凭证，既不可以转让，也不是收货人提货的凭证。

运单经承运人单方签字而有效。但如果托运人对运单内容有异议，可以拒绝接受。

2. 运单的内容

运单一般应包括以下内容，即承运人、托运人和收货人名称，货物名称、件数、重量、体积（长、宽、高），运输费用及其结算方式，船名、航次，起运港、中转港和到达港，货物交接的地点和时间，装船日期，运到期限，包装方式，识别标志等。但这些内容不具有强制性。

3. 运单的填制

运单的填制应符合以下规范：

（1）一份运单填写一个托运人、收货人、起运港、到达港；

（2）货物名称填写具体品名，名称过繁的，可以填写概括名称；

（3）规定按重量和体积择大计费的货物，应当填写货物的重量和体积（长、宽、高）；

（4）填写的各项内容应当准确、完整、清晰。

4. 运单的签发

承运人接收货物应当签发运单；运单由载货船舶的船长签发的，视为代表承运人签发。运单签发后，承运人、承运人的代理人、托运人、到达港港口经营人、收货人各留存 1 份，另外 1 份由收货人收到货物后作为收据签还给承运人。

承运人可以视情况增加或者减少运单份数。

7.2.6 货物的接收与交付

1. 交接方式

除另有约定外，散装货物按重量交接；其他货物按件数交接。特种货物按特殊的方式交接，如对于散装液体货物的交接，《货规》另有规定。

散装货物按重量交接的，承运人与托运人应当约定货物交接的计量方法；没有约定的应当按船舶水尺数计量；不能按船舶水尺数计量的，运单中载明的货物重量对承运人不构成其交接货物重量的证据。

2. 及时提货和交接验收

收货人接到到货通知后，应当及时提货。收货人提取货物时，应当验收货物，并签发收据。这种签收，表示对已按运单记载收到货物的一种确认，同时签收过的运单也可作为承运人已按运单记载交付货物的证据。另外，收货人可以对货物进行检验，但不得因此而滞留船舶，影响其正常营运。承运人交付货物时，应当核对证明收货人单位或者身份以及经办人身份的有关证件。交接时发现货物损坏、灭失的，交接双方应在当时编制货运记录。

在下列情况下，托运人或者收货人可要求承运人编制普通记录：

（1）货物发生损坏、灭失，按照约定或规定，承运人可以免除责任的；

（2）托运人随附在运单上的单证丢失；

（3）托运人押运和舱面货物发生非承运人责任造成的损坏、灭失；

（4）货物包装经过加固整理；

（5）收货人要求证明与货物数量、质量无关的其他情况。

货运记录和普通记录的编制，应当准确、客观。

货运记录应当在接收或者交付货物的当时由交接双方编制。

货运记录和普通记录都是对运输期间发生的有关货物运输的事实所做的一种客观记载，只要司法机关审查认定是真实、正确的，都可以作为证据。

收货人在到达港提取货物前或者承运人在到达港交付货物前，可以要求检验机构对货物状况进行检验；要求检验的一方应当支付检验费用，但是有权向造成货物损失的责任方追偿。

约定到付运费以及其他费用的，收货人应在办理提货手续时付清运费、滞期费和包装整修、加固费用以及其他中途垫款等。

7.2.7 航次租船运输

《货规》对航次租船运输做了特别规定。但是除了承运人保证船舶适航和不得任意绕航这两条规定外，其他有关合同当事人权利、义务的规定，仅在航次租船运输下的运输合同没有约定或没有不同约定时适用于出租人和承租人。也就是说这些条款都是任意性的，出租人和承租人可以通过协商在合同中做出不同约定。

《货规》关于航次租船的规定与《海商法》相似，但根据国内水路运输的特点而有改变。例如关于承租人的解约权的行使时间从《海商法》的 48 小时缩短为 24 小时。

7.2.8 集装箱运输中的交接

承运人向托运人提供集装箱空箱时，托运人应当检查箱体并核对箱号，以确认承运人提供的集装箱是适于运输的；收货人返还空箱时，收货人负有保证该空箱完好的义务，承运人应当检查箱体并核对箱号。

承运人、托运人、收货人对整箱货物的交接主要检查箱体的外表，而对箱内货物不进行检查。因此，对重箱交接应当检查箱体、封志状况，并核对箱号。

承运人、托运人、收货人对特种集装箱，应当检查集装箱机械、电器装置、设备的运转情况。

集装箱交接状况，应当在交接单证上如实加以记载。常见的交接单证有设备交接单、港航集装箱货物交接清单。

根据约定由托运人负责装、拆箱的，货物装箱完毕后，应由托运人负责封箱，并将集装箱封志号准确记载在运单上；交接时发现封志号与运单记载不符或者有封志被破坏的迹象，交接双方应当编制货运记录。

收货人提取货物后，应当按照约定将空箱归还。超期不归还的，应按约定交纳滞箱费。

7.3 《海牙规则》

《海牙规则》是对国际海上货物运输影响最大的公约，对统一国际海上货物运输制度发挥了主要的作用，该公约所创设的制度是其他有关国际公约和各国海商法的基础。

7.3.1 《海牙规则》概述

《海牙规则》(Hague Rules)的全称是《统一提单的若干法律规定的国际公约》(International Convention for the Unification of Certain Rules Relating to Bills of Lading)，于 1924 年通过，1931 年生效，至今已有 80 多个国家和地区予以承认和采用。虽然后来相继制订了《海牙—维斯比规则》和《汉堡规则》，但世界上多数国家，特别是一些主要航运国家，目前仍沿用根据《海牙规则》和《海牙——维斯比规则》精神制订的航运法律、法规。许多航运公司都在其所制订的提单中规定适用《海牙规则》，据以确定承运人在运输货物中所承担的责任与义务，以及应享受的权利与豁免。因此，《海牙规则》仍是国际上有关海上货物运输，特别是关于提单的最重要的国际公约之一。

在英美传统普通法下，船东享有五种免责并承担三种默示义务。五种免责是天灾、公敌行为、固有缺陷及不善包装、共同海损牺牲、火灾；三种默示义务是使船舶处于绝对适航状态、禁止船舶不合理绕航、尽责速遣。但是，由于合同自由原则，船东实际上通过合同将自己应承担的义务予以免除，这对托运人非常不公平。为此，美国在 1893 年通过了《哈特法》，规定了一套船东应尽的义务和可获免责极限的标准。

《哈特法》的成功实施带来了 20 世纪初许多国家的立法仿效，如澳大利亚、新西兰、加拿大。这为后来通过《海牙规则》奠定了基础。《海牙规则》的核心部分是承运人在其责任期限内，至少应承担的义务与责任、承运人可享有的最高免责范围和赔偿限额。《海牙规则》共十六条，主要包括以下几方面内容：承运人最低限度责任与义务，托运人的责任与义务，索赔通知与诉讼时效，承运人的免责条款，承运人对货物灭失或损害的赔偿限额。

7.3.2 《海牙规则》中的有关定义

1. 承运人

《海牙规则》规定：“承运人包括与托运人订有运输合同的船舶所有人或租船人”。即承运人包括两种情况：一是船舶所有人以其自有的船舶承运货物，这类人是指船主或船东；二是指租船人以不同方式租进船舶后，再与托运人订立运输合同并签发提单承运货物。

2．货物

《海牙规则》明确规定“包括货物、制成品、商品和任何类似的物品，但活动物和运输合同上载明装于甲板上且已照装的货物除外”。根据此项规定，凡活动物和甲板货不包括在货物的范畴内，对这两类货物的海上运输，有关承运人的权利与义务《海牙规则》不适用，应由其他的法律予以规范。甲板货有两条限制，一是货物实际装于甲板运输，二是必须在提单上加以说明，即在提单上加注“ON DECK”字样。否则，承运人仍然要负责。

3．运输合同

《海牙规则》规定：“仅适用于提单或与海上货运有关的任何类似的物权凭证中包含的运输合同，包括根据租船合同签发的如上所述的任何提单或类似的物权凭证”。可见，《海牙规则》并非对于所有的运输合同都适用，而仅适用于提单等所包含的运输合同。

4．船舶

《海牙规则》规定，船舶是指“用于海上货物运输的任何船舶”。即无论船舶吨位大小、种类如何，只要是从事海上货物运输的，都属于《海牙规则》中所定义的船舶。

5．货物运输

《海牙规则》规定货物运输是指“自货物装上船时起，至卸下船时止的一段时间”。对货物运输下定义，其目的主要是明确《海牙规则》适用的期间，这一期间一般称为承运人责任期间。

7.3.3 关于承运人责任的规定

承运人责任条款是提单中的主要条款，它规定了承运人的责任范围及其对货物灭失和损坏所应负的责任。《海牙规则》作为约束提单的国际公约，将承运人责任方面的规定作为其核心内容。

1．承运人的责任基础

承运人的责任基础是指在什么条件下，承运人才对货物损失负责赔偿，即规定承运人赔偿责任的基本原则。

承运人责任制度，在历史上曾发生过几次重要变化。18世纪以前，经营海上货物运输的公共承运人，按普通法规定，必须对所承运的货物负绝对责任，仅有有限的免责保障，即只有由于天灾、战争、货物固有的特性及托运人的疏忽等原因造成的货损才能免责。海上货运风险完全由船方承担，承运人对运输过程中货物发生的一切损害都须负责，因此这种责任制度被称为严格责任制。18世纪80年代，在英国船东的强大压力下，英国承认提单中的承运人免责条款。到19世纪末20世纪初，这种免责条款多达六七十种。因此，有人说，当时的承运人“除收取运费之外，几乎无其他责任可言”。这被称为不负过失责任制。这种状况妨得了国际贸易的正常进行，进而也影响了船运业本身的发展。由于承运人的无限制免责使得货主的正当权益得不到基本保障，随之出现了银行不肯汇兑，保险人不敢承保，提单无法转让流通的局面。这说明不负过失责任制不能继续存在了，必须加以修改。《海牙规则》正是顺应这一潮流而产生的。它以公约的形式规定了承运人对承运的货物应负的最低限度责任，限制了承运人在提单中无限制地加列免责条款的做法，从而使货主的利益在一定范围内获得某些保障。这对缓和承运人与货主之间的矛盾，促进国际贸易和国际航运事业的发展都起到了一定的积极作用。

《海牙规则》采用的责任制，既不同于严格责任制，也不同于过错责任制，而是将这两种责任制加以折中，过渡到所谓的不完全过失责任制。也就是说《海牙规则》是以承运人是否有过失作为决定承运人是否对其所承运的货物的损失负赔偿责任的标准，即有过失时负责，无过失时则不负责任。这叫做过失责任制。《海牙规则》的过失责任制是“不完全”的。这是因为在《海牙规则》中列有 17 项承运人可以免责的规定，凡属免责范围内的原因造成货物损失，承运人即使有过失也可不负责任。因此《海牙规则》的责任基础是不完全过失责任制。但该规则从总体上看，仍然是过分偏袒承运人的利益。

2．承运人的责任

《海牙规则》的第 3 条规定了承运人的责任与义务，其中最为重要的是“承运人必须在开航前与开航时谨慎处理，使船舶具有适航性，适当配备船员、设备和船舶供应品，使货船、冷藏舱和该船其他载货的部位适宜和安全地收受、运送和保存货物”和“除依照第 4 条的规定外，承运人对所承运的货物应适当和谨慎地装载、搬运、积载、运送、保管、照料和卸载”。

从上述规定可以看出，《海牙规则》所规定的承运人的责任主要是两方面的责任：保证船舶适航的责任和管理货物的责任。

保证船舶适航的责任，主要是指承运人应负责使船舶具备狭义的适航能力、航海能力和适货能力。具体指：

（1）适航能力。承运人应使船舶本身处于安全航海状态，即船体必须坚固、水密；在一定航次中，船舶本身的设计、构造和性能，能满足克服一般危险的要求；货物积载适应船舶安全航行的要求，因积载不当而使船舶安全受到威胁时，也视为违反船舶适航的义务。

（2）航海能力。承运人必须适当地配备船员、装备船舶和配备供应品。配备船员时，不只是配备一定的人数，而且必须配备适于完成该项航海、使用船舶、运输货物的合格船长，以及有一定技术能力的可靠船员。否则，因配备不合格的船长而产生的航海过失，应按违反适航义务而承担责任。船舶装备是指航海所需的各种设备以及必要的文件，包括航海图等。配备供应品是指配备航海所需的物品，包括燃料、淡水、食品、药品及其他给养。如果船舶在开航前没有备妥供应品，则视为不适航。这类供应品可根据航次情况和习惯予以配备，如在长途航行时，不可能储备全航程所需要的供应品，可在中途港补给。在这种情况下承运人必须在航海前做好安排，否则视为不适航。

（3）适货能力。承运人应使船舶用以装载货物的场所，如货舱、冷藏舱、冷气舱及其他载货场所适宜和安全地收受、运送和保管货物，使船舶和设备在接受货物时就能满足货物安全地运送到目的地的要求。总之，所谓保证适航，不仅应包括使船舶具有克服航海中所遇到的一般海上危险的能力，而且包括使船舶具有适应所运货物的能力。

关于承运人保证船舶适航的责任需要特别注意以下两点：

① 保证适航的时间。《海牙规则》在规定承运人保证船舶适航的责任时，只规定要在“开航前和开航时”使船舶适航，而并没有要求承运人保证船舶从启运港到目的港的整个航程中都要适航。

所谓开航前的适航，是指使船舶具有能克服停泊中通常发生的海上危险的能力；而所谓开航时的适航，是指船舶在装货港开航的当时，具有能克服航海中通常所预见的海上危险的条件。因为自货物开始装船，船舶就有可能遭遇海上危险，所以从开始载货，就要求应使船舶适航，即保证船舶具备装载货物所必须的各种设备和人员，使船舶适于安全收受、运送和保管货物是很必要的。又因海上危险多种多样、瞬息万变，航海中许多危险难以预料，因此只要求在开航当时使船舶适航，具有能克服航海中通常所能预见的海上危险的条件是合理的。不仅如此，虽然要求承运人应该在开航当时使船舶适航，但对于开航当时的船舶状态，只要在发生危险时，具有马上采取通常的措施，即可克服危险的能力，则可认为船舶已具有适航能力。

此外，在开航前与开航时使船舶适航还意味着不能把开航后因海上危险而造成的不适航包括在适航责任中。如果有恢复适航能力的机会，因承运人不能免责的过失而未予恢复，并继续航行，那么从承运人违反管货责任中应担负的安全运输的义务来看，对因此而造成的货物损失，承运人还是要负责赔偿的。

② 谨慎处理的含义。根据《海牙规则》的规定，承运人保证船舶适航的责任不是绝对的，而是有条件的，即仅须做到谨慎处理（又译为克尽职责）。如果承运人做到这一点，即使承运的货物受损，也没有责任；反之，承运人应对其疏忽行为负责。所谓谨慎处理包括两层含义，其一，只要承运人在船舶开航前，以谨慎的态度考虑了可以预想的一切因素和条件，并对船舶采取了相应的措施，即可认为已尽到谨慎处理的责任；其二，只要承运人在特定航次中，对通常发生的海上危险已做到谨慎处理，而且不仅是承运人自己，还包括雇员或代理人都做到了谨慎处理，即可免除责任。也就是说对于异常危险，承运人可以免责。

关于承运人管理货物的责任，《海牙规则》如此规定：要求承运人“应适当而谨慎地装载、搬运、配载、运送、保管照料和卸载所运货物”。即从货物装船开始，至将货物卸离船舶为止的整个承运人责任期间，承运人都必须对上述六个环节中的每一个环节做到妥善和谨慎。而且在这种管理货物责任中，不存在船长、船员等的过失免责。

从承运人保证适航的责任中可以看出，承运人对航行过失，即管理船舶的过失造成的货物损失可以免责；而关于管货的规定要求，承运人对因管理货物的过失造成的货物损失必须负责。这两种过失在实践中很难准确区分。一般认为，如果货损是由于船员在照料船舶中的过失或错误间接引起的，应视为管船损失；如果是因船员缺乏对货物的照料直接造成的货损，则为管货过失。区别管船过失或管货过失造成的货损，要视某项操作的直接目的是针对船舶，还是针对货物而定。

上述承运人保证船舶适航和管理货物两方面的责任，是《海牙规则》规定承运人的最低限度的义务，是强制性规定。提单中的任何条款或约定，不得解除或降低承运人的这两项责任。凡有利于承运人的保险利益条款或类似的条款，应视为免除承运人责任的条款，也不予承认。但若承运人愿意扩大自己的责任，只要记载于提单，均属有效。

3. 承运人的责任期间

责任期间是指承运人应对货物运送负责的时间段。

《海牙规则》对承运人的责任期间的规定是从将货物装船开始到将货物卸离船舶为止的所谓“钩至钩”期间。

7.3.4 关于承运人享受免责事项的规定

《海牙规则》生效之前，承运人可以在提单上任意罗列免责事项。《海牙规则》的目的之一就是为承运人制订统一的责任范围。因此，它以列举的方式，规定了承运人 17 项免责事项。

如果货物受到的损害是由其中任何一项所造成的，承运人即可不负赔偿责任。这 17 项免责事项可归纳为以下 7 类。

1．航行与管理船舶的过失

《海牙规则》规定“船长、船员、引水员或承运人所雇用的其他人员在航行或管理船舶方面的行为、疏忽或过失”对货物造成损失可以免责。这是承运人引用最多的一条免责条款。

航行过失是指船舶开航以后，船长、船员在船舶驾驶或航行中的判断或操作失误，如船舶碰撞、触礁、搁浅等事故属于航行上的过失。管理船舶过失是指在航行中，船长、船员对船舶缺少应有的注意和适当的照料。以上两种过失造成的货物损害，承运人可不负赔偿责任。

承运人的船舶管理过失，经常会牵涉到对货物的管理。因此在出现货损、货差时，区分是由于船舶管理过失所致还是由于货物管理过失所致是至关重要的。区分两者的一般原则是，视某项操作的直接目的是针对船舶，还是针对货物而定。在实际中还应结合具体情况，进行具体分析。有时可能会出现同一个过失，既是管理船舶的过失，也是管理货物的过失的情况，此时承运人一般不承担责任。如果货损是由于两个错误造成的，一个是管理船舶的过失，另一个是管理货物的过失，承运人应区别每一过失造成的损失，否则应对全部损失负责。

2．火灾

《海牙规则》规定：“火灾造成的货物损失承运人可以不负责任。但由于承运人的实际过失或者知情所引起的除外”。根据这一规定，只要火灾不是因为承运人的知情或实际过失造成的，承运人对因火灾导致的货损不负责任。

《海牙规则》规定火灾免责条款，主要基于两点考虑：一是火灾的原因很难查清。在很多情况下，火被扑灭后仍无法查清原因，若让承运人承担举证责任，证明其无过失，就等于几乎在所有的情况下承运人都要对火灾负责。这与《海牙规则》的“过失责任”原则不相符。二是引起火灾的原因是多方面的，有时货物本身的特性就可能引发火灾，如煤炭、棉花可以自燃起火。在这种情况下，承运人无责任。因此也没有理由要求承运人对火灾造成的货损负责任。

《海牙规则》同时规定了两种原因引起火灾，造成货损，承运人不能免责。一是承运人的实际过失，即承运人本人的过失引起火灾；二是承运人知情，即承运人明知故犯。如承运人明知船舶的某个部分需要修理，但未修理而进行航行，结果使船舶发生火灾。

3．不可抗拒的自然力量

《海牙规则》规定天灾和海难所引起的损失，承运人可免责。所谓天灾是指由自然力量造成的事故，没有人力参与，且是人们无法预防的。海难是指船舶在航行中因自然力量而遭遇的事故，如海上风暴等。海难的概念比天灾的适用范围广，非由于自然力量造成的灾难也可包括在内，如两船相撞，本船无过失，也构成海难。对于承运人或受雇人通常无法预见或防止的天灾或海难，如风暴、流冰、雷电等造成货物损害，承运人对此无须进行关于无过失的举证，即可免除责任。

4．不可抗拒的人为力量

这类免责事项一般是由第三方的强制力量所造成的，而且承运人无法预防。因此承运人对这类事项造成的货损不负责任。此类免责事项主要包括战争、公敌、统治者的逮捕、政府机关的检疫限制、扣留、罢工、暴动等。

5. 托运人的过失

托运人的过失主要是指托运人的疏忽行为、货物潜在的缺陷、货物包装不牢和标志不清等。凡由上述事项造成的损失，承运人均可免责。

6. 谨慎处理后仍不能发现的潜在缺陷所造成的损失

《海牙规则》规定对“克尽职责仍不能发现的潜在缺陷所造成的损失，承运人可以免责”。这种缺陷一般是指船舶结构上的缺陷，如船壳、机器及附属设备等方面的缺陷。所谓潜在缺陷是指一个有充分技能的人以通常的注意不能发现的缺陷。根据《海牙规则》的规定，承运人必须提供适航的船舶，这是承运人最低限度的责任。如果没有保证船舶的适航性而造成货损，承运人须负责赔偿。但是，如果承运人已克尽职责，船舶仍存在不能发现的缺陷，货物因此而受损，承运人可以免责。这主要是由于船体、机器及船舶属具十分复杂，无论承运人在开航前和开航时如何谨慎处理，总会有不易被发现的缺陷。因此，由于潜在缺陷所造成的货损，承运人可以援引该条款予以免责。这一免责条款经常被承运人援引，有时承运人也会利用此项条款来掩盖其疏忽行为。因此，法院在审理时，一般对潜在缺陷做从严的解释。

7. 其他原因

其他原因主要指因承运人或其代理人的过失引起的货物损失。

《海牙规则》规定，如果货损不是由于承运人的行为或过失，也不是由于其代理人或雇员的行为或过失引起的，而是其他原因引起的，承运人对此不负责任。这项免责条款十分抽象，没有规定具体内容，适用于前 16 项免责事项之外的其他原因造成的货损。承运人在援引这一免责条款时，必须负举证责任，即必须证明有关货物的灭失或损坏既非承运人本人的过失或行为所致，又非其代理人或雇员的过失或行为所致。事实上承运人援引该条款的机会并不多。

以上是《海牙规则》中承运人的免责事项。按照该规则的有关规定，承运人可以放弃上述各项免责权利，而加重自己的责任，但不能减轻或排除该规则规定的承运人的责任和义务。

7.3.5 关于承运人责任限制的规定

承运人的责任限制是指货物发生灭失或残损时，承运人的赔偿责任被限制在一定限度之内的赔偿制度。责任限额是承运人对每一货物数量单位的最高赔偿限额。

根据《海牙规则》，承运人对每件货物或每一计费单位的货物的损害或灭失，其最高赔偿责任以 100 英镑为限。即若灭失或损坏的货物的价值高于 100 英镑，承运人的责任以 100 英镑为限；若灭失或损坏的货物的价值低于 100 英镑，则承运人按实际损失的价值赔偿。但如果托运人在装船前已就该货物价值和性质提出声明并已载于提单的，则不受此限制。即对已声明价值的货物发生灭失或损坏，承运人应按声明的价值赔偿，不受 100 英镑的限制。

《海牙规则》规定的 100 英镑是指 1924 年制定该规则时以金本位计算的英镑，不以英镑为货币单位的国家可将 100 英镑换算为本国货币。

根据《海牙规则》的规定，计算最高赔偿金额的数量单位有“件数”和“单位”两种。件数是以货物的习惯包装计算的，如一箱、一桶、一袋就是一件。单位是指不加包装的货物。单位在航运业务中有两种不同的解释，一是欧洲国家的解释，即运输单位（Shipping Unit）。有时一件货物是一个运输单位，如一辆裸装汽车，也有时一件货物如大型机器拆开运输，变为几个运输单位。二是美国的解释，即运费单位（Freight Unit），即是运价表中据以计算运费的单位。重量货一般以每公吨，轻泡货以每立方米为一个运费单位。另外，关于责任限制适用的时间，只在《海牙规则》生效期间适用，在该规则不适用的时间，货物发生灭失或损坏时，若承运人应予负责，则不受100英镑的限制。

《海牙规则》关于承运人赔偿限额的规定，有两个主要问题需要解决：

一是由于英镑贬值使赔偿限额过低。根据《海牙规则》第9条的规定，100英镑是金价，所以赔偿限额应理解为1924年当时100英镑所能买到的黄金量。航运业的习惯是以100英镑纸币支付，这与《海牙规则》的规定有矛盾。按照该规则第9条，应将1924年100英镑折合成赔偿年度的英镑纸币来支付，但实际并非如此。特别是英镑纸币不断贬值，100英镑纸币的限额已远远不足以补偿货物的损失，货方强烈要求提高赔偿限额。英国货主、保险人和船东在英国海事法律协会的协助下，于1950年8月1日订立了《黄金条款协议》，将100英镑提高到200英镑，仍以纸币支付。这种规定只对该协议的参与者有效，未参与的船东仍按100英镑支付。

二是各国对计算赔偿额的数量单位解释不统一。前面已谈及对赔偿数量单位的解释存在着不同的制度，这就给计算赔偿额带来了困难。托盘、集装箱运输的出现，更给赔偿额的计算带来新的问题。货物的件数，是以托盘、集装箱为一件，还是以其上或其内的小包、小件为一件，《海牙规则》对此未做规定。

7.3.6 关于托运人责任的规定

《海牙规则》对托运人应承担的责任所做的规定包括以下几个方面。

1. 提供约定的货物

托运人应及时地把运输合同中约定的货物运至船边，以便装船。托运人一般不得以其他货物更换原来约定的货物。因为货舱对于某种货物的装载，必须处于对该货物的适宜状态，否则被视为不适货，即构成不适航。在提供约定货物的同时，托运人还应在提单上把货物的品名、标志、号码、件数、重量、装货港与目的港的名称及收货人名称填写清楚，并保证所填写的上述内容准确无误。如果由于托运人所提供的货运资料不准确，甚至申报不真实，使承运人遭受损失、损坏和产生费用，则由托运人负责赔偿。托运人在交运货物时，还应将港口、海关、卫生检疫和其他有关部门规定的有关货物的全部文件提交承运人；否则，由此造成的承运人的损失，也由托运人负责赔偿。

2. 提供适当的包装

托运人所提供的货物必须包装牢固，适于长途运输，并在货物上清楚、适当地加以标志。如果因包装不牢，以致货物在搬运中受到摩擦损坏或在运输途中受到积载的自然磨损或压损，承运人不予负责。如果由于标志欠缺、内容不全、模糊、脱落或不符合要求、有错误，造成错交、错卸等，承运人不予负责。

3. 支付运费

支付运费是托运人的一项主要义务。运费的支付方法主要有以下三种：

（1）预付运费。预付运费一般是在装货港装货时或在开航前由托运人支付运费。按照航运惯例和一般运输合同的约定，凡运费已预付的，不论货物灭失与否，概不退还。

（2）到付运费。到付运费是在目的港交货时由收货人支付运费。如果货物没有运到目的港，承运人无权收取运费。但只要货物已运到目的港，即使有损坏，收货人仍须照付全部运费，而不能以此拒付或减付运费；否则，承运人对货物有留置权。

（3）比例运费。比例运费是按货物运送的实际里程与全程之间的比例计付的运费。一般只有当船舶在中途遇难，放弃原定航程时才采取这种办法来计算运费。采用这种支付运费的方式，须经双方当事人协商同意。

4. 收受货物

货物运到目的港后货主应及时收受货物，此时收受货物的人，一般为收货人。如果在目的港无人收受货物或收货人拒收货物，船长可将货物卸入仓库或其他适当场所保管，因此而产生的一切风险和费用，由收货人承担。

7.3.7 关于索赔通知与诉讼时效的规定

受损方向责任方提出赔偿要求，称为索赔，索赔应在规定的时间内提出。《海牙规则》对索赔通知提出的时间做了较为具体的规定。一般情况下，承运人在卸货港将货物移交给收货人时，收货人应以书面形式把有关货物灭失或损坏的情况告诉承运人或其代理人，否则这种移交应视为承运人已根据提单所载内容交付货物的推定证据。

如果货物损失情况不明显，不能凭直觉发现，收货人则在货物移交后的3天内向承运人或其代理人提交书面通知。如果提货时双方已对货物状况进行了联合检验，则无须另发书面通知。

根据《海牙规则》的规定，承运人对货物的灭失或损坏负有责任时，应按规定向货主进行赔偿；同时，货主也应按规定及时地向承运人发出索赔通知。

诉讼时效是指货主对承运人就货物的损害赔偿向法院提起诉讼的期限。如果在规定时效期限内未提起诉讼，则承运人解除对货物的一切赔偿责任。《海牙规则》规定的诉讼时效为一年。计算办法是：① 自货物交付之日起计算；② 若货物灭失则从应交付之日起计算。货主若要求承运人对货物的损害、灭失负责赔偿，必须在此一年内提出诉讼；否则，即失去起诉的权利。法院对超过诉讼时效的案件，不问货主提出的事实和理由，而以诉讼时效已过作为理由驳回货主的诉讼请求。

索赔通知与诉讼时效是两个不同的概念。索赔方没有或没有按期向责任方发出索赔通知，并不影响其行使直接向法院起诉责任方的权利。

《海牙规则》将诉讼时效规定为一年，对货主极为不利。因为货主在起诉之前，要调查情况，收集证据，一年的时间非常短。虽然按1950年《黄金条款协议》的规定，如在一年内提出索赔通知，就可以将诉讼时效延长为两年，但这只对参加该协议的国家适用，未参加的国家仍然享受不到这一权利。

7.3.8 关于《海牙规则》适用范围的规定

《海牙规则》明确规定“本公约的各项规定，适用于在任何缔约国所签发的一切提单”。这就是说，只有当提单的签发地在某个缔约国时，该规则才适用。如果提单签发地在非缔约国，则该规则不自动适用。

各国的航运公司经常是通过在提单中列入首要条款来扩大《海牙规则》的适用范围。所谓首要条款（Paramount Clause）是指规定提单所适用的法律的条款，即规定提单的制订应根据什么法律，有关提单的争议应根据什么法律解决。首要条款是提单的组成部分，其中所标明适用的法律条款应是提单内容的一部分。因此，许多航运公司在其提单的首要条款中规定适用《海牙规则》，从而使《海牙规则》适用于在非缔约国签发的提单。

7.4 《维斯比规则》

在提单法律制度领域，《海牙规则》作为首个国际公约应该说是非常成功的。但是，随着时代的变迁，其内在缺陷也逐渐暴露出来。到了20世纪50年代末期，随着技术的进步及集装箱海上运输的开展，对《海牙规则》进行修改的呼声渐高。《维斯比规则》正是在《海牙规则》的基础上修订而成，因此，又被称为《海牙—维斯比规则》。

7.4.1 《维斯比规则》概述

《维斯比规则》（Visby Rules）是《修改统一提单的若干法律规定的国际公约议定书》的简称，于1968年签订，1977年生效。至今，大部分国家已将该规则纳入本国国内法。

对于《海牙规则》这样一个在国际航运中具有重要影响而又存在问题的国际公约予以修改，是一项比较复杂的工作。主张彻底改变的人认为应摈弃旧规则，另立新规则。但有许多人认为，如果对有关提单的法律修改过猛往往不易为各方所接受，因此主张维持原有制度，对于《海牙规则》逐渐加以修改，以便保留人们熟悉的、在实践中经常使用并经过时间及实践考验的部分。《维斯比规则》正是这样一种折中的产物。

《维斯比规则》对《海牙规则》的适用范围、赔偿限额、集装箱和托盘运输的赔偿计算单位等方面的问题做了若干修改和补充，但对一些重要问题，特别是有关承运人的不合理免责条款等实质性问题，未加丝毫改变，对承运人和托运人的主要责任和义务也未做实质性的修改。因此它的修改是不彻底的。《维斯比规则》共17条，以下介绍其主要内容。

7.4.2 承运人的最高赔偿限额

《维斯比规则》加大了承运人的最高赔偿限额。《海牙规则》的主要问题之一就是承运人对货主所赔偿的限额太低，远远不能弥补货主遭受的实际损失。为了解决这一问题，《维斯比规则》规定，凡对申报价值的货物，其灭失或损坏的最高赔偿限额为每件或每单位10 000金法郎，或毛重每千克30金法郎，按两者之中较高的计算。其中金法郎是指一个含有纯度为千分之九百的65.5毫克黄金的单位。这意味着，小件或单位重量较小的货物可按10 000金法郎计算，这样可以避免选用基于重量的限制数额会使赔偿金额降低的可能，而对大件或单位重量较大的货物则宜采用按重量计算赔偿限额，这样可使赔偿金额提高。

7.4.3 集装箱或托盘货物最高赔偿限额的数量单位

由于《海牙规则》是在20世纪20年代制定的，当时托盘运输与集装箱运输还没有真正发展起来，因此《海牙规则》中还没有涉及到托盘和集装箱货物运输应如何计算赔偿限额这一问题，即应以托盘和集装箱为一件，还是应以托盘上的货物数量或箱内货物数量为计算赔偿的单位?《维斯比规则》对此做出了明确的规定："如果货物以集装箱、托盘或类似运输工具集装时，提单中所列明的，装在这种运输工具中的件数或单位数，即应作为本款中所指的件数或单位数。除上述情况外，此种运输工具应视为件或单位。"以上规定有两个目的：一是运输合同的双方可以将集装箱或托盘作为确定限制数额的件或单位，也可以将装于托盘之上或集装箱内的货物件数作为确定限制数额的件或单位；二是为进行这种选择，必须注意提单上所列明的件数。这意味着，根据《维斯比规则》的规定，在确定托盘、集装箱货物的赔偿件数时，可有以下三种方法：

（1）提单上未列明托盘或集装箱所装的内容。在这种情况下，把托盘或集装箱作为件或单位，即一个托盘或一个集装箱，无论装载货物的件数或单位是多少，只能按一件赔偿，限制赔偿额要么为10000金法郎，要么为每千克30金法郎，按其中高者计算。

（2）提单内全部列明托盘或集装箱内货物的具体件数。在这种情况下，每一件货物作为一件，可分别援引10000金法郎或每千克30金法郎的限制金额。

（3）在提单中部分列明托盘或集装箱内货物的件数。在这种情况下，列明的件数作为实际件数，可援引10 000金法郎或每千克30金法郎的限制金额，其余货物和托盘、集装箱一起作为一件计算赔偿限额。

7.4.4 责任限制权利的丧失

《海牙规则》中就承运人所享受的责任限制权利做出了规定，而没有关于责任限制权利在什么情况下丧失的规定。这意味着，根据《海牙规则》，在任何情况下承运人都可享受责任限制的权利。但国外大量的判例中提出了在以下情况下，承运人将不能享受责任限制：承运人的欺诈行为，如签发倒签提单、预借提单；装前卸后发生承运人控制下已由承运人造成的货物灭失、损坏，及保价货物运输等。

《维斯比规则》规定："如果经证实损失是由于承运人故意的作为或不作为所造成的，或明知可能造成损失而毫不在意，则承运人和船东无权享受本款所规定的责任限额的利益。"《维斯比规则》增加了这一规定是因为责任限制是保护承运人的利益，如果由于承运人的故意行为而造成货物灭失或损坏，却仍然让承运人继续享有责任限制利益，则是不公平、不合理的。不过援引《维斯比规则》的这一规定，需要注意以下条件：

（1）承运人责任限制权利的丧失，仅限于承运人本人的过失或严重违反义务，而对承运人的雇用人员或代理人的过失或严重违反义务所造成的货物灭失、损坏，承运人不因此而丧失责任限制的权利。

（2）确定了承运人之后，请求援引"责任限制权利丧失"条款的一方负有举证责任，即他必须证明货物灭失或损坏是由于承运人的作为或不作为所致。

7.4.5 提单的证据效力

关于提单的证据效力有两种不同的情况。一是提单作为初步证据，即提单作为货物收据，证明承运人已按提单所记载的内容收到货物。这种证据效力仅是初步的、表面的或是推定的。如果承运人事实上并没有收到提单货物或所收到的货物与提单上的记载不符，他仍可以提出抗辩，证明事实并非如此。这种情况一般是针对托运人而言。二是提单作为最终证据，即承运人不得否认提单上有关货物记载内容的正确性。这主要是对提单的受让人而言。这是因为提单的受让人在接受提单时，并没有机会检查货物是否与提单记载相符，只能凭提单记载的事项行事。这在法律上是为了保障善意的提单持有人的利益，同时也有利于提单的流通转让。

《海牙规则》在关于提单的证据效力的条款中仅就初步证据做出了规定，而没有规定提单在其受让人手中应具有什么效力。《维斯比规则》做了补充规定，增加了"当提单已转让给善意的第三方时，与此相反的证据不予接受"的内容。也就是说，当提单转让给第三方后，该提单所记载的内容对承运人来说就是最终证据。这一原则有利于取得提单的善意的第三方。所谓善意的第三方是指受让人取得提单时确实不知道所装运的货物与提单的事实记载情况有不符之处，而毫无异议地接受了提单。由于承运人对提单所载内容向第三方负责，即使船方是在托运人提供保函的情况下签发了清洁提单，对于由此造成的损失承运人仍须对第三方负责。

7.4.6 非合同索赔的适用

所谓非合同索赔是指不是根据双方签订的合同而是根据侵权行为提出的索赔请求。一般情况下，海上货物运输合同当事人提起的诉讼，多数是因违反合同引起的，因此多数是"违约诉讼"。而侵权行为多属于对与签约双方无关的第三方造成损失的行为。《维斯比规则》规定："本公约所规定的抗辩和责任限制，应适用于就运输合同涉及的有关货物的灭失或损坏对承运人所提出的任何诉讼，不论该项诉讼是以合同为根据还是以侵权行为为根据。"这就是说，根据《维斯比规则》的规定，责任限制同样适用于根据侵权行为对承运人提起的诉讼，这对在主张双重请求权的国家中可能面临无法引用承运人责任限制条款的问题进行了彻底的解决。

承运人与托运人之间有运输合同关系，后者对前者提起的诉讼当然适用于制约合同的有关规则；而作为承运人的雇用人或代理人，是否也可以享受承运人所能享受的权利呢？对这一问题，《维斯比规则》进一步规定："如果这种诉讼是对承运人的雇用人或代理人（该雇用人或代理人不是独立的合同签订人）提起的，则该雇用人或代理人适用按照本公约承运人所能援引的各项抗辩和责任限制。"这就是说，只要承运人的雇用人或代理人不是独立的签约人，他就可以享受承运人所享有的权利，包括责任限制的权利。在援引这一条款时，关键是要正确理解独立的合同签订人，以及把它与承运人的雇用人或代理人区别开来。一般认为，船长、船员是承运人的雇用人。

7.4.7 《维斯比规则》的适用范围

《海牙规则》的适用范围较窄，《维斯比规则》在《海牙规则》的基础上增加了一项规定扩大了其适用范围。即只要在提单的首要条款中写明《维斯比规则》的各项规定约束该提单时，

《维斯比规则》就适用于这一提单。这实质上等于规定，只要承运人与托运人双方同意，就可适用《维斯比规则》。

7.4.8 关于诉讼时效的规定

《海牙规则》仅规定了 1 年的期限，《维斯比规则》对此做了以下修改和补充：① 诉讼时效的期限为 1 年，但经船、货双方协商可以延长；② 在 1 年期满后，承运人至少仍有 3 个月的期限向第三方提出赔偿诉讼。

7.5 《汉堡规则》

《汉堡规则》是国际航运法律制度的又一次共同努力的结果。其产生的背景既与发展中国家在国际舞台上的作用和地位的提高有关，也与《海牙规则》、《维斯比规则》存在的缺陷有关。因此，《汉堡规则》具有特殊的地位。

7.5.1 《汉堡规则》概述

《汉堡规则》（Hamburg Rules）的全称是《联合国海上货物运输公约》（United Nations Convention on the Carriage of Good by Sea），于 1978 年通过，1992 年 11 月 1 日正式生效。它的生效，标志着国际海商法领域发生了历史性的变革。虽然《汉堡规则》是为了修改和补充《海牙规则》而制定，其内容也是针对有关提单的各种问题，但它所产生的影响，不只局限于海上运输，而是扩展到国际贸易、航运、保险、银行业务等各个方面的发展以及有关法规的调整和制定。《汉堡规则》对承运人与托运人双方的权利和义务做了比较明确、合理的规定。这些规定既维护了货方的利益，又考虑了承运人的利益，从而使船货双方对货运所承担的风险趋于平衡。它在总结国际航运实践经验的基础上，根据平等互利的原则，废除了《海牙规则》中许多片面袒护承运人利益的，不合理的免责条款，加重了承运人对货运所应承担的责任，提高了责任赔偿限额，延长了承运人的责任期间以及对货物提出索赔的时效。此外还针对航运、贸易方面的发展和变化，对一些新出现的问题做出规定。《汉堡规则》共 34 条，以下是其主要内容。

7.5.2 名词术语

1. 实际承运人

实际承运人是指受承运人委托履行货物运输或部分货物运输的人，包括受托履行这项任务的任何人。

实际承运人是《汉堡规则》提出的定义。《汉堡规则》还进一步规定了承运人与实际承运人对所承运货物的责任及其相互之间的责任。根据《汉堡规则》的规定，承运人是指与托运人签订运输合同的人，而实际承运人则是指实际履行承运人从托运人那里接受的货物运输任务的人，即实际履行运输的人。

2．货物

《汉堡规则》对“货物”所下的定义与《海牙规则》的定义有很大不同，其范围有所扩大。

根据《汉堡规则》的定义，货物包括活动物，凡货物是用托盘、集装箱或类似的装运工具集装，或者货物是包装的，而且如装运工具或包装是由托运人提供的，则货物包括这些装运工具或包装。显然，货物的范围比《海牙规则》有所扩大。

3．海上运输合同

《汉堡规则》对海上运输合同所下的定义是：“指承运人收取运费负责将货物从一个港口运往另一个港口的合同；但是，凡包括有海上运输，同时也包括某些其他运输方式的合同，则仅其有关海上运输的范围，才视为本公约所指的海上运输合同。”可以看出，运输合同的范围也比《海牙规则》广：《海牙规则》只适用于提单；而《汉堡规则》不仅适用于提单，而且还适用于不可转让的运输单据。另外，《汉堡规则》还适用于多式联运的海运段。凡在多式联运中，与海上运输部分有关的运输合同，应视为海上运输合同。这是为了防止多式联运经营人借口多式联运对海运段另定条款以减轻其责任而设的规定。

4．提单

提单是指一种用以证明海上运输合同和货物由承运人接管或装船，以及承运人据以保证交付货物的单证。单证中关于货物应交付指定收货人或按指示交付，或交付提单持有人的规定，即构成了这一保证。

7.5.3 关于承运人责任的规定

关于承运人责任的规定，是《汉堡规则》最显著的特点，即《汉堡规则》扩大了承运人的责任范围。

1．关于承运人责任及其基础的规定

（1）责任基础。《汉堡规则》第 5 条规定了承运人的赔偿责任基础，这是本规则的核心部分，也是与《海牙规则》差别最大的地方。《汉堡规则》规定承运人对由于货物的灭失、损坏以及延迟交付所造成的损失负赔偿责任，除非承运人能证明本人及其雇用人员或代理人已经为避免事故的发生及其后果采取了一切所能合理要求的措施。这意味着，对于运输中出现的货损事故，承运人负有举证责任。事故发生后，首先推定承运人有过失，如果他能证明本人或其雇用人员或代理人为了避免事故的发生及其后果，采取了一切所能合理要求的措施；否则，承运人必须对货物的灭失、损坏和延迟交付负赔偿责任。

从表面上看，《汉堡规则》与《海牙规则》都采用了过错责任制。但《海牙规则》在规定责任条款的同时，又规定免责事项，承认特定条件下的过错免责，如航行过错免责等，因而《海牙规则》的过错责任是不完全的。《汉堡规则》废除了《海牙规则》中的过错免责，采用推定过错与举证结合的方式，只要承运人及其受雇人或代理人有过错，承运人就须负责。因此，《汉堡规则》的责任基础是指定过失责任制。

（2）废除《海牙规则》的免责条款。由于确定了承运人的责任以其过失为依据的原则，《汉堡规则》取消了《海牙规则》所有的免责事项。只有非因承运人及其雇用人或代理人的过失造成的货损，如自然灾害、意外事故或其他不可抗力所造成的，承运人才可免于承担责任。

《汉堡规则》对海运最大的影响是废除了航行过失的免责条款。因为随着科学技术和造船技术的提高，对船员的过失单设例外免责的理由已不存在。此外，从合同法的基本原则，即造成货损的责任方应负法律责任的角度来看，免除疏忽责任有悖于合同法的基本原则。如果放任承运人不负过失责任，有可能导致货损事故的增加，承运人违反安全运输的义务，同时也使货运风险的经济负担较多地落在货方身上。因此，废除航行过失的免责条款，即驾驶和管理船舶过失的免责条款，能够合理地平衡船、货双方对航运风险的分摊，有利于货运质量的提高。

至于火灾，《汉堡规则》规定原则上承运人对火灾引起的货损负责赔偿，但由索赔方负举证责任。由于火灾常发生在航行途中，让货方事后来证明船方的过失，货方获胜的可能很小。因此，《汉堡规则》实际上给予承运人间接地享有火灾免责的权利。

（3）几种特殊情况下承运人的责任。《汉堡规则》针对延迟交货、联运、运送活动物及甲板货等几种特殊情况规定了承运人的责任。

① 延迟交货。《汉堡规则》规定承运人除了对货物的灭失或损坏负赔偿责任外，还必须对因延迟交付所导致的货物损失负赔偿责任。延迟交付货物，是指货物没有在约定时间内，或没有在合理时间内，在约定的卸货港交付货物。延迟交货造成的损失，包括由于货物变质而失去使用价值或因市价下跌而损失的金额等。对于这些损失，除非承运人能证明本人及其雇用人或代理人没有过失，否则都要负赔偿责任。由此可见，与《海牙规则》相比，承运人的责任范围扩大了。

② 联运。《汉堡规则》新设了联运条款，规定如果船货双方约定在中途转船，并由订约承运人签发联运提单，则订约承运人仅对其履行的那部分运输即第一程运输负责，而不对全程运输负责。第二程船的运输，由实际承运人负责。但上述规定以收货人能找到二程船公司并能向其提起诉讼为条件；否则订约承运人仍应对全程运输负责。

③ 活动物。《汉堡规则》对承运人运送活动物的责任做出了专门规定：承运人如能证明，活动物在运输中发生的灭失、损坏或延迟交付是因为这类运输所固有的任何特殊风险所致，而且承运人已按照托运人对有关该动物所做出的专门指示行事，承运人就可免除责任。这意味着《汉堡规则》虽然将活动物包括在货物的定义中，但该规则也承认运输活动物有其特殊风险。因此规定承运人负有举证责任，只要承运人能证明上述几点，即可免责。

④ 甲板货。船舶载运的货物一般装入舱内。由于装在甲板上的货物会有特殊的风险，因此《海牙规则》规定不适用这类货物。这是由于当时的造船技术、航海技术等因素所决定的。但随着甲板货的增多以及保护甲板货方法的进步，传统的免除承运人对此类货物责任的规定也应予以改变。

为了适应上述情况，也为了使承运人承担对甲板货应负的责任，《汉堡规则》增加了甲板货条款。根据有关规定，承运人只有在下列情况下才能将货物置于甲板上运输：第一种情况是承托双方协商同意，第二种情况是根据货物习惯，第三种情况是根据法律、法规的规定。若承运人没有经托运人同意或没有按照习惯或法律、法规而自行决定把货物装在甲板上，就应对货物的损害、灭失或延迟交付负责。对于即使按上述规定装于甲板上的货物，承运人也应如同对待其他舱内货物一样，承担责任，享受免责和责任限制。不过如要就甲板货的灭失或损坏主张免责，承运人应负举证责任。

2. 关于承运人责任期间的规定

随着集装箱运输的发展，承运人在内陆接受货物，又在内陆向收货人交货的现象并不少见，如果在陆上发生货损，按《海牙规则》，承运人是不负责任的。

为了改变上述情况，《汉堡规则》扩大了承运人的责任期间。该规则规定，承运人对货物的责任期间，包括货物在装货港、运输途中和卸货港处于承运人掌管下的期间，即从收货到交货的整个期间。据此，货损不论发生在哪一阶段，只要是在承运人掌管之下，受损方均可向承运人索赔。

需要注意的是，承运人对货物的掌管期间有区域的限制，仅指货物在装货港、运输途中和卸货港处于承运人控制之下的期间。如果承运人收受与交付货物在远离港口的地点进行，则《汉堡规则》对此不适用。这种区域限制对承运人来说十分重要。至于什么是货物在承运人的掌管之下，按接受与交付货物的不同方式，有以下几种情况：

（1）接受货物的方式有两种：一种是承运人从托运人或其代理人手中接受货物，该承运人接管货物，视为货物已处于承运人的掌管之下。另一种是根据装货港所适用的法律或规定，承运人必须从海关或港口当局接受货物。承运人的责任期间，从其自有关当局接管货物开始，视为货物处于承运人的掌管之下。如果货损发生在港口当局的保管期间，承运人不负责任。

（2）交付货物的方式有 3 种：第一种是将货物直接交付收货人，承运人责任即告结束；第二种是收货人延迟接货时，承运人可以根据合同或按照卸货港适用的法律或特定习惯，将货物置于收货人的支配之下，承运人便可解除责任；第三种是根据卸货港所适用的法律或规定，必须把货物交给所应交付的当局或第三方时，承运人的责任才告结束。

3. 关于承运人赔偿责任限制的规定

《汉堡规则》第 6 条对承运人的赔偿责任限制做出了具体规定：

（1）数量单位的计算。《汉堡规则》参照《维斯比规则》的规定，对赔偿责任限制金额采用件数或其他数量单位和重量并用的办法，以高者为准。凡重量轻、价值高的货物可以适用每件或每一装运单位的限制金额，凡重货可以适用每一千克的限制金额。《海牙规则》与《维斯比规则》对责任限制的数量单位，都只用件或单位；而《汉堡规则》则采用了件或装运单位，如将集装箱作为一个装运单位，这可以更好地适应实际运输的情况。

（2）责任限制的货币单位及金额。《汉堡规则》采用国际货币基金组织所规定的特别提款权（SDRs）作为计算赔偿金额的货币单位。对于责任限制的金额，考虑到黄金价格上涨的情况，《汉堡规则》规定为每件或其他装运单位 835 SDRs 或毛重每千克 2.5 SDRs，以较高者为准。这一责任限额比《维斯比规则》提高了 25%。

对于未参加国际货币基金组织的国家，按照本国法律又不能使用特别提款权时，可以使用金法郎来计算责任限额。即每件或其他装运单位 12 500 金法郎或按该货物毛重每千克 37.5 金法郎。在把金法郎数额折算成本国货币时，按有关国家法律规定办理。

（3）对延迟交货的赔偿责任限额。《汉堡规则》关于延迟交货的责任限制是新设立的条款。延迟交货的责任是按照运费计算的。如果全部迟交，承运人的赔偿金额不超过运输合同约定的运费总额；如果部分迟交，则赔偿金额以迟交货物运费的 2.5 倍为限，同样不得超过合同约定的运费总额。此外还规定，如果货物灭失、损坏和延迟交付同时发生，则以该项货物全部灭失的赔偿限额作为承运人的总赔偿额，即每件或其他装运单位 835 SDRs 或毛重每千克 2.5 SDRs。

（4）对集装箱货物灭失或损坏的赔偿限额。对集装箱货物发生灭失或损坏时如何计算赔偿数量单位，《汉堡规则》的规定与《维斯比规则》类似。即如果在集装箱货物的提单上注明了箱内小包件数量，则按小包件的数量赔付；如果提单上未注明箱内件数，则以整个集装箱为一件赔付。

4．关于承运人责任限制权利丧失的规定

《海牙规则》没有关于承运人责任限制权利丧失的规定，而《维斯比规则》增加了这一规定，《汉堡规则》对此也做出规定：由于承运人本人的故意或重大违反义务而造成货物灭失、损坏或延迟交付时，承运人则丧失责任限制的权利。此外还规定，因同样理由丧失责任限制权利的人不限于承运人，还包括承运人的雇员或代理人。

5．关于承运人与实际承运人赔偿责任的规定

《汉堡规则》第 10 条规定了承运人与实际承运人的赔偿关系，即原则上承运人对全程运输负责。如果承运人与实际承运人对货损均应负责，则在此限度内他们对受损方负连带责任，但这并不影响承运人与实际承运人之间的追偿权利。规则从不同方面对赔偿责任做了如下具体规定。

（1）关于承运人的责任。不论承运人是将全部还是将部分运输委托给实际承运人履行，承运人都必须对全程负责。同时还规定，尽管实际承运人的雇用人员或代理人不是承运人的直接雇用人员或代理人，但承运人对他们的作为或不作为也要负责。

（2）关于实际承运人的责任。本规则关于承运人责任的所有规定，都适用于实际承运人对其所履行的运输责任。

实际承运人从承运人那里接受的可能是全部运输，也可能是部分运输。无论哪一种，实际承运人都是根据其与承运人之间的约定履行运输义务的。实际承运人和托运人之间并没有直接关系，从合同的约束力来看，实际承运人应对承运人负责。但《汉堡规则》却规定实际承运人对托运人也要负责。这种责任并非根据合同产生，而是根据《汉堡规则》规定产生的。而承运人对托运人所负的责任是提单或其他运输合同约定的责任。一般情况下，承运人向托运人赔付后，可向实际承运人追偿。而由于《汉堡规则》，明确规定了实际承运人对托运人直接负责，因此，如果在实际承运人履行的运输部分发生货物灭失、损坏或延迟交付时，托运人可直接向实际承运人索赔，而不必先向承运人索赔。

（3）关于特殊约定。如果承运人与托运人之间有不同于《汉堡规则》的特殊约定，且其责任高于《汉堡规则》所规定的责任，则托运人与承运人之间可以自由约定。但这只是承运人与托运人之间的约定，与实际承运人无关，实际承运人并不受这种约定的影响，仍须按《汉堡规则》的规定对托运人负责。

（4）承运人与实际承运人的连带责任。承运人有过错、实际承运人也有过错的情况，两者应对托运人或提单持有人承担连带责任。所谓连带责任是指托运人既可向实际承运人索赔，也可向承运人索赔。这种连带责任对托运人和提单持有人主张索赔时比较有利。

（5）虽然承运人与实际承运人对托运人负有直接责任，但托运人取得的赔偿总额不得超过《汉堡规则》规定的责任限额。

（6）《汉堡规则》不影响承运人与实际承运人之间的追偿权利，这种追偿按双方订立的合同进行。

6．关于非合同索赔的规定

《汉堡规则》第 7 条规定：不论索赔方是根据合同还是根据侵权行为提起诉讼，都不影响承运人享受各种抗辩和责任限制。这同样适用于对承运人的雇用人员或代理人提起的诉讼。根据《汉堡规则》，独立合同人也可援引承运人所享受的抗辩及责任限制。但同时应“证明他是在受雇职务范围内行事”。在向承运人及其雇用人或代理人进行索赔的情况下，雇佣人或代理人所承担的赔偿总额，原则上不得超过《汉堡规则》规定的限额。

7.5.4 关于托运人责任的规定

《汉堡规则》针对一般货物和危险货物对托运人的责任做了规定。

1．一般规则

一般规则是针对由于货物的原因给承运人造成损失的情况而定的。第 12 条规定：“托运人对于承运人或实际承运人所遭受的损失或船舶遭受的损坏不负赔偿责任，除非这种损失或损坏是由于托运人、托运人的雇用人或代理人的过失或疏忽所造成的”。这意味着，如果由于货物的原因给承运人造成损失，只要托运人或其雇用人、代理人没有过失，则托运人不负责。由此可见，托运人的责任也是过失责任。但是，托运人不负举证责任，这是因为托运人把货物交给承运人，如果造成灭失或损坏是货物本身的原因，当然应由承运人负责举证。

2．危险货物的特殊规则

《汉堡规则》对危险物设立了专门条款（第 13 条）。其规定与《海牙规则》基本一致，只是对某些方面做了补充。

（1）托运人应以适当的方式，在危险货物上做危险标志或标签。这一点是对《海牙规则》的补充，《海牙规则》没有这种规定。尽管在《汉堡规则》生效以前，托运人都要在危险货物上做出标志，但这不是根据《海牙规则》，而是根据惯例。《汉堡规则》将这一惯例作为本身的条款规定，并将其作为托运人的义务。其目的是为了引起装卸和保管人员的注意。

（2）托运人负有通知的义务。除了应通知货物的危险性质以外，还要通知应采取的预防措施。同时还规定，如果托运人未通知承运人，而且承运人也未从别处得知货物的危险性质时，承运人可以随时将危险品卸下或销毁，并且不负赔偿责任。托运人通知的对象仅限于订约承运人，如果订约承运人在航行途中把货物转给他船续运时，订约承运人应把货物的危险性质的通知转达给续运承运人，即实际承运人。托运人没有通知实际承运人的义务。

（3）尽管托运人对货物危险性质做了通知，但当危险货物对生命、财产造成威胁时，承运人可以将其卸下或销毁。这与《海牙规则》的规定一致。但《汉堡规则》要求承运人采取的措施受到一定的限制，即要“根据情况需要”；承运人如果在运送危险货物过程中有过失，应承担该规则规定的责任。

7.5.5 关于提单的签发、内容及效力的规定

1. 提单的签发

《海牙规则》与《汉堡规则》对提单签发问题的规定基本相同。《汉堡规则》规定：“当承运人或实际承运人接管货物时，承运人必须按托运人的要求，签发给托运人一份提单。”

2. 提单的内容

关于提单应记载的事项，《汉堡规则》规定得比较具体。它所列举的15项提单记载事项，几乎包括了通常的提单事项。这些是最低限度的要求，也是业务中的习惯做法。

《汉堡规则》规定：“提单缺少15项中的一项或几项，不影响该单证作为提单的法律性质，但该单证必须符合公约关于提单的定义中规定的要求”。

3. 提单的证据效力

《汉堡规则》对提单证据效力问题的规定，与《维斯比规则》基本相同，凡提单上有关货物的记载，其中如插入了许可保留，则除这一保留所涉及的范围外，都是承运人按其记载收受货物或货物已装船的推定证据。如果提单转让给信赖其记载的善意第三方时，则不再允许承运人提出与其记载相反的证据。由此可见，《汉堡规则》的规定是根据不同的关系人来确定提单不同的证据效力。

7.5.6 关于索赔通知和诉讼时效的规定

1. 索赔

《汉堡规则》对“灭失、损坏或延迟交付的通知”即索赔通知做了规定。主要体现在以下三个方面：

（1）延长了索赔通知提出的时间。关于货物明显的损坏，《海牙规则》规定索赔通知应于货物交接时提出，而《汉堡规则》规定在提货后1个工作日内提出索赔通知。对不明显的货物损坏，《海牙规则》规定在3天内提出索赔通知，《汉堡规则》改为15天。

需要说明的是如未按时提出灭失或损坏通知，仍有索赔权，因为不按时提出灭失或损坏通知，只是承运人以良好状态交付货物的推定证据。既然是推定证据，就允许提出反证。

（2）设立了关于“延迟交付的通知”的新条款。《汉堡规则》规定收货人如果在提货后60天内未提出延迟交付损失通知，则失去此项索赔权。

（3）设立了“承运人向托运人发出通知”的条款。《汉堡规则》规定，如因托运人的过失造成船舶等方面的损坏，承运人应在损害事故发生后或在交付货物后连续90天内，将损失通知送交托运人。

2. 诉讼时效

《汉堡规则》规定诉讼时效为两年。两年的时效适用于托运人向承运人的诉讼以及相反的诉讼。而且在两年时效期限届满时，根据索赔人的要求，还可以延长。承运人向实际承运人追偿的诉讼，即使时效期满，承运人仍可追偿。但承运人应自接到货方的起诉传票或向货方清偿了债务以后90天内，提出诉讼。

7.6 《鹿特丹规则》

2008年12月11日，联合国大会第六十三届会议第六十七次全体会议通过了《联合国全程或部分海上国际货物运输合同公约》（United Nations Convention on Contracts for International Carriage of Goods Wholly or Partly By Sea），并于2009年9月23日在荷兰鹿特丹举行签字仪式。

21个签字国包括刚果共和国、丹麦、法国、加蓬、加纳、希腊、几内亚、荷兰、尼日利亚、挪威、波兰、塞内加尔、西班牙、瑞士、多哥、美国、马达加斯加、亚美尼亚、喀麦隆、尼日尔和马里。

该规则是在平衡利益、寻求统一、顺应时代、促进发展的目标下出台的。鉴于新公约尚未生效，本节主要就该规则的创新和特色加以分析。

7.6.1 《鹿特丹规则》的主要创新

1. 承运人责任范围

根据《鹿特丹规则》第5条，将承运人责任范围扩大到包括“门到门”运输，这是本公约对现行各项规则最为明显的改变之一。即承运人的责任期间扩展到自承运人接收货物时起到在另一国向收货人交付货物时为止。

《鹿特丹规则》同《汉堡规则》一样，适用于运至缔约国或运出缔约国的国际运输。

2. 电子商务

《鹿特丹规则》第3章专门用来对电子运输记录加以特别规定，以适应电子运输方式的发展，使传统的纸质运输单证的替代成为可能，并为电子商务在海上运输领域的发展提供有效的法律支持。

3. 集装箱运输

规则对集装箱运输进行了完整的定义，并贯穿于整个规则诸多重要条款之中，如“门到门”的适用范围；承运人的谨慎处理义务，现已扩展至承运人提供的集装箱（第14条C）；由于承运人通常无法检查集装箱内的货物而允许其对合同事项中的货物相关信息做出保留（第40条）；托运人自己装载集装箱时，必须妥善而谨慎的堆放、绑扎，确保内装货物安全，以避免造成损害（第23条（3））等。

4. 更加平衡的承运人义务

承运人承担谨慎处理使船舶适航和适货的义务的期间已由船舶开航前和开航当时扩展至整个海上航程。此外，《鹿特丹规则》下的承运人丧失了对货物灭失或损坏的航海过失以及管船过失免责。

关于“火灾”的免责，在《鹿特丹规则》中已被限制在“船上发生的火灾”的范围内（第17条（3）F）。

承运人的责任限制在总体上也被提高。

《鹿特丹规则》对承运人义务的其他改变包括：明确指出承运人的核心义务（第11条）和制定舱面货的特殊规则（第25条）。

5．海运履约方的直接义务

运输合同项下，有过失的第三方往往寻求适用承运人的抗辩权和责任限制。

如果承运人的受雇人、代理人和独立合同人面临《鹿特丹规则》项下的起诉，规则将自动为其提供保护（第18、19条）。实际上，该规定只是将行业习惯使用的合同条款上升为法律规定，重要的是，这意味着海运履约方与承运人将承担连带责任（第20条）。

6．控制方、控制权和权利转让

先前的海上运输公约均没有提出控制方、控制权和权利转让的概念。而这些概念是解决可转让电子运输记录问题的关键。例如，就在途货物向承运人发出指示的权利，使得货主能够在运输过程中处置货物。

7．承运人的责任限制金额

此前的海上运输公约主要注重责任问题，这使得人们往往着重关注承运人对货物的灭失或损坏所享有的赔偿责任制金额。《鹿特丹规则》提高了承运人的责任限制金额，即每件875特别提款权，每公斤3特别提款权（第6条（1））。

8．向收货人交付货物

毫无疑问，交付货物是承运人的一项主要义务，《鹿特丹规则》制定了大量的条款来规范承运人的交货义务（第4章第5节）

9．承运人的识别条款

《鹿特丹规则》提出了一个简单清晰的方法来解决识别谁是承运人这个长期困扰人们的难题（第37条）。据此：

（1）合同事项中载明承运人名称的，运输单证或电子运输记录中凡是与此一致的有关承运人身份的其他信息一概无效。

（2）合同事项中未按第36条第2款第2项载明任何人为承运人，但合同事项载明货物已装上指定船舶的，推定该船舶的登记所有人为承运人，除非该登记所有人能够证明运输货物时该船舶处于光船租用之中，且能够指出该光船承租人及其地址，在这种情况下，推定该光船承租人为承运人。或，船舶登记所有人可以通过指出承运人及其地址，推翻将其当做承运人的推定。光船承租人可以按照同样方式推翻将其当做承运人的任何推定。

（3）本条规定概不妨碍索赔人证明，承运人是合同事项所载明的人以外的人，或是根据本条第2款所识别的人以外的人。

10．托运人的义务

《鹿特丹规则》对托运人的义务做出了清晰而又明确的规定（第七章）。托运人仍对因未正确标志危险品或未将危险品的性质通知承运人而造成的灭失或损坏承担严格责任（第 30、32 条）。而如果托运人掌握承运人为避免灭失或损坏可能需要的信息、指示和文件，托运人应就未能向承运人提供必要的信息、指示和文件所导致的灭失或损坏承担过错责任（第 29、30 条）。

11．诉讼时效

《鹿特丹规则》将诉讼时效确定为 2 年（第 62 条）。

12．管辖权和仲裁

之前的国际公约均未涉及这二项内容。《鹿特丹规则》采取了折中的办法，根据是否做出“选择参加”的保留而决定管辖权和仲裁两章是否适用，即这两章仅对明确声明将受其制约的缔约国具有约束力（第 74、78、91 条）。

13．合同自由

实践中，特别是在租船运输下，批量合同大量存在，且适用合同自由原则。《鹿特丹规则》规定了批量合同，批量合同相关规定明确：尽管公约的条款是强制性的，但如果贸易各方的缔约能力势均力敌，应给予缔约各方合同自由。不过，为了保护小托运人的利益，规则规定了许多严格的条件（第 80 条）。而且，某些义务是批量合同绝对不能背离的（第 80 条（4））。另外，在批量合同相关规定下，运输合同第三方也会得到保护（第 80 条（5）、（6））。

7.6.2 《鹿特丹规则》的影响

尽管《鹿特丹规则》尚未生效，但它的出现代表着国际海上运输立法的趋势和发展方向。《鹿特丹规则》作为调整“门到门”国际运输合同的全面性公约，如果各国在立法中能够结合规则的一些新内容，无疑会使国际运输的立法更适应当代贸易发展的需要。

同时，更为重要的是，《鹿特丹规则》实现了与现有的单一方式运输的国际公约（如航空运输、公路运输、铁路运输和内河水运）的并存。这将为贸易方和国际货物运输中各方从可预见、透明的贸易和法律环境中受益提供良机，从而改善国际贸易条件，提高商业交易效率，并从总体上降低国际贸易的成本。

7.7 我国《海商法》

《海商法》是调整海上运输关系及船舶关系的基本法律，属于私法范畴。

7.7.1 我国《海商法》概述

海上运输与陆上运输和航空运输相比，有着自身的特点及特有的风险，因此必须明确和处理海上运输中发生的各种法律关系。在国际贸易中，国际航行涉及两个或两个以上的国家，国与国之间的法律往往不一致，以致发生了船货纠纷之后，就可能产生法律冲突。为了统一国际航运和贸易的法律，各国缔结了一系列有关航海贸易的国际公约，本章及本书其他章节介绍的公约有许多就属于这一方面。一些国家还把这些公约提交立法机关批准，作为国内法的一部分，因此海商法也在相当大的程度上成为国际性的法律。

我国于 1992 年 11 月公布了《海商法》，并自 1993 年 7 月 1 日起施行。这是一部以调整国际海上运输过程中发生的运输关系、船舶关系为中心的特别法。它依据我国《宪法》、《民法》、《民事诉讼法》等基本法，并将其中的一些原则性规定结合国际海上运输的特点加以具体化后形成自己的内容。共有 15 章 278 条，其中第 4 章海上货物运输合同最为重要，与物流的关系也最为密切。《海商法》包括了航运管理、海上运输、海事、海上保险、海事纠纷解决等众多内容，本书限于主题和篇幅，只对第 4 章的内容做重点介绍。《海商法》第 4 章分 8 节，共有 66 条，对海上货运合同双方的权利、义务、责任和豁免做出了原则性的规定。

7.7.2 海上货物运输合同

海上运输合同特别是海上货物运输合同，是《海商法》中最主要的内容，其他许多有关规定都是围绕它而制定的。海上货物运输合同，是指承运人收取运费，负责将托运人托运的货物经海路由一港运至另一港的合同。

海上货物运输合同包括班轮运输合同、航次租船合同、定期租船合同和光租船合同。班轮运输合同中包括了件杂货运输合同、集装箱运输合同或多式联运合同。而定期租船合同和光租船合同的性质尚存争议，有人认为它们不属于海上货物运输合同而是船舶租用合同。

海上货物运输合同一经有效订立，即产生相应的法律效力。双方当事人必须按照合同约定履行合同义务，不履行义务，则应当承担违约责任。

7.7.3 海上承运人的责任

承运人，是指他本人或者委托他人以本人的名义与托运人订立海上货物运输合同的人。实际承运人，是指接受承运人委托，从事货物运输或者部分运输的人，包括接受转委托从事此项运输的其他人。

有关承运人责任的规定一般包括责任期间、责任基础和内容、免责事项和责任限制的享用等。

1. 责任期间

《海商法》将责任期间分为两种：承运人对集装箱装运的货物的责任期间，是从装货港接收货物时起至卸货港交付货物时止，货物处于承运人掌管之下的全部期间；承运人对非集装箱装运的货物的责任期间，是从货物装上船时起至卸下船时止，货物处于承运人掌管之下的全部期间。前面的规定，不影响承运人就非集装箱装运的货物在装船前和卸船后所承担的责任达成任何协议。

2. 责任基础

在国际上，承运人采用的责任制度有多种。我国《海商法》参考国际上较为通用的做法，采用承运人不完全过失责任制。

在承运人的责任期间，货物发生灭失或者损坏，除法律另有规定外，承运人应当负赔偿责任。货物未能在明确约定的时间内，在约定的卸货港交付的构成延迟交付。由于承运人的过失，致使货物因延迟交付而遭受损失的，即使货物没有灭失或损坏，承运人仍应负赔偿责任。在应交货之日起 60 天内未交货，有权提出索赔的一方可按灭失要求承运人赔偿。

3．责任内容

承运人责任的主要内容包括提供适航船舶和安全运输货物。

（1）提供船舶并保证适航。在运输合同中，如果已经约定以特定的船舶进行运输时，承运人必须将适合于该合同约定的船舶提供给对方。如果未经对方同意而变更船舶，则视为未履行合同。

承运人提供的船舶必须适航，他负有保证在开航前和开航当时使船舶适于安全航行的义务。所谓适航，就是在船舶方面，其构造、坚固性、装备，对于海上的一般风险具有航海安全能力；在船员方面，须配备足够具有技术职称的人员；开航前必须备足燃料和给养。承运人亦必须使货舱、冷藏舱、冷气舱和其他载货处所适于并能安全收受、载运和保管货物。如果应当尽的注意而没有尽到，导致货物遭受损失时，承运人应当负责。比如，某船有冷藏舱设备，因而接受鲜肉的运输。但是在受装前，冷藏舱设备失灵，不能保持应有的冷度，结果鲜肉变质，遭受损失。承运人应负冷藏舱不宜于接受、保管、运输的不适航状态的责任。

船舶应处于适航状态，并不是说船舶在任何地点、任何时间都必须处于适航状态。如果船舶在开航前和在开航时承运人及时地使它处于适航状态，那就满足了适航的要求。开航后，如因海损事故，承运人虽已尽谨慎处理之责，但船舶仍失去航海安全能力，则承运人可以不负责任。船方的举证责任是必须证明其在履行适航义务时，已经做到谨慎处理而没有过错。

如果船舶存在潜在的缺陷，比如机器某部件有气孔，不易发现，这种缺陷有时可以因一般的使用和震动发生裂痕，使船舶在大海航行中处于危险境地，承运人也不负担船舶没有具备适航能力的责任。

（2）安全运输货物。承运人对货物的收受、操作、装载、搬移、积载、运输、保管、卸载、交付，都必须尽到谨慎处理的责任，尽到应有的注意，务必使货物在目的地交货时的状态和在起运地受载时的状态相同。如果承运人未尽应有的注意，以致货物受到了损坏或灭失，承运人应当负责。承运人有收受所交运货物的义务，但货物必须合乎合同的要求，并在适当的时间交运。对违反法令或不合乎合同约定的货物，船长随时都可将其卸下。如遇有使船舶和货物面临共同危险的紧急情况时，可将该货物抛弃。另外，托运人未在装货时间内将运输必需的单据（港口、海关、卫生和其他主管当局规定的有关货物文件）交给船长，则承运人则不产生收货义务。由于送交不及时、不完备或者不正确而引起的损失，包括承运人遭受的损失，应由托运人负责赔偿。

承运人在原则上负有收受货物义务的同时，应及时地把货物全部装船、积载，并达到谨慎和妥善的要求。比如，害怕潮湿的货物不能装载在包装液体货之下，不同货物之间应隔离堆放等。如果由于堆放不当引起货物损失，船方应负责赔偿。

承运人只有按照同托运人签订的书面协议或者符合国际航运惯例或有关法规，才可以在舱面上或甲板驳上装载货物。承运人如果擅自将货物装在舱面上或甲板驳上，则货物因此而遭受的灭失或损坏，应由承运人负责赔偿。

在航次租船合同情况下，合同会约定装货规定时间，如果租船人在规定时间内未完成装卸货物的工作，则应支付滞期费。

货物的灭失、损坏或者迟延交付是由于承运人或者承运人的受雇人、代理人的不能免责的原因和其他原因共同造成的，承运人仅在其不能免责的范围内承担赔偿责任。但是，承运人对其他原因造成的灭失、损坏或者迟延交付应当负举证责任。

货物灭失的赔偿额，按照货物的实际价值计算；货物损坏的赔偿额，按照货物受损前后实际价值的差额或者货物的修复费用计算。货物的实际价值，按照货物装船时的价值加保险费及运费计算。

承运人将货物运输或者部分运输委托给实际承运人履行的，承运人仍然应当依法对全部运输负责。但合同可约定，货物在指定的实际承运人掌管期间发生的灭失、损坏或者迟延交付，承运人不负赔偿责任。

对承运人责任的规定，适用于实际承运人。承运人与实际承运人都负有赔偿责任的，应在此项责任范围内负连带责任。

4．承运人的免责

在责任期间货物发生的灭失或者损坏是由于下列原因之一造成的，承运人不负赔偿责任：

（1）船长、船员、引航员或者承运人的其他受雇人在驾驶船舶或者管理船舶中的过失；

（2）火灾，但是由于承运人本人过失所造成的除外；

（3）天灾，即海上或者其他可航水域的危险或者意外事故；

（4）战争或者武装冲突；

（5）政府或者主管部门的行为、检疫限制或者司法扣押；

（6）罢工、停工或者劳动受到限制；

（7）在海上救助或者企图救助人命或者财产；

（8）托运人、货物所有人或者他们代理人的行为；

（9）货物的自然特性或者固有缺陷；

（10）货物包装不良或者标志欠缺、不清；

（11）经谨慎处理仍未发现的船舶潜在缺陷；

（12）非由于承运人或者承运人的受雇人、代理人的过失造成的其他原因。

5．承运人的赔偿责任限制

按照《海商法》的规定，承运人对货物灭失或损坏的赔偿限额，按货物件数或者其他货运单位计算，每件或者每个货运单位为 666.67 计算单位（指特别提款权 SDRs），或者按货物毛重每千克 2 个计算单位，以二者中限额较高者为准。

货物的件数或单位，应以提单记载为准，即使提单记载和实际情况不符也是如此。如果提单上对货物的记载是有保留的，如记有“托运人计数”、“据称内装”等所谓不知条款，即使在计算货损赔偿时可能有意义，但在决定单位赔偿责任限制时却毫无意义，提单记载的数字才是有效的。

延迟交付造成经济损失的赔偿限额，为延迟交付的货物的运费数额。货物的灭失或者损坏和延迟交付同时发生的情况下，承运人的赔偿责任限额适用一般货物灭失或损坏的赔偿限额。

责任限制不是任何时候都适用的。不适用的情况有两种：一是有特别约定时，如果托运人在货物装运前已经申报货物的性质和价值，并在提单中载明的，或者承运人与托运人已另行约定高于《海商法》规定的赔偿限额的，则应按提单所载或双方约定的标准进行赔偿。二是承运人丧失责任限制的权利。《海商法》规定，如果货物灭失、损坏或延迟交付是承运人故意或明知可能造成损失而轻率地作为或者不作为造成的，承运人不得援引赔偿责任限制的规定。

7.7.4 托运人的责任

托运人，是指他本人或者委托他人为本人与承运人订立海上货物运输合同的人，也包括本人或者委托他人以本人名义或者委托他人为本人将货交给与海上货物运输合同有关的承运人的人。

托运人应负的责任主要有：

（1）妥善包装货物。托运人托运货物，应当妥善包装，并向承运人保证货物装船时所提供的货物的品名、标志、包数或者件数、重量或者体积的正确性。由于包装不良或者上述资料不正确，对承运人造成损失的，托运人应当负赔偿责任。

（2）办妥货物运输所需手续。托运人应当及时向港口、海关、检疫、检验和其他主管机关办理货物运输所需的各项手续，并将已办理各项手续的单证送交承运人。因办理各项手续的有关单证送交不及时、不完备或者不正确，使承运人的利益受到损害的，托运人应当负赔偿责任。

（3）危险货物的通知。托运人托运危险货物，应当依照有关海上危险货物运输的规定，妥善包装，做出危险品标志和标签，并将其正式名称和性质以及应当采取的预防危害措施书面通知承运人。托运人未通知或者通知有误的，承运人可以在任何时间、任何地点根据情况需要将货物卸下、销毁或者使之不能为害，而不负赔偿责任。托运人对承运人因运输此类货物所受到的损害，应当负赔偿责任。

承运人即使知道危险货物的性质并已同意装运的，仍然可以在该项货物对于船舶、人员或者其他货物构成实际危险时，将货物卸下、销毁或者使之不能为害，而不负赔偿责任。

（4）支付运费。托运人应当按照约定向承运人支付运费。托运人与承运人可以约定运费由收货人支付，但是此项约定应当在运输单证中载明。

7.7.5 提单

1. 提单的概念和内容

提单，是指用以证明海上货物运输合同和货物已经由承运人接收或者装船，以及承运人保证据以交付货物的单证。提单是承运人在接受或装载货物以后，应托运人的要求，由承运人、船长或承运人的代理人签发的货运单据。

提单内容应包括下列各项：

（1）货物的品名、标志、包数或者件数、重量或者体积，以及运输危险货物时对危险性质的说明；

（2）承运人的名称和主营业所；

（3）船舶名称；

（4）托运人的名称；

（5）收货人的名称；

（6）装货港和在装货港接收货物的日期；

（7）卸货港；

（8）多式联运提单增列接收货物地点和交付货物地点；

（9）提单的签发日期、地点和份数；

（10）运费的支付；

（11）承运人或者其代表的签字。

但是，提单上述内容不全并不影响提单的有效性，关键是应具备提单的性质和作用。当然提单中订入的条款不能有降低承运人责任的内容，否则此类条款将是无效的。

2. 提单的性质和作用

首先，提单是海上货物运输合同的证明。提单是证明海上货物运输合同的一种单据，其本身并不是运输合同。运输合同在货物装船前已经存在。提单在这个意义上，就是证明提单记载的托运人与承运人存在运输合同法律关系的唯一证明文件。

其次，提单是证明货物由承运人装载的单据。在一般情况下，货物未实际装船而签发的提单是无效的。如果货物装船以前，承运人已应托运人的要求签发了收货待运提单或其他物权凭证，托运人应将这些单据退还承运人，以换取已装船提单；承运人亦可在这些单据上加注承运船舶的船名和装船日期，则这些单据应视为已装船提单。

最后，提单是承运人保证凭以交付货物的凭证。由于提单代表着提单项下所记载的货物本身，出示提单才能提取货物，所以提单持有人必须凭提单才能向承运人或船长请求交付货物，而船方也必须按提单记载将货物交给收货人。因此，提单具有物权、债权凭证的性质，是一种有价证券，它可以在市场上自由流通。但对于特种货物，比如，古董、金银、现钞以及个人包裹，托运人得请承运人签发不可以转让或流通的提单。此种提单必须批注“不可流通”或“不可转让”的字样。

提单的使用，一般针对海上货物运输，指定由某一船舶负责承运。但如果装货港和目的港之间不能由同一船舶直达时，就得在指定的港口转船。比如，一票货物由两艘海轮承运，或者江船与海船交接，就要签发海上转船提单。当目的港在内地必须经过陆运才能到达时，需要签发海陆联运提单，其中包括船舶与汽车联运或者船舶与火车联运。

如果承运人有合理根据怀疑所载货物与托运人提供并载于提单的有关货物品名、标志、包数、件数、重量及体积不符，与实际接收的货物不符，或者没有适当的方法核对提单记载的，则承运人有权在提单上批注，列明不符之处、怀疑的根据或没有适当的检验办法。

3. 提单的分类

提单分为记名提单、指示提单和不记名提单三种。这三种提单都是为了确定什么人在目的港是收货人，以便凭提单向承运人或者船长要求交货。按照《海商法》的规定，无论何种提单，收货人都应出示正本提单才能提货。

（1）记名提单。发货人在提单内指明某一特定的企业单位或某一个特定的人为收货人，除了这个特定的企业单位或者这个特定人以外，他人不得提货。这种提单一般不得转让，没有流通性。

（2）指示提单。根据提单载明的指示人（一般为托运人或银行）交付货物，在提单正面不记载确定的收货人名称。这种提单可以背书后转让他人。

（3）不记名提单。发货人在提单内没有指名收货人，承运人在目的港将货物交付提单持有人。不记名提单到达任何人手中，均可提货或出卖转让。因此提单所有人就是提货人。

指示提单也可以空白背书转让，比如，收货人在背书转让时仅签字背书，而没有指出提单受让人的名称。这样，实际上就把这个指示提单变成不记名提单，任何持有人都可凭这个空白背书的提单向船长要求提货。

不记名提单凭单交货，手续虽然简便，但是如果发生遗失或者盗窃情节，以致到了善意地付出代价的第三者手中时，极易引起纠纷。

指示提单凭记名背书即可转移，手续也不复杂，同时又保护了收货人的权利，即使发生遗失或者盗窃情况，也不致任何人仅凭提单即可向船长要求提货。

7.7.6 货物交付

承运人向收货人交付货物时，收货人未将货物灭失或者损坏的情况书面通知承运人的，此项交付视为承运人已经按照运输单证的记载交付货物以及货物状况良好的初步证据。货物灭失或者损坏的情况非显而易见的，在货物交付的次日起连续 7 天内，集装箱货物交付的次日起连续 15 天内，收货人未提交书面通知的，也视为承运人已将货物按提单的记载交付。

承运人自向收货人交付货物的次日起 60 天内，未收到收货人就货物因迟延交付造成经济损失而提交的书面通知的，可以不负赔偿责任。在卸货港无人提取货物或者收货人迟延、拒绝提取货物的，船长可以将货物卸在仓库或者其他适当场所，由此产生的费用和风险由收货人承担。应当向承运人支付的各种费用没有付清，又没有提供适当担保的，承运人可以在合理限度内留置其货物。留置的货物，自船舶抵达卸货港的次日起满 60 天无人提取的，承运人可以申请法院裁定拍卖。拍卖所得价款，用于清偿保管、拍卖货物的费用以及运费和应当向承运人支付的其他有关费用；不足的金额，承运人有权向托运人追偿；剩余的金额，退还托运人；无法退还或自拍卖之日起满 1 年无人领取的，上缴国库。

7.7.7 合同的解除

船舶在装货港开航前，托运人可以要求解除合同。但是，除合同另有约定外，托运人应当向承运人支付约定运费的一半；货物已经装船的，应当负担装货、卸货和其他与此有关的费用。

船舶在装货港开航前，因不可抗力或者其他不能归责于承运人和托运人的原因致使合同不能履行的，双方均可解除合同，并互相不负赔偿责任。比如，船舶或者货物因为军事行动，有被捕获或者劫夺的危险；装货港或者卸货港被宣布封锁，船舶不能进出等。出现这些情况时，除合同另有约定外，运费已经支付的，承运人应当将运费退还给托运人；货物已经装船的，托运人应当承担装卸费用；已经签发提单的，托运人应当将提单退还承运人。

因不可抗力或者其他不能归责于承运人和托运人的原因致使船舶不能在合同约定的目的港卸货的，比如，由于战争、封锁、禁运、罢工等，除合同另有约定外，船长有权将货物在目的港邻近的安全港口或者地点卸载，视为已经履行合同。船长决定将货物卸载的，应当考虑托运人或者收货人的利益，并及时通知托运人或者收货人。

7.7.8 租船合同

1. 定期租船合同

定期租船合同，是指船舶出租人向承租人提供约定的由出租人配备船员的船舶，由承租人在约定期间内按照约定的用途使用并支付租金的合同。定期租船合同的内容，主要包括出租人和承租人的名称、船名、船籍、船级、吨位、容积、船速、燃料消耗、航区、用途、租船期间、交船和还船的时间、地点和条件、租金及其支付，以及其他有关事项。

出租人不按照合同约定的时间交付船舶，或所交付的船舶不适航，承租人有权解除合同。对承租人因此而受到的损失，出租人应负赔偿责任。承租人应当保证船舶在约定航区内的安全港口或者地点之间从事约定的海上运输。承租人违反这一约定的，出租人有权解除合同，并有权要求赔偿因此遭受的损失。承租人有权就船舶营运向船长发出指示，但是不得违反定期租船合同的约定。

承租人可以将租用的船舶转租，但是应当将转租的情况及时通知出租人。租用的船舶转租后，原租船合同约定的权利和义务不变。承租人未按照合同约定支付租金的，出租人有权解除合同，并有权要求赔偿因此遭受的损失。承租人未向出租人支付租金或者合同约定的其他款项的，出租人对船上属于承租人的货物和财产以及转租船舶的收入有留置权。

光船租赁合同也属于定期租船的一种。它是指船舶出租人向承租人提供不配备船员的船舶，在约定的期间内由承租人占有、使用和营运，并向出租人支付租金的合同。光船租赁期间，承租人负责船舶的保养与维修。

在光船租赁期间，未经出租人书面同意，承租人不得转让合同的权利和义务或者以光船租赁的方式将船舶进行转租。未经承租人事先同意，出租人不得在光船租赁期间对船舶设定抵押权，否则致使承租人遭受损失的，应当负赔偿责任。承租人未按照合同约定的时间支付租金连续超过 7 天的，出租人有权解除合同，并要求赔偿因此遭受的损失。

关于光船租赁合同，船舶的出租人和承租人的权利和义务，在合同中约定。

在国际租船市场上制订有各种供选用的租船合同格式，每一种格式都有印就的固定条款，并通常以一个符号来代替，以便在国际租船市场上不能当面签订租船合同的时候，使用符号经电报往来签订。

属于租船方式的运输合同，都是有关大宗货物的运输。比如，煤、盐、粮、糖、矿砂、木材、化肥等货物，数量可以达到船舶的全部或部分空间或载重。租船时，出租人与承租人双方都是先订立合同，然后才开始装船起运。在实际中，采取这种方式的运输，一般都是租用船舶的全部，租用部分舱位或者指定舱位的运输是比较少见的。

2. 航次租船合同

航次租船合同，是指船舶出租人向承租人提供船舶的部分舱位装运约定的货物，从一港运至另一港，由承租人支付约定运费的合同。出租人应当提供约定的船舶，如需更换船舶，应征得承租人同意。但是，提供的船舶或者更换的船舶不符合合同约定的，承租人有权拒绝接受或者解除合同。因出租人过失未提供约定的船舶或延误提供船舶致使承租人遭受损失的，出租人应当负赔偿责任。

航次租船的情况下，承租人也可以将其租用的船舶转租。转租后，原合同约定的权利和义务不受影响。承租人应当提供约定的货物；经出租人同意，可以更换货物。但是，更换货物对出租人不利的，出租人有权拒绝或者解除合同。因未提供约定的货物致使出租人遭受损失的，承租人应当负赔偿责任。

本章小结

水路运输包括国内水路运输和国际海上运输，是物流重要的环节。尤其对国际物流来说，世界上80%以上的国际贸易是通过海上运输进行的。水运物流既涉及国家对水运的管理制度，也涉及水路运输合同法律制度，其中既有国内法律、法规，也有国际公约。通过本章的学习，应该掌握我国国际海运管理主要制度、《国内水路货物运输规则》、《海商法》及《海牙规则》、《维斯比规则》和《汉堡规则》等国际公约的基本内容。

思考与练习

1. 分析我国水运管理体系在机构和立法上的特点。
2. 《水路运输管理条例》的主要内容有哪些？
3. 《国际海运条例》对无船承运人制度是如何规定的？
4. 《国际海运条例》关于国际班轮运输有哪些主要规定？
5. 《国内水路货物运输规则》关于托运人和承运人的权利义务是如何规定的？
6. 《国内水路货物运输规则》关于运单有哪些规定？
7. 《海牙规则》关于承运人责任的规定主要包括哪些方面？
8. 《维斯比规则》对《海牙规则》做了哪些修改？
9. 《汉堡规则》与《海牙规则》相比，有哪些主要特点？
10. 《鹿特丹规则》的创新主要体现在哪些方面？
11. 《鹿特丹规则》对承运人的责任范围是如何规定的？
12. 《鹿特丹规则》将承运人的责任限制金额提高到多少？
13. 我国《海商法》关于提单的基本规定有哪些？
14. 请比较我国《海商法》与各国际公约对承运人责任期间、责任限制、诉讼时效等所做的规定。

案例分析

1. 水运纠纷案

2008年2月28日，原告浙江钱鸿海运有限公司（以下称钱鸿海运）与案外人正大浩远签订一份《航次租船合同》，合同约定由钱鸿海运所属的“钱鸿66”轮承运被告江苏沙钢世富钢铁炉料贸易有限公司（以下简称沙钢世富）的16200吨煤炭由天津港运往张家港海力码头。

2008年3月8日，“钱鸿66”依约抵达张家港，然而正大浩远一直不予支付42万元运费，同时被告方不支付运费亦不安排码头卸货。由于原告是与案外人天津正大浩远船务有限公司直接签订《航次租船合同》，根据合同约定：原告与案外人天津正大浩远船务有限公司签订的《航次租船合同》第9条“若承租人违约，如果货已装妥或正在装卸，出租人有权随时撤船并有权扣留承租人托运的相应款额的货物抵赔应付运费、船期损失及其他费用”。因此，在货物运至指定地点后，原告多次发函给案外人天津正大浩远船务有限公司，要求其通知被告前来收货，并要求付清运费，否则将行使留置权。

该船煤炭货物的运输，还涉及另一个案外人福建平潭县平原船务有限公司（以下简称平原公司）。被告沙钢世富与案外人平原公司也签订了航次租船合同，约定由浙江钱鸿海运有限公司将16200吨煤炭，从天津港运至江苏沙钢海力码头。

货物到达后，沙钢世富向平原公司支付了40余万元运费，但平原公司因资金紧张未向钱鸿公司支付运费。钱鸿公司以未收到运费为由，将价值1500万元的煤炭留置于该公司所属的“钱鸿66号”轮上，留置货物长达10天，导致扩大滞期费、港口费用等损失约400万元. 由于双方当事人多次协商未果，船方扬言要拖走煤炭。3月18日下午，沙钢世富以实际托运人的身份向武汉海事法院常熟法庭申请海事强制令。强制将货物卸至张家港海力码头，并将货物全部提走。经查原告签发的《水路货物运单》记载的实际托运人就是“江苏沙钢世富钢铁炉料贸易有限责任公司”（即本案被告沙钢世富）。

事实上，原告在遭受运费损失的同时，还遭受了14天的船期损失。为此，向法院提起诉讼，要求被告方支付运费及因其拒付运费、拒绝安排码头卸货而给原告造成的所有损失。

问题：

（1）原告是否有权主张42万元运费？

（2）原告是否有权主张被告拒绝安排码头卸货而给原告造成的所有损失？

（3）原告是否可以在没有拿到运费、滞期费的前提下对运输货物行使留置权？

（4）怎样行使留置权才是适当的？

2. 海上货物运输索赔案

原告：日本振兴船舶株式会社（以下简称振兴会社）

被告：中远集装箱运输有限公司（以下简称中远公司）

被告：上海奥吉国际货运有限公司（以下简称奥吉公司）

2001年7月2日，浙江特产集团有限公司（以下简称浙江公司）委托振兴会社运输出口货物，收货人为日本荻森公司，同时约定装运货物需使用设置温度为2℃～4℃的冷冻集装箱。振兴会社向浙江公司签发了提单，并于同月7日将涉案货物委托中远公司出运，奥吉公司代理中远公司向振兴会社签发提单，载明托运人和收货人为振兴会社。同月10日，货物运抵目的港，荻森公司从振兴会社目的港代理处提货、拆箱后委托新日本检定协会对货物进行检验，检验报告载明货物部分损坏，原因是运送中集装箱内温度下降至低于0℃，损失金额为261 260日元。之后，浙江公司向振兴会社出具权益转让证明书。该证明书载明：“就涉案货损索赔一事，经与振兴会社商定货损款为4 853美元，在浙江公司支付2001年度所欠振兴会社海运费中已予扣除，浙江公司将相应权利转让给振兴会社”。振兴会社遂据此起诉中远公司及奥吉公司，要求赔偿相应损失。

上海海事法院经审理认为，振兴会社主张中远公司及奥吉公司应承担违反运输合同约定所产生的损害赔偿责任，必须证明振兴会社的损失已实际发生，且违约行为与损失之间存在因果关系，这是认定损害赔偿责任的前提。本案中，振兴会社提供的证据不能证明其向收货人获森公司进行赔付的损失已实际发生，应自行承担举证不能的法律后果。遂判决对振兴会社的诉讼请求不予支持。

振兴会社上诉认为：振兴会社与中远公司之间存在独立的货物运输合同关系，振兴会社作为该合同一方当事人对涉案货物享有权利。振兴会社与外贸合同下的进出口方之间已通过两次抵消完成了赔付，亦实际遭受了与赔付额相当的应收运费的损失。请求二审依法改判，支持振兴会社之诉请。

中远公司答辩认为：振兴会社未能证明货损是在中远公司掌管货物期间发生，亦未能证明其向本案货物的收货人进行了赔付，故无权向中远公司和奥吉公司提起索赔。请求驳回上诉，维持原判。

奥吉公司答辩认为：奥吉公司只是中远公司的签单代理人，而不是承运人，不应对振兴会社所称的货损承担任何责任。请求驳回上诉，维持原判。

上海市高级人民法院经审理认为，本案为涉外海上货物运输合同损害赔偿纠纷。因涉案提单的签发地、涉案货物的起运港和被告住所地均在我国境内，本案当事人没有选择解决合同争议的准据法，本院遂根据最密切联系地原则确定解决本案纠纷的准据法，即中华人民共和国法律。

从本案现有证据分析，涉案货物的托运人为浙江公司，收货人为获森公司，振兴会社接受托运人委托运输涉案货物，为涉案货物的承运人；奥吉公司在中远公司授权范围之内代中远公司向振兴会社签发了涉案货物的海运提单，该提单显示承运人为中远公司，并由中远公司实际完成了涉案货物的海上运输。据此，中远公司符合《中华人民共和国海商法》第 42 条第（二）项规定的“接受承运人委托，从事货物运输或者部分运输的人，包括接受转委托从事此项运输的其他人”之法律特征，应为涉案货物的实际承运人。

涉案货物实际承运人中远公司向承运人振兴会社签发的提单可以作为二者之间运输合同关系的证明，但振兴会社已经从中远公司处提取了货物，并将货物交给了通过合法转让获得振兴会社提单，并据此提取货物的收货人获森公司，获森公司申请对货物进行检验并发现了货损。至此，有权就涉案货物货损行使权利的应为收货人获森公司，或者通过赔付等方式从收货人获森公司处受让涉案货物权利的人。根据《海商法》第 60 条第 1 款、第 63 条的有关规定，承运人与实际承运人都（对货物权利人等）负有赔偿责任的，应当在此项责任范围内负连带责任。而连带责任意味着多个债务人中的任何一个债务人都有义务先行对债权人履行全部债务，并可在已经履行债务的基础上再依法向其他债务人追偿。故本案承运人振兴会社向实际承运人中远公司进行追偿，应以向收货人做出赔偿或获得其权利转让为前提条件。

振兴会社持有的是托运人浙江公司的权益转让证明，而非向收货人获森公司进行赔付或从获森公司处取得权利转让的证明；振兴会社对其所谓浙江公司已因涉案货损被获森公司扣除相应货款的说法亦未能进行举证，应自行承担举证不能的法律后果。据此，二审对于振兴会社关于已通过与托运人、收货人之间的两次抵消实际向收货人完成了赔付的主张不予确认。承运人振兴会社未能证明其已就涉案货损向收货人获森公司进行了赔付，亦未能证明其受让的权利来源于有权转让涉案货物权利的收货人获森公司，其要求实际承运人中远公司及其代理人奥吉公司赔偿货损的上诉理由不能成立。

综上，依照《中华人民共和国民事诉讼法》第 153 条第 1 款第（一）项、第 158 条之规定，判决驳回上诉，维持原判。

问题：

（1）本案诉讼当事人有哪些？

（2）振兴会社是什么法律地位？浙江公司与振兴会社的关系是什么？

（3）奥吉公司与中远公司之间的关系是什么？

（4）振兴会社与中远公司之间的关系是什么？

（5）浙江公司与获森公司之间的关系是什么？

（6）中远公司与获森公司之间的关系是什么？

（7）我国对无船承运人的市场准入条件是如何规定的？

（8）本案纠纷的解决为什么适用中国法律？

（9）振兴会社在本案中败诉的原因主要是什么？

3. 倒签提单侵权损害赔偿纠纷案

原告：A贸易公司

被告：B运输公司

1998年6月5日，原告与日本三井签订了进口日本产610t聚丙烯的销售合同。约定价格条件为CIF厦门，总价款为54.6万美元，起运港为日本主要港口，目的港为厦门，装船期为不迟于1998年8月31日。原告将进口的这批货与C公司订立了转售合同。

1998年8月10日，日本三井传真原告，称已安排“安江”轮承运货物，预计该轮于8月27日或28日驶离日本神户，约9月2日抵达厦门。“安江”轮系被告所属往返于厦门与神户的定期班轮。因风浪影响了船期，该轮第80航次于1998年8月30日始从厦门起航，9月6日抵神户，9月7日装货完毕，转入第81航次返回厦门。但被告在日本的代理人SEINANA船务株式会社签发的证明原告进口货物已装上“安江”轮的CKXM-612号提单的装船时间，却为1998年8月31日。倒填7天的结果使该提单的装船期与信用证的规定在表面上吻合起来。

1998年9月10日，“安江”轮抵厦门港，根据该轮到港时间，原告初步确认被告倒签了提单，便于9月12日和26日两次传真日本三井，指出不能接受倒签的提单，要求其根据市场行情将货物每吨降价50美元，以赔偿这一侵权行为给原告造成的损失，否则拒收货物。日本三井对原告的要求迟迟不复，并于1998年9月14日向日本东海银行提交了信用证项下的全部单据。

1998年9月25日，单据寄到厦门农行。原告和厦门农行均发现发票和包装单上存在两个不同的合同号。为稳妥起见，原告以单证不符为由要求厦门农行拒付货款。日本东海银行认为该不符点不影响单据的效力，厦门农行按照国际惯例予以付款，同时扣划了原告在该行的外汇存款。

此时由于货物入境已逾3个月仍未申报，海关依法有权提取、变卖。为避免这一情况的发生，原告于1999年1月6日凭副本提单加其公司保函去厦门外轮代理公司换取了提货单，2月15日办完报关等手续，2月25日将货物提离港区。在此期间，原告去厦门农行办了付款手续，赎出了正本提单。

C公司因原告的迟延履行而解除了与原告的合同，原告为减少损失而决定销售货物。但由于这一时期价格下跌，故仅得货款人民币2 667 987元，比其原定与C公司的成交额少556 319元。

原告向法院提起诉讼，要求判令被告赔偿其货物销售损失556 319元及其利息。赔偿其支付的海关滞报金和货物在码头的费用及仓租费等约 60 万元。

被告认为：被告是在船舶遇恶劣天气，耽误了船期的情况下，接受日本三井的保函后倒签提单的，并非与之恶意串通。根据该一票货物的提单条款，在承运人责任期间内，原告尚未取得正本提单，也就无货物所有权可言，因此被告与原告不存在合同关系，上述倒签提单并未构成对原告的侵权。即使考虑到日本神户至厦门是短航程运输，且厦门外轮代理公司已同意原告凭副本提单加保函提货这一事实，原告诉称的各项损失也与被告无关。原告在得知倒签提单后并未向被告提出索赔，而是依据买卖关系直接与日本三井交涉。且在主张拒收和要求降价间犹豫不决，拖至 1999 年 2 月 15 日始报关提货，而此时被告的运输责任早已终止，也不可能再就此事采取任何积极措施。因此，原告销售货物的差价损失完全是拖延提货所致。该批货物滞留厦门港过长而发生的相关费用，以及缴纳的海关保证金、货物仓租费等也同样是因为原告处置不当造成的。原告与 C 公司就该批货物所签订的买卖合同未能履行，是因为该合同与其进口合同不能互相衔接所致，与被告无关。

厦门海事法院判决认为：本案当事人双方的民事权益纠纷系因被告在国际海上货物运输中的倒签提单行为所引起。原告作为进口买卖的买方和提单的被通知人，已申请开立了不可撤销的即期信用证，在日本三井将被告签发的已装船提单空白背书提交议付行之后，原告的提单收货人的法律地位便已确立。原告就被告倒签提单所造成的损失享有向被告行使诉讼的权利。原告在得知倒签提单后，曾基于买卖关系向日本三井索赔未果，又以国际海上运输的法律关系对被告提起诉讼，这种行为是原告行使索赔权利的选择，并未违反法律规定和国际惯例。被告关于原告起诉时提单条款约定的承运人运输责任已经终止的辩称，混淆了因运输而产生的违约责任和因倒签提单而产生的侵权责任，不能成立。被告不正当履行承运人的义务，在签发载明原告进口的货物提单时，违反国际惯例，倒填装船时间，严重损害了原告的利益，故应承担赔偿责任。原告在确认提单被倒签并表示出若降价可以接受货物时，亦有义务避免损失的扩大。由于原告报关提货的时间有所迟延，对已实际发生的损失亦应承担相应责任。原告诉称的港口和仓租费用损失中，有些系非计时收取的成本支出，与被告倒签提单无关，故不予支持。据此，依据《中华人民共和国海商法》的有关规定，判决如下：

1）被告赔偿原告 CKXM-612 号提单项下的货物销售款损失 457 561 元及其利息损失 26 5000 元；

2）被告赔偿原告因提货而支付的货物堆存费、超期费、移动费损失共计 100 708 元及其利息损失 26 829 元；

3）被告赔偿原告因报关而支付的海关保证金（滞报金）75 095 元及其利息损失 17 620 元。

问题：

（1）国际货物买卖合同的装船期有几种规定方式？

（2）什么是倒签提单？倒签提单行为是违约行为还是侵权行为？

（3）本案提单倒签具体表现在什么地方？

（4）本案信用证支付方面是否存在未妥善处理的情况？

（5）凭副本提单提货时，为什么需要保函？

（6）原告未能与 C 公司完成买卖而造成的损失能否由被告承担？

（7）分析法院判决的合理性。

4. 凭保函换取清洁提单纠纷案

原告：A远洋运输公司

被告：B对外贸易公司

原告在起诉书中诉称：我公司所属“清江”轮在厦门装载被告托运的5 000t（共10万袋）白糖时，因当即发现有10%的脏包，于1997年7月8日在收货单上做了批注。按规定应在提单上做同样批注。但被告为能迅速出口货物与及时结汇，请求我公司接受其1997年7月16日做出的担保，并签发清洁提单。因考虑到被告一时难以换货，在被告许诺承担由此而产生的责任的情况下，我公司给予被告适当的通融，签发了清洁提单。当“清江”轮抵达科伦坡港卸货后，收货人以脏包造成其损失为理由，向斯里兰卡高等法院申请扣船并提起诉讼，索赔金额高达480 215美元，致使“清江”轮被扣达26天，我公司蒙受了很大损失。虽然不能以保函来对抗收货人，但我公司仍从维护被告利益考虑，对外据理力争。经与收货人多次交涉，终于达成由我公司赔付286 396.37美元而收货人撤回起诉的协议。我公司将上述赔付情况及时告知被告，并要求被告按其承诺赔偿我公司损失。但与被告多次协商未果，只得诉诸法律，要求被告履行保函约定的义务，赔偿上述损失。

海事法院查明，原告所述属实，有被告出具的保函，原告出具的收货单、赔偿通知书、斯里兰卡高等法院的裁定（经公证）及法院的调查材料为证。

海事法院认为，《1978年联合国海上货物运输公约》（简称《汉堡规则》）对国际航运中所使用的保函效力做了具体规定，即保函对受让提单的包括任何收货人在内的任何第三人不发生效力，但对于托运人是有效的。若承运人接受保函而签发提单属故意欺诈，则保函对托运人无效，承运人不仅无权从托运人处取得赔偿，且要对包括收货人在内的第三方的损失承担赔偿责任，且不享有赔偿责任限制的权利。我国《海商法》对保函问题未做明确规定。该案涉及到涉外运输，因此《汉堡规则》可作参考。本案原告为避免承担责任，欲在提单上做出批注，以便对抗收货人可能提出的索赔，这是承运人的正当权利。托运人为取得清洁提单，向承运人出具保函保证由于因脏包造成损失，责任由托运人承担。承运人接受保函后签发了清洁提单。承、托双方的行为均出于善意，符合民事法律的诚实信用原则，不具有对第三人欺诈的故意。被告以保函换取清洁提单，并不是为了隐瞒货物本身的某种缺陷，相反，是为克服客观条件的限制，同时避免货物发生变质；承运人接受保函，签发清洁提单，也无欺诈收货人的意图，只是为了解决由于货物包装产生的争议。因此，可以认定承、托双方之间保函的效力，将保函视为托运人和承运人之间达成的一项保证赔偿协议，在承、托双方之间具有法律约束力。承运人因保函事项遭受经济损失，应通过保函从托运人处得到补偿。被告也应履行其承诺，赔偿原告经济损失。

根据《中华人民共和国民事诉讼法》有关规定和海上运输国际惯例规定，在法院主持下，双方当事人本着实事求是、友好协商的精神，于1997年12月20日达成调解协议：

（1）被告于1998年3月30日以前一次性付清原告25万美元。若被告逾期偿还，依有关法律规定处理；

（2）案件受理费××××元，原告负担××××元，被告负担××××元。

问题：

（1）《汉堡规则》在什么条件下承认保函的效力？

（2）为什么说本案的保函是善意的？

（3）在倒签提单、预借提单条件下签发的保函与本案的保函有什么区别？

5. 无正本提单交货提货纠纷案

原告：A服饰公司

被告：B船务公司

2003年3月12日，原告A服饰公司与有外贸进出口权的C进出口公司签订代理出口协议书，A服饰公司委托C进出口公司出口货物。C进出口公司接受委托后，与境外买方韩国三井公司签订了出口合同，价格条件为FOB上海，信用证付款。在韩国合法注册并具有无船承运人资质的IMEX海运航空株式会社（IMEX TRADE & CARGO CO.,LTD.，以下简称IMEX公司）委托被告B船务公司代理在上海的订舱、装箱和交付装运文件等事宜。B船务公司接受委托后，安排了货物的送货、装箱、报关，并就无船承运人提单的签发代表IMEX公司同托运人协商。IMEX公司签发了无船承运人提单后，由B船务公司转交托运人。B船务公司又向实际承运人订舱。韩国现代商船有限公司签发了海运提单，记名收货人为IMEX公司，承运船舶为"MINA"轮，由现代商船实际承运了货物。货物运抵目的港后，B船务公司要求现代商船电放货物。A服饰公司认为，货物在目的港被无单放行，致使其无法就货款进行结汇，请求法院判令B船务公司赔偿经济损失。

问题：

（1）说明IMEX公司与A服饰公司、现代商船之间的法律关系及其性质分别是什么？

（2）现代商船能否电放货物？电放货物需要什么条件？

（3）原告能否证明货物在目的港被无单放行？

（4）本案无单放货的举证责任由谁承担？

第8章 陆运物流法律、法规及公约

内容提要

- 公路物流与铁路物流的特点；
- 《汽车货物运输规则》的主要内容；
- 《集装箱汽车运输规则》和《汽车危险货物运输规则》的主要内容；
- 《国际公路货物运输合同公约》的主要规定；
- 《铁路法》和相关法规的主要内容；
- 《国际铁路货物联运协定》的有关规定。

8.1 陆运物流概述

公路运输和铁路运输是陆上运输的两种基本方式，是国内、国际物流的基本组成部分。二者既相对独立，又是构成综合运输体系的一部分。

8.1.1 我国公路物流概述

公路运输（Road Transportation）是现代运输的主要方式之一，同时，也是构成陆上运输的两个基本运输方式之一。它在整个运输领域中占有重要的地位，并发挥着越来越重要的作用。

1. 公路运输的特点

（1）公路运输是一种机动灵活、简捷方便的运输方式。在短途货物集散运输上，它比铁路运输具有更大的优越性，尤其在实现“门到门”的运输中，其重要性更为显著。

（2）公路运输是衔接空运、海运、铁路运输不可缺少的运输方式。空运、海运、铁路运输不同程度上都要依赖公路运输来完成连接两端的运输任务。例如铁路车站、港口码头和机场的货物集疏运输都离不开公路运输。

（3）公路运输适应点多、面广、零星、季节性强的货物运输，不适宜装载重件、大件货物。

（4）公路运输运距短，单程货多。

（5）公路运输汽车投资少，见效快。

（6）公路运输的载重量少，交通事故较频繁，易造成货损货差事故，对环境的影响较大。

（7）公路运输运输成本费用较水运和铁路运输要高。

2．公路运输的分类

（1）公路运输按货物本身特点进行的分类。① 整批货物运输：指托运人一次托运货物计费重量3t以上或不足3t，但其性质、体积、形状需要一辆汽车运输的。② 大型特型笨重物件运输：指因货物的体积、重量的要求，需要大型或专用汽车运输的。③ 集装箱汽车运输：指采用集装箱为容器，使用汽车运输的。④ 快件货物运输：指在规定的距离和时间内将货物运达目的地的；应托运人的要求，采取即托即运的，为特快件货物运输。⑤ 危险货物汽车运输：指承运《危险货物品名表》列名的易燃、易爆、有毒、有腐蚀性、有放射性等危险货物和虽未列入《危险货物品名表》，但具有危险货物性质的新产品。⑥ 出租汽车货运：采用装有出租营业标志的小型货运汽车，供货主临时雇用，并按时间、里程和规定费率收取运输费用的。⑦ 搬家货物运输：为个人或单位搬迁提供运输和搬运装卸服务，并按规定收取费用的。

（2）公路运输按组织形式进行的分类。① 公共运输业：指专业经营汽车货物运输业务并以整个社会为服务对象，其经营方式有定期定线、定线不定期和定区不定期。定期定线是指不论货载多少，在固定路线上按时间表行驶；定线不定期是指在固定路线上视货载情况，派车行驶；定区不定期是指在固定的区域内根据货载需要，派车行驶。② 契约运输业：指按照承托双方签订的运输契约运送货物。与承运人签订契约的一般都是一些大的工矿企业，常年运量较大而又较稳定。契约期限一般都比较长，短的有半年、一年，长的可达数年。按契约约定，托运人保证提供一定的货运量，承运人保证提供所需的运力。③ 自用运输业：指工厂、企业、机关自置汽车，专为运送自己的物资和产品，一般不对外营业。

8.1.2 我国铁路物流概述

1．铁路运输的特点

铁路运输是国民经济的大动脉，是现代运输的主要方式之一。它具有以下特点：

（1）运输的准确性和连续性强。铁路运输几乎不受气候的影响，可以不分昼夜地进行定期的、有规律的、准确的运输。

（2）运输速度比较快。铁路运输比一般的海运要快得多。

（3）运输量比较大。铁路运量要高于空运和公路运输。

（4）运输成本较低。尤其与空运和公路运输相比，铁路运输成本低。

（5）运输安全可靠。铁路运输风险一般比海运小。

（6）初期投资大。铁路运输需要铺设轨道、建造桥梁和隧道，需要消耗大量钢材、木材，占有大量土地等。

2．铁路运输的形式

根据托运人托运货物的数量、体积、形状等条件，结合铁路的车辆和设备等情况，铁路货物运输的形式可分为三种，即整车、零担和集装箱。

整车运输系指货物的重量、体积或形状需要以一辆或一辆以上的货车装运。

零担运输是指一批货物的重量、体积或形状不够整车运输条件。按零担托运的货物还需具备另外两个条件：一是单件货物的体积最小不得小于 0.02 m^3（单件货物重量在 10kg 以上的除外），二是每批货物的件数不得超过 300 件。下列货物不得按零担托运：

（1）需要冷藏、保温或加温运输的货物；

（2）规定须按整车办理的危险货物；

（3）易于污染其他货物的污秽品（例如未经过消毒处理或未使用密封不漏包装的牲骨、湿毛皮、粪便、炭黑等）；

（4）蜜蜂；

（5）不易计算件数的货物；

（6）未装容器的活动物；（铁路局规定在管辖范围内可按零担运输的除外）

（7）一件货物重量超过 2t，体积超过 $3m^3$ 或长度超过 9m 的货物。（经发站确认不致影响中转站和到站装卸车作业的除外）

集装箱运输是指使用特定的集装运具将散装、小件运装、不易使用装卸机械作业的货物集装成单元进行运输的方式。铁路上使用的特定集装运输包括 1t、5t、10t 重的铁路标准箱和 20 英尺、40 英尺的国际标准箱。

3．铁路运输的主要对象

按照铁路运送的货物，可分为普通货物、按特殊条件运送的货物两类。

普通货物系指在铁路运送过程中，按一般条件办理的货物，如煤、粮食、木材、钢材、矿建材料等。

按特殊条件运送的货物系指由于货物的性质、体积、状态等在运输过程中需要使用特别的车辆装运或需要采取特殊运输条件和措施，才能保证货物完整和行车安全的货物，如超长、集重、超限、危险和鲜活易腐等货物。具体可分为以下三类：

（1）超长、集重和超限的货物。超长货物是指一件货物的长度超过用以装运的平车的长度，需要使用游车或跨装而又不超限的货物；集重货物是指一件货物装车后，其重量不是均匀地分布在车辆的底板上，而是集中在底板的一小部分上的货物；超限货物是指一件货物装车后，车辆在平直的线路上停留时，货物的高度和宽度有任何部分超过机车车辆限界的，或者货车行经半径为 300m 的铁路线路曲线时，货物的内侧或外侧的计算宽度超过机车车辆限界的，以及超过特定区段的装载限界的货物。

（2）危险货物。凡具有爆炸、易燃、毒害、腐蚀、放射性等特性，在运输、装卸和储存保管过程中，容易造成人身伤亡和财产毁损而需要采取制冷、加温、保温、通风、上水等特殊措施，以防止腐烂变质或病残死亡的货物。

（3）鲜活货物。鲜活货物分为易腐货物和活动物两大类。托运人托运的鲜活货物必须是品质新鲜、无疾残；有能保证货物运输安全的包装；使用的车辆和装载方法要适应货物性质；并根据需要采取预冷、加冰、上水、押运等措施，以保证货物的质量状态良好。

8.2 我国公路运输法律、法规

我国于1997年颁布并于1999年修订实施的《公路法》，主要针对公路的规划、建设、养护和路政管理、监督检查等，对于公路货物运输基本没有涉及。目前，规范公路货运的法规主要是由交通部颁布并于2000年1月1日起开始施行的《汽车货物运输规则》，此外，还有《集装箱汽车运输规则》、《汽车运价规则》、《汽车危险货物运输规则》。《合同法》对运输合同有专门的规定，但是没有分别就公路货运、铁路货运和海运等进行规定，因此，有关的规定仅仅具有一般性指导意义。

《汽车货物运输规则》是为维护汽车货物运输当事人的合法权益，明确承运人、托运人、收货人以及其他有关方的权利、义务和责任，维护正常的道路货物运输秩序，依据国家有关法律、法规而制定的。凡在国内从事营业性汽车货物运输及相关的货物搬运装卸、汽车货物运输服务等活动，均应遵守该规则。此外，除非法律、法规另有规定，该规则对于汽车运输与其他运输方式实行货物联运的情况也可适用。《汽车货物运输规则》共有8章92条，以下是其主要内容。

8.2.1 汽车货物运输的业务种类

汽车货物运输按托运货物数量分为零担和整车。托运人一次托运货物计费重量3t及以下的为零担货物运输；一次托运货物计费重量3t以上，或不足3t但其性质、体积、形状需要一辆汽车运输的，为整批货物运输。

按照运送的时间要求分为一般货物运输、快件运输、特快件运输。在规定的距离和时间内将货物运达目的地的，为快件货物运输；应托运人要求，采取即托即运的，为特快件货物运输。

按照运输时货物的特点分为大型特型笨重物件运输、集装箱汽车运输、危险货物汽车运输、出租汽车货运、搬家货物运输等。因货物的体积、重量的要求，需要大型或专用汽车运输的为大型特型笨重物件运输。采用集装箱为容器，使用汽车运输的为集装箱汽车运输。承运《危险货物品名表》列名的易燃、易爆、有毒、有腐蚀性、有放射性等危险货物和虽未列入《危险货物品名表》但具有危险货物性质的新产品，为危险货物汽车运输。采用装有出租营业标志的小型货运汽车，供货主临时雇用，并按时间、里程和规定费率收取运输费用的为出租汽车货运。为个人或单位搬迁提供运输和搬运装卸服务，并按规定收取费用的，为搬家货物运输。

汽车运输的货物有普通货物和特殊货物之分。货物在运输、装卸、保管中无特殊要求的，为普通货物，共有三等。货物在运输、装卸、保管中需采取特殊措施的，为特种货物，共有四类。每立方米体积重量不足333kg的货物为轻泡货物。其体积按货物（有包装的按货物包装）外廓最高、最长、最宽部位尺寸计算。

8.2.2　汽车货物运输合同

根据《汽车货物运输规则》，汽车货物运输合同有三种类型，即定期汽车货物运输合同、一次性汽车货物运输合同和在每车次或短途每日多次货物运输中，以运单形式体现的合同。无论哪一类合同，承运人或托运人应本着平等、自愿、公平、诚实、信用的原则签订。运输合同的订立应符合《合同法》的要求，《汽车货物运输规则》对于运输合同的基本内容有强制性规定，包括对运单内容的要求。

1．定期运输合同的主要内容

（1）托运人、收货人和承运人的名称(姓名)、地址(住所)、电话、邮政编码；
（2）货物的种类、名称、性质；
（3）货物重量、数量或月、季、年度货物批量；
（4）起运地、到达地；
（5）运输质量；
（6）合同期限；
（7）装卸责任；
（8）货物价值，是否保价、保险；
（9）运输费用的结算方式；
（10）违约责任；
（11）解决争议的方法。

2．一次运输合同的内容

（1）托运人、收货人和承运人的名称(姓名)、地址(住所)、电话、邮政编码；
（2）货物名称、性质、重量、数量、体积；
（3）装货地点、卸货地点、运距；
（4）货物的包装方式；
（5）承运日期和运到期限；
（6）运输质量；
（7）装卸责任；
（8）货物价值，是否保价、保险；
（9）运输费用的结算方式；
（10）违约责任；
（11）解决争议的方法。

3．运单

运单是道路货物运输合同的凭证，是运输经营者接受货物并在运输期间负责保管和据以交付的凭据。定期运输合同和一次性运输合同都可通过运单记载所运送货物及运输的具体内容和当事人的权利义务。

承运人、托运人和货运代办人签订定期运输合同、一次性运输合同时，运单视为货物运输合同成立的凭证。在每车次或短途每日多次货物运输中，运单视为合同。

为此，当未签订定期运输合同或一次性运输合同的，托运人应按以下要求填写运单，以防范风险：

（1）准确表明托运人和收货人的名称(姓名)和地址(住所)、电话、邮政编码；

（2）准确表明货物的名称、性质、件数、重量、体积以及包装方式；

（3）准确表明运单中的其他有关事项；

（4）一张运单托运的货物，必须是同一托运人、收货人；

（5）危险货物与普通货物以及性质相互抵触的货物不能用一张运单；

（6）托运人要求自行装卸的货物，经承运人确认后，在运单内注明；

（7）应使用钢笔或圆珠笔填写，字迹清楚，内容准确，需要更改时，必须在更改处签字盖章。

此外，已签订定期运输合同或一次性运输合同的，运单由承运人按第以上内容填写外，还要在运单托运人签字盖章处填写合同序号；如果托运的货物品种不能在一张运单内逐一填写的，应填写“货物清单”。而且，托运货物的名称、性质、件数、质量、体积、包装方式等，应与运单记载的内容相符。运输期限由承托双方共同约定后亦应在运单上注明。

按照国家有关部门规定需办理准运或审批、检验等手续的货物，托运人托运时应将准运证或审批文件提交承运人，并随货同行。托运人委托承运人向收货人代递有关文件时，应在运单中注明文件名称和份数。

托运特种货物，托运人应按以下要求，在运单中注明运输条件和特约事项。

托运人不如实填写运单，错报、误填货物名称或装卸地点，造成承运人错送、装货落空以及由此引起的其他损失，托运人应负赔偿责任。

货运代办人以承运人身份签署运单时，应承担承运人责任，以托运人身份托运货物时，应承担托运人的责任。

8.2.3 托运人的义务与责任

1. 托运人的义务

（1）托运货物的名称、性质、件数、重量、体积、包装方式等，应与运单记载的内容相符。按照国家有关部门规定办理准运或审批、检验等手续的货物，托运人托运时应将准运证或审批文件提交承运人，并随货同行。托运人委托承运人向收货人代递有关文件时，应在运单中注明文件名称和份数。

整批货物运输时，散装、无包装和不成件的货物按重量托运；有包装、成件的货物，托运人能按件点交的，可按件托运，不计件内细数。

（2）托运的货物中，不得夹带危险货物、贵重货物、鲜活货物和其他易腐货物、易污染货物、货币、有价证券以及政府禁止或限制运输的货物等。

（3）托运货物的包装，应当按照承托双方约定的方式包装。对包装方式没有约定或者约定不明确的，可以协议补充；不能达成补充协议的，按照通用的方式包装；没有通用方式的，应在足以保证运输、搬运装卸作业安全和货物完好的原则下进行包装；依法应当执行特殊包装标准的，按照规定执行。托运人应根据货物性质和运输要求，按照国家规定，正确使用运输标志和包装储运图标标志。使用旧包装运输货物，托运人应将包装与本批货物无关的运输标志、包装储运图标标志清除干净，并重新标明制作标志。

（4）托运特种货物，托运人应在运单中注明运输条件和特约事项。

运输途中需要饲养、照料的有生动、植物，尖端精密产品，稀有珍贵物品，文物，军械弹药，有价证券，重要票证和货币等，托运人必须派人押运并在办理货物托运手续时，在运单上注明押运人员姓名及必要的情况。押运人员在运输过程中负责货物的照料、保管和交接；如发现货物出现异常情况，应及时做出处理并告知车辆驾驶人员。

2．托运人的责任

这是指托运人未履行合同规定的义务，或在合同没有约定的情况下，未履行有关法律规定的义务时，所应承担的责任。

（1）托运人未按合同约定的时间和要求，备好货物和提供装卸条件，以及货物运达后无人收货或拒绝收货，而造成承运人车辆放空、延滞及其他损失，托运人应负赔偿责任。

（2）因托运人下列过错，造成承运人、站场经营人、搬运装卸经营人的车辆、机具、设备等的损坏、污染或人身伤亡以及因此而引起的第三方的损失，由托运人负责赔偿：在托运的货物中有故意夹带危险货物和其他易腐蚀、易污染货物以及禁、限运货物等行为；错报、匿报货物的重量、规格、性质；货物包装不符合标准，包装、容器不良，而从外部无法发现；错用包装、储运图标标志；托运人不如实填写运单，错报、误填货物名称或装卸地点，造成承运人错送、装货落空以及由此引起的其他损失，托运人应负赔偿责任。

8.2.4 承运人的义务与责任

1．承运人的义务

（1）承运人应根据承运货物的需要，按货物的不同特性，提供技术状况良好、经济适用的车辆，并能满足所运货物重量的要求。使用的车辆、容器应做到外观整洁，车体、容器内干净，无污染物、残留物。承运特种货物的车辆和集装箱运输车辆，需配备符合运输要求的特殊装置或专用设备。

（2）承运人应当根据受理货物的情况，合理安排运输车辆，货物装卸重量以车辆额定吨位为限，轻泡货物以折算重量装卸，不得超过车辆额定吨位和有关长、宽、高的装卸规定。

（3）承运人受理凭证运输或需有关审批、检验证明文件的货物后，应当在有关文件上注明已托运货物的数量、运输日期，加盖承运章，并随货同行，以备查验。

（4）承运人受理整批或零担货物时，应根据运单记载货物名称、数量、包装方式等，核对无误，方可办理交接手续。发现与运单填写不符或可能危及运输安全的，不得办理交接手续。

（5）承运人应与托运人约定运输路线。起运前运输路线发生变化必须通知托运人，并按最后确定的路线运输。承运人未按约定的路线运输增加的运输费用，托运人或收货人可以拒绝支付增加部分的运输费用。

（6）货物运输中，在与承运人非隶属关系的货运站场进行货物仓储、装卸作业，承运人应与站场经营人签订作业合同。

（7）运输期限由承托双方共同约定后应在运单上注明。承运人应在约定的时间内装货物运达。零担货物按批准的班期时限运达，快件货物按规定的期限运达。

（8）整批货物运抵前，承运人应当及时通知收货人做好接货准备；零担货物运达目的地后，应在 24 小时内向收货人发出到货通知或按托运人的指示及时将货物交给收货人。

（9）车辆装载有毒、易污染的货物卸载后，承运人应对车辆进行清洗和消毒。但因货物自身的性质，应托运人要求，需对车辆进行特殊清洗和消毒的，由托运人负责。

2．承运人的责任

（1）货物在承运责任期间和站、场存放期间内，发生毁损或灭失，承运人、站场经营人应负赔偿责任。

（2）承运人未按约定的期限将货物运达，应负违约责任；因承运人责任将货物错送或错交，应将货物无偿运到指定的地点，交给指定的收货人。

运输期限是由承托双方共同约定的货物起运、到达目的地的具体时间。如有约定，按照约定；如未约定，从起运日起，按 200m 为 1 日运距，用运输里程除每日运距，计算运输期限。

（3）承运人未遵守承托双方商定的运输条件或特约事项，由此造成托运人的损失，应负赔偿责任。

3．承运人的免责事项

货物在承运责任期间和站、场存放期间，由于下列原因造成灭失、损坏，承运人、站场经营人经举证后可不负赔偿责任：

（1）不可抗力；

（2）货物本身的自然性质变化或者合理损耗；

（3）包装内在缺陷，造成货物受损；

（4）包装体外表面完好而内装货物毁损或灭失；

（5）托运人违反国家有关法令，致使货物被有关部门查扣、弃置或做其他处理；

（7）押运人员的责任造成的货物毁损或灭失；

8.2.5 运输合同的变更和解除

1．中途停运权

中途停运权是指在承运人未将货物交付收货人之前，托运人可以要求承运人中止运输，但应当赔偿承运人因此受到的损失。在中途停运权行使的过程中，既可以是运输合同的解除，也可以是运输合同的变更。

2．允许合同变更或解除的情形

凡发生下列情况之一者，允许合同变更或解除：

（1）由于不可抗力使运输合同无法履行；

（2）由于合同当事人一方的原因，在合同约定的期限内确定无法履行运输合同；

（3）合同当事人违约，使合同的履行成为不可能或不必要；

（4）经合同当事人双方协商同意解除或变更，但承运人提出解除运输合同的，应退还已收的运费。

3．因不可抗力造成合同的变更

货物运输过程中，因不可抗力造成道路阻塞导致运输阻滞，承运人应及时与托运人联系，协商处理。发生货物装卸、接运和保管费用按以下规定处理：

（1）接运时，货物装卸、接运费由托运人负担，承运人收取已完成运输里程的运费，返回未完成运输里程的运费。

（2）回运时，收取已完成运输里程的运费，回程运费免收。

（3）托运人要求绕道行驶或改变到达地点时，收取实际运输里程的运费。

（4）货物在受阻处存放，保管费用由托运人负担。

8.2.6 货物的交付

货物运达承、托双方约定的地点后，收货人应凭有效单证提（收）取货物；无故拒提（收）货物，应赔偿承运人因此造成的损失。

货物交付时，承运人与收货人应当做好交接工作。发现货损货差，由承运人与收货人共同编制货运事故记录，交接双方在货运事故记录上签字确认。

货物交接时，承托双方对货物的重量和内容有质疑，均可提出查验与复磅。查验和复磅的费用由责任方负担。

货物运达目的地后，承运人知道收货人的，应及时通知收货人，收货人应当及时提（收）货物。收货人逾期提（收）货物的，应当向承运人支付保管费等费用。收货人不明或者收货人无正当理由拒绝受领货物的，依照《合同法》的有关规定，承运人可以提存货物。

8.2.7 货运事故和违约处理

1．事故处理的原则性规定

货运事故是指货物在运输过程中发生损坏或灭失。货运事故和违约行为发生后，承托双方及有关方应编制货运事故记录。

货物在运输途中发生交通肇事造成损坏或灭失，承运人应先行向托运人赔偿，再由其向肇事的责任方追偿。

货运事故发生后承运人应及时通知收货人或托运人。收货人、托运人知道发生货运事故后，应在约定的时间内，与承运人签注货运事故记录。收货人、托运人在约定的时间内不与承运人签注货运事故记录的，或者无法找到收货人、托运人的，承运人可邀请两名以上无利害关系的人签注货运事故记录。货物赔偿时效从收货人、托运人得知货运事故信息或签注货运事故记录的次日起计算。在约定运达时间的30天后未收到货物，视为灭失，自第31天起计算货物赔偿时效。

未在约定的或规定的运输期限内运达交付的货物，为迟延交付。

当事人要求另一方当事人赔偿时，须提出赔偿要求书，并附运单、货运事故记录和货物价格证明等文件。要求退还运费的，还应附运杂费收据。另一方当事人应在收到赔偿要求书的次日起，60天内做出答复。

2．事故赔偿金额

货运事故和违约的赔偿金额，分别根据情况确定：

（1）货运事故赔偿分限额赔偿和实际损失赔偿两种。法律、行政法规对赔偿责任限额有规定的，依照其规定；尚未规定赔偿责任限额的，按货物的实际损失赔偿。

（2）在保价运输中，货物全部灭失，按货物保价声明价格赔偿；货物部分毁损或灭失，按实际损失赔偿；货物实际损失高于声明价格的，按声明价格赔偿；货物能修复的，按修理费加维修取送费赔偿。保险运输按投保人与保险公司商定的协议办理。

（3）未办理保价或保险运输的，且在货物运输合同中未约定赔偿责任的，按以上（1）的规定赔偿。

（4）货物损失赔偿费包括货物价格、运费和其他杂费。货物价格中未包括运杂费、包装费以及已付的税费时，应按承运货物的全部或短少部分的比例加算各项费用。

（5）货物毁损或灭失的赔偿额，当事人有约定的，按照其约定；没有约定或约定不明确的，可以补充协议；不能达成补充协议的，按照交付或应当交付时货物到达地的市场价格计算。

（6）由于承运人责任造成货物灭失或损失，以实物赔偿的，运费和杂费照收；按价赔偿的，退还已收的运费和杂费；被损货物尚能使用的，运费照收。

（7）丢失货物赔偿后，又被查回，承运人应将其送还原主，收回赔偿金或实物；原主不愿接受失物或无法找到原主的，由承运人自行处理。

（8）承托双方对货物逾期到达、车辆延滞、装货落实都负有责任时，按各自责任所造成的损失相互赔偿。

（9）承运人或托运人发生违约行为，应向对方支付违约金。违约金的数额由承托双方约定。

（10）承运人非因故意行为造成货物迟延交付的赔偿金额，不得超过所迟延交付的货物的全程运费数额。

8.2.8 货物保价运输

货物运输有货物保险和货物保价运输两种投保方式。投保采取自愿的原则，由托运人自行确定。货物保险由托运人向保险公司投保，也可以委托承运人代办。货物保价运输是按保价货物办理承托手续，在发生货物赔偿时，按托运人声明价格及货物损坏程度予以赔偿的货物运输。托运人一张运单托运的货物只能选择保价或不保价。托运人选择货物保价运输时，申报的货物价值不得超过货物本身的实际价值；保价运输为全程保价。分程运输或多个承运人承担运输，保价费由第一程承运人（货运代办人）与后程承运人协商，并在运输合同中注明。承运人之间没有协议的按无保价运输办理，各自承担责任。办理保价运输的货物，应在运输合同上加盖“保价运输”戳记。保价费按不超过货物保价金额的7‰收取。

不过，如果将保价运输视为具有保险性质的话，承运人作为保险人的主体资格按保险法的规定是有疑问的。

8.3 《国际公路货物运输合同公约》

《国际公路货物运输合同公约》（简称CIM）是由联合国所属的欧洲经济委员会负责草拟，

1956 年 5 月 19 日于日内瓦通过并生效。我国至今未加入该公约。该公约的基本目的是规范国际公路货物运输合同，特别是统一有关公路运输所使用的单证和承运人责任的条件。

8.3.1 公约的适用范围

《国际公路货物运输合同公约》适用于下列规定所确定的公路货物运输合同：

（1）以车辆从事公路货物运输并收取报酬的任何合同，只要合同中约定的接管和交付货物的地点位于两个不同国家，其中至少有一个是缔约国的，而不考虑合同当事人的住所和国籍。车辆包括机动车、拖挂车、拖车和半拖车。

（2）当载货车辆上的货物没有从车辆上卸下，而其部分路程由海上、铁路、内河或航空接运，则本公约应依然适用于全程。

（3）如果公路承运人同时也是其他运输方式的承运人，则其责任仍按前述（2）的规定来确定，不过在作为公路承运人和其他运输方式承运人的身份上应视为两个不同当事人处理。

（4）当承运人的代理人、受雇人或其他人在其受雇范围内行事，承运人应对这些代理人、受雇人和为履行运输而使用其服务的任何其他人的作为和不作为负责。

（5）本公约不适用于按照任何国际邮运公约条款而履行的运输、丧葬运送、家具搬迁等。

8.3.2 公约关于运单的规定

1．运单的性质和签发

《国际公路货物运输合同公约》规定，运输合同应以签发运单来确认。无运单、运单不正规或丢失不影响运输合同的成立或有效性，也不影响该公约的适用。因此，运单不等于运输合同，运单是对运输合同的确认，在性质上是运输合同的证明形式。在运输过程中，运单的主要作用是作为货物收据和交货的凭证，它不具有物权凭证的效力。

运单应签发 3 份正本，由发货人和承运人签字，签字形式可以是印刷的，如果运单签发国的法律允许，也可由盖章代替。运单的第 1 份交付发货人，第 2 份跟随货物，第 3 份应由承运人留存。

当货物装在不同车内、一辆车中装有不同种类货物或数票货物时，发货人或承运人有权要求对使用的每辆车、每种货或每票货分别签发运单。

2．运单应记载的主要内容

（1）必要记载事项。按照《国际公路货物运输合同公约》，运单的必要记载事项包括：

① 运单签发日期和地点；

② 发货人名称和地址；

③ 承运人名称和地址；

④ 货物接管的地点及日期和指定的交付地点；

⑤ 收货人名称和地址；

⑥ 一般常用的货物品名和包装方法，如属危险货物，说明通常认可的性能；

⑦ 件数和其特殊标志和号码；

⑧ 货物毛重或以其他方式表示的数量；

⑨ 与运输有关的费用（运输费用、附加费用、关税和从签订合同到交货期间发生的其他费用）；

⑩ 办理海关和其他手续所必须的通知；

（2）可择性记载事项。基于当事人的约定，运单的可择性记载事项包括：

① 不允许转运的说明；

② 发货人负责支付的费用；

③ “现款交货”费用的金额；

④ 货物价值和交货优惠利息金额的声明；

⑤ 发货人关于货物保险所给予承运人的指示；

⑥ 约定的履行运输的时效期限；

⑦ 交付承运人的单据清单；

⑧ 缔约国要求在运单上列明的其他事项。

3. 运单的证明效力

运单应是运输合同成立、合同条件和承运人收到货物的初步证据。如运单中未包含承运人的特殊保留条件，除非有相反证明，应认为当承运人接管货物时，货物和包装外表状况良好，件数、标志和号码与在运单中的说明相符。

8.3.3 发货人的权利、义务和责任

1. 发货人的权利

（1）要求承运人核对货物的权利。发货人应有权要求承运人核对货物的毛重或以其他方式表示的数量。他也可以要求对货物的内容进行核对。承运人应有权对此种核对产生的费用提出索赔。核对结果应记入运单中。同时，《国际公路货物运输合同公约》规定，当接管货物时，承运人应核对在运单中对件数及其标志和号码申报的准确性、货物的外表状况及其包装，即承运人有核对的义务。当承运人对上述内容的准确性无适当的核对方法时，他应将保留条件及其理由记入运单。同样，他应对货物外表状况及其包装所做出的任何保留说明理由。除非发货人在运单上明确同意受此种保留约束，否则此种保留对发货人不应有约束力。

（2）处置货物的权利。发货人有权处置货物，特别是以要求承运人停止在途货物运输的方式来改变货物交付地点或将货物交付给非运单所指定的收货人。但是，当第 2 份运单交给收货人时或当收货人对承运人以其自己名义享受运输合同产生的权利时，该权利即告终止。此后，承运人应听从收货人的指令。

根据发货人在运单中的记载，收货人有权自运单签发之时起处置货物。如果收货人行使其处置货物的权利，并已指示将货物交给另一方，那么其他人无权再指定其他收货人。收货人行使处置权应符合以下先决条件：

① 发货人或收货人根据《国际公路货物运输合同公约》规定具有处置货物的权利，并且赔偿由于行使处置权而使承运人支付的所有费用、货物灭失或损坏。

② 处置货物的指示到达承运人时执行该指示尚有可能，同时，不会干扰承运人的正常工作及妨碍其他货物的发货人或收货人。

③ 处置货物并不造成货物的分票。

2．发货人的义务

为了在交付货物前办妥海关或其他手续，发货人应在运单后随附必需单证或将其交承运人支配和提供承运人所需全部情况。承运人无责任调查这些单证和情况是否准确或适当。除非是由于承运人的错误行为或过失，对由于这些单证和情况的短缺或不正规所引起的损坏，发货人应向承运人负责。承运人对运单所规定的和跟随运单的或交存承运人的这些单证，由于灭失或不正确的使用所引起的后果承担相当于作为代理身份所负的责任，但承运人所支付的赔偿以不超过如货物灭失所支付的赔偿为条件。

3．发货人的责任

由于下列事项不确切或不当致使承运人遭受的费用、货物灭失或损坏，发货人应负责：

（1）发货人名称和地址；

（2）货物接管的地点及日期和指定的交付地点；

（3）收货人名称和地址；

（4）一般常用的货物品名和包装方法，如属危险货物，说明通常认可的性能；

（5）件数和其特殊标志和号码；

（6）货物毛重或以其他方式表示的数量；

（7）办理海关和其他手续所必需的通知；

（8）货物价值的记载等其他事项。

8.3.4 关于危险货物运输的特殊规定

当发货人把有危险性质的货物交付承运人时，他应将危险的确切性质通知承运人，如果有必要，还应指出应采取的预防措施。如上述情况并未列入运单，发货人或收货人可以通过其他方式举证证明承运人了解有关货物的危险性质。

承运人如果不知道货物的危险性质，则有权随时随地将危险货物卸载、销毁或使之无害，并且无须给予赔偿；此外，发货人应对接管或运输引起的所有费用、货物灭失或损坏负责。

8.3.5 货物的交付

当货物到达指定的交货地点后，收货人有权凭收据要求承运人交付第 2 份运单和货物。如果货物灭失，在约定时间或合理时间届满后货物尚未到达，收货人有权按运输合同向承运人主张权利。

如果由于某种原因或者根据运单规定的条件，在货物到达指定交货地点前合同已经不可能被履行，那么，有权处置货物的人应向承运人发出指示。但是，如果情况允许按不同于运单规定的条件进行运输，或者承运人不能在合理时间内从有权处置货物的人那里取得指示，则承运人应采取他认为对有权处置货物的人最有利的措施。

货物到达指定交付地点后，如果有关情况妨碍货物的交付，承运人应要求发货人给予指示。如果收货人拒绝接货，发货人应有权处置货物而无需出示第 1 份运单。即使在收货人拒绝接货的情况下，只要承运人未从发货人那里接到相反的指示，收货人仍可要求交货。

8.3.6 承运人的责任和豁免

承运人应对自货物接管之时起到交付时止发生的全部或部分灭失和损坏以及货物交付中的任何延迟负责。但是，如果货物灭失、损坏或延迟是由于索赔人的错误行为或过失，或索赔人的错误指示，或货物的固有缺陷，或承运人不能避免的情况和承运人不能防止的结果所造成的，承运人应免除责任。

由于运输车辆的状况不良，或由于车辆的出租人，或承运人的代理人、受雇人的错误行为或过失造成的货物损失，承运人不能免除责任。

当货物未能在约定的期限内交货，或虽无此种约定，在考虑到实际情况后，运输的实际期限（特别是在分票运输时，在通常情况下组成整票货物所需要的时间）超过了允许一个勤勉承运人所需合理的时间时，则视为延迟交付。

在运输合同约定期限届满后 30 天内或如无约定期限，从承运人接管货物时起 60 天之内货物未交付的，应视为货物灭失的最终证明，有权提出索赔的人可按货物灭失提出赔偿要求。但是他在收到赔偿时，还可以提出书面要求：在赔偿支付后 1 年之内，如果货物被找到，应立即通知他。承运人对此种要求应给予书面确认。索赔人在接到通知书后 30 天之内，在交付运单上应付费用和退还他收到的赔偿金（减去其中包括的费用）后，可要求将货物交付给他，但不损害有关交货延迟赔偿的任何索赔。

如果货物的灭失或损坏是由下述一种或几种情况产生的特殊风险所致的，承运人应予免责：

（1）当已在运单中明确约定和规定使用无盖敞车；

（2）如货物根据其性质，在无包装或未予妥善包装时易于损耗或损坏的情况下，无包装或包装不良；

（3）由发货人、收货人或代表发货人或收货人所从事的货物搬运、装载、积载和卸载；

（4）特别是由于断裂、生锈、腐烂、干燥、渗漏、正常损耗或虫蛀等易造成全部灭失或部分灭失或损坏的某些货物的性质；

（5）包装上标志或号码不足或不当；

（6）承运活动物。

8.3.7 承运人的赔偿责任及其限制

承运人承担赔偿责任的基本规则是：

（1）如果承运人负责赔偿货物的全部和部分灭失，这种赔偿应参照接运地和接运当时的货物的价值进行计算；

（2）货物的价值应根据商品交易所价格，如果无这种价格，则根据现行市价，或如无商品交易所价格或现行市价，则参照同类、同品质货物的通常货价决定；

（3）货物毛重每千克的赔偿不超过 8.33 SDR；

（4）如果货物全部灭失，运输费用、关税和有关货物运输发生的其他费用应全部偿还。如货物部分灭失，则按遭受灭失部分的比例偿还，但不付另外的损坏费用；

（5）在延迟情况下，如索赔人证明损坏是由此引起的，承运人应支付该损坏不超过运输费用的赔偿；

（6）只有在申报货物的价值，并支付了附加运费的情况下，才能得到较高的赔偿。

如果货物的灭失或损坏是由承运人的故意不当行为或根据受理该案的法院地的法律认为相当于故意不当行为的承运人的过失所引起，则承运人无权免除或限制他的责任。

如果故意不当行为或过失是由承运人的代理人或受雇人或为履行运输他所利用其服务的其他人所做，并且这些代理人、受雇人或其他人是在其受雇范围内行事时，则承运人同样无权免除或限制他的责任。

8.3.8 连续承运人的责任

连续承运人是指几个承运人基于一个运输合同共同完成货物运输的承运人。《国际公路货物运输合同公约》规定，如受单一合同制约的公路运输是由连续承运人履行，则每一承运人均应对全程运输负责。因此，基于接受货物和运单，第二承运人及每个连续承运人都成为运单条款中运输合同的当事人一方。

从前一承运人处接受货物的承运人应给前一承运人载有日期和签字的收据，他应在第 2 份运单上登记他的名字和地址。必要时，他有权在运单中对所接受的货物做出保留。

在连续承运人承担运输的情况下，如果货物发生灭失、损失或延迟，则受害人可以向第一承运人、最后承运人或在发生灭失、损坏或延迟的这一段运输中履行该段运输的承运人提起，或在一个诉讼中同时向这些承运人提起。

已根据《国际公路货物运输合同公约》规定支付赔偿的承运人应有权从参加运输的其他承运人处享受取得该赔偿及其利息和由于索赔发生的所有费用，并遵守下列规定：

（1）对灭失或损坏负责的承运人应单独负责赔偿，不管此赔偿是否由他或另一承运人支付。

（2）当灭失或损坏是由两个或两个以上承运人的行为所造成时，每个承运人应按其所负责部分按比例进行分摊。

（3）如不能确定属于哪个承运人的责任，灭失或损坏的赔偿则应在所有承运人之间按比例分担。如果某一承运人无力偿还，应按照其支付给其他承运人的运费比例，由其他承运人分摊赔偿。

8.3.9 索赔和诉讼

下述情况视为收货人收到了运单上所载明的货物的初步证据：

（1）如果收货人接管货物时未与承运人及时检验货物状况。

（2）如果有明显的灭失或损坏，在交货时收货人未提出检验。

（3）如果灭失或损坏不明显，在交货后 7 天内（星期日和例假日除外）收货人未向承运人提出保留说明灭失或损坏的一般性质。如货物灭失或损坏不明显，则所述保留应用书面做出。

当货物的状况已经收货人和承运人及时检验，只有在灭失或损坏不明显而且收货人在检验之日起 7 天内（星期日和例假日除外）已向承运人及时提出书面保留的情况下，才允许收货提出与检验结果相反的证据。

除非自货物置于收货人处置时起 21 天内收货人已向承运人提出书面保留，否则交货延迟不予赔偿。

在计算时效期限时，根据实际情况，交货日或检验日或将货物置于收货人处理之日，不应包括在时效期限内。

承运人和收货人应相互为进行必需的调查和检验提供各种合理的方便。

按照《国际公路货物运输合同公约》运输所引起的诉讼，原告可在双方协议约定的缔约国的任何法院提起，也可以在下列地点所属的国家的法院提起，而不得在其他法院起诉：

（1）被告的通常住所或主要营业所，或者经手订立合同的分支机构或代理机构的所在地；

（2）承运人接管货物的地点或指定的交货地点。

按照《国际公路货物运输合同公约》运输所引起的诉讼，其时效期限是 1 年。但如是故意的不当行为，或根据受理案件的法院或法庭所在地的法律认为过失与故意的不当行为相等同时，时效期限为 3 年。

时效期限开始起算的时间是：

（1）如果货物是部分灭失、损坏或交货延迟，自交货之日起算；

（2）如果是全部灭失，以约定的交货期限届满后第 30 天，或无约定的交货期限，则从承运人接管货物之日起第 60 天开始起算；

（3）在所有其他情况下，在运输合同订立后期满 3 个月时起算。时效期限开始之日不计算在期限内。

时效期限因提出书面索赔而中止，直至承运人以书面通知拒绝索赔并将所附单据退回之日为止。如索赔的一部分已承认，则时效期限仅应对有争议部分的索赔恢复计算。收到索赔或答复和退回单据的举证应由援引这些事实的当事人负责。时效期限的计算不应被具有同一标的进一步主张所中止。时效已过的诉讼权利不可以通过反索赔或抵消的方式行使。

8.4 我国铁路运输法律、法规

我国于 1991 年开始实施的《铁路法》共有 6 章 74 条，对于铁路货物运输的规定主要集中在第 2 章。按照《铁路法》的规定，铁路货物的托运人与作为承运人的铁路运输企业应订立运输合同，双方按运输合同履行各自的义务，享有平等的权利。同时明确规定运单是运输合同或运输合同的组成部分。

铁路货物的托运人与承运人除应遵守《中华人民共和国铁路法》外，还要共同执行《铁路货物运输规程》、《国际铁路货物联运协定》及其引伸的一些规则和办法，如《铁路货物运价规则》、《铁路危险货物运输规则》、《铁路鲜活货物运输规则》、《铁路超限货物运输规则》、《铁路货物装载加固规则》、《铁路货物运输计划管理办法》、《铁路集装箱运输规则》、《铁路货物保价运输办法》、《铁路货物运输杂费管理办法》、《统一过境运价规程》、《铁路和水路货物联运规则》等。

8.4.1 铁路货物的托运、受理和承运

托运人以铁路运输货物，应与承运人签订货物运输合同。按季度、半年度、年度或更长期

限签订的整车大宗物资运输合同须提出月度要车计划表，其他整车货物可用月度要车计划表作为运输合同，交运货物时还须向承运人递交货物运单。零担货物和集装箱运输的货物使用货物运单作为运输合同。车站根据批准的要车计划和进货计划受理货物。

托运人向承运人交运货物时，应向车站按批提出货物运单 1 份。使用机械冷藏车运输的货物，同一到站，同一收货人可以数批合提 1 份运单。整车分卸货物，除提出基本货物运单 1 份外，每一分卸站应分别另增加分卸货物运单 2 份（分卸站、收货人各 1 份）。

如果托运人按一批托运的货物品名过多，不能在运单内逐一填记或托运搬家货物以及同一包装内有两种以上的货物，须提出物品清单一式三份。加盖车站承运日期戳后，1 份由发站存查，1 份随同运输票据递交到站，1 份退还托运人。托运人应对其在货物运单和物品清单内所填记事项的真实性负完全责任，匿报、错报货物品名、重量时应按规定支付违约金。

托运人托运零担货物，应在每件货物上标明清晰明显的标记（货签）。标记应用坚韧材料制作。在每件货物两端各粘贴或钉固一个，包装不适宜粘贴或钉固时，可使用拴挂的办法。不适宜用纸制标记的货物，应使用油漆在货件上书写标记或用金属、木质、布、塑料板等材料制成的标记。运行李、搬家货物除使用布质、木质、金属等坚韧材料的货签或书写标记外，并应在货物包装内部放置标记（货签）。托运人应根据货物性质，按照国家标准，在货物包装上做好包装储运图示标志。货件上与本批货物无关的运输标记和包装储运图示标志，托运人必须撤除或抹消。

零担和集装箱运输的货物，由发站接收完毕，整车货物装车完毕，发站在货物运单上加盖车站日期戳时起，即为承运。实行承运前保管的车站，对托运人已全批搬入车站的整车货物，从接收完毕时起，发站负承运前保管责任。车站在承运货物时，应将领货凭证及货票丙联交给托运人。托运人应将领货凭证及时交给收货人，凭以向到站联系领取货物。

8.4.2 承运人的责任与义务

1．及时运送货物的义务

铁路运输企业应当按照合同约定的期限或者国务院铁路主管部门规定的期限，将货物运到目的站；逾期运到的，铁路运输企业应当支付违约金。

铁路运输企业逾期 30 天仍未将货物交付收货人的，托运人、收货人有权按货物灭失向铁路运输企业要求赔偿。

铁路运输企业对于承运的货物，应妥善处理。对于承运的容易腐烂变质的货物和活动物，应当按照国务院铁路主管部门的规定和合同的约定，采取有效的保护措施。

2．责任期间和责任范围

铁路运输企业应当对承运的货物自接受承运时起到交付时止发生的灭失、短少、变质、污染或者损坏，承担赔偿责任。货物逾期运到，铁路运输企业同样要承担责任。

铁路法第十七条规定，铁路运输企业应当对承运的货物、包裹、行李自接受承运时起到交付时止发生的灭失、短少、变质、污染或者损坏，承担赔偿责任。即铁路承运人对自接受承运时起至交付时止的货物承担无过错责任。如果铁路承运人要根据铁路法第十七条、第十八条规定免责，其必须对免责情形举证，否则将承担举证不能的后果。合同法也有相类似的规定。

3. 赔偿金额

托运人或者旅客自愿申请办理保价运输的，按照实际损失赔偿，但最高不超过保价额。未按保价运输承运的，按照实际损失赔偿，但最高不超过国务院铁路主管部门规定的赔偿限额；如果损失是由于铁路运输企业的故意或者重大过失造成的，不适用赔偿限额的规定，按照实际损失赔偿。

4. 免责事项

由于下列原因造成的货物、包裹、行李损失的，铁路运输企业不承担赔偿责任：

（1）不可抗力；

（2）货物或者包裹、行李中的物品本身的自然属性，或者合理损耗；

（3）托运人、收货人或者旅客的过错。

5. 合理收费

铁路运输企业违反法律规定，多收运费或者货物运输杂费的，必须将多收的费用退还付款人，无法退还的须上缴国库。

8.4.3 托运人的义务和权利

1. 如实申报和提供合法货物

托运人应当如实填报托运单，铁路运输企业有权对填报的货物和包裹的品名、重量、数量进行检查。经检查，申报与实际不符的，检查费用由托运人承担；申报与实际相符的，检查费用由铁路运输企业承担；因检查对货物和包裹中的物品造成的损坏由铁路运输企业赔偿。

托运人因申报不实而少交的运费和其他费用应当补交，铁路运输企业按照国务院铁路主管部门的规定加收运费和其他费用。

托运、承运货物，必须遵守国家关于禁止或者限制运输物品的规定。

2. 妥善包装

托运人托运货物，应根据货物的性质、重量、运输种类、运输距离、气候以及货车装载等条件，使用符合运输要求、便于装卸和保证货物安全的运输包装。有国家包装标准或部包装标准（行业包装标准）的，按国家标准或部标准（行业标准）进行包装。物的运输包装不符合前款要求时，应由托运人改善后承运。

3. 及时提取货物

货物到站后，收货人或者旅客应当按照国务院铁路主管部门规定的期限及时领取，并支付托运人未付或者少付的运费和其他费用；逾期领取的，收货人或者旅客应当按照规定交付保管费。

4. 自愿保险

托运人可以自愿向保险公司办理货物运输保险，保险公司按照保险合同的约定承担赔偿责任。托运人可以根据自愿的原则办理保价运输，也可以办理货物运输保险；还可以既不办理保价运输，也不办理货物运输保险。不得以任何方式强迫办理保价运输或者货物运输保险。

8.4.4 货物的装车和卸车

《铁路货物运输规程》规定，凡在车站公共装卸场所内装车的货物，托运人应在承运人指定的日期全部搬入车站，车站应及时组织装车。车站接收货物时，应对品名、件数、运输包装、标记及加固材料等进行检查。托运人托运整车货物，未在承运人指定日期内将货物全部搬入车站，自指定搬入之日起至再次指定搬入之日，或将货物全部搬出车站之日止，按车核收货物暂存费。整车货物因车辆容积载重量的限制，装车后有剩余货物时，托运人应于装车的次日起算，3 天内将剩余的货物全部搬出车站或另行托运。逾期未搬出或未另行托运时，对于超过的天数按车核收货物暂存费。

货物装车和卸车的组织工作，在车站公共装卸场所以内由承运人负责；在其他场所，均由托运人或收货人负责。但罐车运输的货物、冻结易腐货物、未装容器的活动物、蜜蜂、鱼苗、一件重量超过 1t 的放射性同位素，以及用人力装卸带有动力的机械和车辆，均由托运人或收货人负责组织装车或卸车。其他货物由于性质特殊，经托运人或收货人要求，并经承运人同意，也可由托运人或收货人组织装车或卸车。

与铁路承运人装车不同，《铁路货物运输规程》第四十七条规定，对于托运人自装的苫盖篷布的敞车整车货物，凭篷布现状交接。也就是说铁路承运人接受货物时并不检查，对交付的货物内在质量、包装、装车等情况不知情，由托运人自己对货物的装载情况负责。这种情况下，货损的原因既可能发生在货物交接前，也可能发生在货物交接后的运输过程中。如果不对两种情形进行区分，即认为铁路承运人应承担无过错责任，对铁路承运人而言，在接收货物时无检查货物之义务的情况下却要对货物的质量等负有举证责任是不公平的，也不符合铁路法关于无过错责任区间的规定。托运人自装情况下，除证明托运及货损事实外，还应证明货损发生在铁路承运人接受承运时起至交付时止的区段内，或者证明其在交付时货物是符合运输条件的。这是由于铁路货物运输规章对托运人自装货物运输的特殊规定所决定的。因此，对于托运人自装的货物到站后发现毁损，如果装车外观没出现问题，就应由托运人承担质量的证明责任，托运人不能证明的则承担不利后果。

8.4.5 货物的交付

承运人组织卸车的货物，到站应不迟于卸车完毕的次日内，用电话或书信，向收货人发出催领通知并在货票内记明通知的方法和时间。有条件的车站可采用电报、挂号信、长途电话、登广告等通知方法，收货人也可与到站商定其他通知方法。采用电报等方法或商定的方法通知的，车站应按实际支出向收货人核收催领通知费用。收货人在到站查询所领取的货物未到时，到站应在领货凭证背面加盖车站日期戳证明货物未到。

《铁路法》规定，自铁路运输企业发出领取货物通知之日起满 30 天仍无人领取的货物，或者收货人书面通知铁路运输企业拒绝领取的货物，铁路运输企业应当通知托运人。托运人自接到通知之日起满 30 天未做答复的，由铁路运输企业变卖；所得价款在扣除保管等费用后尚有余款的，应当退还托运人。无法退还、自变卖之日起 180 天内托运人又未领回的，上缴国库。

自铁路运输企业发出领取通知之日起满 90 天仍无人领取的包裹或者到站后满 90 天仍无人领取的行李，铁路运输企业应当公告。公告满 90 天仍无人领取的，可以变卖；所得价款在扣除保管等费用后尚有余款的，托运人、收货人或者旅客可以自变卖之日起180天内领回。逾期不领回的，上缴国库。对危险物品和规定限制运输的物品，应当移交公安机关或者有关部门处理，不得自行变卖。对不宜长期保存的物品，可以按照国务院铁路主管部门的规定缩短处理期限。

货物在到站应向货物运单内所记载的收货人交付。收货人在到站领取货物时，须提交领货凭证，并在货票上盖章或签字。如领货凭证未到或丢失时，则应出示本单位的证明文件。到站在收货人办完领取手续和支付费用后，应将货物连同货物运单一并交给收货人。

8.5 《国际铁路货物联运协定》

《国际铁路货物联运协定》简称《国际货协》，1951年由前苏联、罗马尼亚、匈牙利、波兰等八个国家签订，我国于1954年1月加入《国际货协》。

《国际货协》适用于缔约国间铁路直通货物联运。

《国际货协》是参加国际铁路货物联运协定的各国铁路和发货人、收货人办理货物联运必须共同遵守的基本规则。它规定了货物运送组织、运送条件、运送费用计收办法和铁路与发、收货人之间的权利、义务等问题，因此对铁路、发货人、收货人均有约束力。凡《国际货协》有规定的，而成员国国内也有规定的，不论两者是否相同，均应适用《国际货协》的有关规定。若两个相邻成员国的铁路间有特殊规定时，按其规定办理。《国际货协》没有规定的，则适用成员国国内铁路规定。由于我国是《国际货协》的成员国，我国经由铁路运输的进出口货物，均按该协定的有关规定办理。它不仅是办理铁路货物国际联运业务的依据，也是解决国际铁路货物联运中有关纠纷的法律依据。

《国际货协》共8章40个条款，其中第1章为总则；第2～4章是关于运送合同的规定，第5章具体规定了铁路作为承运人的责任，第6章是关于赔偿、诉讼和时效等的规定，第7章是各铁路间清算问题的规定，第8章为一般性规定。

8.5.1 铁路货物运输合同的订立

铁路的运输单证称为运单，《国际货协》规定，运单就是国际铁路货物联运的运送合同。按照货协的规定，发货人在托运货物的同时，应对每批货物按规定的格式填写运单和运单副本，由发货人签字后交始发站。从始发站承运货物（连同运单一起）时起，即认为运输合同业已订立。在发货人提交全部货物和付清一切费用后，发站在运单及其副本上加盖发站日期戳记，证明货物业已承运。运单一经加盖戳记就成为运输合同生效的凭证。

运单随同货物从始发站至终点站全程附送，最后交给收货人。运单既是铁路承运货物的凭证，又是铁路在终点站向收货人核收运送费用和交货的依据。从其性质上看，运单不是物权凭证，不能转让。运单副本在铁路加盖戳记证明运输合同订立后，应退还发货人。运单副本虽然不具有与运单正本相等的效力，但按照我国同参加《国际货协》各国所签订的贸易发货共同条件的规定，运单副本是卖方通过有关银行向买方结汇的主要单据之一。

发货人应对其在运单中所申报和声明的事项的正确性负责，否则一切后果由发货人负责。铁路有权检查发货人在运单中所申报事项的正确性，但这只限于在海关和其他规章有规定的情况下，以及为保证途中行车安全和货物完整时，铁路才在途中检查货物的内容。

发货人还必须将货物在运送途中为履行海关和其他规定所需的添附文件附在运单上，否则发站可以拒绝承运货物。铁路对添附文件是否正确和齐全无检查义务，但由于添附文件不正确、不齐全而产生的后果，应由发货人对铁路负责。

8.5.2 运输合同的变更

根据《国际货协》的规定，发货人和收货人都有权对运输合同做必要的更改。但无论是发货人还是收货人都只能各自变更一次运输合同，而且在变更运输合同时，不准将一批货物分开办理。

铁路在下列情况下，有权拒绝变更运输合同或延缓执行这种变更：

（1）应执行变更运输合同的铁路车站，接到申请书或发站或到站的电报通知后无法执行时；

（2）这种变更违反铁路营运管理时；

（3）与参加运送的铁路所属国家现行法令和规章有所抵触时；

（4）在变更到站的情况下，货物的价值不能抵偿运到新指定的到达站的一切费用时，但能立即交付或能保证支付这项变更费用者除外。

铁路对要求变更运输合同有权按有关规定核收各项运杂费用。

8.5.3 铁路承运人的责任

1．铁路承运人的基本责任

《国际货协》规定，按照运单承运货物的铁路，应对货物负连带责任，即承运货物的铁路，应负责完成货物的全部运输。如果是在缔约国一方境内接受货物，铁路的责任直到在到站交货时为止；如果是向非《国际货协》参加国转运，则按照《铁路货物运输国际公约》，到办完手续时为止。其中每一个继续运送的铁路，自接收附有运单的货物时起，即作为参加这项运输合同的当事人，并承担由此而产生的义务。

铁路应从承运货物时起，至在到达站交付货物时为止，对于货物运输逾期以及因货物全部或部分灭失或毁损所产生的损失负责。同时铁路还应对由于铁路过失而使发货人在运单上记载并添附的文件的遗失后果负责，并对由于铁路过失未能执行有关要求变更运输合同的申请的后果负责。

2．铁路承运人的免责事项

根据《国际货协》的规定，如果承运的货物由于下列原因而遭受损失时，铁路可以免责：

（1）由于铁路不能预防和不能消除的情况；

（2）由于货物特殊自然属性，以致引起自燃、损坏、生锈、内部腐烂或类似的后果；

（3）由于发货人或收货人的过失或由于其要求，而不能归咎于铁路者；

（4）由于发货人或收货人的装车或卸车的原因所造成；

（5）由于发送路规章许可，使用敞车类货车运送的货物的损失；

（6）由于发货人或收货人指派的货物押运人未采取保证货物完整的必要措施；

（7）由于容器或包装的缺点，在承运时无法从其外部发现；

（8）由于发货人用不正确、不确切或不完全的名称托运违禁品；

（9）由于发货人未按本协定规定办理特定条件货物承运时；

（10）由于货物在规定标准内的途中损耗。

此外还规定，如果发生下列情况而使铁路未能将货物按规定的运到期限运达时，铁路也可免责：

（1）发生雪（沙）害、水灾、崩陷和其他自然灾害，按照有关国家铁路中央机关的指示，期限在15天以内；

（2）因按有关国家政府的指令，发生其他行车中断或限制的情况，以政府规定的时间为准。

8.5.4 铁路的赔偿限额

铁路对货物赔偿损失的金额，在任何情况下，都不得超过货物全部灭失时的数额。

对于货物全部或部分灭失，铁路的赔偿金额应按外国出口方在账单上所开列的价格计算；如发货人对货物的价格另有声明时，铁路应按声明的价格予以赔偿。对于未声明价格的家庭用品，如发生全部或部分灭失时，铁路应按每千克2.70卢布给予赔偿。由于《国际货协》计费和结算用的货币已改用瑞士法郎，因此赔偿限额已经修改。

如果货物遭受损坏，铁路应赔付相当于货物价格减损失金额的款额，不赔偿其他损失。

《国际货协》还规定了货物逾期运到的赔偿额，如果货物逾期运到，铁路应以所收运费为基础，按逾期的长短，向收货人支付规定的逾期罚款。同时还规定，如果货物在某一铁路逾期，而在其他铁路都早于规定的期限运到，则确定逾期的同时，应将上述期限相互抵消。

8.5.5 托运人的权利和义务

托运人包括发货人与收货人。

根据《国际货协》的规定，托运人主要有以下几个方面的权利和义务。

1. 支付运费

支付运费是托运人的主要义务。根据《国际货协》的规定，运费的支付方式为：

（1）发送国铁路的运送费用，按照发送国的国内运价计算，在始发站由发货人支付。

（2）到达国铁路的费用，按到达国铁路的国内运价计算，在终点站由收货人支付。

（3）如果始发站和到达路的终点站属于两个相邻的国家，无须经由第三国过境运输，而且这两个国家的铁路有直通运价规程时，则按运输合同订立当天有效的直通运价规程计算。

（4）如果货物需经第三国过境运输，过境铁路的运输费用，应按运输合同订立当天有效的《国际货协》统一运价规程（即《统一货价》）的规定计算，可由始发站向发货人核收，也可以由到达站向收货人核收。但如果按《统一货价》的规定，各过境铁路的运送费用必须由发货入支付时，则这项费用不准转由收货人支付。

此外，《国际货协》还规定了各国铁路之间的清算办法。其主要原则是，每一铁路在承运或交付货物时向发货人或收货人按合同规定核收运费和其他费用之后，必须向参加这次运输业务的各铁路支付各该铁路应得部分的运送费用。

2．受领货物

受领货物是收货人的另一项主要义务。根据《国际货协》的规定，货物运抵到达站，在收货人付清运单所载的一切应付的运送费用后，铁路必须将货物连同运单一起交给收货人；收货人则应付清运费后受领货物。

收货人只有在货物因毁损或腐烂而使质量发生变化，以致部分或全部货物不能按原用途使用时，才可以拒绝受领货物。即使运单中所载的货物部分短少时，也应按运单向铁路支付全部款项。但此时，收货人按赔偿请求手续，对未交付的那部分货物，有权领回其按运单所支付的款项。

如果铁路在货物运到期限届满 30 天内，未将货物交付收货人时，收货人无须提出证据就可认为货物已经灭失。但货物如在上述期限届满后运到到达站时，则到达站应将这一情况通知收货人。如货物在运到期限届满后 4 个月内到达，收货人仍应领取货物，并将铁路所付的货物灭失赔款和运送费用退还给铁路。此时，收货人对货物的送交或毁损，保留提出索赔请求权。

3．变更运输合同

这是托运人的一项重要权利，具体要求如前所述。（见“运输合同的变更”部分）

8.5.6　索赔与诉讼时效

根据《国际货协》的规定，发货人和收货人有权根据运输合同提出索赔要求。在索赔时附有相应索赔根据并注明款项，以书面形式由发货人向发送站提出，或由收货人向到达站提出。如果一张运单的赔偿请求额少于 2.25 卢布时（由于改用瑞士法郎计费和结算，规定金额已有不同），不得提出索赔。

有关当事人向铁路提出索赔时，应按下列规定办理：

（1）货物全部灭失时，可由发货人提出，同时须提交运单副本，也可以由收货人提出，同时须提交运单副本或运单；

（2）货物部分灭失、毁损或腐烂时，由发货人或收货人提出，同时须提交运单和铁路在到达站交给收货人的商务记录；

（3）货物逾期运到时，由收货人提出，同时须提交运单；

（4）多收运送费用时，由发货人按其已交付的款额提出，同时须提交运单副本或发送铁路国内规章规定的其他文件；或由收货人按其所交付的运费提出，同时须提交运单。

铁路自有关当事人向其提出索赔时，须在 180 天内审查请求，并予以答复。凡有权向铁路提出索赔的人，只有在提出索赔后，才可以向铁路提起诉讼。根据《国际货协》的规定，有关当事人依据运输合同向铁路提出索赔和诉讼，以及铁路对发货人或收货关于支付运送费用、罚款和赔偿损失的要求和诉讼，应在 9 个月内提出。

本章小结

陆上运输方式主要包括公路运输和铁路运输两种。运输是物流的重要环节，陆上运输对货物在内陆地区的流通起着重要作用，而且铁路、公路各有自己的运行特点。我国公路运输方面的国内法规主要是《汽车货物运输规则》、《集装箱汽车运输规则》和《汽车危险货物运输规则》。国际上公路运输有一些公约，如《国际公路货物运输合同公约》、《国际公路车辆运输规则》(TIR，又译《国际公路车辆运输公约》等)，但我国均未加入，实际业务所涉及的法律问题是依靠与邻国间达成的双边公路运输协议来解决的。铁路运输方面，国内有关法律、法规主要是《铁路法》、《铁路货物运输管理规则》等。国际上我国是《国际铁路货物联运协定》的缔约国，而《铁路货物运输国际公约》则没有加入。

思考与练习

1．公路运输和铁路运输分别有哪些特点？
2．汽车货物运输合同有哪些分类？在内容上有什么差异？
3．《道路货物运单使用和管理办法》关于运单的规定主要有哪些？
4．道路货物运输中承运人应承担哪些义务？
5．什么是货物保价运输？
6．《国际公路货物运输合同公约》关于运单有哪些规定？
7．《国际公路货物运输合同公约》关于承运人的赔偿责任及其限制是如何规定的？
8．国内铁路货物运输合同当事人的权利义务主要有哪些？
9．《国际铁路货物联运协定》关于铁路承运人的责任及赔偿限额是如何规定的？
10．《国际铁路货物联运协定》对索赔与诉讼时效做了哪些规定？

案例分析

1．铁路货物运输合同纠纷案

原告：内蒙古自治区呼和浩特市新城城信经销部

被告：南京铁路分局化鱼山火车站

原告内蒙古自治区呼和浩特市新城城信经销部因与被告南京铁路分局化鱼山火车站发生铁路货物运输合同纠纷，向南京铁路运输法院提起诉讼。

原告诉称：原告将其以每千克1.76元收购的葵花籽34 650kg，共770件，委托呼和浩特火车站客货服务公司运输到被告所属的芜湖西站，交安徽省芜湖市果品食杂公司收货。到站卸车时，收货人发现车厢内有严重异味，拒收货物。原告因此遭受经济损失，要求被告按货价、包装费及运费等共计68 179.50元，赔偿全部损失。

被告辩称：装载原告货物的车厢内有异味一事属实。但经卫生检疫部门检验，该异味仅使原告货物的包装物受到污染，货物本身并未污染，因而不存在货物损失。同意赔偿原告所遭受的污染包装麻袋的实际损失，不承担其他赔偿责任。

南京铁路运输法院审理查明：1990 年 11 月 3 日，原告将其收购的葵花籽 34 650kg，共 770 件，委托呼和浩特火车站客货服务公司发运零担。呼和浩特火车站承运后，于当日将此批货物装入 637281 号车皮。11 月 9 日，该车抵达芜湖西站。当日，在该站当班货运员的监督下，收货人安徽省芜湖市果品食杂公司到站提货。卸车时，车厢内异味严重，装卸工均感头昏。收货人见此情况，拒收货物，并向芜湖铁路卫生防疫站报检。芜湖铁路卫生防疫站现场勘查后，认为此批货物有被污染的可能，遂全部封存，取样送卫生部食品卫生监督检验所检验。检验结论是：在装载货物车厢内的残存物中检出“3911”（剧毒农药），含量为 3 591.66mg/kg；在包装葵花籽的麻袋中检出 3911，含量为 100mg/kg。铁路到站顺查，发现该车皮于 1990 年 10 月 18 日曾装运过 3911。卸车后，该车皮被回送到郑州火车东站经洗刷消毒后又投入使用。在此次装运葵花籽前，该车皮已先后经过多次排空和装运水泥两次。

还查明：原告所述葵花籽每公斤收购价为 1.76 元不实，应为每公斤 1.64 元。

在诉讼过程中，被告对收货人拒收的葵花籽，按照卫生防疫部门的规定进行严格的可食性处理后，根据国家经济委员会颁布的《关于港口、车站无法交付货物的处理办法》予以变卖，收回价款 42 770 元。

南京铁路运输法院认为：郑州火车东站对装运过剧毒农药的车皮洗刷消毒不彻底，呼和浩特火车站使用明显有异味的车皮装运葵花籽，是造成货物包装被污染的直接原因。责任应由铁路货物运输合同中的承运方承担。化鱼山火车站作为芜湖西站的主管部门，又是代表承运方对原告的赔偿要求进行处理的单位，应当承担赔偿责任。承运方应对运输过程中货物的污染，按货物的实际损失（包括包装费、运杂费）赔偿。

收货人在货物从有严重异味的车皮中卸出，在无法查明异味产生的原因及程度的情况下，予以拒收，是合理的；后虽查明此次污染只涉及货物的包装麻袋，不涉及货物本身，但为了人身安全，坚持按照防疫部门的规定必须经过严格的可食性处理才能食用，仍然拒收，也是合理的。因此，本案的实际损失应为原告支出的葵花籽收购价、包装费和运杂费，由被告赔偿。被告答辩实际损失只是被污染麻袋的损失这一理由，不能成立。

南京铁路运输法院在查清事实，分清是非，明确责任的基础上主持调解，原告与被告于 1991 年 4 月 12 日自愿达成如下协议：

被告化鱼山火车站除将已处理的葵花籽货款 42 770 元返还给原告外，再赔偿原告经济损失 20 330.40 元，两项赔偿原告经济损失共计 63 100.40 元。

问题：

（1）铁路货物运输的方式有哪些？什么是零担运输？哪些货物不宜按零担运输？

（2）本案涉及哪些主体？分别存在什么法律关系？

（3）郑州火车东站是否应向原告承担责任？

（4）收货人拒收货物是否合理？为什么？

（4）原告为什么不将呼和浩特火车站客货服务公司作为被告？化鱼山火车站为什么能作为被告？

（5）被告对收货人拒收的葵花籽进行销售处理是否属于一种义务？

（6）收货人与原告之间的买卖合同如何处理？

2. 托运人自装铁路运输货损纠纷

2004 年 5 月 20 日，托运人黑龙江省北大荒米业有限公司将 1200 件、60000 公斤大米交铁路佳木斯站运至杭州南星桥站，承运方式为整车直达，装车方式为托运人自装，并办理了保价运输，保价额为 14 万元（货物实际价值 16.2 万元），货物运到期限为 15 天，收货人为大米购买人宁军。6 月 2 日，货到南星桥站。6 月 4 日，南星桥站卸车。卸前检查车辆篷布苫盖良好，无异状，卸时发现车厢底部有 200 件大米不同程度受潮，6 月 8 日原告提货时发现受潮霉变数为 253 件，南星桥站分别编制了货运记录。经南星桥站与宁军确认，253 件受潮大米的实际损失为 30992.5 元。因铁路承运人对上述损失不予赔偿，宁军遂将到站南星桥站所隶属的艮山门站和上海铁路局杭州铁路分局诉至法院。

宁军认为，铁路承运人接收货物后，应在约定期限内将货物安全运送到目的地。根据合同法规定，承运人应对运输货物的毁损、灭失承担损害赔偿责任，除非承运人能证明自己存在免责事由，否则即应赔偿原告上述 253 件货物的损失 30992.5 元。两被告作为铁路统一承运人的到站和分局，应对上述损失予以赔付。

两被告对大米受损事实无异议。但辩称，该批货物系托运人自装，承托运双方凭篷布现状交接。到站卸货时篷布苫盖良好，无异状。承运人无任何造成大米可能受潮的情形，故完全为托运人责任，承运人不承担赔偿责任。请求法院驳回原告的诉讼请求。

问题：

（1）两被告是否应对受损的 253 件大米负货损赔偿之责？

（2）对卸货时发现的 200 件受潮变质大米和交付时新发现的 53 件受潮大米是否应同样处理？

（3）分析本案的举证之责？

3. 公路货物运输合同纠纷案

原告：四川省成都市通达货运配载经营部

被告：中国西南机械公司

第三人：魏明达

原告四川省成都市通达货运配载经营部（以下简称通达货运部）因与被告中国西南机械公司（以下简称西南机械公司）、第三人魏明达发生运输合同纠纷，向四川省成都市青羊区人民法院提起诉讼。

原告诉称：原告作为托运方与被告签订了公路运输合同。该合同虽未加盖被告的单位公章，但约定使用的汽车是被告单位的，承运人魏明达等出示的证据也证明该汽车是被告单位的，因此被告作为车主，应当对合同的履行承担全部责任。合同履行过程中，被告的汽车因发生交通事故，给原告造成货物损失合计 21 810 元。请求判令被告赔偿货损及利息。

被告辩称：为原告承运货物的汽车，是我公司卖给魏明达的分期付款商品车。为了防止购车人在付清车款前将车变卖、转移，所以该车的户籍目前暂挂在我公司。本案合同是魏明达与原告签订的。我公司在此合同上既未加盖公章，事后也未追认，与原告并无合同关系。因此，基于该合同所产生的权利、义务，均与我公司无任何关系，应当由魏明达承担。法院应当驳回原告的诉讼请求。

第三人魏明达未答辩。

成都市青羊区人民法院经审理查明：1998 年 4 月 18 日，原告通达货运部代表方云芳与被告西南机械公司川 A 16426 货运车的驾驶员卫国华在上海签订了一份四川省公路货物运输合同书。约定：川 A 16426 号车为原告从上海、浙江等地承运鞋底、火花塞和冰柜等货物，目的地是成都。合同还对运费、运输时间等内容做了约定。合同签订后，川 A 16426 号车在运输途中发生交通事故，使原告托运的火花塞损失计 14 680 元，胶合板损失计 7 122 元（其中遗失的胶合板损失 5 386.5 元），货损共计 21 810 元。此后，原告因与被告协商货损赔偿问题无果，遂提起诉讼。在本案审理中，被告提交了该公司与魏明达签订的分期付款购车合同。合同除约定了车价、分期付款时间和金额以外，还约定：魏明达从事货物运输所使用的车辆营运证等有关手续均由被告西南机械公司提供；在付款期内，因乙方（魏明达）发生事故对第三者造成人身伤亡和财产损失时，乙方应承担全部责任。

上述事实，有运输合同、被告西南机械公司的川 A 16426 号车行驶证、货损清单、分期付款购车合同及当事人的陈述佐证。

成都市青羊区人民法院认为，第三人魏明达同卫国华以被告的运输车辆、行驶证和营运手续等与原告签订的运输合同，应确认为被告的经营活动。该运输合同依法成立，应当受法律保护，当事人必须全面履行合同约定的义务，任何一方不得擅自变更或者解除合同。被告辩称魏明达所从事的运输是非车主方工作任务的理由不能成立，对运输合同履行过程中，因发生交通事故所造成的货物损失，应当由车主即被告承担赔偿魏明达责任。鉴于在购车合同中，有在付款期内因本案第三人魏明达发生事故对第三者造成人身伤亡和财产损失时由第三人魏明达承担全部责任的约定，因此，第三人对本案中的货物损失负有赔偿责任。

据此，成都市青羊区人民法院于 1998 年 10 月 16 日判决：

第三人魏明达于本判决发生法律效力之日起 10 日内赔偿通达货运部货物损失 21 810 元，并支付从 1998 年 5 月 19 日起至付清之日的利息，利息按中国人民银行同期贷款利率计算。逾期未付清的，由西南机械公司承担清偿责任。

案件受理费 880 元，其他诉讼费 710 元，共计 1 590 元，由西南机械公司和魏明达各承担 795 元。

被告西南机械公司不服一审判决，向成都市中级人民法院提出上诉。理由是：运输合同与我公司无关，况且我公司在购车合同中已经与魏明达约定，汽车未过户期间发生交通事故给第三者造成损失的，由魏明达承担全部责任。即使判决让我公司承担责任，我公司也只能对交通事故造成的直接损失承担责任，对于事故后遗失的货物不承担责任。

通达货运部答辩称：机动车买卖是要式法律行为，车辆未过户，其买卖行为无效。该车发生交通事故给第三者造成损害，其责任应由合法的车主承担。故原判正确，应予维持。

成都市中级人民法院经审理，除认定一审查明的事实以外，还查明：1998 年 4 月 18 日，魏明达与川 A 16426 号车的驾驶员卫国华一起到通达货运部上海办事处，在魏明达和卫国华出具了本人身份证和川 A 16426 号车的行车证后，由卫国华以四川农机公司的名义与被上诉人通达货运部的代表方云芳在上海签订了一份四川省公路货物运输合同。该合同未加盖四川省农机公司的公章。在上诉人西南机械公司与魏明达签订的分期付款购车合同中，约定在分期付款期内，车辆户籍挂靠西南机械公司作为抵押。在此期间如发生交通事故对第三者造成人身和财产损失，由魏明达负责。合同签订后，魏明达支付了部分车款，西南机械公司将川 A 16426 号车及有关证件交与魏明达。魏明达与卫国华给通达货运部出示的各种证件中，川 A 16426 号车的行驶证是由西南机械公司提供的。魏明达将川 A 16426 号车投入营运后，所得营运收入均归其个人所有。

成都市中级人民法院认为：一审确定本案案由为运输合同纠纷，是正确的。一般情况下，运输合同的当事人只有承运方和托运方。至于承运人是使用自己所有的运输工具，还是使用租赁的或者借用的运输工具来完成运输合同中约定的承运义务，不影响运输合同的成立。因此，本案中上诉人西南机械公司与运输合同无关，不应当成为运输合同的当事人。第三人魏明达和川 A 16426 号车的驾驶员卫国华在与被上诉人通达货运部签订运输合同时，除持有本人身份证、驾驶证和川 A 16426 号车的行驶证以外，未能出具任何证明他们有权代表西南机械公司行使签订运输合同行为的有效证件。况且魏明达、卫国华是以四川农机公司，并非西南机械公司的名义签订运输合同，其行为不具备任何表见代理西南机械公司的构成要件。通达货运部作为专门从事托运业务的机构，对与之签订运输合同的承运人应当进行审查；特别是对以单位名义签订运输合同，但是又未持有单位授权有效证件的个人，应当具有较高的识别能力。通达货运部没有理由相信魏明达、卫国华是西南机械公司的全权代表。西南机械公司与本案的运输合同无关，对魏明达、卫国华在本案中的运输行为，不应当承担任何责任。至于魏明达与西南机械公司签订分期付款购车合同后是否已付清购车款，车辆是否在管理机关办理过户手续，汽车行驶证上载明的车主是谁，买卖的车辆是否已经按照约定交付给魏明达占有使用，都是另一法律关系，与本案无关。况且该购车合同中早已约定，汽车在交由魏明达控制使用后，风险责任由魏明达负担。一审以车辆没有过户，西南机械公司是川 A 16426 号车的实际车主，魏明达、卫国华以西南机械公司的运输车辆、行驶证等与通达货运部签订的运输合同，是西南机械公司的经营活动等理由，将西南机械公司确认为本案的当事人，是错误的，应当纠正。

本案的运输合同是第三人魏明达与被上诉人通达货运部签订的。魏明达是实际的承运方当事人，通达货运部是托运方当事人。运输合同在履行过程中，因发生交通事故造成的货物损失，应当由实际的承运人魏明达赔偿。上诉人西南机械公司的上诉理由成立，应予采纳。原判认定的部分事实不清，适用法律不当，应当改判。据此，成都市中级人民法院依照《中华人民共和国民事诉讼法》第 153 条第一款第三项的规定，于 1999 年 3 月 9 日终审判决：

1）维持一审判决中关于“魏明达于本判决发生法律效力之日起 10 日内赔偿通达货运部货物损失 21 810 元，并支付从 1998 年 5 月 19 日起至付清之日的利息，利息按中国人民银行同期贷款利率计算”的内容。

2）撤销一审判决中关于“逾期未付清的，由西南机械公司承担清偿责任”的内容。

第二审案件受理费 880 元，由通达货运部负担。第一审案件受理费 880 元，由魏明达负担。

问题：

（1）一审案件与二审案件不同判决的主要原因是什么？

（2）西南机械公司为什么不是本案运输合同的当事人？

（3）魏明达与卫国华之间在法律上是什么关系？

（4）西南机械公司与魏明达约定，汽车未过户期间发生交通事故给第三者造成损失的，由魏明达承担全部责任。这种约定是否是西南机械公司不承担责任的主要依据？

（5）什么是表见代理？构成表见代理的条件有哪些？

（6）车辆未办理过户手续，车辆买卖合同是否有效？

第9章 空运物流法律、法规及公约

内容提要

- 空运物流概述；
- 《民用航空法》关于航空货运的主要规定；
- 《中国民用航空货物国内运输规则》的主要内容；
- 《中国民用航空货物国际运输规则》的主要内容；
- 《华沙公约》的主要内容；
- 《海牙议定书》对《华沙公约》的发展。

9.1 空运物流概述

9.1.1 空运物流的特点

1．运送速度快

航空运输不受地面条件的限制，一般可在两点间直线飞行，航程比地面短。对航程远的情况来说，其速度快的优势更明显。

2．安全准点

利用航空运输，货物的破损率较低，如果利用航空集装箱运输，其安全性更高。除气候等因素外，航班一般能保证准点。

3．运量少运价高

航空运输运量少，运价高。这是航空运输的劣势。

4．缩短储存时间

缩短储存时间，节省储存费用。由于航空运输速度快，在途时间短，而且由于货物本身要求及时送达，一般在仓库的储存时间较短，因此，费用也相应降低。

9.1.2 航空货运业务的分类

一般把航空货运业务分为五类：紧急货运、日常性的易腐货物运输、日常性的非易腐货物运输、特快专递和邮件。紧急货运市场又分两种：一是经营性紧急货运，是为解决生产经营所急需的物品提供的运输；二是营销型紧急货运，供货商为了避免供货误期、失去顾客的忠诚和信任，只好置节省费用于不顾而选择空运方式。所谓日常性是相对于紧急而言的，所谓易腐性是因为有关货物只能在严格限制的时间内售出。这类货物又分两类：一是物理易腐物，如鲜花、水果和海味食品等；二是经济易腐物，如新闻报纸、流行歌曲唱片等。

9.2 我国民用航空货运法律、法规

9.2.1 我国《民用航空法》的规定

我国 1996 年起实施的《民用航空法》(简称《航空法》)，是为了维护国家的领空主权和民用航空权利，保障民用航空活动安全和有秩序地进行，保护民用航空活动当事人各方的合法权益，促进民用航空事业的发展而制定的。《民用航空法》共分 16 章，214 条，涉及航空货物运输的内容主要集中在第 9 章公共航空运输中。相关规定适用于国内航空货运和国际航空货运。

1. 空运单的性质及其与运输合同的关系

航空货运单简称空运单，是航空货运中的重要单证。承运人有权要求托运人填写，托运人也有权要求承运人接受空运单。托运人未能出示空运单、空运单不符合规定或者空运单遗失，不影响运输合同的存在或者有效。但是，在国内航空运输中，承运人同意未经填具空运单而载运货物的，承运人无权援用有关赔偿责任限制的规定。同样，在国际航空运输中，承运人同意未经填具航空货运单而载运货物的，或者航空货运单上未依照有关航空运输的国际公约的规定在首要条款中加以声明的，承运人将无权援用有关赔偿责任限制的规定。

托运人应填写空运单，连同货物交给承运人。承运人根据托运人的请求填写航空货运单的，在没有相反证据的情况下，应当视为代托运人填写。

空运单是航空货物运输合同订立和运输条件以及承运人接受货物的初步证据。

空运单上关于货物的重量、尺寸、包装和包装件数的说明具有初步证据的效力。除经过承运人和托运人当面查对并在航空货运单上注明经过查对或者书写关于货物的外表情况的说明外，空运单上关于货物的数量、体积和情况的说明不能构成不利于承运人的证据。

2. 空运单的基本内容

空运单应当包括的内容由国务院民用航空主管部门规定，我国《航空法》规定，空运单至

少应当包括以下内容：

（1）出发地点和目的地点；

（2）出发地点和目的地点均在中华人民共和国境内，而在境外有一个或者数个约定的经停地点的，至少注明一个经停地点；

（3）货物运输的最终目的地点、出发地点或者约定的经停地点之一不在中华人民共和国境内，依照所适用的国际航空运输公约的规定，应当在空运单上声明此项运输适用该公约的，空运单上应当载有该项声明。

3．托运人的义务和权利

（1）托运人应当对空运单上所填关于货物的说明和声明的正确性负责。因空运单上所填的说明和声明不符合规定、不正确或者不完全，给承运人或者承运人对之负责的其他人造成损失的，托运人应当承担赔偿责任。

（2）托运人有变更运输的权利。托运人在履行航空货物运输合同规定的义务的条件下，有权在出发地机场或者目的地机场将货物提回，或者在途中经停时中止运输，或者在目的地点或者途中要求将货物交给非空运单上指定的收货人，或者要求将货物运回出发地机场；但是，托运人不得因行使此种权利而使承运人或者其他托运人遭受损失，并应当偿付由此产生的费用。但是，在存在实际承运人的情况下，变更运输的指示只有对缔约承运人发出才有效。

托运人的指示不能执行的，承运人应当立即通知托运人。

承运人按照托运人的指示处理货物，没有要求托运人出示其所收执的空运单，给该空运单的合法持有人造成损失的，承运人应当承担责任，但是不妨碍承运人向托运人追偿。

当收货人的权利开始时，托运人的权利即告终止；但是，收货人拒绝接受空运单或者货物，或者承运人无法同收货人联系的，托运人恢复其对货物的处置权。

（3）除了运输变更的情况外，收货人于货物到达目的地，并在缴付应付款项和履行空运单上所列运输条件后，有权要求承运人移交空运单并交付货物。

除另有约定外，承运人应当在货物到达后立即通知收货人。

承运人承认货物已经遗失，或者货物在应当到达之日起7天后仍未到达的，收货人有权向承运人行使航空货物运输合同所赋予的权利。

（4）托运人和收货人在履行航空货物运输合同规定的义务的条件下，无论为本人或者他人的利益，可以以本人的名义分别行使变更运输和要求承运人移交空运单并交付货物的权利。

（5）任何与上述（2）、（3）、（4）项规定不同的合同条款，应当在空运单上载明。

（6）托运人应当提供必需的资料和文件，以便在货物交付收货人前完成法律、行政法规规定的有关手续；因没有此种资料、文件，或者此种资料、文件不充足或者不符合规定造成的损失，除由于承运人或者其受雇人、代理人的过错造成的外，托运人应当对承运人承担责任。除非法律、行政法规另有规定，承运人没有义务对上述资料或文件进行检查。

4．承运人的责任

（1）航空承运人的责任期间。航空承运人的责任期间是在机场内、民用航空器上或者机场外降落的任何地点，货物处于承运人掌管之下的全部期间，即所谓航空运输期间。

（2）责任与免责。因发生在航空运输期间的事件，造成货物毁灭、遗失或者损坏的，承运人应当承担责任；但是，承运人证明货物的灭失、损坏完全是由于下列原因之一造成的，不承担责任：

① 货物本身的自然属性、质量或者缺陷；

② 承运人或者其受雇人、代理人以外的人包装货物的，货物包装不良；

③ 战争或者武装冲突；

④ 政府有关部门实施的与货物入境、出境或者过境有关的行为。

所谓航空运输期间，不包括机场外的任何陆路运输、海上运输、内河运输过程；但是，此种陆路运输、海上运输、内河运输是为了履行航空运输合同而装载、交付或者转运，在没有相反证据的情况下，所发生的损失视为在航空运输期间发生的损失。

货物在航空运输中因延误造成的损失，承运人应当承担责任；但是，承运人证明本人或者其受雇人、代理人为了避免损失的发生，已经采取一切必要措施或者不可能采取此种措施的，不承担责任。

在货物运输中，经承运人证明，损失是由索赔人或者代行权利人的过错造成或者促成的，应当根据造成或者促成此种损失的过错的程度，相应免除或者减轻承运人的责任。

（3）责任限制。

《航空法》责任限制的规定主要有：

① 国际航空运输承运人的赔偿责任限额按照下列规定执行：对托运货物的赔偿责任限额，为每千克 17 计算单位（指 SDRs）。托运人在交运托运货物时，特别声明在目的地点交付时的利益，并在必要时支付附加费的，除非承运人能证明托运人声明的金额高于托运货物在目的地点交付时的实际利益，否则承运人应当在声明金额范围内承担责任。

托运货物的一部分或者托运货物中的任何对象灭失、损坏或者延误的，用以确定承运人赔偿责任限额的重量，仅为该一包件或者若干包件的总重量；但是，因托运货物的一部分或者托运货物中的任何对象的灭失、损坏或者延误，影响同一份空运单所列其他包件的价值的，确定承运人的赔偿责任限额时，此种包件的总重量也应当考虑在内。

根据我国《航空法》第一百二十八条制定并于 2006 年 3 月 28 日起施行的《国内航空运输承运人赔偿责任限额规定》，对我国国内航空运输中发生的损害赔偿进行了如下规定：国内航空运输承运人对旅客托运的行李和对运输的货物的赔偿责任限额为每公斤人民币 100 元。 即在此规定的赔偿责任限额内按照实际损害承担赔偿责任，但是《航空法》另有规定的除外。以上确定的赔偿责任限额的调整，由国务院民用航空主管部门制定，报国务院批准后公布执行。

② 任何旨在免除《航空法》规定的承运人责任或降低《航空法》规定的赔偿责任限额的条款，均属无效；但是，此种条款的无效，不影响整个航空运输合同的效力。

③ 有关航空运输中发生的损失的诉讼，不论其根据如何，只能依照《航空法》规定的条件和赔偿责任限额提出，但是不妨碍谁有权提起诉讼以及他们各自的权利。

④ 就航空运输中的损失向承运人的受雇人、代理人提起诉讼时，该受雇人、代理人证明他是在受雇、代理范围内行事的，也有权援用上述有关赔偿责任限制的规定。在这种情形下，承运人及其受雇人、代理人的赔偿总额不得超过法定的赔偿责任限额。

⑤ 在存在实际承运人的情况下，实际承运人的受雇人、代理人或者缔约承运人的受雇人、代理人，证明他是在受雇、代理范围内行事的，就实际承运人履行的运输而言，也有权援用赔偿责任限制的规定。

（4）责任限制权利的丧失。经证明，航空运输中的损失是由于承运人或者其受雇人、代理人的故意或者明知可能造成损失而轻率地作为或者不作为造成的，承运人无权援用有关赔偿责任限制的规定；证明承运人的受雇人、代理人有此种作为或者不作为的，还应当证明该受雇人、代理人是在受雇、代理范围内行事。

同样，如能证明航空运输中的损失是由于承运人的受雇人、代理人的故意或者明知可能造成损失而轻率地作为或者不作为造成的，则承运人的受雇人、代理人也不能引用赔偿责任限制规定。

5．索赔与诉讼

（1）有关索赔的规定。收货人收受托运货物而未提出异议，将作为货物已经完好交付并与运输凭证相符的初步证据。

托运货物发生损失的，收货人应当在发现损失后向承运人提出异议，至迟应当自收到货物之日起 14 天内提出。托运货物发生延误的，至迟应当自货物交付收货人处置之日起 21 天内提出。任何异议均应当在上述规定的期间内并写在运输凭证上或者另以书面形式提出。

除非承运人有欺诈行为，否则收货人未在规定的期间内提出异议的，就不能向承运人提出索赔诉讼。

（2）诉讼时效的规定。航空运输的诉讼时效期间为 2 年，自民用航空器到达目的地、应当到达目的地或者运输终止之日起计算。

（3）索赔与诉讼的对象。由几个航空承运人办理的连续运输，接受货物的每一个承运人都应受《航空法》规定的约束，并就其根据合同办理的运输区段作为运输合同的订约一方。

针对货物的灭失、损坏或者延误，托运人有权对第一承运人提起诉讼，收货人有权对最后承运人提起诉讼，托运人、收货人均可以对发生灭失、损坏或者延误的运输区段的承运人提起诉讼。上述承运人应当对托运人或者收货人承担连带责任。

某一项运输，同时存在缔约承运人和实际承运人的情况与连续运输的情况不同。缔约承运人应对合同约定的全部运输负责，实际承运人只对其履行的运输负责。对于实际承运人履行运输过程中出现的问题，托运人或收货人既可以向实际承运人也可以向缔约承运人还可以同时对实际承运人和缔约承运人提出索赔与诉讼。

9.2.2　我国民用航空总局制定的国内货物运输规则

我国民用航空货物运输规则分国际和国内两个部分。1985 年，中国民用航空局（后改为中国民用航空总局）制定发布了《中国民用航空局货物国内运输规则》，该规则经修订后成为新的《中国民用航空货物国内运输规则》（简称民航货物国内运输规则），自 1996 年 3 月 1 日起施行。2006 年 3 月 28 日起施行的《国内航空运输承运人赔偿责任限额规定》对我国国内航空运输中发生的损害赔偿又进行了新的规定。而国际部分适用于 2000 年 8 月 1 日发布并实施的《中国民用航空货物国际运输规则》（见 9.2.3）。

《民航货物国内运输规则》适用于出发地、约定的经停地和目的地均在我国境内的民用航空货物运输。其主要内容包括以下四个方面。

1．货物托运

托运人须凭有效身份证件，填写货物托运书，向承运人或其代理人办理托运手续。托运政府限制运输的货物以及需向公安、检疫等有关政府部门办理手续的货物，应当随附有效证明。

货物托运书的填写及基本内容：

（1）托运人应当认真填写，对托运书内容的真实性、准确性负责，并在托运书上签字或盖章。

（2）货物托运书的基本内容包括货物托运人和收货人的具体单位或个人的全称及详细地址、电话、邮政编码，货物品名，货物件数，包装方式及标志，货物实际价值，货物声明价值，普货运输或者急件运输，货物特性、储运及其他说明。

（3）运输条件不同或者因货物性质不能在一起运输的货物，应当分别填写托运书。

货物包装应当保证货物在运输过程中不致损坏、散失、渗漏，不致损坏和污染飞机设备或其他物品。托运人应当根据货物性质及重量、运输环境条件和承运人的要求，采用适当的内、外包装材料和包装形式，妥善包装。精密、易碎、怕震、怕压、不可倒置的货物，必须有相适应的防止货物损坏的包装措施。严禁使用草袋包装或草绳捆扎。货物包装内不准夹带禁止运输或者限制运输的物品、危险品、贵重物品、保密文件和资料等。托运人应当在每件货物外包装上标明出发站、到达站和托运人、收货人的单位、姓名及详细地址等。托运人应根据货物性质，按国家标准规定的式样，在货物外包装上张贴航空运输指示标贴。托运人使用旧包装时，必须除掉原包装上的残旧标志和标贴。每件货物都应按规定粘贴或者拴挂承运人的货物运输标签。

货物重量按毛重计算，计量单位为公斤。重量不足 1kg 的尾数四舍五入。每张空运单的货物重量不足 1kg 时，按 1 公斤计算。贵重物品按实际毛重计算，计算单位为 0.1kg。非宽体飞机载运的货物，每件货物重量一般不超过 80kg，体积一般不超过 40×60×100cm。宽体飞机载运的货物，每件货物重量一般不超过 250kg，体积一般不超过 100×100×140cm。超过以上重量和体积的货物，承运人可依据机型及出发地和目的地机场的装卸设备条件，确定可收运货物的最大重量和体积。每件货物的长、宽、高之和不得小于 40cm。每公斤货物体积超过 6 000cm^3的，为轻泡货物。轻泡货物以每 6 000 cm^3 折合 1kg 计重。托运人托运的货物，毛重每千克价值在人民币 20 元以上的，可办理货物声明价值，按规定交纳声明价值附加费。每张货运单的声明价值一般不超过人民币 50 万元。已办理托运手续的货物要求变更时，声明价值附加费不退。

2．航空货运单

航空货运单简称空运单。《民航货物国内运输规则》对空运单进行了具体的规定。规定空运单应当由托运人填写，连同货物交给承运人。如承运人依据托运人提供的托运书填写并经托运人签字，则该空运单应视为代托运人填写。托运人应当对空运单上所填关于货物的说明或声明的正确性负责。空运单一式 8 份，其中正本 3 份、副本 5 份。正本 3 份为：第 1 份交承运人，由托运人签字或盖章；第 2 份交收货人，由托运人和承运人签字或盖章；第 3 份交托运人，由承运人接受货物后签字盖章。3 份具有同等效力。承运人可根据需要增加副本。空运单的承运人联应当自填开空运单次日起保存 2 年。

空运单的基本内容包括：

（1）填单地点和日期；

（2）出发地点和目的地点；

（3）第一承运人的名称、地址；

（4）托运人的名称、地址；

（5）收货人的名称、地址；

（6）货物品名、性质；

（7）货物的包装方式、件数；

（8）货物的重量、体积或尺寸；

（9）计费项目及付款方式；

（10）运输说明事项；

（11）托运人的声明。

3．货物到达和交付

货物运至到达站后，除另有约定外，承运人或其代理人应当及时向收货人发出到货通知。通知包括电话和书面两种形式。急件货物的到货通知应当在货物到达后2小时内发出，普通货物应当在24小时内发出。自发出到货通知的次日起，货物免费保管3天。逾期提取，承运人或其代理人按规定核收保管费。货物被检察机关扣留或因违章等待处理存放在承运人仓库内，由收货人或托运人承担保管费和其他有关费用。动物、鲜活易腐物品及其他指定日期和航班运输的货物，托运人应当负责通知收货人在到达站机场等候提取。

收货人凭到货通知单和本人有效身份证件提货；委托他人提货时，凭到货通知单和空运单指定的收货人及提货人有效身份证件提货。如承运人或其代理人要求出具单位介绍信或其他有效证明时，收货人应予提供。承运人应当按空运单列明的货物件数清点后交付收货人。发现货物短缺、损坏时，应当会同收货人当场查验，必要时填写货物运输事故记录，并由双方签字或盖章。收货人提货时，对货物外包装状态或重量如有异议，应当场提出查验或重新过秤核对。收货人提取货物后并在空运单上签收而未提出异议，则视为货物已经完好交付。

托运人托运的货物与空运单上所列品名不符或在货物中夹带政府禁止运输或限制运输的物品和危险物品时，承运人应按下列规定处理：

（1）在出发站停止发运，通知托运人提取，运费不退。

（2）在中转站停止运送，通知托运人，运费不退，并对品名不符的货件，按照实际运送航段另核收运费。

（3）在到达站，对品名不符的货件，另核收全程运费。

货物自发出到货通知的次日起14天无人提取，到达站应通知始发站，征求托运人对货物的处理意见；满60天无人提取又未收到托运人的处理意见时，按无法交付货物处理。对无法交付货物，应做好清点、登记和保管工作。凡属国家禁止和限制运输物品、贵重物品及珍贵文史资料等货物应无价移交国家主管部门处理；凡属一般的生产、生活资料应作价移交有关物资部门或商业部门；凡属鲜活、易腐或保管有困难的物品可由承运人酌情处理。如作毁弃处理，所产生的费用由托运人承担。经作价处理的货款，应及时交承运人财务部门保管。从处理之日起90天内，如有托运人或收货人认领，扣除该货的保管费和处理费后的余款退给认领人；如90天后仍无人认领，应将货款上交国库。对于无法交付货物的处理结果，应通过始发站通知托运人。

4．赔偿

由于承运人的原因造成货物丢失、短缺、变质、污染、损坏，应按照下列规定赔偿：

（1）货物没有办理声明价值的，承运人按照实际损失的价值进行赔偿，但赔偿最高限额为毛重每公斤人民币20元。

（2）已向承运人办理货物声明价值的货物，按声明的价值赔偿；如承运人证明托运人的声明价值高于货物的实际价值时，按实际损失赔偿。

超过货物运输合同约定期限运达的货物，承运人应当按照运输合同的约定进行赔偿。

2006年3月28日起施行的《国内航空运输承运人赔偿责任限额规定》，对我国国内航空运输中发生的损害赔偿进行了新的规定：国内航空运输承运人对旅客托运的行李和对运输的货物的赔偿责任限额提高到每公斤人民币 100 元。即在此规定的赔偿责任限额内按照实际损害承担赔偿责任，但是《航空法》另有规定的除外。以上确定的赔偿责任限额的调整，由国务院民用航空主管部门制定，报国务院批准后公布执行。

按照《民航货物国内运输规则》，托运人或收货人发现货物有丢失、短缺、变质、污染、损坏或延误到达情况，收货人应当场向承运人提出，承运人应按规定填写运输事故记录并由双方签字或盖章。如有索赔要求，收货人或托运人应于签发事故记录的次日起，按法定时限向承运人或其代理人提出索赔要求。向承运人提出赔偿要求时应填写货物索赔单，并随附货运单、运输事故记录和能证明货物内容、价格的凭证或其他有效证明。超过法定索赔期限收货人或托运人未提出赔偿要求，则视为自动放弃索赔权利。

索赔要求一般在到达站处理。承运人对托运人或收货人提出的赔偿要求，应当在 2 个月内处理答复。不属于受理索赔的承运人接到索赔要求时，应当及时将索赔要求转交有关的承运人，并通知索赔人。

9.2.3 我国民用航空总局制定的货物国际运输规则

由中国民用航空总局于 2000 年发布并实施的《中国民用航空货物国际运输规则》(以下简称《民航货物国际运输规则》，根据《航空法》第 9 章公共航空运输的有关规定，结合我国早已加入的《华沙公约》的有关内容，参照货物国际航空运输的普遍做法，并结合我国国际航空货运的实际情况，专门对货物国际航空运输中的相关问题做出了规定。该规则共 9 章，49 条。主要包括国际航空运输中货物托运、货物收运、货物交付、运价、运费和其他费用、运输货物及特种货物运输等内容。

1.《民航货物国际运输规则》的适用范围

《民航货物国际运输规则》适用于依照中华人民共和国法律设立的公共航空运输企业使用民用航空器运送货物而收取报酬的或者办理的免费国际航空运输。

2. 货物托运

托运人托运货物，应当遵守出发地、经停地和目的地国家的法律和规定。在托运货物时，托运人应当填写或者由他人代为填写航空货运单（简称空运单）正本一式 3 份，连同货物交给承运人。运费和其他费用已经确定的，应当由承运人填入空运单。空运单第 1 份注明“交承运人”，由托运人签字、盖章；第 2 份注明“交收货人”，由托运人和承运人签字、盖章；第 3 份由承运人在接收货物后签字、盖章，交给托运人。承运人根据托运人的请求填写空运单的，在没有相反证据的情况下，应当视为代托运人填写。托运的货物超过一个包装件的，承运人可以要求托运人分别填写空运单。

托运人在空运单上填写的内容有错误或者有遗漏的，经托运人授权，承运人可以予以更正或者补充，但不承担义务。

3. 空运单的内容

《民航货物国际运输规则》对空运单应当规定的内容与国内空运单有所差别。空运单上应当包括下列内容：

（1）填写的地点和日期；

（2）出发地点和目的地点；

（3）出发地点和目的地点均在中华人民共和国境内，而在境外有一个或者数个约定的经停地点的，至少注明一个经停地点；

（4）托运人的名称和地址；

（5）第一承运人的名称和地址；

（6）收货人的名称和地址；

（7）货物的性质；

（8）包装件数、包装方式、特殊标志或者号数；

（9）货物的重量、数量、体积或者尺寸；

（10）货物和包装的外表情况；

（11）运费，如经议定，付费日期和地点及付费人；

（12）提取货物时支付货款的，应当注明货物的价格和必要时应付的费用金额；

（13）需要声明货物在目的地点交付时的利益的，应当注明声明价值金额；

（14）空运单的份数；

（15）随空运单交给承运人的文件；

（16）如经议定，应当注明完成货物运输的时间和概要说明经过的路线；

（17）货物运输的最终目的地点、出发地点或者约定的经停地点之一不在中华人民共和国境内，依照所适用的国际航空运输公约的规定，应当在空运单上声明此项运输适用该公约的，空运单上应当载有该项声明。

4．货物收运

承运人不得收运中华人民共和国以及运输过程中有关国家的法律和规定所禁止运输的货物。承运人如果收运我国及有关国家的法律和法规限制运输的货物，应当查验我国及有关国家出具的准许运输的证明。根据我国及有关国家的法律和法规需办理查验、检查等手续的货物，在手续未办妥之前，承运人不得收运。承运人收运运费到付的货物，应当符合货物目的地点国家的法律和规定，以及有关航空联运承运人的规定。

承运人应当收运由托运人托运的符合下列条件的货物：

（1）出发地、目的地、经停地和飞越国家的法律和规定允许运输或者进出口；

（2）包装适合于航空器运输；

（3）附有必需的资料、文件；

（4）不危及航空器、人员或者其他财产的安全。

承运人可以对货物、货物的包装、货物的资料、文件进行检查，但不承担此种检查的义务。

承运人可以规定每张空运单的声明价值限额，对超过其声明价值规定限额的货物可以拒绝运输。承运人可以规定每架航空器载运货物总价值的限额。

承运人对收运的货物，应当进行安全检查或者采取其他保证安全的措施。承运人对收运的货物应当妥善保管，防止货物损坏或者遗失。

5．运价、运费和其他费用

承运人应当公布运价。运价应当是填开空运单之日的有效运价。除承运人另有规定外，运价和运费只适用于机场至机场的航空运输，不包括承运人提供与航空运输有关的其他附属服务所收取的费用。托运人应当使用承运人公布的货币支付运费和其他费用。支付的货币不是公布货币的，托运人应当按照规定的兑换率换算后支付。

托运人托运货物，应当支付所有预付运费和其他费用。收货人提取货物，应当支付所有到付运费和其他费用。所有预付或者到付的费用，无论货物是否遗失、损坏或者货物未运达货运单上载明的目的地，均为承运人的全部所得。如因承运人的原因造成货物遗失、损坏或者货物未运达货运单上载明的目的地，承运人应当承担责任。

托运人或者收货人未支付运费和其他费用的，承运人可以依法留置货物，并催付有关的运费和其他费用。托运人或者收货人未在规定的期限内支付运费和其他费用的，承运人可按照有关规定处置货物，并事先通知货运单上载明的托运人或者收货人。承运人垫付与货物有关的税款或者费用的，托运人和收货人应当承担向承运人偿付这些税款或者费用的连带责任。托运人拒绝支付运费和其他费用的，承运人可以取消该货物的运输。

6. 货物交付

货物运达目的地后，承运人在未收到其他指示的情况下，应当及时向收货人或者货运单上载明的、经承运人同意的其他人发出货物到达通知。此通知以通常方式发出，对未收到或者未按时收到此通知的，承运人不承担责任。

收货人收到或者要求提取货物及空运单的，托运人对货物的处置权即告终止。收货人拒绝接收空运单或者货物，或者承运人无法同收货人取得联系的，托运人继续行使对货物的处置权。

除空运单上另有特别载明外，货物只能交付给空运单上所载明的收货人或其代理人。以下情况下的交付均应视为有效交付：

（1）承运人已将准许提取货物的凭证交付给收货人或者其代理人的；

（2）按适用的法律，已将货物交付给海关或者其他政府当局的。

货物运达目的地后，收货人拒绝或者未在规定的时间内提取货物的，承运人应当执行空运单上载明的托运人的指示。空运单上未载明指示或者指示不能执行的，承运人应当将收货人未提取货物的情况通知托运人，并要求托运人予以指示。

货物运达目的地机场后3个月内未收到托运人指示的，承运人按无法交付货物的规定处理。货物运达目的地后，收货人在3个月内未办妥货物提取手续的，承运人在处置货物前，应当通知收货人。

托运人应当承担因收货人未提取货物而产生的其他费用，包括根据托运人指示运回货物所产生的其他费用。

收货人接收空运单或者货物，应当承担与运输有关所有未支付费用的支付责任。除非另有约定，托运人仍应承担支付这些费用的责任，并与收货人承担连带责任。承运人可根据支付费用的情况有条件地移交空运单或交付货物。

7. 特种货物运输

特种货物是指危险物品、活体动物、易腐物品、灵柩等特种货物。托运人托运特种货物，除应当符合普通货物运输规定外，还应当符合特种货物运输规定。托运人因未遵守规定而给承运人造成损失的，应当承担责任，并对因此而造成的承运人的损失给予赔偿。托运人托运特种货物应当事先与承运人联系，经承运人同意后方可托运。托运人和收货人应当在承运人指定的地点办理托运和提取特种货物。

承运人收运特种货物，除应符合普通货物运输规定外，还应符合特种货物运输规定。承运人因未遵守规定而给托运人造成损失的，应承担责任。承运人运输特种货物，应当建立机长通知单制度。承运人应指定办理托运和提取特种货物的地点。承运人未经中国民航总局批准，不得运输作战军火、作战物资。

9.3 《华沙公约》及《海牙议定书》

目前国际上调整国际航空货物运输关系的主要公约有：《统一国际航空运输某些规则的公约》（简称《华沙公约》，1929 年）、《海牙议定书》（1955 年）和《蒙特利尔公约》（2003 年）。上述 3 个公约在法律上都是独立的，各国只适用其参加的公约；但它们在内容上又是互相关联的，因此在适用上往往有所交叉。

在航空货物运输的公约中，《华沙公约》是最基本的，《海牙议定书》是对《华沙公约》的修改与补充。《华沙公约》于 1929 年在华沙签订。该公约规定了以航空运输承运人为一方和以旅客、货物托运人与收货人为另一方的法律义务和相互关系，它是国际航空运输的一个最基本的公约。自 1929 年《华沙公约》签订到 1975 年，该公约经历了 7 次修改与补充，形成一系列新的公约。但迄今为止，《华沙公约》影响最大，世界上有 130 多个国家和地区加入了该公约。我国于 1958 年加入成为缔约国。《华沙公约》共有 5 章 41 条，对空中旅客、行李和货物运输各项问题做了全面规定。内容包括定义、运输凭证、责任赔偿、管辖权等。

9.3.1 适用范围与定义

《华沙公约》规定该公约适用于所有以航空器运送人员、行李或者货物而收取报酬的国际运输，也同样适用于航空运输企业以航空器履行的免费运输。同时规定，不适用于按照国际邮政公约的规定而办理的运输，即不适用于邮政运输。

根据《华沙公约》的规定，该公约所适用的国际航空运输，需满足以下条件：

（1）出发地和目的地分别处于两个缔约国的领土内；

（2）虽然出发地和目的地处在一个缔约国的领土内，但在另一个国家的领土内（即使该国不是该公约的缔约国）有一个协议规定的经停地点。

上述两个条件中只要符合其中一个就可以认为是《华沙公约》所定义的国际运输。

《海牙议定书》对国际运输定义做了更明确的规定：“国际运输是指根据双方协议，不论在运输中有无间断或转运，其出发地和目的地是处在两个缔约国的领土内，或处在一个缔约国内而在另一国的领土内有一协议的经停地点的运输，即使该国不是缔约国。在一个缔约国领土内两地间的运输而在另一国领土内没有一个协议的经停地点，对本公约来说，不是国际运输。”

9.3.2 运输凭证

《华沙公约》在第 2 章中对运输凭证做了具体规定，其中第 3 节是针对航空货运单所做的规定。

1．航空货运单的签发

后来在《海牙议定书》中称为空运单的单证在《华沙公约》中称为航空货运单。《华沙公约》规定，承运人有权要求托运人填交航空货运单。并规定承运人应在接受货物时签字。《海牙议定书》修改为承运人应在装机之前签字。《华沙公约》还规定，如果托运的货物不止一件时，承运人有权要求托运人分别填写航空货运单。

2．航空货运单的内容

根据《华沙公约》，航空货运单共包括 17 项内容。托运人应对其填写的航空货运单的正确性负责。由于现代航空运输十分繁忙，运输量日益增大，因此，《海牙议定书》将 17 项内容修改为以下 3 项：

（1）起运地和目的地；

（2）如起运地和目的地在同一缔约国领土内而在另一国领土内有一个或几个经停地点时，至少注明一个这种经停地点。

（3）向托运人声明：如运输的最终目的地或经停地点不在起运地所在国，《华沙公约》可以适用，并在大多数情况下限制承运人对货物遗失或损坏所负的责任。

《海牙议定书》对此说明："由于托运人提供的说明和声明不合规定、不正确或不完全而使承运人或承运人对其负责的任何其他人所遭受的一切损害，托运人应负责赔偿。"

《华沙公约》对应的规定是："如果承运人接受货物而航空货运单没有被填制，或航空货运单上没有包含第 8 条第 1 至 9 项和 17 项，承运人就无权援引本公约关于免除或限制其责任的规定。"这意味着，如果承运人接受了没有填具航空货运单的货物，或货运单上没有包括《华沙公约》所规定的具体内容，承运人则无权引用该公约中关于免除或限制承运人责任的规定，但这并不影响该合同的有效性或该公约的适用。

3．航空货运单的性质和证据效力

《华沙公约》的航空货运单或《海牙议定书》中所称的空运单，是一种不可议付的单据，是航空货物运输合同的证明，它不同于海运提单，本身并不代表所托运货物的价值，也不是货物所有权凭证。它是由承运人或其代理人出具的货物单据。由于空运的速度很快，一般在托运人把托运单送交收货人之时，货物就已经运到目的地。这在很大程度上排除了通过转让装运单据来转让货物的需要。因此，虽然《华沙公约》和《海牙议定书》都规定，不限制签发可转让的航空货运单，但在实际业务中，航空货运单一般都印有"不可转让"（Not Negotiable）的字样。因此，从性质上讲，航空货运单与海运提单不同，它主要是作为运输合同证明、货物收据和运费账单而起作用，同时还起到报关单据和保险证书等作用。

关于航空货运单的证据效力，《华沙公约》规定："在没有相反证明时，航空货运单是订立契约、接受货物和承运条件的证明。"这意味着，航空货运单是订立合同、接受货物、运输条件以及关于货物的重量、尺码、包装和件数等的初步证据。此外该公约还规定了航空货运单中

的数量、体积或状况的声明并不是一种针对承运人的证据，除非承运人已当场进行了核对，并将其在航空货运单上予以注明，或注明仅指货物的外表状况。

9.3.3 承运人责任的规定

《华沙公约》在第 3 章中规定了承运人的责任。这是该公约的重要内容，它规定了承运人的责任限额、责任条件和旅客、货物托运人和收货人的权利。

1．承运人的责任基础

《华沙公约》规定："（1）承运人如能证明他或他的代理人已经采取了一切必要的措施来避免损失，或不可能采取这种措施时，可以免责。（2）在运输货物和行李时，如果承运人证明损失的发生是由于驾驶、航空器操作或领航过失，而在其他一切方面承运人或其代理人已经采取了一切必要措施来避免损失时，可以免责。"

这一规定体现了承运人的责任原则，即采用推定过失责任制。在这种过失责任中，承运人被假定有过失，除非他能证明已经采取了一切必要措施或不可能采取措施才能免责。换言之，承运人要承担举证责任，来证明其没有过失。

《海牙议定书》删除了驾驶、操作和领航过失免责的规定。尽管在航空技术发展以后仍保留这一免责条款显得过于保护承运人，但是正是取消了这一免责规定，使人们顾虑重重，至今加入《海牙议定书》的国家不多。

2．承运人的责任期间

《华沙公约》规定承运人对于航空运输期间所造成的损失，包括由于延误造成的损失应当负责。至于海陆空联运的情况，该公约的适用仅限于符合国际航空运输定义的航空运输部分。

所谓运输期间，按《华沙公约》规定，是指货物交由承运人保管的整个期间。不论货物是在机场或是已装上飞机，或在机场外降落的任何地点。在机场以外为了装载、交货或转运空运货物的目的而进行地面运输时，如果发生任何损害，除有相反的证据，也应视为在航空运输期间发生的损失，承运人对此应负责。

3．承运人的责任限制

（1）责任限制金额。《华沙公约》规定承运人的责任限额是：承运人对货物的灭失、损害或延迟交货的责任，以每千克 250 金法郎为限，但如果托运人在交运货物时已声明货物的价值较此为高，并支付了附加运费，则可不在此限。此时，承运人的赔偿责任应以托运人所声明的金额为限，除非承运人能证明托运人所声明的金额超出了交货时货物的实际价值。

（2）责任限制的强制性。《华沙公约》规定"企图免除承运人的责任，或确定一个低于本公约所规定责任限额的任何条款，都属无效，但这种条款的无效并不使整个契约失效，契约仍受本公约规定的约束"。这意味着《华沙公约》所规定的责任限额是强制性规定，承运人应按此规定赔偿。

（3）责任限制权利的丧失。《华沙公约》还规定"如果损失的发生是由于承运人有意的不良行为，或由于承运人的过失，而根据受理法院的法律，这种过失被认为是等于有意的不良行为，承运人则无权援引本公约关于免除或限制其责任的规定"。《海牙议定书》将公约中的"有意不良行为"一词改为易于理解的用语，即"故意引起损失，或明知会引起损失而仍漫不经心而引起了损失”，此时，承运人则不能援引《海牙议定书》中有关限制或免除承运人责任的规定。

4. 承运人免责事项的规定

根据《华沙公约》的规定，承运人可以援引以下事项，要求免除其对货物损害或灭失的责任：

（1）如果承运人能证明，他与他的代理人或雇佣人已经采取了一切必要措施以避免发生损失，或证明不可能采取这种防范措施，则承运人对货物的损失可不承担责任。

（2）如果承运人能证明，损失是由于领航或飞机操作的过失或驾驶失误引起的，并能证明他或他的代理人已经在其他一切方面采取了一切必要措施以防损失，则对该项损失可以免责。

但实际上承运人几乎从未引用过这项抗辩理由。因为这一点对旅客人身伤亡不适用，而且如果承运人对货物提出此项抗辩理由，一旦上述过失行为构成故意的不当行为时，承运人则须对旅客伤亡承担无限责任。因此，《海牙议定书》删除了《华沙公约》中的这项免责规定。

（3）如果承运人能证明，货物的损失是由于受害人的过失引起或促成的，法院可根据具体情况免除承运人的全部或部分责任。

从上述规定可以看出，《华沙公约》和《海牙议定书》在承运人责任赔偿上采取的是过失责任制。承运人如能证明自己没有过失，或已采取了一切可能的措施而无法避免事故时则可以免责。相反，如果受损害的旅客、货物托运人能证明损失是承运人故意造成，或明知会发生事故而采取漫不经心、听之任之的态度而造成损失，则承运人不能援引该两公约在责任限额上的保护。只有在承运人既能证明自己没有过失，而受害人又不能证明损失是承运人有意行为所造成时，才可以援引该两公约规定的责任限额。

5. 承运人责任归责原则和责任限制的变化

随着航空科学技术水平以及承运人防范航空风险能力的不断提高，承运人责任制度经历了归责原则从宽到严、责任限额从低到高的发展历程。现行国际航空运输承运人责任制度是通过1929 年制定的《华沙公约》及其后多次修订所形成的华沙体系确立的，1999 年在华沙公约体系的基础上制定了《蒙特利尔公约》，该公约于 2003 年 11 月 4 日生效。我国于 1975 年加入《华沙公约》及《海牙议定书》，《蒙特利尔公约》于 2005 年 7 月 31 日对我国生效。

承运人责任归责原则从最初的过错责任逐步过渡到严格责任，最终发展到双梯度归责原则。《华沙公约》及《海牙议定书》确定的是推定过错归责原则，即除非承运人能够证明存在法定的免责事由，否则，它就必须承担赔偿责任。1929 年《华沙公约》第 17 条规定：“因发生在航空运输期间的事故，造成托运的行李或者货物毁灭、遗失或损坏的，承运人应当承担责任”。第 20 条和第 21 条规定，承运人如能证明存在下列三种情况，则可以不承担责任：①承运人或其受雇人为了避免损失的发生，已经采取一切必要措施，或者不可能采取此种措施的；②损失的发生是由于领航上、航空器的操作上或导航上的过失；③损失是由于受害人的过错造成或促成的。1955 年《海牙议定书》删除了第 20 条关于航行过失免责的规定。《蒙特利尔公约》实行严格责任制度，该公约第 18 条第 1 项规定：“对于因货物毁灭、遗失或损坏而产生的损失，只要造成损失的事件是在航空运输期间发生的，承运人就应当承担责任”，《华沙公约》及海牙议定书规定的法定免责事由在《蒙特利尔公约》不复存在。

货物运输责任限额一直变化不大，《华沙公约》规定承运人对于货物的赔偿责任以每公斤250 法郎（约 20 美元）为限，《蒙特利尔公约》规定以每公斤 17 特别提款权（约 22.5 美元）

为限。虽然措词稍有不同，但是《华沙公约》及《海牙议定书》和《蒙特利尔公约》均规定：如果损失是由于承运人、受雇人或代理人故意或明知可能造成损失而轻率的作为或不作为，承运人不得享受责任限制。如果托运人向承运人声明货物价值并加缴附加费，承运人必须按照声明的价值或承运人可以证明的货物实际价值赔偿，也不能享受责任限制。

9.3.4 托运人的权利与义务

托运人的权利与义务规定如下。

1．托运人的权利

《华沙公约》规定了托运人处理货物的权利。根据该规定，在承运人未向收货人交货时，托运人有权处理货物，但以向承运人出示由托运人掌握的那份航空托运单并支付一切费用为前提。托运人处理货物的权利，主要是指托运人有权在运输途中把货物提回，或在中途经停时中止运输，或要求承运人把货物运回起运地机场，或要求在目的地或中途经停地点把货物交给原来指定的收货人以外的其他人。但托运人应支付因其行使此项权利所产生的一切费用，而且此项权利的行使不能使承运人或其他托运人遭受损失。

2．托运人的义务

托运人的义务包括以下几方面：

（1）支付运费。这是托运人最主要的义务。至于支付方式则可以预付，也可以到付。

（2）填写航空货运单并提交必要单证。托运人应负责填制航空货运单并要对货运单中关于货物各项说明或声明的正确性负责。同时托运人还应提供各种必要资料，以便在货物交付收货人以前完成海关等手续，并且应将必要证件附于货运单之后。

（3）受领货物，收货人有义务在目的地机场受领货物。只要收货人缴付了应付款项并履行航空货运单上所记载的义务，就有权要求承运人交出货运单并发给货物。如果收货人拒受货物或货运单据，或者无法与收货人联系，发货人则恢复其对货物的处理权。

9.3.5 索赔通知与诉讼时效的规定

按《华沙公约》的规定，索赔通知发出的时间根据以下几种情况而有所不同：

（1）在货物遭受损害的情况下，收货人或有关当事人应于发现后立即向承运人提出书面通知，不易被发现的货损，应在收到货物之日起 7 天之内提出，对行李最迟应在收到行李后 3 天内提出。

（2）在延迟交货的情况下，收货人应在货物交由其处理之日起 14 天内提出。

如在上述期限内没有提出异议，除非承运人有欺诈行为，否则不能再向承运人提起诉讼。

《海牙议定书》对收货人提出书面请求的期限做了修改，对货物损害时收货人提出书面请求的时间由 7 天延长至 14 天，对延迟交货时收货人提出书面请求的时间由 14 天延长至 21 天。

关于诉讼时效，《华沙公约》规定“诉讼应在航空飞机到达目的地之日起，或应该到达之日起，或从运输停止之日起 2 年内提出，否则就丧失追诉权”。这意味着，根据《华沙公约》，有关空运合同的诉讼时效是 2 年，如果逾期不起诉则一切诉权即归消灭。

在航空运输中，同托运人订立运输合同的订约承运人可以把全部或部分运输任务分包给其他承运人履行。此时，如果货物受损，《华沙公约》规定，如果运输合同是由几个连续的承运人来履行，则每一个承运人对其所负责的那一部分运输任务，均应视同订约承运人。在这种地位上，他就是所谓的实际承运人。如果在这种运输过程中，货物发生灭失或损害，或出现延迟交付等情况，托运人有权向第一承运人以及发生货损那一段的实际承运人提出诉讼，收货人则有权向最后承运人和实际承运人提出诉讼。第一承运人、实际承运人和最后承运人分别对托运人和收货人承担连带责任。而订约承运人仍须对整个运输过程负责。所有这些承运人都可享有本公约给予承运人的各项保障，其中包括承运人的责任限额和免责。

9.4 航空运输服务公约

1979 年 4 月，关贸总协定的第七轮多边谈判——东京回合，达成了《民用航空器贸易协议》。其宗旨是通过取消关税和尽最大可能减少或消除贸易性限制的破坏性影响，以实现民用航空器、零件及其有关设备在世界贸易中最大限度的自由化。在 WTO 成立后，《民用航空器贸易协议》是《关于建立世界贸易组织协定》的附件之一，但该协议仅只是一个次多边协议，并不是所有 WTO 成员必须参加。已有美国、加拿大、法国、英国、德国、荷兰和其他欧共体国家等为数不多的发达国家签字和接受，他们对民用飞机及零配件实行零关税。而大部分的发展中国家没有参加该协议。

在 WTO 的《服务贸易总协定》中，航空运输服务作为其中的附件成为该协定的一部分。航空运输服务附件共有 6 条规定：

（1）缔约方按《服务贸易总协定》所承担的义务和所做的特别承诺，都不能减少或影响它在 WTO 建立时业已存在的义务。

（2）《服务贸易总协定》包括解决争端的程序，不适用于航空运输权，或直接与行使航空运输权有关的服务（航空运输权由《芝加哥公约》和双边或多边航空运输协定所规定），并免除对航空运输权援用最惠国待遇条款。

（3）《服务贸易总协定》适用于与飞机维修与维护服务、航空运输营销服务（不包括对航空运输服务的定价，也不包括适用的条件）、计算机订座系统服务。

（4）只有在有关双边或多边争端解决机制无法找到解决途径时，才对所涉及的义务和承诺引用《服务贸易总协定》附件中的规定，由 WTO 处理各方因执行《服务贸易总协定》内容而发生的冲突。

（5）服务贸易理事会定期（至少每 5 年 1 次）审议航空运输业的发展状况以及附件的运作情况，并考虑未来扩大适用《服务贸易总协定》的可能性。

（6）具体解释有关“飞机维修与维护服务”、“航空运输营销服务”、“计算机订座系统服务”和“航空运输权”等名词及包括的内容。

中国加入 WTO 后，根据中国的承诺享有《服务贸易总协定》及航空运输服务附件所规定的权益，允许外国服务提供者在中国境内设立合资、合作航空器维修企业。我国空运企业可以利用在国外自由销售和推销航空运输服务的机会，或通过与外航的营销合作来最大限度地开拓国际市场。外国计算机订座系统通过与中国民航计算机订座系统联网，可以为我国空运企业和销售代理人提供广泛的分销服务。

本章小结

航空货物运输所适用的国内法律、法规主要有《航空法》《民用航空货物国内运输规则》和《民用航空货物国际运输规则》，国际航空货物运输适用的国际公约主要有《华沙公约》、《海牙议定书》、《瓜达拉哈拉公约》。本章对民用航空货物国内和国际运输的基本制度和规则进行了较为全面的介绍。

思考与练习

1．简述空运物流的特点。空运物流有哪些主要的法律、法规和公约？
2．简述空运单的性质及其与运输合同的关系。
3．空运单的基本内容有哪些？
4．《航空法》关于航空运输承运人的赔偿责任限额是如何规定的？
5．《民用航空货物国内运输规则》关于货物交付是如何规定的？
6．《民用航空货物国际运输规则》关于特种货物运输的规定有哪些？
7．《华沙公约》的适用范围是怎样的？
8．《华沙公约》对航空货运单的性质和证据效力做了怎样的规定？
9．《华沙公约》关于承运人的责任是如何规定的？
10．《海牙议定书》在哪些方面对《华沙公约》进行了修改？

案例分析

1. 国际航空货物运输合同标书快递延误赔偿纠纷案

原告：上海振华港口机械有限公司（以下简称振华港机公司）

被告：美国联合包裹运送服务公司（以下简称 UPS 公司）

原告振华有限公司因与被告 UPS 公司发生国际航空货物运输合同标书快递延误赔偿纠纷，向上海市静安区人民法院提起诉讼。

原告振华有限公司诉称：原告为参与也门共和国港务局岸边集装箱起重件投标业务，于 1993 年 7 月 21 日上午委托被告办理标书快递，要求其于当月 25 日前将标书投递到指定地点，被告表示可以如期送达。但是，因被告经办人的疏忽，致使标书在沪滞留 2 天，延迟到同月 27 日下午才到达指定地点，超过了 26 日投标截止日期，使原告失去投标机会，蒙受较大经济损失及可能得到的利润。请求法院判令被告退还所收运费人民币 1 432 元，赔偿直接经济损失 10 360 美元，承担诉讼费用。

被告UPS公司辩称：被告与原告就标书到达目的地的日期有过明确约定；被告为原告快递标书费时6天另5个小时，并未超过国际快件中国到也门4～7天的合理运输时间，无延误送达标书的事实。标书在上海滞留2天，系原告未按规定注明快件的类别、性质，以致被告无法报关，责任在原告。即使被告延误送达，应予赔偿，亦应按《统一国际航空运输某些规则的公约》（简称《华沙公约》）或《修改1929年10月12日在华沙签订的统一国际航空运输某些规则的公约的议定书》（简称《海牙议定书》）规定的承运人最高责任限额赔偿。原告的诉讼请求无法律依据，法院应予驳回。

静安区人民法院经审理查明：原告振华港机公司于1993年7月20日上午电话通知被告UPS公司揽货员，表明7月21日需快递一份文件到也门共和国参加投标。当日下午，被告交给原告一份UPS公司运单，让原告填写。该运单背面印有"《华沙公约》及其修改议定书完全适用于本运单"和"托运人同意本运单背面条款，并委托UPS公司为出口和清关代理"等字样。7月21日上午，被告到原告处提取托运物标书，并在UPS公司收件代表签字处签名，表示认可。被告收到原告标书后，未在当天将标书送往上海虹桥机场报关。直至7月23日晚，被告才办完标书的出境手续。该标书7月27日到达目的地。原告得知标书未在授标截止日——7月26日前到达目的地后，于7月27日致函被告，要求查清此事并予答复。被告回函承认其在该标书处理上犯有未严格按收件时间收件（截止时间为16时，而原告标书到被告上海浦东办事处是16时45分）、未仔细检查运单上的货品性质、未问清客户有否限时送到的额外要求3点错误，并表示遗憾。

静安区人民法院认为：被告UPS公司作为承运人，理应迅速、及时、安全地将原告振华港机公司所需投递的标书送达指定地点。但是，被告于1993年7月21日上午接受标书后，未按行业惯例于当天送往机场报关，直到23日晚才将标书报关出境，以致标书在沪滞留2.5天。被告的行为违背了快件运输迅速、及时的宗旨，其行为属延误，应当承担相应的民事责任。原告虽未按被告运单规定的要求填写运单，但被告在收到原告所填运单后，未认真审核，责任在被告。被告提出的无延误送达标书的事实及致使标书延期出境的主要原因在于原告运单填写不适当的理由不能成立。原告要求被告退还运费及赔偿直接经济损失，缺乏法律依据。《中华人民共和国民法通则》第142条第2款规定："中华人民共和国缔结或者参加的国际条约同中华人民共和国民事法律有不同规定的，适用国际条约的规定，但中华人民共和国声明保留的条款除外。"《华沙公约》和《海牙议定书》，我国政府均已加入和批准。《海牙议定书》第11条第2项关于"在运载登记的行李和载运货物时，承运人的责任以每千克250法郎为限，除非旅客或托运人在交运包件时，曾特别声明在目的地交付时的利益并缴付必要的附加费"和"如登记的行李或货物的一部分或行李、货物中的任何物件发生遗失、损坏或延误，用于决定承运人责任限额的重量，仅为该一包件或该数包件的总重量"的规定，在被告运单背面书写明确，故应视为原告和被告双方均接受上述规定，被告应按《海牙议定书》规定的承运人最高责任限额赔偿原告经济损失。标书运单上填写总重量为8kg。据此，该院于1995年9月18日判决：

（1）被告自判决生效后10日内一次赔偿原告经济损失2 000法郎（折合人民币12 695.47元）；

（2）原告其他诉讼请求不予支持。

一审判决宣判后，原告和被告均未提出上诉，被告已履行了判决。

问题：

（1）被告为原告快递标书费时 6 天零 5 个小时，并未超过国际快件中国到也门 4～7 天的合理运输时间，无延误送达标书的事实。该理由是否成立？为什么？

（2）为什么原告要求赔偿直接经济损失的请求被法院驳回？

（3）《华沙公约》及其《海牙议定书》关于承运人的责任限制是如何规定的？

（4）本案适用国际公约解决争议的根据是什么？

2. 航空货物运输责任纠纷案

2008 年 4 月 16 日，北京某技术装备有限公司（以下简称技术装备公司）与中外运-敦豪国际航空快件有限公司（以下简称敦豪快件公司）签订“DHL 航空快件专递单”。约定，敦豪快件公司为技术装备公司空运规格为 BX80574E5410A 的 Intel CPU 中央处理器 8 个，起运地为技术装备公司住所，目的地为美国纽约圣詹姆斯大街 8308 号，货物重量为 9 公斤，运费为 1907 元，货物的海关报价为 640 美元。双方签订的航空快件专递单背面附有“DHL 快件运输协议”，该协议第 6 条约定了敦豪快件公司的责任：DHL（敦豪快件公司）基于本协议对发件人所承担的责任限于直接损失，且不超过本条所规定的每公斤或每磅的限额，因发件人可事先对特殊风险投保，DHL 不承担任何其他损失或损害（包括但不限于利润、收入、利息及未来业务的损失）。无论这些其他损失和损害是特殊的或是间接的，无论 DHL 是否在受理快件之前或之后知晓存在这些损失或损害的风险。如快件采取包含空运、陆运或其他方式的多式联运，除非另有证据，否则任何损失或损害将被推定发生在空运阶段。DHL 在任何一票目的地位于中国境外的快件运输中所承担的全部责任都不超过货物实际现金价值，且不得超过以下各项中的最高金额：100 美元；或在空运或其他非陆运条件下为 20 美元/公斤或 9.07 美元/磅。每票快件只能提出一次索赔，且这种赔偿将作为对有关损失及损害的全部和最终的解决方案。如发件人认为本协议关于赔偿的规定将不足以补偿其损失，则应对货物的价值做出特别声明并按本协议第 8 条（货物保险）的规定要求保险或自行投保，否则发件人将承担一切损失和损害的风险。第 8 条约定：如发件人在运单的正面填好保险项或通过 DHL 的自动控制系统提出代为投保的要求，并支付所需保险费后，DHL 可以为发件人按照货物的实际现金价值就快件的丢失或快件自身的毁损投保。货物保险不包括间接损失或损害，也不包括因运输延误而导致的损失或损害。同时，该快件专递单正面第 8 项用红色字体提示：除非另有书面协定，我/我们同意 DHL 的标准快件运输协议是我/我们与 DHL 之间协议的全部条款，该快件运输协议及（在适用的情况下，目的地在中国境外时）华沙公约限制和/或免除了 DHL 对于快件丢失、损坏或延误所应承担的责任，我/我们声明交运快件中不含现金及危险品（请见发件人所持副本背面）。

合同签订当日，技术装备公司向敦豪快件公司交付 CPU 中央处理器 8 个，并支付运费 1907 元，但敦豪快件公司未能在合理期限内将所承运的货物运至目的地，且称货物在退回过程中丢失，因此不能返还所运输的货物，同意按合同约定的每公斤 20 美元进行赔偿。2008 年 5 月 29 日和 2008 年 5 月 30 日，技术装备公司分别向北京两家供应 CPU 中央处理器的公司就相同型号的托运货物进行询价，8 个 CPU 中央处理器价值分别为 18 800 元和 19 200 元。技术装备公司提出双方签订的“DHL 快件运输协议”系格式条款，显失公平，属无效条款，应按货物实际价值 18 800 元进行赔偿。

因此要求：1、敦豪快件公司返还 CPU 中央处理器 8 个，若不能返还则按市场价赔偿技术装备公司经济损失 18 800 元；2、敦豪快件公司返还运费 1907 元；3、本案的诉讼费 159 元，由敦豪快件公司负担。

问题：

（1）技术装备公司与敦豪快件公司签订的“DHL 航空快件专递单”，是否是有效的运输合同？

（2）什么是格式条款？根据我国合同法，双方签订的“DHL 快件运输协议”是否存在无效的格式条款？

（3）敦豪快件公司是否构成违约？

（4）敦豪快件公司应承担怎样的赔偿责任？赔偿多少金额？

第10章 多式联运法律、法规及公约

内容提要

- 多式联运的特征及与现代物流的关系；
- 我国《合同法》、《海商法》与多式联运；
- 《国际集装箱多式联运管理规则》的主要内容；
- 《联合国国际货物多式联运公约》的规定；
- 《多式联运单证规则》的主要内容。

10.1 多式联运与现代物流

10.1.1 多式联运的概念和特征

1. 多式联运的概念

多式联运是指承运人以两种以上的不同运输方式，负责将货物从接收地运至目的地交付收货人，对全程运输负责，并收取全程运费的运输。从事多式联运的承运人称为多式联运经营人，可定义为是指本人或者委托他人以本人名义与托运人订立一项多式联运合同并以承运人身份承担完成此项合同责任的人。据以确定当事人的权利和义务的合同为多式联运合同，多式联运合同是指多式联运经营人凭以收取运费、负责完成或组织完成多式联运的合同。

如果多式联运是在两个国家或地区之间进行的，则称为国际多式联运。《1980年联合国国际货物多式联运公约》对国际多式联运的定义是：指按照多式联运合同，以至少两种不同的运输方式，由多式联运经营人将货物从一国境内接管货物的地点运至另一国境内指定交付货物的地点。为履行单一方式运输合同而进行的该合同所规定的货物接交业务，不应视为国际多式联运。

多式联运通常以集装箱运输进行，因此，又称集装箱多式联运。相应地，集装箱多式联运如果跨越国界，则属于国际集装箱多式联运。我国《国际集装箱多式联运管理规则》对国际集装箱多式联运做了以下定义，国际集装箱多式联运是指按照国际集装箱多式联运合同，以至少两种不同的运输方式，由多式联运经营人将国际集装箱从一国境内接管的地点运至另一国境内指定交付的地点。国际集装箱多式联运是一种相对新的运输组织方式，它通过采用海、陆、空等两种以上的运输手段，完成国际间的连贯货物运输，从而打破了过去海、铁、公、空等单一运输方式互不连贯的传统做法。如今，提供优质的国际多式联运服务已成为集装箱运输经营人增强竞争力的重要手段。

2．多式联运的特征

根据多式联运的概念，多式联运具有下列特征：

（1）至少是两种以上不同的运输方式的连贯运输；

（2）具有一份多式联运合同；

（3）多式联运经营人承担全程负责制；

（4）使用多式联运单证；

（5）如果是国际集装箱多式联运，还应该属于国际货物运输。

10.1.2 多式联运与物流发展的关系

现代物流在我国的发展仍处于起步阶段，我国对现代物流的认识尚处于初级阶段，企业界对物流业务的重视和开发还有很大的局限性。很多企业只能提供单项或分段的物流服务，不能形成完整的物流供应链。交通运输基础设施比较薄弱，运输方式独立分散，没能形成高效有机的综合运输网络，集装箱多式联运的发展还受到不少方面的限制，运输专业化程度不高，这些都在不同程度上制约了我国物流业的快速发展。目前我国具有综合服务功能的专业物流公司很少，满足不了经济和贸易发展的需要；另一方面，仓储、车队、箱站等许多物流设施、运力等闲置、过剩的现象还经常发生，造成了严重的资源浪费。没有运输、仓储、包装、流通加工等功能的整合，就没有现代物流。对于完成这种整合，我国仍然面临艰巨的任务，这从运输综合体系的形成所遇到的问题可以看出。发展多式联运既是对不同运输方式的整合，也是发展现代物流的前提。

现代物流是在多式联运高度发达的基础上发展起来的延伸服务。目前内陆集装箱多式联运只在港口总吞吐量中占到极低的比重，而很多发达国家80%甚至90%以上都是实行多式联运。要发展物流，必须先推动多式联运的发展。既要加大基础设施的投入和内地场站以及转运等综合配套服务设施的建设，统筹规划，合理布局，形成各种运输方式紧密衔接的运输网络；又要大力提高多式联运的运作效率，规范多式联运的操作规程，从而有效促进物流企业跨地区、跨行业运营资源的优化配置和整合。

10.2 我国多式联运法律、法规

我国涉及到多式联运合同法律制度的主要有《合同法》、《海商法》和《国际集装箱多式联运管理规则》等。

10.2.1 《合同法》对多式联运合同的基本规定

《合同法》规定，多式联运经营人负责履行或者组织履行多式联运合同，对全程运输享有承运人的权利，承担承运人的义务。多式联运经营人可以与参加多式联运的各区段承运人就多式联运合同的各区段运输约定相互之间的责任，但该约定不影响多式联运经营人对全程运输承担的义务。

多式联运经营人收到托运人交付的货物时，应当签发多式联运单据。按照托运人的要求，多式联运单据可以是可转让单据，也可以是不可转让单据。

因托运人托运货物时的过错造成多式联运经营人损失的，即使托运人已经转让多式联运单据，托运人仍然应当承担损害赔偿责任。货物的毁损、灭失发生于多式联运的某一运输区段的，多式联运经营人的赔偿责任和责任限额，适用调整该区段运输方式的有关法律规定。货物毁损、灭失发生的运输区段不能确定的，依照《合同法》有关规定承担损害赔偿责任。

10.2.2 《海商法》对多式联运的规定

《海商法》在第 4 章海上货物运输合同中对多式联运合同做了特别规定，但这些规定只适用于多式联运的一种情况，即通过两种以上的运输方式，其中一种是海上运输方式的情况。

根据《海商法》，多式联运经营人是指本人或者委托他人以本人名义与托运人订立多式联运合同的人。多式联运经营人负责履行或者组织履行多式联运合同，并对全程运输负责。其责任期间是从接收货物时起到交付货物时止。

关于多式联运经营人的责任，《海商法》采用了网状责任制原则。如果能够确定货物的灭失或者损坏发生在多式联运的某个区段，多式联运经营人的赔偿责任和责任限制金额，适用调整该区段运输方式的有关法律规定；如果不能确定灭失或者损坏发生的运输区段，则多式联运经营人的赔偿责任和责任限制金额，适用《海商法》中关于海运承运人的相关规定。

如果多式联运中的某些区段是由多式联运经营人雇请实际承运人进行的，多式联运经营人和实际承运人可以合同形式另外约定相互之间的权利义务，但这种合同不得影响多式联运经营人对全程运输所承担的责任。

10.2.3 我国的多式联运管理规则

我国由交通部和铁道部在 1997 年联合颁布的《国际集装箱多式联运管理规则》（以下简称《管理规则》），从多式联运发展的实际出发，专门对集装箱多式联运的有关问题做出了规定。为了更符合国情和易于操作，在参考《海商法》、《联合国国际货物多式联运公约》、《多式联运单证规则》等法律、公约及国际惯例的基础上，《管理规则》针对我国集装箱多式联运发展的实际，在多式联运的管理方面做了许多具体的规定。有利于多式联运中各关系方更好地履行义务和维护自己的利益。

1. 多式联运管理的原则

《管理规则》中关于政府对多式联运的管理，主要可归结为以下几个方面，即企业经营多式联运，实行许可证制度；多式联运单据必须预先登记方可使用；经营中多式联运经营人及多式联运单据要进行年审。《管理规则》依次对上述各项内容规定了具体的申报条件、审批手续及管理办法等，便于监督和实施。

2. 关于多式联运单据的规定

（1）关于登记制度。《管理规则》对多式联运单据实行登记编号制度，这有助于政府管理部门了解多式联运经营人印制的单据的内容是否合法，也限制了未经许可的企业擅自签发多式联运单据，经营多式联运业务。

（2）关于单据转让。《管理规则》参照了《海商法》关于提单转让的规定：

① 记名单据不得转让；

② 指示单据经过记名背书或空白背书转让；

③ 不记名单据无需背书即可转让。

由于目前多式联运单据采用提单格式较多，这一规定乍看起来似乎也没什么问题，但是如果多式联运中不使用提单，那么其他单据是否符合这些规定就有疑问了。所以，《管理规则》所指的单据应理解为是可转让的多式联运单据，只是在第一种情况下其可转让的性质因记名收货人而发生变化，成为不可转让单据。《管理规则》这项规定比较直接、简单、明了。

（3）关于单据的证据效力。《管理规则》规定了多式联运单据是多式联运经营人已按单据所载状况收到货物的初步证据，而未对多式联运单据转让后各记载事项的证据效力做出明确规定。可见，这样的规定对多式联运经营人是有利的。

3. 托运人的责任

涉及托运人责任和保证的规定一般比较相似，即托运人应保证提供的货物资料准确无误，否则要对由此造成的损失进行赔偿，即使多式联运单据已转让，也同样要赔偿。《管理规则》在完全肯定上述内容的基础上更明确规定了托运人应自负损失或对受损一方应予赔偿的三种情况：

（1）箱体、标志完好，货物由托运人装箱、计数、施封或货物装载托运人自备箱内；

（2）货物品质不良或包装完好而内装货物短缺、变质；

（3）运输标志不清、包装不良。

此外，《管理规则》还参照《海商法》的有关规定，对托运危险品的托运人做出严格要求，以此来保护承运人及其他货主利益。

4. 多式联运经营人的责任

（1）责任期间。《管理规则》对责任期间的规定与《海商法》是一致的，有所不同的是对接收和交付时多式联运经营人应履行的义务和承托双方应办理的手续做了明确的规定，使实践中接收和交付的工作更易于规范化。

（2）责任基础。多式联运经营人对责任期间的货物灭失、损坏、延迟交付应依法承担责任。依法应理解为依据《海商法》、《合同法》等的相应规定。

（3）责任限制的种类。责任限制根据货物灭失还是延迟交付而不同。

① 货物灭失损坏规则。对确知货物灭失、损坏区段的情况所做的规定是：当全程包括海运时，按《海商法》的标准 666.67 SDRs/件或 2 SDRs/毛重千克；不包括海运时，直接适用有关法律、法规的规定。

② 货物延迟交付。延迟交付能确定区段的，适用该区段的有关法律、法规；不能确定区段的，如果包括海运，则按照《海商法》以不超过合同计收运费的数额为限。关于延迟交付的构成，《管理规则》规定，只有在合同中有明确约定交货日期的情况下，才可能构成延迟交付。这一规定与《海商法》的规定一致。

(4)有权享受责任限制的人。赔偿责任限制可以适用于针对多式联运经营人的各种诉讼(不论以合同或侵权方式)，同时多式联运经营人的受雇人只要能证明其是在受雇范围内行事，也可以享受责任限制。但是未提及代理人或为履行多式联运合同而使用其服务的其他人是否可以享用。

(5) 责任限制权利的丧失。如能举证说明货物灭失、损坏、延迟交付的发生是多式联运经营人有意或明知可能造成而毫不在意的行为或不为所致，多式联运经营人将无权享受责任限制的权利。值得注意的是，《管理规则》对丧失责任限制权力所作的规定只针对多式联运经营人而未提及受雇人。按照正常的理解应包括受雇人。

5. 索赔与诉讼

(1) 索赔。有关索赔的规定，《管理规则》与《海商法》的规定基本一致，但比《海商法》更明确和符合集装箱货物的特点。关于货方向多式联运经营人提出书面通知时间，该规则规定：灭失、损坏明显的，在交付时提出书面索赔通知；不明显的，整箱货于交付次日起连续 15 天内，拼箱货于交付次日起连续 7 天内；延迟交付则于向收货人交付货物的次日起连续 60 天内提出，否则不负赔偿之责。

(2) 诉讼。有关诉讼时效的规定是：全程包括海运的，按《海商法》相似的诉讼时效即 1 年；当全程不包括海运时，采用《民法通则》的诉讼时效，即 2 年；时效从交付或应交付的次日起算。这样的规定表面上看可以保证多式联运经营人向实际承运人追偿的权利，但实际上只适用于收货人无法确定货损区段的情况。

10.3 《联合国国际货物多式联运公约》

《联合国国际货物多式联运公约》（以下简称《多式联运公约》）是在联合国贸易和发展会议主持下起草的，于 1980 年在日内瓦签订，其宗旨是调整多式联运经营人和托运人之间的权利、义务关系以及国家对多式联运的管理。《多式联运公约》是继《汉堡规则》之后制定的，它在多式联运经营人的赔偿责任期间、赔偿责任基础、赔偿责任限制权利及其丧失、非合同赔偿责任、诉讼时效、管辖等方面都有着和《汉堡规则》大体相似的规定。

10.3.1 《多式联运公约》产生的背景

国际多式联运是指按照多式联运合同，以至少两种不同的运输方式，由多式联经营人将货物从一国境内接管货物的地点运至另一国境内指定交付货物的地点。

国际货物多式联运是现代化先进的货运方式，它是随着集装箱运输的发展而发展起来的。在使用集装箱运输时，通常都是在发货人工厂、仓库或集装箱货运站进行装箱，之后用汽车或火车把装有货物的集装箱运往码头装船，或运到机场装上飞机。货物的交接地点，可以按“港到港”的办法办理，或在出口国内陆卖方的工厂、仓库或起运地集装箱货运站，直接把货物装进箱内运到进口国内陆买方的工厂、仓库或目的地集装箱货站，实行“门到门”的交接方法。由于“门到门”的交接方式在国际集装箱运输中最有发展前途，因此集装箱运输有一部分是属于陆海（空）多种运输方式的联合运输，即订立一个运输合同，凭一张运输单证，综合利用陆、海、空多种运输方式，实现“门到门”运输。

国际货物多式联运虽然有许多优越性，但同时也提出了许多新的法律问题。其中最主要是适用法律问题，这关系到如何确定承运人的责任和义务的问题。传统的国际货物运输是把整个运输过程分为 3 个不同的阶段，即陆（空）—海—陆（空）运输。由于不同的运输阶段采用了不同的运输方式，因而适用不同的法律。如海上运输阶段可适用《海牙规则》或《汉堡规则》，空运阶段可适用《华沙公约》，陆运阶段可适用国际铁路货运公约或国际公路货运公约等。但是，国际多式联运则把海、陆、空运输联结在一起，作为一个单一的运输过程来安排。且货物在整个运输中都是密封在集装箱内，一旦货物发生灭失或损坏，往往很难确定是发生在哪一阶段，因此也就难以确定应依据哪一个国际公约来确定承运人的责任和义务。

《多式联运公约》正是基于上述需要而产生，它包括 1 个序言，8 个部分及 1 个附件，正文共 40 条。

10.3.2 常用名词的定义

《多式联运公约》在第 1 条中，对一些有关多式联运的名词进行了定义，其中最为重要的是国际多式联运和多式联运经营人。

1. 国际多式联运的含义

《多式联运公约》将国际多式联运定义为“按照多式联运合同，以至少两种不同的运输分式，由多式联运经营人将货物从一国境内接管货物的地点运至另一国境内指定交付货物的地点。为履行单一方式运输合同而进行的该合同所规定的货物接送业务，不应视为国际多式联运”。

从上述定义可以看出，要符合《多式联运公约》所规定的国际多式联运必须具备 3 个基本条件：

（1）必须是国际间的货物运输；

（2）必须包括两种或两种以上不同的运输方式；

（3）必须有一张能够证明多式联运契约、由多式联运经营人签发的对全程运输负责的多式联运单证。

2. 多式联运经营人的含义

《多式联运公约》规定多式联运经营人是指“其本人或通过其代表订立多式联运合同的任何人，他是事主，而不是发货人的代理人或代表或参加多式联运的承运人的代理人或代表，并负有履行合同的责任”。从这个定义可以看出，在多式联运业务中，多式联运经营人是以当事人身份，向托运人签发一张多式联运单证，负责货物的全程运输，并按多式联运合同的规定，对货物在运输过程中发生的灭失、损坏或延迟交付负赔偿责任。

多式联运经营人在签发多式联运单证时，是以承运人身份向货主承担货物的全程运输责任；在履行合同时，是以托运人身份委托单一方式的承运人去完成各区段的运输。他一身兼有承运人和托运人两者的性质，因此多式联运经营人是在国际多式联运这一先进的运输方式被采用后产生的一种具有新的法律地位的人。

10.3.3 《多式联运公约》的适用范围

《多式联运公约》规定，只要多式联运合同规定的多式联运经营人接管货物的地点在一个缔约国境内，或者是交付货物的地点在一个缔约国境内，则该公约的各项规定适用于两国间的所有多式联运合同。《多式联运公约》规定，多式联运合同一经签订，则该公约的各项规定对该合同强制适用。但《多式联运公约》的规定不能影响发货人选择多式联运或分段运输的权利。

10.3.4 多式联运经营人的赔偿责任

1．赔偿责任期间

《多式联运公约》规定，多式联运经营人对于货物所负责任的期间，是从其接管货物之时起至交付货物之时为止，也就是指货物在多式联运经营人的掌管之下这一期间。

具体到接受货物的情况是指多式联运经营人从以下各方接受货物之时起：一是从发货人或其代表那里接收；二是根据接管货物地点适用的法律或规章，从货物必须交其运输的当局或其他第三方那里接收。即包括了两种情况。

交付货物是指多式联运经营人将货物以下列方式交付时为止：

（1）将货物交给收货人；

（2）如果收货人不向多式联运经营人提取货物，则按多式联运合同或按交货地点适用的法律或惯例，将货物置于收货人支配之下；

（3）将货物交给根据交货地点适用的法律或规章必须向其交付的当局或其他第三方。

2．赔偿责任基础

《多式联运公约》对经营人的赔偿责任采取推定过失或疏忽的原则，即除非多式联运经营人能证明他和他的受雇人或代理人为避免损失事故的发生及其后果已经采取了一切必要合理的措施，否则就推定多式联运经营人有疏忽或过失，就应对货物在其掌管期间发生的灭失、损坏或延迟交货负赔偿责任。

如果货物灭失、损坏或延迟交付是由于多式联运经营人或其受雇人或代理人的过失或疏忽与另一原因联合而产生的，则多式联运经营人仅对其过失或疏忽范围内所引起的损失负赔偿责任，但多式联运经营人必须证明哪部分损失是不属于他的过失或疏忽所造成的。

3．赔偿责任限额

关于多式联运经营人赔偿责任限额，《多式联运公约》规定如下：

（1）包括海运在内的多式联运，每件货物或其他货运单位不超过920记账单位或毛重每千克2.75记账单位，以较高者为准。

（2）不包括海运或内河运输在内的多式联运，赔偿责任限额为毛重每千克 8.33 记账单位。这是考虑到空运承运人，铁路、公路承运人对货损的赔偿责任均高于海运承运人的责任限额。

（3）如果能够确定损失发生的运输区段，而该区段所适用的某项国际公约或强制性的国内法律所规定的赔偿限额高于《多式联运公约》规定的赔偿限额时，则适用该项国际公约或该国内法律的规定。

（4）多式联运经营人对延迟交货造成损失所负赔偿责任限额，相当于延迟交货应付运费的 2.5 倍，但不得超过多式联运合同规定的应付运费的总和。

（5）如果多式联运经营人与发货人同意，可在多式联运单据中规定超过本公约所规定的赔偿限额。

4．责任限制权利的丧失

《多式联运公约》规定，如果有证据证明，货物的灭失、损坏或延迟交付是由于承运人或其受雇人或代理人有意造成的，如多式联运经营人有意欺诈，在单据上列有不实资料，或明知会引起损失而毫不在意的作为或不作为所造成的，则该多式联运经营人或其受雇人或代理人就无权享受本公约规定的赔偿责任限制的权利。

从上述规定可以看出，《多式联运公约》对多式联运经营人所规定的赔偿责任制，是修订的统一赔偿责任制。所谓修订的统一赔偿责任制是网状赔偿责任制和统一赔偿责任制折中的产物。它原则上规定了多式联运经营人所应负的“统一”责任，应属于统一责任制范畴，但又不完全相同，它在某个方面又修正了统一责任制。按照《多式联运公约》规定，当知道损失发生区段，而制约该段运输的单一方式运输公约的赔偿限额高于《多式联运公约》的限额时，多式联运经营人的赔偿责任就以单一运输公约的限额为依据。

10.3.5 多式联运单据

按《多式联运公约》的规定，多式联运经营人在接管货物时，应向发货人签发多式联运单据。这种单据是证明多式联运合同及证明多式联运经营人已接管货物并负责按合同条款交付货物的单证。

1．多式联运单据的定义及作用

《多式联运公约》规定：“多式联运合同是指多式联运经营人凭以收取运费、负责完成或组织完成国际多式联运的合同。”“多式联运单据则是指证明多式联运合同以及证明经营人接管货物并负责按照合同条款交付货物的单据。”

从上述定义可以看出，多式联运单据具有多式联运合同证明的作用、货物收据的作用以及收货人提货凭证的作用。

2．多式联运单据的签发

《多式联运公约》规定，多式联运经营人接管货物时，应签发多式联运单据，该单据应依发货人的选择，或为可转让单据或为不可转让单据。如果签发可转让的单据，应列明是按指示或是向持单人交付。如列明按指示交付，须经背书后才能转让；如列明向持单人交付，则无须背书即可转让。收货人必须交出可转让的多式联运单据，才能向多式联运经营人或其代表提取货物。对于不可转让的多式联运单据，则必须在单据上指明记名的收货人。

3. 多式联运单据的内容

根据《多式联运公约》规定，多式联运单据应载明下列内容：货物的品名、类别、标志、包数或件数、货物毛重、危险品的性质、货物外表状况、多式联运经营人的名称和地址、发货人和收货人的名称、多式联运经营人接管货物的地点和日期、交货地点、多式联运单据签发地点和日期、多式联运经营人或经其授权人的签字等。《多式联运公约》同时还规定，多式联运单据中如缺少上述事项中的一项或数项，并不影响该单据作为多式联运单据的法律性质。

4. 多式联运单据中的保留

《多式联运公约》规定如果多式联运经营人或其代理知道，或有合理的根据怀疑多式联运单据所列内容事项没有准确地表明货物的实际状况，或无适当方法进行核对，则多式联经营人或其代理应在多式联运单据上提出保留，注明不符之处或怀疑的根据。如果多式联运经营人未在单据上对货物的外表状况加以批注，则应认为货物的外表状况是良好的。

《多式联运公约》还特别规定，如果多式联运经营人企图诈骗，在单据上列入有关货物的不实资料，将不得享受该公约所规定的赔偿责任限制，并须负责赔偿包括收货人在内的第三者因相信该单据所载的不实资料行事而遭受的任何损失和费用。

5. 多式联运单据的证据效力

《多式联运公约》规定，除了单据中保留的部分外，“多式联运单据应该是单据所载明的货物由多式联运经营人接管的初步证据；如果多式联运单据以可转让方式签发，而且已转让给正当地信赖该单证所载明的货物状况的、包括收货人在内的第三方，则多式联运经营人的反证不予接受”。

根据上述规定，多式联运单据在一般情况下，其证据效力是初步的，即多式联运经营人可以提出与单据记载不同的证据。但如果所签发的多式联运单据是可转让的，并且已转让给善意的第三者时，则其证据效力是最终的，多式联运经营人所提出的相反的证明不予接受。

6. 发货人的保证

《多式联运公约》对发货人就多式联运单据所应承担的责任做了具体规定：发货人应向多式联运经营人保证他所提供货物的各项内容的准确性。如因上述内容不准确或不适当而使多式联运经营人遭受损失，发货人应负责赔偿，即使发货人已将多式联运单据转让给他人，他仍然须负赔偿责任。但多式联运经营人对发货人的这种索赔权，并不限制他按照多式联运合同对发货人以外的任何人应负的赔偿责任。换言之，多式联运经营人不得以发货人申报不实为由来对抗善意的第三者。

10.3.6 发货人的责任

关于在多式联运中发货人应负的基本责任，《多式联运公约》从一般原则和对危险货物的特殊规则两个方面分别加以规定。

（1）如果多式联运经营人遭受的损失是由于发货人的过失或疏忽，或者其受雇人或代理人在其受雇或代理范围内行事时的过失或疏忽所造成的，发货人对这种损失应负赔偿责任。但如果发货人的受雇人或代理人由于其本身的过失或疏忽给多式联运经营人带来损失，则应由该受雇人或代理人对这种损失负赔偿责任。

（2）发货人对危险货物应负的责任。首先，发货人应以适当的方式在危险货物上注明危险标志或标签；其次，在将危险货物交给多式联运经营人时，应将货物的危险特性以及应采取的预防措施告知多式联运经营人。否则发货人必须赔偿多式联运经营人因此而遭受的一切损失。多式联运经营人还可以根据情况，随时将危险货物卸下、销毁或使之无害而无须给予任何赔偿。

（3）发货人应对多式联运单据中有关事实记载的正确性负责。

10.3.7 索赔与诉讼

1. 收货人向多式联运经营人索赔

《多式联运公约》规定，当货物发生灭失或损坏时，除非收货人在不迟于货物交给他的下一个工作日将说明此种灭失或损坏的情况以书面通知多式联运经营人，否则此种货物的交付即为多式联运经营人已按多式联运单据交货的初步证据。如果货物的损坏不明显时，收货人应在交货后 6 天以内提出上述书面通知。如果在交货时双方当事人或其代理已对货物的状况进行了联合调查或检验，则无须就调查或检验所证实的灭失或损坏情况提交书面通知。

对于延迟交货的索赔，收货人应于交货后 60 天内向多式联运经营人提交书面通知；否则，多式联运经营人对延迟交货造成的损失不予负责。

2. 多式联运经营人向发货人索赔

《多式联运公约》规定，如果多式联运经营人由于发货人或其雇用人或代理人的过失或疏忽而遭受损失，有权要求发货人予以赔偿。但多式联运经营人必须在发生这种损失或损坏后 95 天内，将其以书面形式通知发货人；否则，未送交这种通知即作为多式联运经营人未因发货人及其雇用人或代理人的过失或疏忽而受任何损失的初步证据。

3. 诉讼时效

《多式联运公约》规定，有关国际多式联运的任何诉讼，其时效均为 2 年，自货物交付之日起算。如果货物未交付，则自货物应当交付的最后一天的次日起算。如果在 2 年的期间内没有提起诉讼或提交仲裁，即丧失时效。

应注意的是，《多式联运公约》把索赔通知与时效问题联系在一起，这一点与其他公约不同。按照该公约的规定，如果在货物交付之日起 6 个月内，没有提出书面索赔通知，以说明索赔的性质和主要事项，则诉讼在此期限届满后即丧失时效。《多式联运公约》还规定，接受索赔要求的人，可在时效期间内向索赔人提出书面声明，延长时效期间。

10.4 《多式联运单证规则》

由于《多式联运公约》草案在制定后相当一段时间未能通过，而多式联运的实践已在进行，为了解决银行单证操作上的实际需要，早在1973年国际商会（ICC）就在《多式联运公约》草案的基础上制订了《多式联运单证统一规则》，后来经历过几次修订。虽然1980年《多式联运公约》得以通过，但却迟迟不能生效。为了解决多式联运中的法律问题，联合国贸易和发展会议转而与国际商会合作，在原有规则的基础上于1991年重新制定了《多式联运单证规则》，因此，该规则又称为《贸发会议/国际商会多式联运单证规则》。

由于属于国际惯例，《多式联运单证规则》仅作为标准合同条款供当事人自由选用。但是一旦当事人选择适用该规则，那么该规则将优先于多式联运合同中任何与之不一致的规定，除非这些规定增加了多式联运经营人的责任和义务。

10.4.1 多式联运单证的定义

多式联运单证是指任何签发成可转让或记名收货人因而成为不可转让形式的单证，只要适用的法律允许，这种单证可以采用电子数据交换信息代替。除非单证另有规定，多式联运单证是多式联运经营人接收货物的初步证明，但在单证转让或等同的电子信息转移并被接受者确认后就成为最终证据。

10.4.2 责任基础与责任内容

《多式联运单证规则》采用了典型的网状责任制原则。根据该规则，多式联运经营人对所有区段的运输负责。

多式联运经营人的责任从接受货物起到交付货物时止，对于货物的灭失、损坏及延迟交付负责，除非能证明损失不是由于他或他的雇用人、代理人或其他请来履行合同的人的过失或疏忽引起的。但只有在托运人已经申明货物及时运到的重要性并被多式联运经营人接受时，多式联运经营人才对货物的延迟交付负责。延迟交付指货物没有在明确约定的时间，或没有明确约定时应该要求一个谨慎的多式联运经营人交付的时间内运到。如果货物没有在应该交付的时间连续90天内运到，应该视为货物已经灭失。

在全程当中包括海运的情况下，如果货物灭失、损坏或延迟交付是由于海运中承运人的船长、船员、引水员或其他雇用人在航行或管理船舶中的行为、疏忽或过失引起的，或没有承运人的实际错误或知情的火灾引起的，多式联运经营人不负责任。

在全程当中包括海运的情况下，如果货物灭失、损坏或延迟交付是由于海运中承运人的船长、船员、引水员或其他雇用人在航行或管理船舶中的行为、疏忽或过失，或非因承运人实际过失或私谋引起的火灾所造成，多式联运经营人不负责任。

10.4.3 责任限制

多式联运经营人的责任限额是每件或每单位666.67 SDRs，或毛重每千克2个SDRs，以高者为准。除非托运人对货物的性质和价值另有申明并已记载在多式联运单证上。

如果全程不包括海运或内河运输，多式联运经营人的责任限制金额为每公斤8.33 SDRs。

如果货物的灭失或损坏发生在某个特定区段，该区段的运输如果单独签订运输合同，从而该合同将受某个适用于该区段的国际公约或强制性的国内法的制约。那么多式联运经营人对这种灭失或损坏的责任限制将根据该公约或国内法确定。

多式联运经营人累加的责任不应超过货物全部灭失时的责任。

如果能证明货物的灭失、损坏或延迟交付是由于多式联运经营人有意或明知损失会发生而严重疏忽的个人行为或不为引起的，他将不能享受责任限制。

本章小结

如果综合利用各种运输方式的优点，在全程运输中采用运输组合，即可达到合理运输的目标，以最简化的手续、最少的费用、最短的运距、最快的速度将货物运至最终目的地。当然，毫无疑义这也是完全符合物流管理的要求的。我国有关多式联运的法律、法规主要是《海商法》以及由政府交通主管部门制定的《国际集装箱多式联运管理规则》，国际上的公约有《联合国国际货物多式联运公约》，此外，国际商会制定的《多式联运单证统一规则》在实践中具有较大影响。

思考与练习

1. 多式联运有哪些特征？
2. 简述多式联运对发展现代物流的作用。
3. 我国《合同法》对多式联运合同是如何规定的？
4. 我国《海商法》对多式联运的规定主要有哪些内容？
5. 多式联运经营人应承担哪些责任？
6. 《国际集装箱多式联运管理规则》对多式联运经营人的责任限制是如何规定的？
7. 《联合国国际货物多式联运公约》对多式联运经营人的责任期间又是如何规定的？
8. 什么是多式联运单据？
9. 多式联运单据应包括哪些主要内容？
10. 《多式联运单证规则》确定的责任制是什么？
11. 《多式联运单证规则》规定承运人应承担怎样的责任，赔偿责任限制是多少？

案例分析

1. 多式联运承运人责任纠纷案

原告：青岛欧美进出口有限公司

被告：中海集装箱运输股份有限公司

原告诉称：原告与美国 AIG,LLC 公司签订进口卫生纸切边合同，美国 AIG,LLC 公司向被告订舱出运货物，货到目的港后，原告提货时发现货物与合同约定不符，实为化纤废料。

原告根据买卖合同的约定向中国银行青岛分行申请开立了以美国 AIG,LLC 为受益人、有效期为 2004 年 10 月 12 日的不可撤销 90 天信用证。根据信用证条款规定，最后的装船期为 10 月 5 日。10 月 28 日原告才被告知货物运抵天津港。原告怀疑被告倒签提单。庭审中原告将诉因变更为被告预借提单。原告认为，被告预借提单的行为给发货人美国AIG,LLC 公司提供了发出与合同不符货物的机会。由于被告协助发货人伪造装船提单日期，使发货人恶意换货的欺诈行为得逞，使原告蒙受重大经济损失，因此提起诉讼。请求法院判令：1. 被告支付损失的货款 46 314.38 美元；2. 被告赔偿经济损失 145 300 元；3. 被告支付货物的商检费 17 515 元；4. 被告赔偿利息损失 19 100 元；5. 被告支付货物到港所发生的费用 35 000 元以及货物的滞港费用 20 000 元，并继续支付滞港费直至货物离港；6. 被告支付精神损害赔偿 15 000 元；7. 被告支付误工费 4 000 元；8. 被告承担所有的诉讼费用及本案产生的差旅费；9. 被告承担本案律师代理费 15 000 万元。

被告在庭审中答辩称：被告签发的 539551 号正本提单是多式联运提单，符合多式联运提单在接收货物后签发提单的特点；提单约定的运输方式为 IPI CY—CY，且由托运人装箱点数施封，原告收到与提单记载不符的货物，实为托运人的欺诈行为，与承运人无关；被告忠实履行了运输义务，原告所称的预借提单没有法律依据。

法院经审理查明：2004 年 9 月 13 日原告作为买方与美国 AIG,LLC 公司签订进口卫生纸切边合同，双方约定，价格为 CIF 中国天津新港，总价款 51 000 美元，支付方式为不可撤销 90 天信用证。起运港芝加哥，目的港天津港。由美国 AIG,LLC 公司负责订舱。9 月 17 日原告向中国银行青岛分行申请开立了以美国 AIG,LLC 为受益人、有效期为 2004 年 10 月 12 日的不可撤销 90 天信用证。根据信用证条款规定，最后的装船期为 10 月 5 日。10 月 5 日被告作为承运人签发了提单，提单载明：托运人 AIG,LLC；收货人凭指示；接货地伊利诺州芝加哥；承运船舶新秦皇岛 00040 航次；装货港加州洛杉矶；卸货港中国天津；运输方式 IPI CY—CY；提单签发日期和地点伊利诺州芝加哥 2004 年 10 月 5 日。"新秦皇岛"轮 10 月 2 日抵洛杉矶锚地，10 月 6 日开始装货，10 月 9 日 0245 时装货完毕离开洛杉矶港，10 月 20 日抵达上海港，原告货物转"国泰"轮于 10 月 27 日运抵天津港。

另查明，原告在 10 月 19 日到银行承兑并拿到提单，后发现缺少 CCIC 商检证书，按照国家进口废纸规定，没有出运港的 CCIC 商检证书货物不能在目的港通关。原告于 10 月 29 日向天津 CCIC 申请补办 CCIC 商检证书，天津 CCIC 检验结果是该批货物主要为无纺布，其他为木浆和高分子吸收体。上述货物不符合中国环境保护标准的规定，我国海关责令货主退运该批货物，不准许该批货物入关。

IPI 是指内陆公共点运输。

问题：

（1）本案所涉及的提单为什么说是多式联运提单？

（2）承运人是否存在预借提单的行为？为什么？

（3）IPI 与 CY—CY 运输方式之间有无矛盾？

（4）原被告的过错分别体现在哪些方面？

2. 多式联运区段经营人责任纠纷案

原告：东方海外货柜航运有限公司

被告：中国外运江苏集团公司苏州公司

2001 年 11 月 18 日，华映公司与特灵公司签订了进口 3 套冷水机组的贸易合同，交货方式为 FOB 美国西海岸，目的地为吴江。2001 年 12 月 24 日，买方华映公司就运输的冷水机组向人保吴江公司投保一切险，保险责任期间为"仓至仓条款"。同年 12 月 27 日，原告东方海外货柜航运有限公司从美国西雅图港以国际多式联运方式运输了装载于三个集装箱的冷水机组经上海到吴江。原告签发了空白指示提单，发货人为特灵公司，收货人为华映公司。

货物到达上海港后，2002 年 1 月 11 日，原告与被告以传真形式约定，原告支付被告陆路直通运费、短驳运费和开道车费用等共计 9 415 元，将提单下的货物交由被告陆路运输至目的地吴江。事实上，被告并没有亲自运输，而由上海吴淞汽车运输服务公司（以下简称“吴淞公司”）实际运输，被告向吴淞公司汇付了 8 900 元运费。同年 1 月 21 日货到目的地后，收货人发现两个集装箱破损，货物严重损坏。收货人依据货物保险合同向人保吴江公司索赔，保险公司赔付后取得代位求偿权，向原告进行追偿。原告与保险公司达成了和解协议，已向保险公司作出 11 万美元的赔偿。之后，原告根据货物在上海港卸船时的理货单记载“集装箱和货物完好”，以及集装箱发放/设备交接单（出场联和进场联）对比显示的“集装箱出堆场完好，运达目的地破损”，认为被告在陆路运输中存在过错，要求被告支付其偿付给保险公司的 11 万美元及利息损失。

问题：

（1）本案证明货物发生损害的实际区段的证据有哪些？

（2）原告与被告之间，被告与吴淞公司之间的法律关系分别是什么？

（3）原告要求被告支付其偿付给保险公司的 11 万美元及利息损失是否合理？

3. 多式联运经营人与代理人的身份识别

原告：美齐科技股份有限公司

被告：高章货运（上海）有限公司

被告：高章快运有限公司（GO-TRANS EXPRESS LIMITED）

2006 年 12 月 22 日，斯洛伐克环球电子有限公司向原告订购了 4,000 套液晶显示器组件，该订单下货物分八票运往斯洛伐克。2007 年 1 月，原告向高章货运（上海）有限公司(以下简称“高章上海”)订舱，委托其运输其中一票货物，高章上海收取运费并签发了抬头为高章快运有限公司（以下简称“高章快运”）的提单，提单显示货物交接方式是堆场到门。货物从上海港通过海运方式运至德国汉堡港，再经德国汉堡港由铁路和陆路运至最终交货地。但在原告仍持有正本提单的情况下货物被无单放行，造成原告经济损失 50,817.60 美元。

原告认为，本案是海上货物运输合同纠纷，适用我国《海商法》。高章上海作为承运人违反凭单放货义务，应承担赔偿责任。高章快运和高章上海在无船承运业务上是总、分公司关系，且两被告存在混同，高章快运应和高章上海对原告的损失承担连带赔偿责任。故请求判令两被告连带赔偿货款损失 50,817.60 美元及利息损失。

两被告认为，本案是多式联运合同纠纷，根据提单背面条款的约定，应适用美国 1936 年《海上货物运输法》，即使适用中国法律，也应适用我国《合同法》。依据美国 1936 年《海上货物运输法》相关规定和我国《合同法》的规定，高章快运向收货人直接交付货物并无不妥，不应承担赔偿责任。高章上海是高章快运的代理人，因此不承担赔偿责任。即使支持原告诉请，也应以报关单记载的货物金额为准，且高章快运可以根据美国 1936 年《海上货物运输法》的规定享受赔偿责任限制。

法院查明的事实证实，高章上海从接受原告委托承办涉案货物出运至交付提单前，未披露是高章快运的代理人；高章上海在中华人民共和国交通部登记使用的提单就是高章快运的提单。高章上海认为其是高章快运代理人的依据是由莎斯·托马斯·菲利普（SASSE,

Thomas Philipp）在 2005 年 10 月 1 日签署的委托函，但无证据证明莎斯·托马斯·菲利普（SASSE，Thomas Philipp）在签署委托函时有权代表高章快运签署这份法律文件。如果作为高章上海董事长的莎斯·托马斯·菲利普（SASSE，Thomas Philipp）也有权代表高章快运向高章上海签署这份委托函，则证明莎斯·托马斯·菲利普（SASSE，Thomas Philipp）对高章快运经营同类业务也具有实质的控制权，两公司显然存在高度的关联关系。因此，该委托函不足以认定高章上海在涉案货物运输中是高章快运的代理人。结合高章快运法定股本总面值港币 1,000 元，已发行股份总面值港币 100 元，其注册资本规模及公司财产明显不足以清偿其因不履行合同义务或履行合同义务不当所产生的债务，同时其不具有与其所承接的货运业务相当的运输能力和资信实力。而高章上海注册资本达 610,000 美元，且其在办理涉案货物出运过程中既未披露承运人是高章快运，又实际履行了订舱出运、运费报价与收取等事实，可见高章上海是在不具有真实委托代理关系情况下，以高章快运代理人身份签发的提单。

法院经审理认为，由于涉案运输包含海路运输、铁路运输、陆路运输等运输方式，故本案是以提单为证明的多式联运合同无单放货赔偿纠纷。本案不适用美国 1936 年《海上货物运输法》，应属我国《海商法》调整范围。高章快运和高章上海对原告因无单放货产生的货款损失应承担连带赔偿责任，且高章快运依法不得享受赔偿责任限制。鉴于原告已提供了有效证据证明其实际损失，遂判决两被告连带赔偿原告 50,817.60 美元及利息损失。

一审判决后，两被告不服提起上诉。上海市高级人民法院驳回上诉，维持原判。

问题：

（1）如何认定本案的多式联运经营人？

（2）为什么高章快运不能享受承运人赔偿责任限制？

第 11 章 口岸法律、法规及公约

内容提要

- 口岸管理与物流的关系；
- 口岸管理制度；
- 海关货运监管制度；
- 卫生检疫制度；
- 动植物检疫制度；
- 进出口商品检验制度；
- 口岸通关方面的国际公约。

11.1 口岸管理对物流的影响

11.1.1 口岸是实现国际物流的关键环节

口岸是一个国家对外交往的门户，它是主权国家根据自己的政策需要和具体的地理条件而设置的，国际间人员、运输工具、货物、邮件等的流动必须通过口岸进出。通常，国家通过设在港口、机场、边境铁路或公路车站、通道的口岸机构对出入境人员、运输工具、物品实施检查检验监督管理。

目前，世界上水运、陆运、空运口岸共计 3 500 多个，它们有力地促进了世界各国客货运输和世界经济大循环的发展。口岸作为对外贸易货物和交通工具出入境的场所，既为外贸货物和交通工具的出入和国内外人员的交往提供服务和方便，又要为国家严格把关，维持口岸的正常工作秩序，制止非法出入境，缉毒缉私，防止传染病传入传出，维护国家主权与国家的安全。因此国家必须从整个口岸活动的角度进行全局性、综合性的系统管理。

我国口岸管理的对象是进出我国对外开放的港口、机场、车站、国际邮件交换局和在国家批准地点作业的外国籍各种交通工具以及我国航行国际航线、港澳地区的交通工具、交通工具的驾乘人员和所载的旅客、货物及其他物品。

口岸管理的主要内容有：对进出国境的各类交通工具、驾乘人员及所运输的货物、旅客、邮件和其他物品进行管理、监督、检查、检验、检疫，引领外轮进出港口，对各类交通工具、货物进行技术监督、检验和公证鉴定，对各运输环节以及口岸各部门之间进行综合协调、监督管理等。

由于国际物流是国家或地区间的物流，必然要通过口岸才能实现，因此口岸是国际物流的关键环节。

11.1.2 口岸效率决定着物流的效率

口岸对于货物和交通工具的检查验放，涉及国际惯例和双边对等条约。外贸合同有时间要求，索赔也有时限。进口货物早一天到收货人手中，就会早一天产生效益；出口货物尽早报关装运，就可以早一点结汇。

口岸工作的效率对物流的速度起着决定性作用。对外贸易的迅速增长以及货主对高效物流的要求，迫使口岸提高效率，否则就无法适应新的形势、实现口岸为国家经济发展服务的功能。

发达国家为提高物流配置效率和降低成本，已在与物流相关的行业内，如制造、采购、仓储、运输、配送、销售、代理、保险、银行甚至相关的政府部门中实施了“物流+电子商务”的系统工程。

我国物流业发展水平相对落后，要使新兴的物流业跳出传统运输流通的瓶颈，有许多工作要做。其中加快口岸通关速度就是一件非常重要而急迫的事情。

为了促进对外贸易和综合物流业的发展，我国口岸管理机构注意协调各部门、各单位、各环节之间的关系，从总体上对进出口岸的货流及交通工具进行组织、指挥、协调和监督。其中一项重要的措施就是将口岸通关中原有的一关三检改为海关与检验检疫，实现了商检、卫检、动植检三检合一。

对物流影响最大的当属三检合一和实施新的通关模式这两大举措。

三检合一后成立了出入境检验检疫局，作为主管出入境卫生检疫、动植物检疫和商品检验的行政执法机构。将原属卫生部承担的卫生检疫、进口食品卫生监督检验的职能，农业部承担的进出境动植物检疫的职能以及原国家进出口商品检验局承担的进出口商品检验、鉴定和监管的职能，一同并入出入境检验检疫局，实行“一次报验、一次取（采）样、一次检验检疫、一次卫生除害处理、一次收费、一次发证放行”。简化口岸检验检疫手续，提高通关效率。三检合一是行政体制改革，对国家原先颁布的法律法规的执行并不产生影响。

由于三检合一属于行政体制改革，国家原先颁布的法律、法规仍应遵照执行。

在实行三检合一的同时，为了坚持严密监管和便捷通关两者兼顾，从2001年1月1日起，海关新的通关模式在全国海关全面施行。海关将分散审单变为专业化集中审单，即将原属下层隶属海关的权力提升到直属海关，经由直属海关审单中心集中审单后，隶属海关业务现场接单，并按指令查验、放行。这样，使电子流、信息流替代过去的人员流、单证流，拓宽了货运通关时空，降低了企业通关成本，提高了通关速度。新的制度重新划分了总署、直属海关和基层海关3级业务职权，增强总署作为全国海关首脑机关的决策和监控能力，强化直属海关业务处理和业务运行管理职能，强化隶属海关的实际监管能力，巩固海关垂直领导体制。新的制度还科学设置通关作业流程，将风险布控、审单作业、物流监控、职能管理、执法监督等各项权力互相分离。直属海关的职能部门、审单中心同隶属海关共同把关，相互制约，有效防止通关过程中的违法行政和执法腐败。

早在1993年，我国海关就在上海等重要口岸试行EDI报关，经过多年研究、开发以及各方面的配合与协调，目前已在全国许多口岸实施无纸通关。在海关集中报关模式实施并采取集中报验后，通关速度显著提高。加之边检和港监危险品报验工作的参与，更提高了办理口岸手续的效率。过去至少需要几天的通关时间现在甚至可以在申报时起2小时内办结全部通关手续，即使装在集装箱内运输的货物也可以通过专用的X光检查设备在非常短的时间里查验完毕。这极大地便利了货主，同时提高了物流的效率。

11.2 我国口岸管理制度概述

11.2.1 我国口岸管理制度

我国口岸管理实行政府和地方专项管理和各边境口岸执法行政的制度。使口岸管理在整体上形成了一个多层次、多环节、多目标、多功能的综合管理系统。

1．口岸管理系统的组成

按照构成要素，系统分为四大部分：

（1）交通运输分系统。包括港口、机场、车站以及与之相联系的铁路、公路、航空、海运、管道运输等各种运输方式。其主要任务是完成进出口物资和旅客的装卸、疏导及位移工作。

（2）外贸分系统。其主要任务是完成外贸成交、货源组织等工作，为口岸提供货运基础。

（3）监督分系统。代表国家对进出境的人员、行李、货物及运输工具行使管理、监督、检查职能，维护国家的权益和国际信誉。监督系统由于针对的内容不同，可进一步分为检查和检验检疫两个子系统。

① 检查子系统：主要是指海关、边防检查，港务监督（即海事）。

② 检验检疫子系统：主要是指进出口商品检验，口岸卫生检疫、动植物检疫等。

（4）服务分系统。包括为船舶等交通工具及其驾乘人员服务的供应、船舶代理、船舶引水、海员俱乐部，为进出口货物服务的货运代理、仓储、理货。口岸服务分系统不仅以各自不同的方式，为口岸各项工作及进出口岸的交通工具、旅客、货物提供服务，而且也一定程度地维护着国家的权益和国际信誉，还肩负有宣传作用。

2．口岸管理机构及其职责

为保证对外开放政策的贯彻执行和加强对口岸工作的领导，以适应国民经济的发展，特别是对外贸易发展和国际交往日益增多的需要，国务院和各级地方政府都设立了口岸管理机构。

（1）国务院口岸办公室。国务院口岸办公室的主要职责是：

① 研究制定口岸工作的方针、政策、任务和措施；

② 研究改进口岸管理体制，会同有关部门推进口岸查验制度和管理体制的改革；

③ 负责编制全国水、陆、空一类口岸开放规划和审理一类口岸开放；

④ 会同有关部门审查查验配套设施的投资补助计划；

⑤ 督促检查水、陆、空口岸的检查、检验、检疫以及供应、服务等工作；

⑥ 协调解决口岸工作中的矛盾和问题；

⑦ 组织推动各地共建文明口岸的活动；

⑧ 负责口岸管理干部培训的组织工作；

⑨ 指导地方口岸领导机构的工作等。

（2）各级地方政府设立的口岸管理委员会或口岸办公室。地方口岸管理机构的主要职责是：

① 负责管理和协调处理本地区水、陆、空口岸工作；

② 负责贯彻执行党中央、国务院有关口岸工作的方针、政策和规定，并根据本地区口岸的具体情况制定实施细则；

③ 主持平衡所管辖口岸的外贸与运输计划；

④ 组织口岸的集疏运工作。组织运输部门、港口和外经贸部门的协作配合，加强车、船、货的衔接，加速车船周转和货物集散，保证口岸畅通；

⑤ 督促检查口岸检查检验单位按各自的职责和规定，对出入境人员、交通工具、货物和行李物品进行监督管理以及检查、检验、检疫等工作；

⑥ 负责协调处理口岸各单位（包括外贸运输、船舶代理、装卸理货、仓储转运、检查检验、公证鉴定、对外索赔、供应服务、接待宣传等有关单位）之间的矛盾；

⑦ 检查、监督本地区的口岸规划、建设和技术改造配套工作的组织实施；

⑧ 按国家关于口岸开放的各种政策和规定，负责一、二类口岸开放的审查、报批，并负责组织落实具体事宜；

⑨ 开展调查研究、总结交流经验，向上级有关部门反映口岸工作出现的重大矛盾和问题，并提出解决意见。

（3）口岸检查检验机构。口岸检查检验机构是口岸检查、检验、检疫、监督单位的统称，对应海关、边检、海事、检验检疫 4 个行政管理机构。业务中的功能机构包括：海关、边防检查、国境卫生检疫和进口食品检验、动植物检疫、商品检验、港务监督、船舶检验等。它们是代表国家在口岸执行监督管理、检查、检验、检疫的专门机构，依法行使验放权，扣留、没收、罚款等处罚权，同时，海关行使征收关税和缉查走私的权力，边防检查机构行使治安行政管理权和有关刑事案件侦查权。

11.3 海关货运监管制度及法律、法规

海关是国家对出入国境的物品和运输工具等进行检查并征收关税的监督管理机关。海关是

口岸管理的重要组成部分。

我国海关依照《海关法》和其他有关法律、法规，对进出境的运输工具、货物、行李物品、邮递物品和其他物品监督管理，征收关税和其他税费，查缉走私，编制海关统计，并办理其他海关业务。

《海关法》共 9 章 102 条，其中第 1 章、第 3 章、第 5 章针对货物和运输工具的监管规定，与物流关系最为密切。

按照《海关法》的规定，所有进出境的货物和运输工具，以及进出境人员和物品，必须通过设有海关的地方进境和出境，接受海关的监管。

11.3.1 我国海关通关的基本制度

我国海关通关的基本制度主要包括接受申报、查验、放行等。

1. 接受申报

按照《海关法》规定，一切进出境货物、运输工具都必须由收、发货人或者其代理人持海关监管必须的有关单证向海关申报。

海关对进出口货物的报关单位实行注册登记制度。凡是在中华人民共和国进出境口岸办理货物进出口报关的企业必须向海关办理报关注册登记，即必须先经海关批准成为报关单位。报关单位注册登记分为报关企业注册登记和进出口货物收发货人注册登记。报关企业应当经直属海关注册登记许可后，方能办理注册登记。进出口货物收发货人可以直接到所在地海关办理注册登记。

根据 2005 年《中华人民共和国海关对报关单位注册登记管理规定》第 9 条，报关企业应具备的条件包括：具备境内企业法人资格条件；企业注册资本不低于人民币 150 万元；健全的组织机构和财务管理制度；报关员人数不少于 5 名；投资者、报关业务负责人、报关员无走私记录；报关业务负责人具有五年以上从事对外贸易工作经验或者报关工作经验；无因走私违法行为被海关撤销注册登记许可记录；有符合从事报关服务所必需的固定经营场所和设施；海关监管所需要的其他条件。凡经营对外贸易的企业法人，均可依法向所在地海关申请进出口货物收发货人报关注册登记。上述报关单位的申请经海关审核批准后，即可取得报关注册登记证书。《中华人民共和国海关报关企业报关注册登记证书》有效期限为 2 年，《中华人民共和国海关进出口货物收发货人报关注册登记证书》有效期限为 3 年。

进出口货物收发货人、报关企业办理报关手续，必须依法经海关注册登记。报关人员必须依法取得报关从业资格。未依法经海关注册登记的企业和未依法取得报关从业资格的人员，不得从事报关业务。

企业取得报关单位的资格后，即可由依法取得报关从业资格的人员办理货物进出关境的手续。报关企业和报关人员不得非法代理他人报关，或者超出其业务范围进行报关活动。进出口货物收发货人应当通过本单位所属的报关员办理报关业务，或者委托海关准予注册登记的报关企业，由报关企业所属的报关员代为办理报关业务。

报关单位对其所属报关员的报关行为应当承担相应的法律责任。

进出口货物的报关期限在《海关法》中有明确的规定。

出口货物的发货人或其代理人除海关特许外，应当在装货的 24 小时以前向海关申报。以便在装货前海关有充足的时间查验货物。

如果在这一规定的期限之前没有向海关申报，海关可以拒绝接受通关申报。这样，出口货物就得不到海关的检验、征税和放行，无法装上运输工具，从而影响运输单据的取得，甚至导致延迟装运，违反合同。因此，应该及早地向海关办理申报手续，做到准时装运。

进口货物的收货人或其代理人应当自载运该货的运输工具申报进境之日起 14 天内向海关办理进口货物的通关申报手续。以便加快货物在口岸的流通，促使进口货物早日投入使用，减少差错，防止舞弊。

进口货物如果未及时报关，海关将征收滞报金。滞报金的起收日期为运输工具申报进境之日起的第 15 天；转关运输货物为货物运抵指运地之日起的第 15 天；邮运进口货物为收到邮局通知之日的第 15 天。截止日期为海关申报之日。

进口货物的收货人自运输工具申报进境之日起超过 3 个月未向海关申报的，其进口货物由海关提取变卖处理。变卖处理所得价款在扣除运输、装卸、存储等费用和税款后，尚有余款的，自货物变卖之日起 1 年内经收货人申请予以发还，此种情况下，仍需缴纳滞报金，滞报金的截止日为该三个月期限的最后一日；逾期无人申请的，上缴国库。确属误卸或者溢卸的进境货物除外。

2. 查验

所有进出口货物、运输工具及邮递物品等，除经海关总署特准免验的以外，都应由口岸海关或指运地、启运地海关进行查验，以确定实际进出口与单证申报是否相符，有无错报、漏报、瞒报、伪报等情况，审查货物的进出口是否合法，满足海关监管、征税、统计的需要；同时，查缉国家禁止进出境物品。海关查验一般有单证查验、外形查验、开箱抽样查验等不同方式。根据情况和要求，采取一种或几种方式。

海关查验货物，应在海关规定的时间和场所进行。如有特殊理由，事先报经海关同意，海关可以派人员在规定的时间和场所以外查询。申请人应提供往返交通工具和住宿并支付费用。海关查验货物时，要求货物的收、发货人或其代理人必须到场，并按海关的要求负责办理货物的搬移、拆装箱和查验货物的包装等工作。海关认为必要时，可以径行开验、复验或者提取货样，货物保管人应当到场作为见证人。

查验货物时，由于海关关员责任造成被查货物损坏的，海关应按规定赔偿当事人的直接经济损失。

3. 放行

经过申报和查验，对符合海关和国家有关规定，情况正常，并依法办理了征收货物税费手续或减免税手续后的货物，海关在货运单证上签章放行，收、发货人据以向港口、机场、车站、邮局办理提取或发运手续。此时，海关对进出口货物的监管才算结束。

另外，进出口货物因各种原因需海关特殊处理的，可向海关申请担保放行。海关对担保的范围和方式均有明确的规定。

11.3.2 中国海关的货运监管制度

海关监管的基本任务是根据《海关法》和国家有关进出口的政策、法律、法规，监督管理货物和运输工具的合法进出，检查并处理非法进出、偷漏税等走私违法活动。

海关监管采取前期管理、现场监管、后续管理相结合的监管体制，其业务制度基本程序是：申报审核、检查查验、核查核销、结关放行。结关放行后的进出口货物方可解除海关监管，办理提货、运输手续，出境运输工具经海关办结海关放行手续后才准予驶往境外。

海关的货运监管针对的进出境货物包括一般贸易货物、过境货物、通运货物、转运货物、暂时进出口货物、保税货物等。

根据《海关法》的规定，进口货物自进境起到办结海关手续止；出口货物自向海关申报起到出境止；过境、转运和通运货物自进境起到出境止；暂时进口货物自进境之时起，到原货复运出境或按进口货物办结海关手续时止；运输工具自进口检查时起，到出口检查时止（运输工具在停港、停站和装卸进出口货物期间，海关执行实际的现场监管制度）；中小型补偿贸易、来料加工、装配以及核准保税进口的货物，自进口时起，延续到核销工作完毕时止应当接受海关监管。海关对保税货物、暂时进口货物、特定减免税货物，除了在进出境环节监管以外，还要进行后续管理。海关监管货物未经海关许可，任何单位或个人不得开拆、提取、交付、发运、调换、改装、抵押、转让或更换标记。

进出口货物的收、发货人或他们的代理人，应向海关如实申报、交验有关单证，接受海关对货物的查验。

过境、转运和通运货物，由运输工具负责人向进境地海关申报，并在规定期限内运输出境。

对保税货物、暂时进出口货物、特定减征或者免征关税的进口货物，海关还进行后续管理，只能使用于特定地区、特定企业或者特定用途。在海关规定的时限内，未经海关核准并补交关税，不得移作他用或出售、转让。

海关对进出口货物的监管依据是进出口货物的收、发货人（或其代理人）填写的《进（出）口货物报关单》，以及国家外经贸管理部门签发的进出口货物许可证或有关主管机关的批准文件；对法定进行商品检验、动植物检疫、药物检验、文物鉴定或者其他受国家管制的货物，还根据主管机关签发的证明文件进行管理。除海关特准的以外，进出口货物在收、发货人缴清税款或者提供担保后，由海关签章放行。

11.3.3 海关报关程序

海关报关程序分以下几个步骤。

1．报关

由经海关审核培训合格取得报关业务资格的报关员填写进（出）口货物报关单，报关单后根据需要应附有：

（1）对外经济贸易管理部门签发的进出口货物许可证和国家规定的其他批准文件；

（2）提货单、装货单或运单（海关核查单证和查验实货后，在货运单据上加盖放行章发还给报关人凭以提取或装运货物）；

（3）发票 1 份；

（4）装箱单 1 份（散装货物或单一品种且包装内容一致的件装货物可以免交）；

（5）减税、免税或免验的证明文件。对应实施商品检验、药品检验、文物鉴定或受其他管制的进出口货物，还应交验有关主管部门签发的证件；海关认为必要时，还可以调阅贸易合同、产地证明和其有关单证、账册等。

已实行计算机报关的关区应将报关单交由海关指定的预录入人员将数据输入计算机，使用经计算机输出打印的报关单向海关申报。

2．审单

由接受申报的海关人员按海关审单制度审单。海关审单制度指进出境的运输工具、进出口货物、物品须由运输工具负责人或其代理人、货物所有人或其代理人，向海关报关并交验规定的单证，经海关验证审核的制度。海关审单主要是验审所报单证是否完备有效，填写项目是否齐全、正确、清楚，申报的内容是否符合进出口的有关法令和政策规定，是否符合海关征税、统计工作的要求。经海关审核合乎规定的申报要求，方可接受报关。审单包括预审、初审、复审等环节。

3．查验

由海关对已接受申报的出入境货物和运载工具，以已经审核的申报单证为依据，在海关监管场所对货物进行实际检查，确认申报的单证与货物相符。查验结果作为征税、统计及后续管理的依据。

除国家规定、国际惯例以及海关总署特准免检的货物、运输工具等外，海关有权对所有出入境货物和运载工具进行查验，包括自行开验、复验或提取货样，也可采取一般查验即常规查验和重点查验即有针对性查验的方法，实行机动抽查等。货物查验时，收发货人或其代理人须在场协助，负责搬移、拆装箱和重封等工作，并应要求提供单证。货主对海关因查验造成的货物损坏，有权要求其赔偿。

4．征税

由海关根据《关税条例》和《进出口税则》征收（或免收）进出口关税。

5．放行

经海关核实单证无误，单货相符无讹，海关即签证放行。放行，是指海关对出入境货物、运输工具等经过审单，查验等环节，在有关单证上签章放行，以示海关同意货物卸载入境或装运出境。放行工作，具体包括审核关税及规费已否缴讫，应附单证已否核销，各项通关程序已否完成和缺漏，以及在报关单和货运单证加盖放行章。

海关对出入境货物、运载工具的放行，根据不同的性质和情况，有正常放行、担保放行和信任放行等方式。正常放行，即对货物先征税后放行；担保放行，即海关暂不征税，而以接受担保的形式给予放行，包括缴纳保证金和提交保证函形式；信任放行，即海关对资信良好企业的出入境货物，允许先放行、后定期或分批申报和缴纳关税的放行方式。海关对信任放行的企业一般会跟踪监测其信用状况和定期评估，若发现问题，随时做出处理直至取消信任放行。海关对享受特定减免税待遇进口的货物和特准进口的保税货物，在放行以后仍进行后续监管。

实施出入境货物的监管，接受申报、查验、放行 3 个环节是相互依赖、互为补充的统一整体。货运代理人与海关及其他相关人员必须相互配合、密切沟通，保证货运监管有序进行和过程运作的效率。

11.3.4 转关运输货物的监管

转关运输货物是在海关监管下，需要从一个海关运至另一海关办理某项海关手续的货物。

海关允许货物转关运输是为了简化进出口收、发货人的通关速度，节省仓储、运输费用，这对改善物流环境是一种行之有效的做法。海关总署于2001年发布了《中华人民共和国海关关于转关货物监管办法》，除另有规定外，进出口货物均可办理转关手续，但需要接受海关监管。

1. 转关货物及相关用语

（1）转关货物是指：

① 由进境地入境，向海关申请转关、运往另一设关地点办理进口海关手续的货物；

② 在启运地已办理出口海关手续运往出境地，由出境地海关监管放行的货物；

③ 从境内一个设关地点运往境内另一个设关地点，需经海关监管的货物。

除另有规定外，进出口货物均可办理转关手续。

（2）用语

① 进境地：指货物进入关境的口岸。

② 出境地：指货物离开关境的口岸。

③ 指运地：指进口转关货物运抵报关的地点。

④ 启运地：指出口转关货物报关发运的地点。

⑤ 承运人：指经海关核准，承运转关货物的企业。

2. 转关货物的运送

转关货物应由已在海关注册登记的承运人承运。海关对转关限定路线范围，限定途中运输时间，承运人应当按海关要求将货物运抵指定的场所。

海关根据工作需要，可以派员押运转关货物，货物收发货人或其代理人、承运人应当按规定向海关缴纳规费，并提供方便。

3. 转关货物的监管

海关对进出口转关货物施加海关封志。

转关货物的指运地或启运地应当设有经海关批准的监管场所。转关货物的存放、装卸、查验应在海关监管场所内进行。特殊情况需要在海关监管场所以外存放、装卸、查验货物的，应向海关事先提出申请，海关按规定监管。

海关对转关货物的查验，由指运地或启运地海关实施。进、出境地海关认为必要时也可查验或者复验。

转关物未经海关许可，不得开拆、提取、交付、发运、调换、改装、抵押、质押、留置、转让、更换标记、移作他用或者进行其他处置。

从一个设关地运往另一个设关地的海关监管货物，除另有规定外，应按进口转关方式监管。

4. 转关货物的报关方式

转关货物的收发货人或代理人，可采取以下三种方式办理转关手续：

（1）在指运地或启运地海关以提前报关方式办理；

（2）在进境地或启运地海关以直接填报转关货物申报单的直转方式办理；

（3）以由境内承运人或其代理人统一向进境地或启运地海关申报的中转方式办理。

转关货物申报的电子数据与书面单证具有同等的法律效力。

5．转关货物的报关手续

（1）进口

转关货物应当自运输工具申报进境之日起 14 天内向进境地海关办理转关手续，在海关限定期限内运抵指运地海关之日起 14 天内，向指运地海关办理报关手续。逾期按规定征收滞报金。

① 提前报关的转关货物收货人或代理人，应向进境地海关提供《进口转关货物申报单》编号，并提交下列单证办理转关手续：

- 《进口转关货物核放单》；广东省内公路运输的，交验《进境汽车载货清单》；
- 《中华人民共和国海关境内汽车载运海关监管货物载货登记簿》（以下简称《汽车载货登记簿》）或《船舶监管簿》；
- 提货单。

② 直转的转关货物，货物收货人或代理人应持以下单证向进境地海关办理转关手续：

- 《进口转关货物申报单》；广东省内公路运输的，交验《进境汽车载货清单》；
- 《汽车载货登记簿》或《船舶监管簿》。

③ 中转转关货物，运输工具代理人应持以下单证向进境地海关办理转关手续：

- 《进口转关货物申报单》；
- 《进口货物中转通知书》；
- 进口中转货物的按指运地目的港分列的纸质舱单；

以空运方式进境的中转货物，提交联程运单。

（2）出口

① 提前报关和直转的出口转关货物发货人或代理人应持以下单证在启运地海关办理出口转关手续：

- 《出口货物报关单》；
- 《汽车载货登记簿》或《船舶监管簿》；
- 广东省内公路运输的，还应递交《出境汽车载货清单》。

② 出口中转货物，其发货人或代理人向启运地海关办理出口通关手续后，运输工具代理人向启运地海关录入并提交下列单证：

- 《出口转关货物申报单》；
- 按出境运输工具分列的电子或纸质舱单；
- 《汽车载货登记簿》或《船舶监管簿》。

经启运地海关核准后，签发《出口货物中转通知书》。出境地海关验核上述单证，办理中转货物的出境手续。

对需运抵出境地后才能确定出境运输工具，或原定的运输工具名称、航班（次）、提单号发生变化的，可在出境地补录或修改相关数据，办理出境手续。

（3）核销

进口转关货物在运抵指运地海关监管场所后，指运地海关方可办理转关核销。对于进口大宗散装转关货物分批运输的，在第一批货物运抵指运地海关监管场所后，指运地海关办理整批货物的转关核销手续，发货人或代理人同时办理整批货物的进口报关手续。指运地海关按规定办理余下货物的验放。最后一批货物到齐后，指运地海关完成整批货物核销。

出口转关货物在运抵出境地海关监管场所后，出境地海关方可办理转关核销。货物实际离境后，出境地海关核销清洁舱单并反馈启运地海关，启运地海关凭以签发有关报关单证明联。

转关运输工具未办结转关核销的，不得再次承运转关货物。

11.3.5 过境货物的监管

过境货物是指由境外启运，通过中国境内陆路，继续运往境外的货物。

海关专为过境货物制定了监管办法，即《中华人民共和国海关对过境货物监管办法》。海关凭国家经贸、运输主管部门核定的许可证或与中国订有有关过境货物的商约或协议，对过境货物（无论是否在边境换装运输工具）实行监管。

1．过境货物的一般规定

过境货物入境时，货物所有人或承运人必须填具过境货物清单，向海关申报，并保证于规定期限内运输出境。经铁路国际联运的过境货物，边境海关凭盖有“过境货物”戳记的货车装载清单和运单核准放行。由海运入境经铁路联运出境或由铁路联运入境由海运出境的过境货物，海关凭过境的货物清单或货车装载清单和运单核准放行。

由于中国尚未实行过境货物许可证签发办法，目前对属于朝鲜、罗马尼亚、前苏联、保加利亚、匈牙利、波兰、蒙古、阿尔巴尼亚、越南等国收货或发货的过境货物准予过境。对其他一些国家收货或发货的过境货物，按外经贸部有关通知办理。

对来自或运往与中国无贸易往来国家的货物，各种军火、爆炸物品及军需品和毒品，来自或经过疫区的货物及中国禁止过境的其他货物，除特许的以外，一律禁止过境。

2．过境货物的通关手续

（1）过境货物的入境手续。过境货物经进境地海关审核无讹后，海关在运单上加盖“海关监管货物”戳记，并将 2 份《过境货物报关单》和货物清单制作关封后，加盖“海关监管货物”专用章，连同上述运单一并交经营人。经营人或承运人应负责将进境地海关签发的关封完好无损地、及时地送交出境地海关。

（2）过境货物的出境手续。过境货物经出境地海关审核有关单证、关封和货物无讹后，由海关在运单上加盖放行章，监管货物运输出境。并将 1 份《过境货物出境报关单》批注盖章后寄送进境地海关核销，另 1 份留存。

3．过境货物的监管要求

（1）监管期间。过境货物自进境时起到出境时止，属于海关监管期间，未经许可，任何单位和个人不得开拆、提取、交付、发运、调换、改装、抵押、转让或更换标记。装载过境货物的运输工具应当具备海关施加封志的条件，承运人和经营人应当负责保护海关封志的完整。任何人不得擅自开启或损毁。

（2）申报期限。过境货物自进境之日起 3 个月未向海关申报的，海关将视其为进口货物，按《海关法》有关规定处理。过境货物应当自进境之日起 6 个月内申报运输出境，特殊情况经海关批准同意，可以延期，但延期不超过 3 个月。

（3）特殊情况的处理。过境货物由于不可抗力的原因，被迫在运输途中起卸货物、换装运输工具或遇有其他意外情况时，经营人或承运人应当立即报告所在地或附近海关。过境货物在境内发生丢失或短少时，除不可抗力的原因外，经营人应当向出境地海关补办进口纳税手续。

11.3.6 转运货物的通关

转运货物是指由境外起运，抵达我国口岸后，在设立海关地点换装运输工具，不通过我国境内陆路运输，继续运往境外的货物。

1．外国货物办理转运的条件

外国货物办理转运的条件有：① 持有通运或联运提货单的货物；② 进口载货清单注明是转运的货物；③ 持有普通提货单，但在起卸前向海关声明转运经海关核查无误的货物；④ 误卸的进口货物，经运输工具负责人提供确实证件的；⑤ 因特殊情况申请转运，经海关核准的。

2．转运货物的通关手续

转运货物入境后，运输工具负责人应填写《外国货物转运准单》一式3份向海关申报，并提供进口载货清单。海关核实单证，货物在海关监管之下换装运输工具后出境。

3．转运货物的监管

对转运货物的监管主要体现在：① 转运货物自进境起到出境止，属海关监管货物，海关有权对转运货物进行查验；② 转运货物在中国口岸存放期间，不得开拆、改换包装或进行加工；③ 必须在3个月内办理海关手续并转运出境，否则，海关将按规定提取变卖。

11.3.7 暂时进口货物的监管

1．暂时进口货物适用的公约和法规

暂时进口货物是指国际组织、外国政府、境外企业、群众团体或个人为开展经济、技术、科学、文化合作交流，而暂时运入某国境内的货物。一般意义的暂时进出口货物包括：

（1）在展览会、交易会、会议及类似活动中供陈列或使用的货物；

（2）货样、广告品及科研机构、文化机构用于橱窗展示交流的陈列品；

（3）拍摄或中外合作拍摄电影片、录像片、图片、幻灯片而运进或运出的摄影器材、胶卷、胶片、录像带、车辆、服装、道具等；

（4）进行体育竞赛、文艺演出而运进或运出的器材、道具、服装、车辆、动物等；

（5）进行工程施工、学术技术交流、讲学而运进或运出的各种设备、仪器、工具、教学用具、车辆等；

（6）我国对外承包工程、劳务合作、科技合作项目需运进或运出的机器设备、仪器、工具专用车辆等；

（7）进料加工、来料加工的成品返销出口后又暂时进境返工、维修的货物；

（8）其他维修、使用、借用的仪器、设备及其他货物；

（9）法律、行政法规、规章规定的其他暂时进口货物。

但化学试剂、食品、药品、燃料等消耗性物品不包含在上述范围内。

国际上，为了统一和简化暂时进口货物的海关手续，海关合作理事会（世界海关组织的前身）于1961年制定并通过了《关于货物暂准进口的ATA单证册海关公约》（简称《ATA公约》）和其他12个关于货物暂准进口的海关公约，如《展览会和交易会公约》、《专业设备公约》、《商业样品公约》等，共同确立了 ATA 单证册制度。《ATA 公约》于 1973 年正式生效。其后，世界海关组织又于 1990 年通过了《货物暂准进口公约》(又称《伊斯坦布尔公约》)，该公约将《ATA 公约》和 12 个相关公约纳入其附约，并进一步扩大了 ATA 单证册适用的货物范围，使 ATA 单证册制度更臻完善。截止到目前，已有 62 个国家和地区实施了 ATA 单证册制度，75 个国家和地区接受 ATA 单证册，每年凭 ATA 单证册通关的货物总值超过了 120 亿美元。

中国于 1993 年 8 月 27 日加入《关于货物暂准进口的 ATA 单证册海关公约》、《货物暂准进口公约》及其附约 A《关于暂准进口单证的附约》、附约 B1《关于在展览会、交易会、会议及类似活动中供陈列或使用的货物的附约》（简称《展览会、交易会附约》和《展览会和交易会公约》。

随着对外交往的日趋活跃，为适应新的形势，我国海关制定了《海关暂准进口单证册项下进出口货物监管办法》，并于 1998 年开始实施。该《办法》于 2001 年 12 月 24 日修订并重新发布，2002 年 1 月 1 日起实施。现行监管办法共 29 条，内容包括货物范围、海关监管和操作、ATA 单证册的操作、款项追索、暂时出口担保及定义等。

2．使用 ATA 单证册的货物范围

使用 ATA 单证册的货物有别于普通进口货物，此类货物在国际间流转时，其所有权不发生转移。货物在进口后一定时间内除正常损耗外按原状复出口。我国允许暂时进口的货物与国际上通行的“暂准进口货物”相比较，范围要相对狭窄，目前 ATA 单证册在我国仅适用于部分货物。

ATA 单证册项下的暂准进口货物，限于我国加入的《ATA 公约》及附约中规定的展览会、交易会、会议或类似活动项下的货物。所谓活动包括贸易、工业、农业或手工业展览会、交易会或类似的陈列或展出；主要为慈善目的举办的展览会或会议；主要为促进学术、艺术、手工艺、体育、科技、教育、文化、旅游活动或民间友谊而举办的展览会或会议；由国际组织或国际组织集团所召开的代表会议；官方或纪念性的代表会议。而货物主要包括：

（1）在上述活动中展示的货物；

（2）在上述活动中为展示境外产品所需用的货物，如为展示境外机器或仪器在演示过程中所需用的货物等；境外展览者设置临时展合用的建筑材料及装饰品，包括电器装置；为宣传示范境外展览品所需的广告品及展示物品，如录像带、影片、幻灯片及装置物品等；供国际会议使用的设备，如翻译用具、录音机及具有教育、科学或文化性质的电影片等；

（3）其他经海关批准用于展示的货物。

3．海关对凭 ATA 单证册进出口货物的监管

（1）关于 ATA 单证册的申报和填写。ATA 单证册的申报和填写可以采用中文或英文。用英文填写的 ATA 单证册，海关可要求提供中文译本。用其他文字填写的 ATA 单证册必须附有忠实原文的中文或英文译本。申报人免填报关单，免向海关提供担保，免纳进出口关税和其他由海关代征税费，免领进出口货物许可证。但是这些并不能代替除进口许可证、配额以外的其他进口限制。

（2）暂准进出口期限。暂准进出口期限一般不超过自货物进出境之日起 6 个月。超过 6 个月的，需报经进境地或展出地直属海关批准。超过 1 年的，需报经海关总署批准。ATA 单证册有效期如需延长，须向原出证协会申请续签并经 ATA 核销中心确认。

（3）暂准进口货物的复出口。ATA 单证册项下的进出口货物，由持证人或其代理人向海关办理报关手续。暂准进口货物应原状复出口，不得在境内进行任何加工或修理；复出口时应经我国海关核销、签注。如因故未经我国海关核销、签注的，另一缔约方担保协会或海关可向我国海关 ATA 核销中心提供由境外海关在暂准进口单证上签注的该批货物从该国进口或复进口的证明，或我国海关认可的能够证明该批货物已实际离开我国境内的其他文件，作为货物已从我国复运出境的证明，ATA 核销中心凭以核销，持证人应向海关交纳调整费。这一措施在一些别的国家也有采用，调整费类似于罚款。

（4）暂准进口的终止。暂准进口货物未经海关许可，持证人不得将其在境内出售、转让或移作他用；确需在境内出售、转让或移作他用的，须经海关批准，并按有关规定办理进口报关手续；由于毁坏、丢失、被窃等特殊原因，不能复出口时，持证人应向海关办理核销和进口报关手续；因不可抗力遭受毁坏或灭失而不能复出口的，海关根据其受损状况，减征或免征关税和进口环节税。以上因故终止货物暂准进口的情况，应由海关在 ATA 单证册相关联上做出批注。

（5）ATA 单证册下货物的运输。对 ATA 单证册项下的过境、转运、通运货物，海关可凭 ATA 单证册中的过境联办理进出境手续。

4. ATA 单证册下货物款项的追索

ATA 单证册项下暂准进口货物不能按规定复出境时，在海关规定的暂准进口期限或同意展期的期限届满后向海关申报留购的，海关按规定办理进口手续，并加收补偿金。补偿金金额应为关税、增值税及消费税总额的 10%。

ATA 单证册项下货物若未能履行暂准进（出）口或过境规定的，海关将提出追索。自追索提出之日起 9 个月内，担保人向海关提供货物已复出（进）口、或已办理正常进出口手续的证明，海关可撤销追索。如果 9 个月期满后仍未提供上述证据，则由担保人向海关缴纳税款和补偿金。税款包括进口关税、增值税、消费税和调整费。补偿金为关税、增值税及消费税总额的 10%。

我国目前由海关总署指定的核销中心设在北京海关。海关总署授权核销中心负责对 ATA 单证册的进出口凭证进行汇总、核销、统计及追索，并对全国海关 ATA 单证册的有关核销业务进行协调和管理。

5. 对 ATA 单证册下暂时出口货物的担保

经国务院批准、海关总署授权，由中国国际商会作为我国 ATA 单证册的出证和担保商会，负责我国 ATA 单证册的登记、签发和担保工作。

为保证限制出口商品或出口应税的商品按时复进口，监管办法规定对 ATA 单证册下暂准出口上述两类货物，由中国国际商会统一向海关总署提供总担保。

11.3.8 海关对进出境运输工具的监管

我国海关对进出境运输工具的监管主要有以下几个方面：

（1）到达或者驶离设立海关的地点时，由运输工具负责人向海关申报并交验规定的申报单据，接受海关检查，装卸货物、物品或者上下进境旅客、运输工具服务人员时，应当接受海关监管。

（2）进出境运输工具在海关监管区内停放、移动、装卸货物、物品和上下人员的地区应提前通知海关，在非海关监管区停放、移动、装卸货物、物品和上下人员须事先会商海关同意。

（3）进出境运输工具如需在未设立海关的港口、机场、车站和通道进出境，应由国务院授权机关会商海关后批准，并接受海关监管。

（4）进出境运输工具由于不可抗力原因，被迫在未设立海关的地点停放、上下人员或抛掷、起卸货物、物品，运输工具负责人或其代理人应当立即报告就近海关。

（5）进境的境外运输工具和出境的境内运输工具，未向海关办结手续的，不得转让或移作他用。从事国际航线的运输工具从事国内航线运输业务，应经海关同意并办理手续。

（6）进境的运输工具进境后如需驶往境内其他地点，应事先向海关报告，并负责将海关关封带交下一地点海关。

（7）海关对运输工具及所载货物进行检查时，运输工具负责人或其代理人应当到场，按照海关要求开启有关部位和货物包装，并在海关检查记录上签注。

11.4 卫生检疫制度及法律、法规

卫生检疫是指国家卫生检疫机构根据国家有关法律规定用科学技术和管理手段，对国境口岸和出入境的人员、交通工具、集装箱、行李、货物、邮件等所实施的检疫检查、传染病检测、卫生监督和必要的卫生处理。

卫生检疫主要包括国境卫生检疫和进口食品监督检验两种。

11.4.1 卫生检疫制度及相应的法律、法规

我国口岸卫生检疫机构执行《国境卫生检疫法》和《食品卫生法》等有关法律、法规的规定，对出境的人员、交通工具、运输设备、进口食品、货物、废旧物品、微生物、人体组织、生物制品、血液及其制品、行李、邮包等进行检疫检查，防止检疫传染病传入或传出，实施传染病监测和预防接种、卫生监督、卫生处理和进口食品检验等具体工作。

国际上对入境船舶实施检疫的历史可追溯到十四世纪，1851 年，制定了最早的《国际卫生条例》，1933 年，《国际航空卫生条例》在当时率先开展航空运输的国家间签订，现在的《国际卫生条例》是由世界卫生组织于 1951 年制定的，1969 年、1973 年和 1981 年经过世界卫生大会多次修订，并且定于 2005 年进行新的修订。有 160 个国家和地区承认《国际卫生条例》，我国是 1979 年承认并承担其规定义务的。《国际卫生条例》是世界各国实施国境卫生检疫的国际法，它包括《航空卫生指南》和《船舶卫生指南》两个主要文件。

我国有关卫生检疫的法律有 1986 年发布、2007 修订的《国境卫生检疫法》、2009 年发布的《食品安全法》（替代 1995 年发布的《食品卫生法》）、2004 年发布《传染病防治法》、《海洋环境保护法》、《水污染防治法》等，有关法规有《国境卫生检疫法实施细则》、《国境口岸卫生监督办法》、《血液制品管理条例》、《进出境集装箱检验检疫管理办法》等。

11.4.2　卫生检疫规定

由于卫生检疫涉及的法律、法规较多，以下综合有关规定，对于其中与物流关系较大的内容，择要进行介绍。

1. 对交通工具的卫生检疫

入出境交通工具和人员必须在最先到达或最后离开的口岸指定地点接受检疫。受入境检疫的船舶必须按规定悬挂检疫信号；受检疫的交通工具，除引航员外，未经卫生检疫机关许可，人员不准上下交通工具，物品不准装卸；受入出境检疫的交通工具的负责人，应如实填写卫生检疫申请表格，并交验有关卫生证件；入境人员应如实填报健康申明卡。

卫生检疫机构对入境交通工具实施进口查验完毕后，对没有染疫的交通工具随即发给入境检疫证；交通工具领得入境检疫证以后，如果卫生检疫机关在该签证上签注有应当接受卫生处理或者限制的事项，按签注的事项办理。出境的交通工具须领得出境检疫证后方准出境。

来自疫区、被传染病污染的或发现有与人类健康有关的啮齿动物、病媒昆虫的交通工具、集装箱、废旧钢船，卫生检疫机关需按规定实施卫生检查和必要的消毒、除虫、除鼠等卫生处理。

来自黄热病疫区的飞机，要出示有效的灭蚊证书。

2. 对一般物品的卫生检疫

为防止与人类健康有关的病媒昆虫以及有碍公共卫生的物品通过集装箱（含货柜车）传播传染病，卫生检疫机关对入、出境的集装箱和传染病传播媒介可能隐匿、孳生的货物、邮包等，实施卫生检查和必要的消毒、杀虫、灭鼠等卫生处理。由国外运入或由国内运出的集装箱一般在最先到达口岸或最后离开口岸实施卫生检疫。

（1）入、出境集装箱的承运人、代理人或货主，在办理入、出境卫生检疫时应尽早向卫生检疫机关申报下列事项：集装箱预定到达或者离开口岸的日期和时间，集装箱的装箱地点和目的地，货物的种类、数量和包装材料。

（2）如果集装箱的承运人、代理人或者货主，申请在其他地方实施卫生检查或卫生处理，卫生检疫机关可派员前往，但所在地的运输管理部门或货主应提供工作场所并配合工作。

（3）卫生检疫机关对已实施卫生检查或卫生处理的集装箱分别发给入境、出境许可证，应受检疫的入出境集装箱未经卫生检疫机关许可，任何人不得把其移离检疫场所。

3. 对血液制品等的检疫

卫生检疫机构有权对入、出境的微生物、生物制品、人体组织、血液及其制品等特殊物品实施检疫。

法律、法规明确禁止从国外携带、邮寄或者进口人体血液及血液制品（卫生部特许进口的品种除外）。携带或进口卫生部特许进口的血液制品及可能传播传染病的菌种、毒种、培养物、人体组织、生物制品及有关物品，携带人或进口部门须事前报经卫生部或国家授权的有关部门审查批准，并向入境口岸卫生检疫机关申报，交验审批证件，经核准后方准携带或者移运入境。上述物品进口时要求包装绝对安全，不得造成污染。卫生检疫机关在检查中如发现进口的上述制品与证件不符，或包装不符合要求，即予以退回或没收销毁。

4．对进口废旧物品的检疫

根据卫生部规定，凡进口废旧物品必须实施卫生检疫。废旧服装、旧麻包等废旧物品禁止进口，其他废旧物品必须经过检验检疫处理后方可入境。

允许进口的废旧物品的种类和名称主要包括：废纸、旧轮胎、废旧交通工具、旧电器、废塑料、动物皮、毛、骨、废棉、废五金、布絮、皮絮、废木料、旧家具、旧玩具、旧茶餐具、旧地毯、旧床上用品、垃圾、粪便。

进口的废旧物品的货主、承运人或者代理人，在办理进口卫生检疫时必须向入境口岸的卫生检疫机关申报。

进口的废旧物品，卫生检疫机关按章实施卫生检查或者卫生处理后，经发给卫生证书后方准移运入境。入境前已实施卫生处理的进口废旧物品，货主、承运人或者代理人应向卫生检疫机关交验卫生处理证件，并经检查、签发卫生证书后方准入境；否则，仍须接受卫生处理。

11.4.3 进口食品卫生监督检验

食品卫生事关人体健康、公共安全和国家利益。进口食品卫生监督检验是根据中国食品卫生法律、法规、国家贸易合同条款、食品卫生标准，对进口食品（包括食品原料、食品添加剂、食品包装材料、食品加工工具及设备等）实施的技术检验执法监督活动。进口食品卫生监督检验的主要程序包括以下内容。

1．进口食品的报验

进口食品的报验包括货主或代理人的申请和卫生监督人员对申报资料的审验。报验人员应预先领取并逐项填写《进口食品卫生检验报验单》，经签名、加盖货主单位公章后，连同进口食品的批文或许可证、有关合同、发票、载货清单、输出国提供的产地证、卫生质量证书、成份分析表等证件一起交付进口食品卫生监督检验报验处。卫生监督人员对报验资料进行审核。然后，按照货主提供的发票以及需要进行特殊检查的项目，依据有关规定，确定卫生监督检验收费数额。最后，将报验单内容输入计算机。

2．现场卫生调查

即检验检疫机构对现场卫生进行监督。必须有货主或代理人陪同，由2名或2名以上监督员进行。主要内容包括：

（1）检查进口食品停放场所和运输工具是否清洁卫生，了解在装卸、运输过程中有无造成食品污染以及装运食品前是否装运过其他不洁物品。

（2）查看食品的堆放是否整齐，包装是否完整，有无其他不洁物品混杂，有无湿损，车厢或货舱内有无异味，有无病虫害。

（3）采样检查。根据需要采样后，监督人员填写《样品收据》，并请货主或代理人签名，一式3份，1份留底备查，1份货主保存，1份交付海关。

（4）对样品进行感官检查，即通过视、嗅、味、触、听等直觉感受进行初步检查。主要查看包装、标志、生产日期或保质期限、出产地以及食品的外部特征，做好检查记录，并根据检查结果做出初步卫生评价，最后由2名监督人员签名。

3．进口食品的实验室检查

进口食品的实验室检查又称卫生检验，是指通过实验室方法，对进口食品进行微生物学、理化指针、毒理学等试验，定量检测进口食品的卫生指针，确切地反映进口食品的卫生质量，以保证进口食品卫生质量评价的科学性、可信性。实验室检验人员在接到样品之后，根据送检项目的要求，按国家规定的检验方法及时进行检验。检验中应将检验方法、资料、计算公式及结果等记入《卫生检验记录单》。记录单经签名后送交当天监督员。

4．进口食品卫生证书的签发

卫生证书是进口食品卫生监督检验部门依据《食品卫生法》和《国境卫生检疫法》签发的具有法律效力的证书文件。是依据现场卫生调查和实验室检验结果，对进口食品进行的卫生学评价。进口食品检验无论合格与否，卫生监督检验部门都必须对外出具卫生证书。

11.5 动植物检疫制度及法律、法规

11.5.1 动植物检疫制度概述

进出境动植物检疫是根据中国法律规定，通过在国家各口岸设立的口岸动植物检疫机构，对进出境的动植物、动植物产品及其他法律规定的应检货物、物品、运输工具实施检疫，防止各种动物危险性传染病、寄生虫病，植物危险性病、虫、杂草传入国境，保护我国农、林、牧、渔业生产安全和人民身体健康，维护我国产品的国际信誉，促进外贸发展的一种强制性措施。它主要是通过口岸把关防止各种危险性病、虫、草害传入。由于贸易货物品种的多样性，国际物流必然涉及动植物检疫规定的手续和要求。

我国动植物检疫有关的法律、法规主要有：《进出境动植物检疫法》、《进出境动植物检疫法实施条例》、《进出境集装箱检验检疫管理办法》、《出入境快件检验检疫管理办法》、《传染病防治法》、《领事特权与豁免条例》、《关于外国驻中国使馆和使馆人员进出境物品的规定》等。

动植物检疫与卫生检疫针对的检疫对象不同，凡是通过动物传播的人畜共患传染病，均由动植物检疫机构负责；凡是通过人传播的人畜共患病，均由卫生检疫机构负责。

《我国进出境动植物检疫法》共10章50条，主要包括进境检疫，出境检疫，过境检疫，携带、邮寄物检疫，运输工具检疫以及法律责任等内容。《进出境动植物检疫法实施条例》，共10章68条。以下将综合有关动植物检疫的法律、法规，对动植物检疫的主要内容进行介绍。

11.5.2 动植物检疫机构的职责与权力

1．动植物检疫机构的主要职责

各口岸动植物检疫机构的主要职责是：对应施检疫的货物、物品实施检疫和检疫处理，并

签发检疫单证；行使国家出入境检验检疫局授权的进出境检疫审批；办理报检单位的注册登记，报检员、熏蒸消毒专业人员的业务培训和考核；对发现的重大疫情采取必要的防疫处理措施；对入境应检货物及加工、运输、存储单位实施检疫监督等。

2．动植物检疫机构执法行政的权力

为了行使职责，检疫人员有权登临运输工具实施检疫；进入港口、机场、车站、邮局以及检疫物的存放、加工、养殖、种植场所实施检疫，并依规定采样；根据检疫需要，进入有关生产、仓库等场所，进行疫情监测、调查和检疫监督管理；查阅、复制、摘录与检疫有关的运行日志、货运单、合同、发票及其他单证。除上述法律规定的特殊职权外，各级动植物检疫机构还对违反《进出境动植物检疫法》的行为依法行使行政处罚权；行使对禁止进境物及若干应检物品入境的特别审批权；行使对带有危险病虫害的应检货物、物品及运输工具的熏蒸、消毒及其他无害化处理权；行使对入境旅客包括享有外交豁免的外交官员的开包检查权，等等。

11.5.3 进出境动植物检疫的范围

《进出境动植物检疫法》规定进出境的动植物、动植物产品和其他检疫物，装载动植物、动植物产品和其他检疫物的装载容器、包装物，以及来自动植物疫区的运输工具，均应按规定实施检疫。

（1）动物。动物包括家畜、家禽、各种野生动物、演艺动物、水生动物、蜜蜂、蚕、精液、受精卵、胚胎等。

（2）动物产品。动物产品包括各种动物的皮张、毛类、肉类、奶制品、血液及其制品、骨、骨粉、角、蹄、筋、油脂、脏器、蛋类、水产品等。

（3）植物。植物包括栽培植物、野生植物及其种子、种苗及其他繁殖材料等。

（4）植物产品。植物产品包括来源于植物未经加工或者虽经加工但仍有可能传播病虫害的产品，如粮食及未经加工的粮食制品、豆类、棉、麻、油、烟草、籽仁、干果、鲜果、蔬菜、生药材、木材、饲料、植物标本等。

（5）其他检疫物。其他检疫物包括动物疫苗、血清、诊断液、动植物性废弃物等。

（6）包装物、铺垫材料。包装物、铺垫材料主要指麻袋、稻草及其他植物编织袋、木质包装箱、藤柳编织包装材料；船舱、集装箱垫木、各种植物性铺垫物等。

（7）运载工具。运载工具虽然不是装载动植物、动植物产品，但是来自动植物危险性病虫害疫区的运载工具仍须检疫。运输工具包括船舶，飞机，火车，拖拉机及其他各种机动、非机动车辆，集装箱，进境废旧船舶等。进境运输工具除检疫装载的动植物、动植物产品外，还要查验其食品舱室、监督运输工具上的泔水、生活垃圾的处理，对带有土壤的轮胎要进行冲洗消毒处理。装载出境动植物、动植物产品的运输工具，在货物装载前要进行验车、验箱。

（8）进出境邮寄物检疫。邮寄进境的种子、种苗及其他动植物、动植物产品、木质包装箱均需检疫，活动物禁止邮寄入境；邮寄出境动植物、动植物产品，根据物主的要求实施检疫。

11.5.4 法律规定禁止进境的货物及物品

根据《进出境动植物检疫法》的规定，下列货物、物品禁止进境：

（1）动植物病原体（包括菌种、毒种等）、害虫及其他有害生物；

（2）动植物疫情流行的国家和地区的有关动植物、动植物产品和其他检疫物；

（3）其他，如动物尸体、土壤等。

如因科研、教学等特殊需要引进上述禁止物的，必须事先提出申请，经国家动植物检疫机关批准，口岸动植物检疫机构凭检疫特许审批单证检疫放行。

11.5.5 进出境动植物检疫的程序

动植物检疫的一般程序包括：与进口或出口国签订双边动物或植物检疫协议或条约，货主或物主向国家或口岸动植物检疫机关办理检疫审批手续—申报检疫—产地检疫或现场检疫—抽样做实验室检疫—检疫熏蒸、消毒处理—检疫监督管理—隔离检疫—收费—出证。

由于动植物、动植物产品种类不同、传带疫情不同、检疫方法和要求不同，因而检疫具体程序存在区别。

1．进境动物检疫程序

进境动物检疫程序包括：① 进口者需要先向国家动植物检疫机关办理检疫审批，拿到批准文件后方可与对方谈判、签订合同；② 到国外原产地检疫；③ 动物从指定口岸入境并向口岸动植物检疫机关申报检疫（以下简称报检）；④ 到检疫机关指定的检疫隔离场实施隔离检疫（包括临床和实验室检疫）；⑤ 对检出危险性疫病的动物进行治疗或捕杀处理并出具要求索赔证明，由进口者负责向对方提出索赔；⑥ 对检疫合格的动物出具《检疫放行通知单》，交通运输部门凭《检疫放行通知单》受理托运。

2．进境动物产品检疫程序

进境动物产品检疫程序包括：① 办理检疫审批；② 报检；③ 实施现场或实验室检疫；④ 检疫熏蒸、消毒处理或检疫监管；⑤ 出证放行。

3．进境植物检疫程序

进境植物检疫程序包括：① 进口种子、苗木及其他繁殖材料、水果类、鲜菜类需办理检疫审批；② 根据需要实施原产地检疫；③ 报检；④ 实施现场或实验室检疫；⑤ 根据规定实施隔离检疫；⑥ 检疫熏蒸、消毒处理或检疫监管；⑦ 出证放行。

4．进境植物产品检疫程序

进境植物产品检疫程序包括：① 报检；② 现场检疫或实验室检疫；③ 检疫熏蒸、消毒处理或检疫监管；④ 出证放行。

5．进境特许动植物产品检疫程序

进口来自动植物疫区的动植物产品及进口餐饮用的配餐料，需要经过以下检疫程序：① 办理特许检疫审批手续；② 申报；③ 入境口岸检疫；④ 储存、使用过程中实施检疫监督管理。

6．出口动物检疫程序

出口动物检疫的程序是：① 报检；② 产地检疫；③ 隔离检疫；④ 离境口岸检疫；⑤ 出证放行。

7．出口动物产品检疫程序

出口动物产品检疫的程序是：① 报检；② 产地或实验室检疫；③ 出证放行。

8．出口植物及植物产品检疫程序

出口植物及植物产品检疫程序是：① 报检；② 产地或实验室检疫；③ 检疫熏蒸、消毒处理；④ 出证放行。

11.6 进出口商品检验制度及法律、法规

11.6.1 进出口商品检验制度概述

1．进出口商品检验的意义

进出口商品检验是国家商检机构对进出口商品的品质和数量进行检查鉴定的专业职能及活动。随着国际贸易的不断发展，现代国际贸易中买卖双方远隔重洋，一般难以当面验看货物，不能当场进行结算付款；而且长途运输中又可能发生商品残损或意外事故，存在着种种风险。因此，对外贸易关系人共同需要有一个有资格的、有权威性的、独立于贸易关系人之外的第三者，对进出口商品进行公正的检验、鉴定并出具证明，作为交接、结算、计费、理算、结汇、通关、计税、索赔、仲裁等的有效凭证。为此，具有公证职能的进出口商品检验机构应运而生，并得到不断发展。

中国商检在各地设有分支机构（统称商检机构）管理所辖地区的进出口商品检验工作。其主要任务有三个方面：一是对重要进出口商品和检验项目实施强制性的法定检验；二是对法定检验商品和法定检验范围以外的进出口商品实施监督管理；三是凭对外贸易关系人的申请办理各项进出口商品鉴定业务。

2．监管制度及原则性规定

国家质量监督检验检疫总局下属的商检机构对进出口商品实施检验，办理进出口商品鉴定，对进出口商品的质量和检验工作实施监督管理。商检机构的日常工作主要包括进出口商品检验、质量认证、质量许可以及出口食品卫生注册登记、出口危险品包装容器性能鉴定和使用鉴定等。

（1）检验的形式及范围。进出口商品检验的形式，包括法定检验、抽查检验和根据进出口当事人申请的检验。对于列入《商检机构实施检验的进出口商品种类表》的进出口商品和其他法律、行政法规规定须经商检机构检验的进出口商品，必须实施检验。除非经事先申请获得免检许可，否则，凡属进口的未经检验不准销售、使用；凡属出口的不准出口。

法定检验的范围，包括对列入《种类表》的进出口商品的检验，对出口食品的卫生检验，

对出口危险货物包装容器的性能鉴定和使用鉴定，对装运出口易腐变质食品、冷冻品的船舱、集装箱等运载工具的适载检验等。

非法定商检的进出口商品，商检机构可以抽查检验。如果抽查不合格，则不准出口。

根据贸易合同约定或进出口商品的收货人、发货人申请检验的，商检机构实施检验并签发检验证书。

（2）检验的内容。进出口商品检验的内容，包括商品质量、规格、数量、重量、包装以及是否符合安全、卫生要求。

（3）检验标准。检验标准可以归为三类，即强制性标准、约定标准和参照标准。法律、行政法规规定有强制性标准或其他必须执行的检验标准的，按照法律、法规规定的检验标准检验；法律、行政法规未规定强制性标准或其他必须执行的检验标准或虽有标准但标准低于贸易合同约定的检验标准的，则按照贸易合同约定的检验标准检验；如果既无强制性标准贸易合同又未约定检验标准或者约定不明的，将按照生产国标准、有关国际标准或商检机构指定的标准检验。

（4）质量认证和质量许可。质量认证是根据与外国有关机构签订的进出口商品质量认证协议或根据外国有关机构委托，对质量认证合格的进出口商品及其生产企业颁布认证证书的工作。质量许可则是国家根据需要，对涉及安全、卫生等重要的进出口商品及其生产企业实施进口安全质量许可和出口质量许可的工作。质量认证和许可都有商检机构颁布的具体办法。

（5）出口食品及其生产企业的卫生注册登记。出口食品生产企业，包括工厂、屠宰场、冷库、仓库，必须向商检机构申请卫生注册登记，经国家商检机构核准后，方可生产、加工、储存出口食品。获准登记的企业，仍需接受商检机构的经常性检查。

（6）有关单位协助检查的义务。商检机构的检验人员到生产企业、建设现场、港口、机场、车站、仓库等地点或者运输工具上实施检验、鉴定和监督管理时，有关单位应提供必要的工作条件及辅助人力、用具等。

11.6.2 商品检验法律、法规概述

我国商品检验机构依法对进出口商品进行检验鉴定。主要的法律、法规有 2002 年修订的《进出口商品检验法》（以下简称《商检法》），2005 年修订的发布的《进出口商品检验法实施条例》（以下简称《商检法实施条例》），2000 年修订的《产品质量法》。此外，其他有关法律、法规如前面提及的《食品安全法》、《出口食品卫生管理办法》等以及有关国际公约，也是进出口商品检验的法律依据。

1.《商检法》

《商检法》共 6 章 32 条，包括总则、进口商品的检验、出口商品的检验、监督管理、法律责任、附则。主要从以下几个方面对商检工作做出规定：

（1）商检管理体制及法律地位。《商检法》规定了国家进出口商品检验工作管理体制，确立了国家商检部门及各地商检机构的法律地位。国家进出口商品检验局对所属各地商检机构实行统一垂直领导，以保证国家有关方针、政策和法规的统一贯彻执行。

（2）商检的内容及检验依据。《商检法》授权国家商检部门根据对外贸易的发展，制定、调整并公布《商检机构实施检验的进出口商品种类表》（以下简称《种类表》）。列入《种类表》的商品，必须经商检机构或国家商检部门、商检机构指定的检验机构实施强制性检验（法定检验）。

（3）法定商检物品的强制检验。实施法定检验的进口商品的收货人和实施法定检验的出口商品的发货人，必须在规定的地点和期限内，向商检机构报验。进口法定商检物品未经检验不准销售、使用；出口法定商检物品未经检验合格不准出口。对实施法定检验以外的进出口商品，商检机构可以抽查检验。

（4）对进出口商品及其检验工作的监督管理。《商检法》规定，商检机构可以向列入《种类表》的出口商品的生产企业派出检验人员，实行驻厂质量监督；实行进出口商品质量认证；认可国内外检验机构；对进出口商品及其生产企业实行质量（安全）许可制度；对进出口商品加施商检标志或封识等。

（5）接受委托办理商品鉴定业务。《商检法》规定商检机构和其指定的检验机构以及经国家商检部门批准的其他检验机构，可以接受对外贸易关系人的申请或者外国检验机构的委托，办理进出口商品鉴定业务。

2.《商检法实施条例》

《商检法实施条例》是一部与《商检法》互相配套的重要的涉外经济法规，是《商检法》的具体化。该法规共分 6 章 63 条，包括总则、进口商品的检验、出口商品的检验、进出口商品鉴定、监督管理、法律责任、附则等内容。

（1）指导思想。《商检法实施条例》具体规定和体现了《商检法》对进出口商品既要严格把关又要便利进出口贸易和维护对外贸易关系人的合法权益。例如，对法定检验的进出口商品必须向商检机构报验，未经检验的进口商品不准销售和使用，未经检验合格的出口商品不准出口；对涉及安全、卫生等重要进出口商品及企业，分别采取驻厂监督检验、质量许可、卫生注册登记、质量认证和质量体系评审等质量保证制度。商检部门检验的重点是涉及安全、卫生等公共利益的商品，这样有利于维护国家和消费者的利益。同时为了方便进出口贸易，规定法定检验的进出口商品，符合规定条件的，经国家进出口商品检验局审查批准，商检机构免予检验。法定检验的进口商品，可以先经商检机构登记通关，再由收货人向商检机构报验；需要结合安装调试进行检验的成套设备、机电产品，可以在收货人所在地检验；对须经商检机构检验的出口商品，应在不延误装运的期限内检验完毕；对产地检验合格的出口商品由口岸商检机构查验合格后换发检验证书。这些具体规定，既有利于保证进出口商品质量，又便利了进出口贸易。

（2）强制性检验的进出口商品范围。《商检法实施条例》具体规定了强制性检验的进出口商品范围。从总体而言，强制性检验的进出口商品占少数，多数进出口商品按规定由收、发货人自行检验，商检部门视情况抽查检验和监督管理。对外贸易合同约定由商检机构检验出证的，或者对外贸易关系人需要申请商检机构检验的，由商检机构按合同要求和申请人的意愿，办理检验出证手续。这种规定符合国际上的通行做法，也适应关贸总协定和市场经济体制的要求。

（3）对外贸易关系人和商检部门的权利和责任。《商检法实施条例》既规定了对外贸易关系人的权利和责任，也规定了商检部门的权利和责任。例如，进出口商品报验人对商检机构做出的检验结果有异议的，可以在规定的时间内向做出检验结果的商检机构或者上级商检机构以至国家进出口商品检验局申请复验，以国家进出口商品检验局的复验结论为终局结论；当事人对商检机构的处罚决定不服的，还可以向人民法院提起诉讼。在对外贸易关系人应负的法律责任方面，《商检法实施条例》规定，对逃避商检机构法定检验的，出口假冒伪劣商品和弄虚作假的，伪造、变造、盗用商检证单以及其他违反《商检法》或者《商检法实施条例》的行为，由商检机构区分不同情节，给予通报批评、警告或者暂时停止报验，并可处以罚款等行政处罚。

对于情节严重构成犯罪的，移交司法机关依法追究直接责任人的刑事责任。对商检部门和有关检验机构应负的法律责任也做出了具体规定，如国家进出口商品检验局、商检机构以及指定、认可的检验机构人员违法渎职，要对责任人给予行政处分，构成犯罪的依法追究刑事责任。

（4）非政府检验机构的设立。为适应改革开放和搞活经济的需要，《商检法实施条例》具体规定了国家进出口商品检验局和商检机构可以指定、认可、委托和批准其他检验机构办理规定范围内的检验业务。对于外国在中国境内设立进出口商品检验鉴定机构问题，《商检法实施条例》规定了须经国家进出口商品检验局审核同意，依照有关法律、行政法规办理批准和登记手续，方准在指定的范围内接受办理进出口商品检验鉴定业务，并应接受商检部门的监督管理。对违反规定的，由商检机构责令停止检验鉴定业务，并可处以罚款。

3.《产品质量法》

我国于1993年颁布实施并于2000年修正的《产品质量法》，对于在我国境内生产、销售的产品的质量监督、质量要求、损失赔偿、禁止和处罚办法做了严格而明确的规定。以下就其与物流相关的部分内容择要做一下介绍。

（1）监督制度。国家对产品质量实行以抽查为主要方式的监督检验制度，对于可能危及人体健康和人身、财产安全的产品，影响国计民生的重要工业产品以及消费者、有关组织反映有质量问题的产品进行抽查。抽查方式是随机的。因此，处于物流过程中的商品也有可能被抽查。根据监督抽查的需要，质量监督部门可以对该产品进行检验。如果有根据认为产品不符合保障人体健康和人身、财产安全的国家标准、行业标准的产品或有其他严重质量问题，县级以上的产品质量监督部门可以对该产品以及直接用于其生产、销售的原辅材料、包装物、生产工具予以查封或扣押。

（2）产品质量要求。产品质量要求主要是对产品本身的质量以及标识、包装等的质量提出要求。

① 产品质量应达到如下要求：具备应有的使用性能，符合所采用的产品标准及表明的质量状况，符合国家或行业有关保障人体健康和人身、财产安全的标准等；

② 标识方面：要求在产品或包装上的标识应真实，并符合以下要求：有产品质检合格证，有中文名称、生产厂家及厂址，根据产品的特点和使用要求对有需要的产品标明规格、等级、主要成分及含量、使用期限、警示标志等；

③ 包装方面：要求对易碎品、危险品及储运中有特殊要求的产品进行符合有关要求及国家相关规定的包装和标识；

④ 销售者应进行进货检查验收，验明产品合格证明和其他标识。

（3）损害赔偿。

① 因质量不符合要求，销售者应负责修理，更换或退货；给消费者造成损失的应向其赔偿。如果生产者之间、销售者之间，或生产者与消费者之间订立的买卖合同、承揽合同有不同约定，当事人应按合同约定执行。

② 因投入流通的产品存在缺陷，只要这种缺陷是进入流通前已发现或应被发现的，造成人身和他人财产损害的情况，生产者应承担赔偿责任。

③ 因产品存在缺陷造成损害而要求赔偿的诉讼，应在当事人知道或应当知道其权益受损害之日起2年内提出，但同样理由要求赔偿的请求权在造成损害的缺陷产品交付最初消费者时起10年之内或在安全使用期内均为有效。

（4）禁止和处罚。

① 有关禁止事项：伪造或冒用质量标志，伪造产品的产地、伪造或冒用他人的厂名、厂址，在生产销售的产品中掺杂、掺假，以假充好等行为都是明令禁止的。

② 与物流相关的处罚规定：知道或应当知道属于《产品质量法》禁止生产、销售的产品，而为其提供运输、保管、仓储等便利条件的，或者提供制假生产技术的，将没收全部运输、保管、仓储或提供制假生产技术的收入并处罚款，构成犯罪的则追究刑事责任。

4．其他法律、法规

除了上述两部主要的法律及直接配套的法规，还有与之相衔接的一些法律、公约和惯例。如《食品卫生法》、《进出境动植物检疫法》、《国境卫生检疫法》、《海关法》、《海商法》、《国际海运危险货物规则》、《联合国国际货物销售合同公约》、《国际贸易术语解释通则》、《华沙—牛津规则》、《跟单信用证统一惯例》等，都有与货物检验相关的规定。

（1）其他法律的规定。《食品安全法》规定，出口食品由国家进出口商品检验部门进行卫生监督、检验；海关凭国家商检证书放行。《海商法》规定，收货人在目的港提取货物前或者承运人在目的港交付货物前，可以要求检验机构对货物状况进行检验；要求检验的一方应当支付检验费用，但是有权向造成货物损失的责任方追偿。

（2）国际公约的规定。国际海事组织制定的《国际海运危险货物规则》涉及了危险货物包装容器的性能鉴定与使用鉴定。《联合国国际货物销售合同公约》规定，买方必须在按情况实际可行的最短时间内检验货物或由他人检验货物。如果合同涉及到货物的运输，检验可以推迟到货物到达目的地后进行。如果货物在运输途中改运或买方须再发运货物，没有合理机会加以检验，而卖方在订立合同时已知道或理应知道这种改运或再发运的可能性，检验可推迟到货物到达新目的地后进行。此外，该公约还规定，买方在未有机会检验货物前，无义务支付货款，除非这种机会与双方当事人议定的交货或支付程序相抵触。

（3）国际惯例的规定。《国际贸易术语解释通则》中对检验的要求已在前面有关章节做了介绍，在此不再复述。《华沙—牛津规则》规定，如果买卖合同规定卖方应提供品质证明书，但并未指明签发此项证明的个人或机构，或者依照特殊行业惯例需要这种提交时，那么卖方应提交有关公证机构或具有资格的独立检查人所签发的证明书，说明在装船或交付承运人保管的时间和地点的货物品质、种类、状态和重量或数量。

由于惯例的效力取决于当事人是否将其引用到合同中，因此要根据合同内容对有关惯例中涉及检验的条款进行必要的注意。

11.6.3 商检业务的基本内容及要求

1．对进出口商品的法定检验

为保证进出口商品质量，维护对外贸易有关各方的合法权益，商检机构根据国家有关规定，对重要的进出口商品实行强制性检验，未经检验的，不准进出口。商检机构实施进出口商品检验内容，包括商品的品质、规格、数量、重量、包装以及是否符合安全、卫生要求。

商检机构依法实施检验的范围是：

（1）列入《种类表》的进出口商品；

（2）出口食品的卫生检验和检疫及出口动物产品的检疫；

（3）出口危险货物的包装性能鉴定和使用鉴定；

（4）装运出口粮油食品、冷冻品等易腐烂变质食品的船舱和集装箱装运技术条件的检验；

（5）进口国政府规定必须凭中国商检机构证书方准进口的商品；

（6）其他法律、行政法规规定必须由商检机构检验的进出口商品。

进口法定检验商品到货后，收货、用货单位或代理接运单位（以下简称收货人），必须向到货口岸商检机构进口商品登记，对列入《种类表》的进口商品，商检机构在报关单上加盖“已接受登记”印章，海关凭印章验收。

对商检机构已接受登记的进口商品，收货人应当在商检机构规定的检验地点和期限内，持以下必要单证，向所在地商检机构报检：

（1）对外贸易合同及其附件，凭样成交的要附成交小样；

（2）国外发票；

（3）装箱单；

（4）国外装船提单（或铁路、空运运单）；

（5）产品说明书；

（6）国外检验证明；

（7）外运进口货物到货通知单；

（8）属中央及地方控制进口的则要提供批准进口文件等必要的单证，向所在地商检机构报检。

出口法定检验的出口商品，外贸经营单位必须在出口前向商检机构报检，并提供：

（1）对外贸易合同、信用证及有关单证（包括合同修改书或函电），凭样成交的须提供经签封的成交小样；

（2）厂检合格单；

（3）公司验收检验单；

（4）经预检的出口商品须附预检结果单；

（5）货源从外省组织的，须附产地商检证。

对列入《种类表》的出口商品，海关凭商检机构签发的检验证书、放行单或者在报关单上加盖的印章验放。

2．对进出口商品的监督管理

商检机构对进出口商品的收货、用货、生产、经营和储运等单位监督检查的内容包括：

（1）对其检验的进出口商品进行抽查检验；

（2）对其检验组织机构、检验人员和设备、检验制度、检验标准、检验方法等进行监督检查；

（3）对其他与进出口商品检验有关的工作进行监督检查。

商检机构对进出口商品检验工作实施监督管理的主要做法是：

（1）对重要的进出口商品及其生产企业实行质量（安全）许可制度。取得出口质量许可证方准生产有关出口商品，获得进口安全质量许可证方准进口。

（2）根据国家商检部门同外国有关机构签订的协议或者接受外国有关机构的委托进行有关的进出口商品认证工作。

（3）根据检验工作的需要，通过考核，认可符合条件的国内外检验机构和国内生产、科研、教育单位的检测实验室，承担指定的进出口商品检验等工作。

（4）对检验合格的进出口商品，加施商检标志。

（5）根据检验管理的需要，实施封识管理。

（6）对进口大型成套设备，商检机构可以派出检验人员实施监督检查。

（7）进口机动车辆办理登记检验。

（8）根据检验工作的需要，可以向列入《种类表》的出口商品的生产企业派出检验人员，参与出口商品出厂前的质量监督工作。

（9）对出口食品的加工厂、屠宰场、冷库、仓库实施注册登记制度。出口食品生产企业需向国外注册的，须报经国家商检部门批准。

（10）对出口危险货物包装容器生产企业实施注册登记制度。

（11）对获准使用认证标志或者获得质量许可证、注册证书的进出口商品及其生产企业，经复查不符合规定要求的，由商检机构责成其限期改进；逾期仍达不到规定要求的，取消其使用认证标志的资格或者撤销其质量许可证、注册证书。

3. 对进出口商品的鉴定

商检机构及其指定或批准的检验机构，可接受进出口当事人或外国检验机构的委托，办理进出口商品的鉴定。委托方应提供合同、信用证等单证。鉴定业务的范围包括：

（1）进出口商品的质量、数量、重量、包装鉴定和货载衡量；

（2）进出口商品的监视装载和监视卸载；

（3）进出口商品的积载鉴定、残损鉴定、载损鉴定和海损鉴定；

（4）装载出口商品的船舶、车辆、飞机、集装箱等运载工具的适载鉴定；

（5）装载进出口商品的船舶封舱、舱口检视、空距测量；

（6）集装箱及集装箱货物鉴定；

（7）与进出口商品有关的外商投资财产的价值、品种、质量、数量和损失鉴定；

（8）抽取并签封各类样品；

（9）签发价值证书及其他鉴定证书；

（10）其他进出口商品鉴定业务。

4. 签发普遍优惠制产地证书

普惠制产地证是我出口商品在进口国享受减免关税优惠待遇的一种产地证明书。

普惠制产地证明书是具有法律效力的官方证明文件。中国《普遍优惠制管理办法》规定："除给优惠国有法律、法令规定，可由发货人自行申明原产地的以外，凡是对我国实行普惠制待遇的国家，需要官方当局签署普惠制产地证明书的，均由各地商检局统一对外签发。"

申请普惠制产地证书的单位，必须是经外经贸部门正式批准经营出口业务的中国出口公司、工厂和其他企业，或是已经县级以上人民政府或外经贸部门正式批准的承办对外加工装配业务、补偿贸易、中外合资、中外合作经营和外商独资经营出口产品的公司、工厂，或由审批机关指定办理此项工作的部门。上述各类外贸公司、加工企业，应向其所在地商检局及其分支机构办理登记注册。办理登记注册时，必须持有批准书、协议、合同、产品成本明细单等有关文件。经注册登记后，方可申请签证。

申请签发证书时，必须向当地商检机构提交《普惠制产地证明书申请书》，填制正确清楚的普惠制产地证书一式 3 份，出口产品正式商业发票副本 1 份，出货清单或报关清单副本 1 份，以及签证机构认为必须提供的其他证件。含有进口成分的产品，还必须提交《含进口成分受惠商品成本明细单》。申请单位应于货物装运前 5 天向当地商检机构提出申请。

5. 对违法行为的处理

对于违反进出口商品检验法的情况，视情节轻重给予批评、警告、暂停报验、罚款，构成犯罪的将对直接责任人追究刑事责任。以下各种情况均属违反商检法及其实施条例：

（1）销售、使用未报经检验的属于法定检验进口的商品，或擅自出口未报经检验的属于法定检验出口的商品的；

（2）进口、销售、使用实施进口安全质量许可制度，而未取得进口安全质量许可的商品的；或者出口属于实施出口质量许可制度或卫生注册登记制度，而未取得出口质量许可或未经卫生注册登记的商品的；

（3）使用未取得适载合格证书或者检验不合格的船舱、集装箱装运易腐烂变质食品、冷冻品出口的；

（4）提供或者使用未经商检机构鉴定的危险货物出口包装容器的；

（5）其他逃避商检机构法定检验行为的；

（6）销售、使用经商检机构检验不符合强制性标准或其他必须执行的检验标准的进口商品的；

（7）出口经商检机构检验或抽查检验不合格的商品的；

（8）擅自调换商检机构抽取的样品或者改变商检机构检验合格的出口商品的质量、规格、数量、重量及包装的；

（9）擅自调换、损毁商检机构加施于商品及其包装上的商检标志、封识及认证标志的；

（10）提供或使用经商检机构鉴定不合格的包装容器出口危险货物的；

（11）不如实向商检机构报检，骗取商检机构的有关单证的。

11.7 口岸通关方面的国际公约

11.7.1 《关于设立海关合作理事会的公约》

国际海关组织的前身是海关合作理事会。1947 年 9 月 12 日，欧洲经济合作委员会的 13 个成员国决定成立工作组，以便建立一个或多个以关贸总协议为基础的欧洲海关同盟。第二年，该工作组应荷兰、比利时、卢森堡三国要求在布鲁塞尔成立了两个委员会即经济委员会和海关委员会。海关委员会后来发展成为海关合作理事会。

1950 年 12 月 15 日《关于设立海关合作理事会的公约》在比利时的布鲁塞尔正式签署，理事会宣告成立。

经过 45 年的历史变迁，海关合作理事会由一个最初以欧洲为中心的、以研究海关业务技术问题为宗旨的海关研究小组，逐步发展成为以促进国际贸易为根本任务的全球性的国际海关组织。1994 年，该组织正式更名为世界海关组织（World Customs Organization，WCO）。现共有成员 130 多个。我国政府于 1983 年 7 月正式加入《关于设立海关合作理事会的公约》，并成为海关合作理事会的成员国。

根据该公约的规定，世界海关组织的主要任务是：

（1）研究与海关事务有关的所有合作问题；

（2）审议与海关制度相关的技术及经济因素，以便向成员提供高度协调统一和切实可行的方法与步骤；

（3）草拟公约及公约的修正案，并建议有关成员国政府采纳公约或修正案；

（4）为确保所通过的协议在解释和实施方面的统一提出建议书，并根据公约履行公约可能赋予的其他职能；

（5）对有关公约的解释与执行所产生的争议提出解决建议；

（6）及时通报海关规章及手续的信息；

（7）就公约管辖的海关事务向有关政府提供咨询及信息，并就此提出建议；

（8）在职责范围内与其他政府间组织开展合作。

世界海关组织的主要业务包括海关技术、税则归类和估价，设有三个司，通过专业技术委员会开展工作。

1998 年 1 月 1 日，世界海关组织秘书处进行了机构改组，原来三个司并为两个司，更名为关税及贸易事务司和守法便利司。突出了海关将严格依法行政，为国际贸易提供最大程度便利的宗旨。

11.7.2 《商品名称及编码协调制度的国际公约》

《商品名称及编码协调制度的国际公约》，简称《协调制度公约》，是为了建立一套新的既可满足海关税则统计需要，又可包括国际运输及生产部门等要求的国际商品分类制度为目的的公约。由海关合作理事会和美国、加拿大等大约 60 个国家、关贸总协定、联合国统计局、国际标准化组织、国际商会、国际航运协会等 20 多个国际组织共同参加，耗时 13 年才告完成的。该公约将《商品名称及编码协调制度》（简称《协调制度》或 HS 编码），作为其附件。该编码是当今最完整、系统、科学、多用途的国际贸易商品分类目录，可供海关监督、征税、统计，以及国际贸易管理、信息、运输等多方面共同使用。此前国际上曾经盛行两个商品分类目录，给国际贸易带来诸多不便。

《协调制度公约》于 1983 年制定并在海关合作理事会大会上通过，1988 年 1 月 1 日正式生效。内容包括前言和 20 个条文。公约每 4 年修订 1 次，世界上已有 150 多个国家使用 HS，全球贸易总量 90%以上的货物都是以 HS 分类的。该公约规定缔约国不承担关税税率方面的任何义务，发达国家保证全部采用《协调制度》的品目和子目及其编码，以及归类总规则和类、章、子目的注释，不得做任何增添或删改。但可在子目项下增加更具体的细目。发展中国家可全部采用 5 位数级子目或 6 位数级子目。

我国海关也顺利完成了 HS 编码的翻译及目录转换，经国务院批准，于 1992 年 1 月 1 日起在货物监管、征税、统计工作中全面实施 HS 编码。1992 年 6 月 23 日，中国政府在海关合作理事会年会上宣布中国正式加入《协调制度公约》，该公约自 1993 年 1 月 1 日起对中国生效。

11.7.3　《关于货物暂准进口的 ATA 报关单证册海关公约》

《关于货物暂准进口的 ATA 报关单证册海关公约》又称《ATA 报关公约》或《ATA 公约》。该公约是在海关合作理事会和关税及贸易总协定缔约各方主持下并经与联合国教科文组织协商后制定的。1961 年 12 月 6 日签署于布鲁塞尔，1961 年正式生效。该公约的基本宗旨是：对暂时免税进口货物实行共同制度，为国际贸易及文化活动提供便利，并使缔约各方的海关制度得到高度的协调一致。

ATA 通关单证册又称 ATA 通关证，是指用于为暂准进口货物报关的单证，事实上，是一种国际上统一的暂准进口货物报关单证。它通过国际担保形式，来达到简化海关手续，便利暂准进口货物的通关，以提高各国海关工作效率的目的。

目前，实施 ATA 通关证制度的已有欧盟、美国、日本、加拿大、澳大利亚、新加坡、印度、波兰、匈牙利等 62 个国家和地区。我国于 1992 年加入《ATA 公约》。

ATA 通关证制度的核心内容是实行国际联合担保。这种担保是通过国际商会国际局（IBCC）组织管理的国际担保连环系统（又称 ATA / IBCC 连环担保系统）进行的。ATA / IBCC 系统由各国海关当局核准的国家商会组织共同组成，负责签发本国申请的 ATA 通关证，并对 ATA 通关证下的货物应付的关税及其他税费向 IBCC 履行全面担保义务。

《ATA 公约》目前已被《伊斯坦布尔公约》收入作为其附约 A。

11.7.4　《伊斯坦布尔公约》

随着国际科学技术合作和文化交流的发展，暂时携运某种货物和样品进出关境日益普遍。各国海关应对此类暂时进口货物提供通关上的便利。

为了在国际间对暂准进口采用一种统一的管理规则，保证海关手续的高度简化和协调，海关合作理事会针对以前制定的有关暂准进口公约存在分散性的问题，于 1990 年 6 月 26 日在伊斯坦布尔组织谈判签署了《暂准进口公约》，又称《伊斯坦布尔公约》。我国于 1992 年加入该公约。

《伊斯坦布尔公约》统一了对暂准进口制度的定义。所谓暂准进口是指一种海关业务制度，按照该项制度，某些货物（包括运输工具）在运入关境时，可以有条件地免纳进口税及国内税等，并免受经济性质的进口禁止和限制；此项货物（包括运输工具）必须为特定的目的进口，并且必须在特定的期限内，除因在使用中正常损耗者外，按原状复出口。

《伊斯坦布尔公约》共有 13 个附约，包括了暂准进口制度下的全部货物范围。

1．列入暂准进口的货物范围

（1）展览会、交易会、大型会议或类似展出用货物；

（2）专业器材（包括广播、电视、电影、出版、文艺演出、安装调试、维修、测量勘探、考古等所需器材、设备）；

（3）与商业活动有关的样品、包装物料、集装箱、托盘等；

（4）与制造、加工业务有关的货物（包括印板、模子、模型、图纸、检测仪器、工具等）；

（5）教育、科学、文化用品（包括音像设备、音像资料、模型、仪器、装置等）；

（6）旅客个人物品和体育用品（包括旅客个人自用的衣物、音像器材和体育运动器材、服装等）；

（7）旅游宣传广告材料（包括到国外访问、参加各类会议用于演示的图片、绘画、书刊、音像资料、模型、工艺品等）；

（8）边境贸易货物（指边境地区居民为进行贸易、制造、加工、修理等活动所需暂时进口货物）；

（9）人道主义或慈善目的进口的货物（包括救灾物资以及医疗设备、器材等）；

（10）动物（包括比赛、驯养、娱乐、试验及边境地区放牧的动物等）；

（11）暂时减免进口税货物（包括进口后临时使用的工程设备以及其他暂时进口货物）。

2. 列入暂准进口的运输工具种类

公约列入暂准进口的运输工具包括以下 5 类：

（1）营业用或自用公路运输工具；

（2）铁路运输工具；

（3）空运、海运及内河运输工具；

（4）维修已获暂准进口运输工具的备件及设备；

（5）暂准进口运输工具的正常油箱所存油料及正常使用所需的润滑油。

《伊斯坦布尔公约》规定，每一缔约方应允许本公约附约中规定的货物（包括运输工具）暂准进口，并将有关海关手续简化，为暂准进口货物提供最大的便利。但该公约规定给予的最大便利并不妨碍各国基于公共道德、公共安全、卫生保健、动植物保护、知识产权等方面的考虑而采取的必要限制。

11.7.5 《关于货物实行国际转运或过境运输的海关公约》

《关于货物实行国际转运或过境运输的海关公约》即《关于加速国际货运的海关公约》，简称《ITI 公约》。该公约是在联合国欧洲经济委员会、联合国贸发会议、国际航空运输协会、国际商会和国际海事委员会等国际组织的合作和支持下制定的，1971 年 6 月 7 日签订于布鲁塞尔。本公约由前言、62 个条文和 4 个附件组成。其基本宗旨是：给予国际货运便利，保证国际运输直达，促进国际贸易。

符合该公约规定条件的货物，将采用 ITI 申报单通关。在起运地海关或沿途所经过的各海关，均免缴进口各税、国内税或保证金；在沿途所经各地海关，除特种装载货物外，均按惯例免受海关查验，免办缔约各方超出本公约规定的其他转运货物手续。有关运输单位不必事先获得国内海关批准。

海关封志和固定物必须符合本公约的最低要求，当在一缔约方境内加封的海关封志和固定物为另一缔约方承认时，应给予与本国封志和固定物同样的法律保护。

经批准成立的联合担保协会应向所在国海关当局保证，凭其签发的联合担保凭证，按照国际转运制度在该国境内承运的货物，如有违反规定的行为发生，由该协会负责支付进口各税。该协会应与上述欠税人共同并各自单独负责偿付这些税款。

缔约方海关当局有责任协助另一缔约方调查违约规定或有嫌疑的违法行为。

11.7.6 《1972 年集装箱关务公约》

《1972 年集装箱关务公约》又称《1972 年集装箱海关公约》，或《关于用于国际运输业务的集装箱管理公约》。该公约是由联合国和政府间海事咨询组织（即现在的国际海事组织）共同制定，于 1972 年 11 月 11 日～12 月 2 日在日内瓦召开的国际集装箱运输会议上通过，并于 1975 年 12 月 6 日正式生效。该公约由前言、28 个条文、7 个附件以及签字议定书组成。

《1972 年集装箱关务公约》的基本宗旨是：简化并协调各国海关对集装箱国际运输的管理手续，以推进国际运输集装箱化的进程。根据该公约，每一缔约国都应准许集装箱暂时进口；暂准进口的集装箱如符合该公约规定的要求，在进口和复出口时可免交有关海关单据及提供担保，而且还应允许在一定条件下从事顺道的国内运输。经缔约国检验符合该公约有关要求的集装箱，可获准从事海关加封运输，并享受有关便利和优惠。

《1972 年集装箱关务公约》还明确规定了进口各税、暂准进口、集装箱、集装箱的标志等术语的定义以及应具备的条件。

为加强中国海关与国际海关之间的协作，方便中国集装箱在国外的顺利通关，促进国内集装箱生产和发展，增加我国集装箱的登记费用，我国于 1986 年加入了该公约。

11.7.7 《在国际公路车辆运输手册担保下进行国际货物运输的报关公约》

《在国际公路车辆运输手册担保下进行国际货物运输的报关公约》又称《根据 TIR 手册进行国际货物运输的有关关税协定》，《国际公路车辆运输规则》（又译《国际公路车辆运输公约》或《TIR 公约》）。该公约由联合国欧洲经济委员会制定，并于 1960 年 1 月生效，曾于 1975 年和 1991 年经过修改。

公约正文包括 6 章 51 条，附件有 9 个。根据公约的规定，对集装箱的公路运输承运人，如持有 TIR 手册，允许使用经过海关加封的车辆，或使用由公路运输车辆积载的经过加封的集装箱，在中途不换装的情况下，由发运地到达目的地，中途可免于检查、免于支付关税和提供押金。这种 TIR 手册是由有关国家政府批准的运输团体发给，这些团体大都是参加国际公路联合会的成员，它们必须保证监督所属运输企业遵守海关法规和其他规则。此外公约对公路运输车辆或集装箱应具备的条件，担保团体的责任、责任期间、责任范围和责任限额，担保手册的使用要求等内容进行了详细的规定。

11.7.8 《关于为防止、调查和惩处违犯海关法罪实行行政互助的国际公约》

《关于为防止、调查和惩处违犯海关法罪实行行政互助的国际公约》，又译《关于预防、调查和制止违反海关法罪的行政互助的国际公约》，简称《内罗毕公约》，由海关合作理事会制定，于 1977 年 6 月 9 日在肯尼亚首都内罗毕召开的理事会年会上通过，1980 年 5 月 21 日正式生效。由前言、正文 23 个条款和 11 个附约组成。该公约的基本宗旨是，实行各国海关间的合作，更有效地制止违反海关法的犯罪行为。

根据该公约，为防止、调查和惩处各种违反海关法的犯罪，各缔约国应相互提供协助。但协助不包括逮捕人犯，或追征关税、国内税、规费、罚金或其他费用。

11.7.9 《关于简化和协调海关业务制度的国际公约》及其《附约》

《关于简化和协调海关业务制度的国际公约》又称《京都公约》，于1973年5月18日在日本京都举行的海关合作理事会第41/42届年会上通过，1974年9月25日正式生效。我国于1988年加入该公约和若干附约。

《京都公约》由前言、19个条文、19条评注和30个附约组成。该公约的基本宗旨是：制定具有国际统一性的标准化和建议性条款，促使海关业务制度达到高度简化和协调，并推动国际贸易的发展和促进国际交流。

《京都公约》制定的标准和建议性条款，对缔约国没有直接约束力。各缔约国可依照该公约的有关条款，结合其国内的具体情况自行制定海关法规。

《京都公约》只规定最低限度的便利，缔约国可以给予比该公约规定的更大便利。

《京都公约附约》共7个部分，包括30个《附约》，与主约共同构成完整的《京都公约》。1个《附约》的内容涉及1个特定的海关业务，相当于1个单独公约。30个《附约》几乎涵盖了海关业务的所有领域。

第1部分有4个《附约》:《呈交货物申报单前的海关手续的附约》、《货物报关前暂时存栈的附约》、《适用于商业运输工具的海关便利的附约》以及《运输工具备用物料的海关待遇的附约》。

第2部分有3个《附约》:《货物结关内销的附约》、《申报内销货物免征进口关税的附约》和《货物按原状复进口的附约》。

第3部分只有1个《附约》：即《关于完全出口货物的附约》。

第4部分共有3个《附约》:《原产地规则的附约》、《原产地证书的附约》和《原产地证书监管的附约》。

第5部分共有8个《附约》:《海关转关运输的附约》、《货物转装运输工具的附约》、《海关仓库（保税仓库）的附约》、《关于退税制的附约》、《暂准进口货物按原状复出口的附约》、《货物暂准进口在国内加工的附约》、《货物免税替换的附约》，以及《货物暂准出口加工的附约》。

第6部分共有7个《附约》:《自由区的附约》、《货物进口加工内销的附约》、《向旅客提供海关便利的附约》、《邮运物品的海关手续的附约》、《急运货物的附约》、《溢征进口各税的退还的附约》和《沿海运输货物的附约》。

第7部分共有2个《附约》:《海关当局提供业务资料的附约》和《海关当局和第三方之间相互关系的附约》。

目前中国政府已加入的附约有《关于保税仓库的附约》和《关于暂准进口货物按原状复出口附约》。

11.7.10 《关于实施1994年关税与贸易总协定第7条的协议》

《关于实施1994年关税与贸易总协定第7条的协议》，又译《关于执行关税和贸易总协议第7条的协议》，简称《关于海关估价制度详细规定的国际协议》或《关贸总协议新估价公约》或《海关估价协议》。1979年4月12日于日内瓦签订。1981年1月1日正式生效。该协议的基本宗旨是通过建立一个以“实付或应付价格”为基础的共同国际估价制度，来达到公正、统

一、符合商业做法并摒弃武断和臆想价格的海关估价。

海关估价规则是本协议的核心部分。规定采用进口货物的实付或应付价格作为估价的主要依据。考虑到发展中国家实施新估价法规的具体困难，允许发展中国家可以推迟适用本协议，时间最长不超过5年；在适用本协议的3年内，可对某些条款持保留意见；发达国家有义务向发展中国家提供援助。

该协议确定了担保金制度。不管任何原因，进口商延误了海关完税价格的审定，只要向海关提供足以偿付进口税款的保证金，便可要求海关放行货物。待海关确定完税价格以后再正式办理结关付税手续。

协议还规定了任何进口税的纳税人均有上诉的权利。最初的上诉可以向海关当局提出，最终上诉应向法院提出。

本章小结

在国际物流活动的过程中，口岸起着非常重要的作用。口岸管理的程序、法规对物流活动是否能顺利进行、物流效率的高低具有极大的影响。这是由口岸工作的特点决定的。口岸法律、法规与公约涉及面非常广泛。我们既要了解口岸管理制度海关货运监管制度及法律、法规，检验检疫制度及法规，以及口岸通关方面的国际公约等的基本内容，也需要掌握这些法律、法规、公约的实际应用。

思考与练习

1．口岸管理对物流的影响具体体现在哪些方面？
2．我国口岸管理系统是怎样组成的？
3．我国口岸管理主要有哪些机构，各自的职责是什么？
4．熟悉我国的通关制度及其内容。
5．海关对货运监管主要有哪些规定？
6．海关报关程序是怎样的？
7．海关对进出境运输工具的监管主要有哪些方面？
8．动植物检疫制度的含义及我国的主要立法是什么？
9．进出口商品检验制度的含义是什么？
10．口岸通关方面主要有哪些国际公约？哪些是我国已经加入的？

案例分析

1．报关案例

2003年6月，A公司拟进口一台卧式数控车削中心（商品编码：8458.1100；关税和增值税税率：9.5%、17%；监管条件：进口通关单、机电产品进口许可证；商品价格：60 000美元/台）。由于A公司无进出口经营权，遂委托B公司对外签约并办理货物进口报关事宜。双方签订合同，A公司将货物价款、进口税费及相关手续费人民币5 000元一次性支付给B公司，B公司则负责订货、办理进口结关手续，并将货物运抵A公司指定工厂。此后，B公司总经理李某为使公司赚取额外利润，与该公司报关员赵某商定：

（1）为逃避许可证件管理，在办理报关手续时将进口货物申报为品名相似但价格便宜且无须申领机电产品进口许可证的切削车床（商品编码：8545.9100；关税和增值税税率：5%、17%；监管条件：进口通关单，自动进口许可证）。

（2）为了少缴税款，报关时将货物价格申报为15 000美元/台。

（3）该公司按上述内容重新制作报关所需单据。这样，可以达到低报价格、低报税率、逃避证件监管的目的，公司可少缴税款人民币2万多元。

2003年9月，上述货物抵港，报关员赵某持伪造单证到海关办理进口报关手续。海关审单人员根据风险提示，进行重点审核，并提请查验人员对进口货物开箱查验。经查，确定该货物为卧式数控车削中心。

问题：

（1）B公司是属于外贸公司还是专业报关企业？为什么？

（2）接受委托的B公司的行为是否违反了《海关法》的有关规定？对该行为应如何定性？

（3）海关对B公司应当如何处理？

（4）如何计算该台卧式数控车削中心应缴纳的关税？

（5）该台卧式数控车削中心应缴纳多少进口增值税？

2. 虚报货名逃避商检案

2006年12月，上海某国际货运有限公司宁波分公司等为客户铤而走险。原本要向意大利出口2.4万公斤米糕，但考虑到出口米糕很难取得商检部门的检验单据，为逃避商品检验，他们采取“偷梁换柱”的手法，由业务人员何某向深圳市某公司购买了“钢管”的《出境货物换证凭条》，再以米糕冒充“钢管”出口，从而骗取南京出入境检验检疫局的商检手续。2007年1月，该批米糕经宁波口岸出口至意大利。

该批未经检验的米糕被意大利检查出含有被欧盟禁止进口的转基因成分。事发后，欧盟委员会将此情况通报给我国政府。国家质检总局责成南京检验检疫局迅速查明情况，严厉打击逃避商品检验的违法犯罪行为。后经南京市公安局和南京市检验检疫部门的密切配合，查明何某等人均为多年从事外贸行业的专业人员，熟悉国际贸易政策法律及贸易流程。他们利用国家为扩大出口提供的便利通关机制，运用互联网、传真、电话、特快专递等通讯网络，偷梁换柱，将米糕冒充“钢管”出口，已经构成逃避商检罪，被建邺区检察院遂提起公诉。法院公开审理此案并依法做出宣判，被告单位被处罚金10万元，何某被判处有期徒刑缓刑并处罚金1万元。

3. 进口旧设备退运案

浙江省某市检验检疫局机场办事处检疫人员在入境木质包装检疫过程中，发现其中一个木箱内承载的一台机器设备外观陈旧，有明显使用的痕迹，铭牌污浊且无制造日期，经确认后判定为未办理进口备案审批手续的旧设备。

据了解，该旧设备是一台货值2700澳元的弯管机，是国外客户为改进国内供货企业的生产工艺而直接提供的。事前国内企业不知道进口的是一台旧设备，也不了解相关的法律规定，而且也没有咨询过检验检疫部门。由于没有正确办理进口手续，最终被退运处理，给企业带来了经济损失。

进口设备在到货后，企业必须及时向检验检疫机构申请检验，经检验检疫机构检验合格后，方可投入使用。对确有问题的进口产品，检验检疫部门将按照法律法规的有关要求做出相应的处理，企业也可根据检验证书向外商提出索赔，维护国家和企业的利益。由于进口旧机电设备涉及到人身健康、安全、卫生及环保等各个方面，我国对进口旧机电设备实施严格的备案审批管理及检验检疫制度，以防止旧机电设备携带疫病疫情传入和以进口机电设备为由转移固体垃圾。《中华人民共和国进出口商品检验法实施条例》第五十三条规定国家允许进口的旧机电产品未办理备案的，或者未按照规定进行装运前检验的，要予以退货；情节严重的，由出入境检验检疫机构并处100万元以下罚款。企业在进口机电设备时一定要了解相关的法律规定，掌握货物的真实情况，并且严格按照规定来办理进口手续。尤其需要注意不能心存侥幸，明知是旧设备还要“以旧充新”，逃避进口检验检疫，以致付出重大代价。

根据以上案例分析：

（1）我国进出口商品检验的范围主要有哪些？

（2）对违反有关法律、法规的商品如何处理？

4．伪造国家机关印章案

2008年4月28日中午11点5分左右，检验检疫人员在北空库区现场查验过程中，发现一票货物共计3件，包装为一木两纸，运单号为235-51885315分单号为00061317，其中一箱货物为木托，木托上有IPPC标识，且标识合格。由于木质包装在口岸属于法检项目，抽查率为100%，后经调查发现该批货物未在检验检疫系统报检，该货物的运单上却盖有11号检验检疫放行章，但章的颜色格式均与真实的检验检疫放行章不符。

后经查实，北京某国际运输代理公司负责办理进口货物的申报检验检疫工作的业务员张某，从2007年10月开始，伪造首都机场出入境检验检疫局“已办检验检疫11”印章并大量使用，不经报检即直接在其公司代办及其私揽进口货物的运单上加盖此章，致使639批次的进口货物未经国家检验检疫部门的检疫即被直接从海关监管库提出进入我国境内。张某从中非法获利人民币18 000元。

北京市刑事科学技术研究所出具的文检鉴定书，证明639张运单上的11号“已办检验检疫”印章印文与首都机场出入境检验检疫局提供的11号“已办检验检疫”印章印文不是同一枚印章盖印的。

公诉机关向法院提供了证人证言，书证，文检鉴定书以及张某本人供述等证据材料，指控张某的行为触犯了《中华人民共和国刑法》第二百八十条第一款之规定，构成伪造国家机关印章罪，提请法院依法予以惩处。此案最后以张某获刑和没收全部非法所得告终。

问题：

（1）查阅有关法律，了解报关员和报检员需要承担的责任。

（2）查阅我国刑法对伪造国家机关印章罪的规定。

参 考 文 献

[1] 骆温平. 第三方物流——理论、操作与案例. 上海：上海社会科学院出版社，2001
[2] 叶红军，翁笑冰. 国内水路货物运输规则港口货物作业规则条文释义. 北京：人民交通出版社，2000
[3] 王利明，崔建远. 合同法. 北京：北京大学出版社，1999
[4] 王利明. 合同法要义与案例析解. 北京：中国人民大学出版社，2001
[5] 叶红军. 港口法解析. 北京：人民交通出版社，大连：大连海事大学出版社，2003
[6] 胡美芬. 物流相关法规与国际公约. 成都：四川人民出版社，2002
[7] 金正佳. 中国海事审判年刊 2003. 北京：人民交通出版社，2004

全国信息化应用能力考试介绍

考试介绍

全国信息化应用能力考试是由工业和信息化部人才交流中心组织、以工业和信息技术在各行业、各岗位的广泛应用为基础，检验应试人员应用能力的全国性社会考试体系，已经在全国近 1000 所职业院校组织开展，年参加考试的学生超过 100000 人次，合格证书由工业和信息化部人才交流中心颁发。为鼓励先进，中心于 2007 年在合作院校设立“国信教育奖学金”，获得该项奖学金的学生超过 300 名。

考试特色

* 考试科目设置经过广泛深入的市场调研，岗位针对性强；
* 完善的考试配套资源（教学大纲、教学 PPT 及模拟考试光盘）供师生免费使用；
* 根据需要提供师资培训、考前辅导服务；
* 先进的教学辅助系统和考试平台，硬件要求低，便于教师模拟教学和考试的组织；
* 即报即考，考试次数和时间不受限制，便于学校安排教学进度。

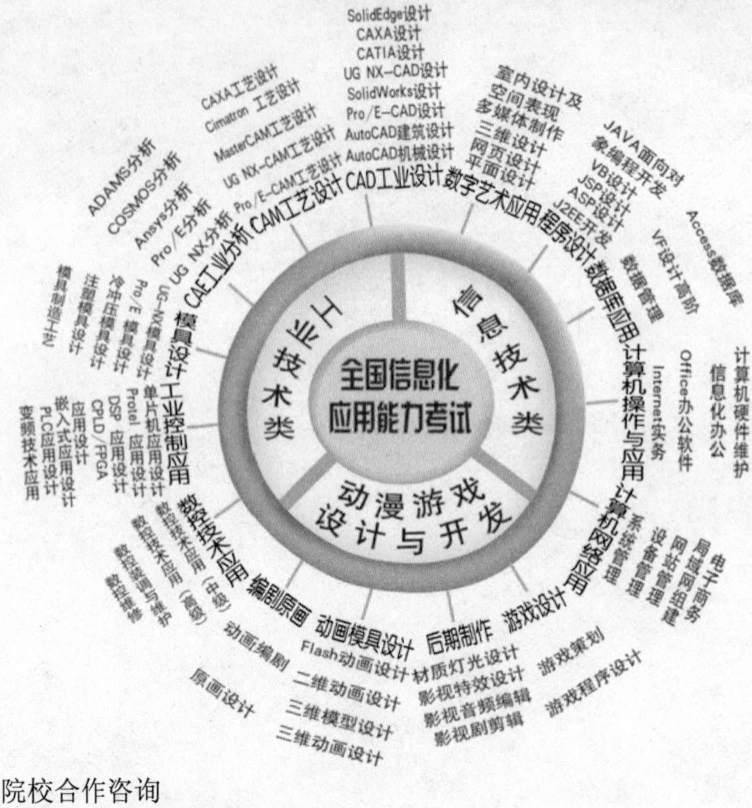

欢迎广大院校合作咨询

工业和信息化部人才交流中心教育培训处

电话：010-88252032 转 850/828/865

E-mail：ncae@ncie.gov.cn

官方网站：www.ncie.gov.cn/ncae